RG-64

WÖSSNER · SOZIOLOGIE

JAKOBUS WÖSSNER

SOZIOLOGIE
Einführung
und
Grundlegung

VERLAG HERMANN BÖHLAUS NACHF.
WIEN · KÖLN · GRAZ

8., unveränderte Auflage
ISBN 3-205-08067-X
© 1979 by Hermann Böhlaus Nachf. Gesellschaft m. b. H., Graz
Alle Rechte vorbehalten
Herstellung: Hain-Druck KG, Meisenheim/Glan

Inhaltsverzeichnis

Literatur-Anerkennung 11

Vorwort 13

Einleitung
Was ist Soziologie? 15

1. Der Name „Soziologie" (15) – 2. Mißverständnisse (15) – 3. Soziologie als Wissenschaft (16) – 4. Funktionen der Soziologie (16) – 5. Dimensionen soziologischer Betrachtungsweise (18) – 6. Gegenstand der Soziologie (20) – 7. Definition der Soziologie (26) – 8. Wozu Soziologie? (28) – Literatur und Prüfungsfragen (31).

Erster Teil
SOZIOLOGISCHE BEGRIFFE UND FORSCHUNGSBEREICHE 33

1. Unterabschnitt
SOZIALES HANDELN UND
DER MENSCH 37

1. Kapitel
Die sozio-kulturelle Persönlichkeit
(die soziale Person) 37

1. Das menschliche Zusammenleben (37) – 2. Axiome des Sozialen (38) – 3. Soziabilität und soziale Person (39) – 4. Sozio-kulturelle Persönlichkeit (40) – 5. Rand-

persönlichkeit (40) – 6. Identität von Person und Sozialem (41) – 7. Soziologismus und Freiheit (42) – 8. Typen sozialer Personen (42) – Literatur und Prüfungsfragen (43).

2. Kapitel
Das soziale Handeln 44

1. Was heißt „sozial"? (44) – 2. Handeln und soziales Handeln (44) – 3. Handlungsmuster, Handlungsschema, soziale Beziehungen (45) – 4. Merkmale des Handlungsschemas (46) – 5. Regelmäßigkeit und Bedeutung (46) – 6. Bedeutungskriterien (46) – 7. Sitten, Bräuche, soziale Gewohnheiten (47) – 8. Verhaltensschema als Orientierungshilfe und Normvorschrift (48) – 9. Struktur, System, manifeste und latente Funktion, Dysfunktion (48) – 10. Macht, Herrschaft, Autorität, Führung, Establishment (49) – Literatur und Prüfungsfragen (52).

3. Kapitel
Einstellungen und Haltungen 53

1. Das Sherifsche Experiment (53) – 2. Was ist Einstellung und Haltung? (57) – 3. Wichtigkeit der Einstellungsbildung (58) – 4. Einstellungs- und Haltungstypen (59) – 5. Konsensus (60) – 6. Kathexis (60) – 7. Werte und Wertorientierungen (61) – 8. Soziale Prinzipien (61) – 9. Ideologie (62) – 10. Vorurteil, Werturteil (62) – 11. Stereotype (62) – 12. Öffentlichkeit und Propaganda (63) – 13. Ethnozentrismus (64) – 14. Kognitive Dissonanz (64) – 15. Konsensusexperiment von Salomon E. Asch (68) – Literatur und Prüfungsfragen (73).

4. Kapitel
Kategorien und Aggregate 75

1. Gleichförmigkeit (75) – 2. Statistische und soziale Kategorien (76). – 3. Soziale Identität (78) – 4. Manifeste und latente Identität (78) – 5. Das soziale Aggregat (79) – 6. Hauptarten der sozialen Aggregate (79) – Literatur und Prüfungsfragen (81).

5. Kapitel
Position-Status-Rolle 82

1. Verhaltensmuster als Struktureinheit des Sozialen (82) – 2. Position (83) – 3. Status (83) – 4. Zugeschriebener und erworbener Status (83) – 5. Status als Prestige (84) – 6. Statusverhalten (85) – 7. Soziale Rolle (85) – 8. Intra- und Interrollenkonflikt (86) – 9. Mechanismen zur Lösung von Rollenkonflikten (87) – Literatur und Prüfungsfragen (88).

6. Kapitel
Kultur und Gesellschaft 90

1. Zivilisation und Kultur (90) – 2. Verhältnis von Gesellschaft und Kultur (91) – 3. Kultur ist sozial (92) – 4. Kulturverschiedenheit und Subkultur (92) – 5. Kulturelle Verschiedenheit und Übereinstimmung (92) – 6. Inhalt der Kultur (93) – 7. Wirkungen der Kultur (93) – 8. Kultureller Wandel (94) – 9. Unterschied von Kultur und Gesellschaft (95) – Literatur und Prüfungsfragen (96).

2. Unterabschnitt
SOZIALES HANDELN UND GRUPPEN 97

7. Kapitel
Merkmale und Einteilung der Gruppe 98

1. Gruppenmerkmale (98) − 2. Gruppe, Kategorie, Aggregat, Paar-Beziehung, Gruppendefinition (99) − 3. Teilaspekte der Gruppentheorie (100) − Einteilung der Gruppen: 4. Gemeinschaft und Gesellschaft (Tönnies) (100) − 5. Quantitative Bestimmtheit (Simmel) (101) − 6. Primär- und Sekundärgruppe (Cooley), formelle und informelle Gruppe (102) − 7. Face-to-face-Beziehungen (103) − 8. Quantitative Merkmale (104) − 9. Qualitative Gesichtspunkte (104) − 10. „pattern variables" (106) − 11. Klassifikationsschema (106) − 12. Gurvitch-Kriterien (107) − 13. Referenz-Gruppe (107) − 14. Innen-Gruppe und Außen-Gruppe (108) − 15. Bezugsgruppenfunktionen (108) − Literatur und Prüfungsfragen (110).

8. Kapitel
Soziale Funktionen von Primär- und Sekundärgruppen 111

1. Funktionen der Primärgruppe (111) − 2. Familie (112) − 3. Freizeitgruppe (113) − 4. Informelle Gruppe (113) − 5. Elemente informeller Organisation (115) − 6. Funktionen von Sekundärgruppen (116) − 7. Leistungsvorteil von Sekundärgruppen (116) − 8. Zusammenhang von Primär- und Sekundärgruppen (117) − 9. Einsatz primärer Beziehungen (118) − Literatur und Prüfungsfragen (120).

9. Kapitel
Ergebnisse aus der Gruppen-Forschung 121

1. Normensystem und Konvergenzphänomen (121) − 2. Ferien-Experiment (Sherif) (123) − 3. Strukturierung von Gruppen (124) − 4. Rangdifferenzierung (125) − 5. Instrumentale und expressive Aktivitäten (125) − 6. Führungsstile (126) − 7. Primär-Gruppen in der deutschen Armee (127) − 8. Primärgruppen in Industrieunternehmungen (131) − Literatur und Prüfungsfragen (133).

10. Kapitel
Klassische Gruppentheorien 135
A. Die Gruppentheorie von C. G. Homans 135

1. Fünf Schichten (135) − 2. Äußeres und inneres System (136) − 3. Äußeres System und seine Verhaltenselemente (137) − 4. Inneres System und seine Verhaltenselemente (137) − 5. Tiefenbeziehungen (138) − 6. Modus der Entfaltung und Standardisierung (139) − 7. Struktur des inneren Systems (139) − 8. Rückwirkungen des inneren Systems auf das äußere (141).

B. Die soziometrische Analyse von J. Moreno 142

1. Das soziometrische System (142) − 2. Das soziogenetische Gesetz (143) − 3. Die soziometrische Struktur von Gruppen (144) − 4. Anspruchsniveau und Selbsteinschätzung (149) − 5. Das Gesetz des soziodynamischen Effektes (149) − 6. Intro-

vertierte und extravertierte Organisation (150) — 7. Beispiel (151) — 8. Integrationsgrad (151) — 9. Virulenzgruppen, Außenseitergruppen (151) — 10. Das Gesetz der sozialen Gravitation (152).

C. Die Interaktionsanalyse von R. F. Bales 152
1. Das Balessche Kategoriensystem (152) — 2. Das Gleichgewichtsproblem in Gruppen (154) — 3. Expressiver und instrumentaler Pol in Gruppen (158) — Literatur und Prüfungsfragen (159).

11. Kapitel
Die Gesellschaft 161

1. Biologische Reproduktion (163) — 2. Produktions-(Wirtschafts-)System und Technologie (164) — 3. Rollendifferential (164) — 4. Statusdifferenzierung (Schichtung) (165) — 5. Legitimation (166) — 6. Kommunikation (166) — 7. Orientierungssystem (167) — 8. Affektregulierung (170) — 9. Sozialisierung (171) — 10. Kontrolle abweichenden Verhaltens (172) — 11. Politische Integration (173) — Literatur und Prüfungsfragen (174).

3. Unterabschnitt
SOZIALES HANDELN UND INSTITUTIONEN 177

12. Kapitel
Sinn und Bedeutung der Institution 177

1. Gehlen (177) — 2. Sumner und Cooley (178) — 3. Malinowski (178) — 4. Basis-Institutionen (179) — 5. Struktur und Funktion (180) — 6. Institution und formale Gruppe (180) — 7. Sozialstruktur, institutionelle Konfiguration (180) — 8. Sozialer Wandel (181) — 9. Freiheit (181) — 10. Negative Seiten der Institution (182) — Literatur und Prüfungsfragen (182).

13. Kapitel
Die Familie 183

1. Die Familienfunktionen (183) — 2. Die Familienstruktur (184) — 3. Das Familiensystem (185) — 4. Trends in der modernen Familie (185) — Literatur und Prüfungsfragen (186).

14. Kapitel
Religiöse Institutionen 187

1. Religiöse Funktionen (187) — 2. Religiöse Funktionen in der modernen Gesellschaft (188) — 3. Religiöse Struktur (189) — 4. Religiöse Trends in der modernen Gesellschaft (190) — Literatur und Prüfungsfragen (191).

15. Kapitel
Ökonomische Institutionen 192

1. Funktionen der ökonomischen Institution (192) — 2. Kapitalismus, Zunftsystem, Industriesystem (193) — 3. Die Struktur der ökonomischen Institutionen (193) — 4. Ökonomische Probleme in der modernen Gesellschaft (194) — Literatur und Prüfungsfragen (195).

16. Kapitel
Politische Institutionen 196
1. Funktionen der politischen Institutionen (197) – 2. Modellvorstellungen (198) – 3. Die Struktur der politischen Institution (199) – 4. Trends in den modernen politischen Institutionen (200) – 5. Probleme der politischen Institutionen (200) – Literatur und Prüfungsfragen (201).

4. Unterabschnitt
SOZIALES HANDELN UND SOZIALE PROZESSE 203

17. Kapitel
Interaktion und sozialer Prozeß 203
1. Interaktion als menschliche Kontaktnahme (203) – 2. Arten von Interaktionen (204) – 3. Psychologische und soziologische Analyse (206) – Literatur und Prüfungsfragen (206).

18. Kapitel
Die sozialen Basis-Prozesse 207
A. Kooperation 207
1. Was ist Kooperation (207) – 2. Typen von Kooperation (208) – 3. Grad der Koordination (210) – 4. Kooperation außerhalb von Gruppen (211) – 5. Kooperationen größeren Umfangs (211) – 6. Zusammenfassung (211).

B. Opposition 212
1. Die inkompatible Situation (212) – 2. Der Prozeß der Opposition im allgemeinen (213) – 3. Der Wettbewerb (214) – 4. Konflikt (215) – 5. Typen und Zweck des Konfliktes (216) – 6. Beendigung von Konflikten (217) – 7. Zusammenfassung (217) – Literatur und Prüfungsfragen (219).

19. Kapitel
Anpassung 221
1. Prozesse der Koexistenz (221) – 2. Kontrahierende soziale Prozesse (222) – 3. Ausgleich und Versöhnung (223) – 4. Zusammenfassung (223) – Literatur und Prüfungsfragen (224).

20. Kapitel
Integrative Prozesse 225
1. Sozialisation (225) – 2. Ebenen der Sozialisation (226) – 3. Gehirnwäsche (227) – 4. Agenten (Instanzen) der Sozialisation (231) – 5. Techniken der Sozialisation (231) – 6. Ergebnis der Sozialisation (232) – 7. Zusammenfassung (233) – Literatur und Prüfungsfragen (234).

21. Kapitel
Prozesse der Differenzierung 235
1. Funktionale (berufliche) Differenzierung (235) – 2. Schichtung: Art der Interaktion (237), Kriterien der Klassenmitgliedschaft (237), Ziele der Interaktion (238),

Komplexität des Schichtungsprozesses (240), Soziale Klassen und Gruppen (240), Stand, Klasse, Schicht (241), Empirische Berichte (242), Fremdeinschätzung, Selbsteinschätzung, objektive Methode (246) — 3. Machtdifferenzierung: Entstehen von sozialer Macht und Autorität (246), institutionelle Macht (247), Unterschied zwischen spontaner und institutioneller Macht (248), Erwerb von Positionen innerhalb von Machtstrukturen (248), Zerfall und Desintegration von Machtstrukturen (249), Gegenstand von Machtstrukturen (250) — 4. Zusammenfassung (250) — Literatur und Prüfungsfragen (251).

Zweiter Teil

WISSENSCHAFTSTHEORIE UND METHODE 253

1. Unterabschnitt
WISSENSCHAFTSTHEORETISCHE ÜBERLEGUNGEN 255

22. Kapitel
Wissenschaftsbegriff 255

1. Wissenschaft und wissenschaftliches Erkennen (255) — 2. Material- und Formalobjekt (256).

23. Kapitel
Die Formulierung von Hypothesen 257

1. Auswahlprinzip (257) — 2. Hypothesen als Erwartungen (257) — 3. Problem der Induktion und der Hypothesenbildung (258) — 4. Logischer Status einer Hypothese (259) — 5. Überprüfbarkeit und Operationalisierung (259) — 6. Operativ und operational (260).

24. Kapitel
Verifizierung und Falsifizierung 261

1. Kriterium der Falsifizierbarkeit (261) — 2. Informationswert einer Hypothese/Theorie (262) — 3. Falsifikation (263) — 4. Prognose (264).

25. Kapitel
Ontologische Struktur, soziologische Gesetze 265

1. Das Kausalverhältnis (265) — 2. Multifaktorielle Interdependenz des sozialen Feldes (266) — 3. Soziologische Theorie und Theorie der Gesellschaft (266) — Literatur und Prüfungsfragen (266).

2. Unterabschnitt
DATENERHEBUNG
UND METHODEN 269

26. Kapitel
Meßtechnische Überlegungen 269

1. Bedeutung des Messens (269) — 2. Gültigkeit (269) — 3. Zuverlässigkeit und Repräsentanz (270) — 4. Meßinstrumente und Meßniveaus (271) — 5. Korrelationsanalyse (272) — Literatur und Prüfungsfragen (273).

27. Kapitel
Verschiedene Methoden 275

1. Einzelfallstudie (275) — 2. Experiment (275) — 3. Beobachtungsverfahren (276) — 4. Soziometrie (277) — 5. Indirekte Datengewinnung und Sekundärerhebung (278) — 6. Panel (278) — 7. Interview (279) — Literatur und Prüfungsfragen (280).

Anmerkungen 281
Personenverzeichnis 291
Sachverzeichnis 294

Literatur-Anerkennung

Folgenden Autoren ist der Verfasser besonders verpflichtet:

Bahrdt H. P., Wege zur Soziologie. Mit einem bibliographischen Schlußkapitel „Wege in die soziologische Literatur" von H. P. Dreitzel. München 1966.
Barley D., Grundzüge und Probleme der Soziologie. Eine Einführung in das Verstehen des menschlichen Zusammenlebens. Berlin 1966.
Berger P. L., Invitation to Sociology. A Humanistic Perspective. Anchor Books edition 1963 (Deutsch: Einladung zur Soziologie. Eine humanistische Perspektive. Freiburg 1969).
Bottomore T. B., Sociology. A Guide to Problems and Literature. London 1964.
Bouman P. J., Einführung in die Soziologie. Stuttgart 1960.

LITERATUR-ANERKENNUNG

Broom L. und *Selznick* P., Sociology. A Text with Adapted Readings. 1. Aufl. New York 1955, 3. Aufl. London 1965 (A Harper International Student Reprint).
Cuber J. F., Sociology. A Synopsis of Principles. New York 1963.
Cuvillier A., Kurzer Abriß der soziologischen Denkweise. Stuttgart 1960.
Elias N., Was ist Soziologie? München 1970.
Fichter J., Sociology. The University of Chicago Press 1957 (Deutsch: Grundbegriffe der Soziologie. Wien 1968).
Francis E. K., Wissenschaftliche Grundlagen soziologischen Denkens. Bern 1965.
Goulder A. W. und *Goulder* H. P., Modern Sociology. An Introduction to the Study of Human Interaction. New-York 1963.
Hunt E. F., Social Science. An Introduction to the Study of Society. New York 1966.
Inkeles A., What is Sociology. An Introduction to the Discipline and Profession. Englewood Cliffs, N. J. 1966.
Johnson H. M., Sociology. A Systematic Introduction. London 1964.
König R., Soziologie. Umgearbeitete und erweiterte Neuausgabe. Fischer-Bücherei. Frankfurt 1969.
Roncek J. S. und *Warren* R. L., Sociology. An Introduction. N. J. 1963.
Schneider P. K., Grundlegung der Soziologie. Stuttgart 1968.
Smelser N. J. (Hg.), Sociology. An Introduction. New York 1967.
Sutherland R. L., *Woodward* J. L., *Maxwell* M. A., Introductory Sociology. Chicago 1961.
Timasheff N. S., *Facea* P. W., *Schlereth* J. C., General Sociology. Milwaukee 1959.
Woods F. J., Introductory Sociology. New York 1966.

Vorwort zur sechsten Auflage

Dieses Buch soll eine erste Kontaktnahme mit der Soziologie ermöglichen. Wenn auch auf eine verständliche Sprache bewußt Wert gelegt wurde, so muß der Anfänger doch beachten, daß jede Wissenschaft ihre eigene Sprache spricht und die darin vorkommenden Begriffe daher einen gewissen ,,fremdsprachlichen" Eindruck vermitteln. Dabei wächst jedoch zunehmend das Erlebnis, mit Hilfe der neugelernten Sprache und Begriffe, Sichtweisen und Problemstellungen die eigene Umwelt und Gesellschaft in einer Art und Weise sehen zu lernen, wie es vorher nicht der Fall war. Insofern wird der bewußte und kritische Leser die Möglichkeit gewinnen, wenigstens die Anfangsgründe von dem in den Blick zu bekommen, was heute Gegenstand politischer Auseinandersetzungen und individueller Anpassungsschwierigkeiten geworden ist: die Strukturzusammenhänge des menschlichen Zusammenlebens in sozialen Gebilden, Gruppen und Institutionen. Das ,,kritische Bewußtsein" ist Voraussetzung einer mündigen Gesellschaft. Soziologische Kenntnisse sollen dem in der komplexen Gesellschaft lebenden Menschen das Gefühl geben, doch etwas mehr ,,dahinter" zu kommen.

So entsprach der Verfasser mit der Herausgabe dieser ,,Soziologie – Einführung und Grundlegung" einem während seiner Lehrtätigkeit an den Universitäten in Nürnberg-Erlangen, Bochum und jetzt in Linz von seiten der Studierenden oft genug an ihn herangetragenen Wunsch. Schließlich besteht nach der in letzter Zeit in größerem Umfang erfolgten Institutionalisierung der Soziologie an den Universitäten, Fachhochschulen und der vielfach sogar diskutierten Einführung der Soziologie als Lehrfach an den Oberstufen der Mittelschulen ein starkes Bedürfnis nach einer methodischen Einführung in den Gegenstand, in das Problembewußtsein und in die Forschungsmethoden der Soziologie.

Auch die interessierte Öffentlichkeit wird durch die hier gebotenen Darlegungen in die Lage versetzt, ihre in mancherlei Hinsicht fragwürdigen Vorstellungen über die Soziologie zu korrigieren.

Daß nach der 1. Auflage dieses Buches am Ende des Jahres 1970 jetzt bereits die 6. Auflage notwendig wird, zeigt dem Verfasser die Richtigkeit der Konzeption seiner Einführung. Schließlich ist in der Zwischenzeit eine ganze Reihe von Einführungen in die Soziologie erschienen, aber keine davon, soweit sie mir bekannt geworden sind, ließ sich von den für mich so wichtigen didaktischen Gesichtspunkten leiten. Wenn es auch für den Soziologie-Lehrenden wie für den Soziologie-Studierenden als Notiz wichtig sein mag, daß der hier gebotene Stoff etwa einer zweistündigen Vorlesung über zwei Semester hinweg entspricht, so ist doch für das didaktische Konzept grundlegend, daß Wiederholungen, Zusammenfassungen, Kataloge von Prüfungs-(Kontroll-)Fragen, weiterführende Literaturhinweise und vor allem die Kapitelfolge eine transparente Systematik des dargebotenen Stoffes vermitteln, die sowohl Verständnis und Vertiefung erleichtern wie auch die Lernmotivation fördern soll. So haben auch die angeführten Autoren, Theorien und Lehrmeinungen paradigmatischen Charakter und beabsichtigen nicht, den jeweils letzten Stand der einschlägigen Forschungspositionen zu markieren.

Für viele Anregungen, die mir seit dem Erscheinen der 1. Auflage zugegangen sind, habe ich zu danken. Leider ist es mir bis jetzt nicht möglich gewesen, eine in Aussicht genommene Neubearbeitung in Weiterführung des Gebotenen, aber unter Erweiterung der theoretischen Grundlage des Buches vorzulegen. So muß ich noch um etwas Geduld bitten. Jedenfalls bin ich den Fachkollegen sehr verpflichtet, deren Arbeiten ich vielfältige Anregungen entnommen habe. Innerhalb und am Schluß der einzelnen Kapitel, aber auch in der „Literaturanerkennung" habe ich dies deutlich gemacht.

Linz/Donau, Oktober 1974 *J. Wössner*

Einleitung

Was ist Soziologie?

1 Der Name „Soziologie" geht auf den französischen Sozialphilosophen Auguste *Comte* (1798–1857) zurück. In seinem mehrere Bände umfassenden Werk über „Die positive Philosophie" entwickelte er die Meinung, daß das rationale Wissen über das menschliche Zusammenleben so weit fortgeschritten sei, daß es durch eine neue Wissenschaft systematisch kodifiziert und durch methodische Weiterentwicklung zur praktisch-politischen Steuerung von Gesellschaften im Sinne einer Sozialtechnik verwendet werden könnte („Savoir pour prévoir, et prévoir pour prévenir").
Die von *Comte* konzipierte Wissenschaft sollte seiner Meinung nach ein neues Zeitalter einleiten. Nach Überwindung einer vorausgegangenen theologischen und metaphysischen Epoche folge jetzt eine „positive" Ära, deren Charakteristikum eine neue „wissenschaftliche" Disziplin sei, die analog zur Physik in den Naturwissenschaften, „soziale Physik" oder „Soziologie" heißen sollte.

2 Schon mit diesem Hinweis wird deutlich, daß die Soziologie von Anfang an Gefahr lief, sich nur als eine wissenschaftliche Methode zur Änderung von Gesellschaften zu verstehen. Dieses Mißverständnis wurde dadurch noch verstärkt, daß Frühsozialisten, Karl *Marx* und Sozialreformer aller Schattierungen als typische Vertreter der aufkommenden Soziologie angesehen wurden. In Wirklichkeit kam jedoch die anfängliche Unklarheit und Unsicherheit darüber, was Soziologie ihrem Gegenstandsbereich und ihrem methodischen Ansatz nach eigentlich ist, einmal davon her, daß der Anfang jeder Wissenschaft in seinen Konturen unscharf ist. Jeder neue wissenschaftliche Aspekt profiliert sich anderen Disziplinen gegenüber nur langsam; in unserem Falle insbesondere gegenüber der Sozialphilosophie, Gesellschaftskritik, Ethik,

WAS IST SOZIOLOGIE?

Moral, Staatswissenschaft usw. Zum anderen wurde aber das Verständnis der Soziologie dadurch erschwert, daß sich ihre Fragestellung gerade auch aus Themen entfaltete, mit denen sich ebenfalls Sozialreform, Gesellschaftskritik, Moral und Ethik beschäftigten: mit der Ursache und der Struktur von Armut in den Städten, mit der Durchleuchtung von Selbstmordstatistiken und Verhaltenweisen von Arbeitslosen, mit der Analyse sozialer Schichten (Klassen) und deren Einfluß auf Denk- und Verhaltensgewohnheiten einschließlich entsprechender politischer Auswirkungen, mit der Problematik der Arbeitsteilung, mit Fragen der Verstädterung, Industrialisierung usw.

Aus dieser zweifachen Schwierigkeit heraus — Verwechslung mit Sozialismus einerseits, thematische Abgrenzung anderen Wissenschaften gegenüber andererseits — fand die Soziologie erst langsam ihren Gegenstand und die Anerkennung als Wissenschaft[1]. Wenn wir als Wissenschaft das von einer Gruppe von Menschen (Wissenschaftlern) nach anerkannten Regeln methodisch gewonnene und systematisch geordnete Wissen bezeichnen, so ist in einer einführenden Grundlegung der Wissenschaft der Soziologie darzutun, worauf sich dieses Wissen bezieht und mit welchen Methoden (Regeln) es erarbeitet wird.

3   Von einer selbständigen und neuen Wissenschaft kann also erst dann gesprochen werden, wenn sie ein ihrem Gegenstand entsprechendes und von einer Gruppe von Menschen, eben von einem neuen Typ von Wissenschaftlern anerkanntes Begriffssystem geschaffen hat. In der Erarbeitung eines solchen Begriffssystems treten verschiedene Schulmeinungen auf und lösen einander ab. Hierin kommt zum Ausdruck, daß Wissenschaft einem ständigen Entwicklungs- und Differenzierungsprozeß unterliegt. So kommt es, daß sich im Rahmen dieses Prozeßobligates von Wissenschaft jeder Wissenschafter hüten wird, wissenschaftliche Ergebnisse als letzte Wahrheiten auszugeben. Vielmehr ist sich der Wissenschaftler der Vorläufigkeit seiner Erkenntnisse und der vordergründigen Richtigkeit seiner Ergebnisse voll bewußt. Das um so mehr, als er jeweils nur einen Teilaspekt des Daseinszusammenhangs betrachtet und so notwendigerweise in der Gesamterfassung seines Gegenstandes auf andere Wissenschaften angewiesen ist, wobei allerdings auch dann noch die „Sinnfrage" (Wahrheit) an den Gesamtgegenstand (metawissenschaftlich) gestellt werden kann. So ist z. B. das Phänomen „Mensch" von der Biologie, Psychologie, Soziologie, Anthropologie usw. erforscht worden, was aber das „Ganze" soll, was demnach der „Sinn" des Menschen ist, das transzendiert die Einzelwissenschaften und läßt Interpretationsschemata von Glaubens- und Wertsystemen zu. In diesem Sinne ist und bleibt die aufkommende Soziologie eine Teildisziplin.

4   Was die Soziologie als Wissenschaft im Sinne eines von ihr entwickelten Begriffssystems und eines entsprechenden methodischen Instrumentariums anbelangt, so muß von einer verhältnismäßig noch jungen Wissenschaft gespro-

chen werden. Wenn man allerdings davon ausgeht, daß sich die Soziologie mit den Bedingtheiten des menschlichen Zusammenlebens befaßt, dann existiert ihr Gegenstand (implizit) bereits von dem Zeitpunkt an, wo Menschen überhaupt zusammenleben. Soll es jedoch zu einer (expliziten) Wissenschaft über dieses Zusammenleben kommen, so ist dieses historische Erscheinen der Soziologie von verschiedenen, zusätzlichen Voraussetzungen abhängig:

1. Soziologie als Wissenschaft von den Bedingungen des menschlichen Zusammenlebens wird sich innerhalb einer bestimmten Gesellschaft und Kultur erst dann zur Entfaltung bringen können, wenn der Glaube an die Unverrückbarkeit eingelebter Sitte und Tradition als Steuerungsmechanismen des menschlichen Zusammenlebens erschüttert ist, wenn also die theologische (gottgewollte) und metaphysische (naturgewollte) Garantie und Legitimität bestehender Sozial- und Gesellschaftsordnungen in Zweifel gezogen wird und wenn man deshalb darangeht, rationale und systematisch angelegte Überlegungen und Forschungen anzustellen, um vorhandene soziale Verhältnisse und Lebenslagen in ihrer Verursachung, in ihrer ideologischen Begründung, mit ihren Macht- und Herrschaftsstrukturen einsichtig und transparent zu machen (Enthüllungsfunktion der Soziologie). Erst dann ist nämlich eine kritische und verantwortliche Entscheidung von seiten einer Gesellschaft, ihrer Gruppen und ihrer Einzelmitglieder möglich, ob man solche Zustände haben will oder ob man auf Abänderungen bestehen muß.
Besteht also der Wille innerhalb einer Gesellschaft, sich selbst, die gesellschaftliche Struktur und die Bedingungen ihrer Verwirklichung kennenzulernen, so ist die Soziologie ein wichtiges Instrument dazu. In diesem Sinne kann die Soziologie das methodische und kritische Bewußtsein einer Gesellschaft genannt werden (Kritische Funktion der Soziologie)[2].

2. Ein solch systematisch entwickeltes und methodisch gewonnenes Bewußtsein wird dann notwendig, wenn das menschliche Zusammenleben sehr komplex geworden ist und nicht mehr unmittelbar voll überschaut und erlebt, sondern nur noch abstrakt, durch ein Begriffssystem und die damit möglichen Informationen vermittelt und einsichtig gemacht werden kann. Mit anderen Worten: Die Erscheinung des „Begriffes" Soziologie hängt damit zusammen, daß das menschliche Zusammenleben e x t e n s i v (Zahl der Menschen, die in einer Gesellschaft und Kultur zusammenleben) und i n t e n s i v (arbeitsteilige, durch Lern- und Ausbildungsprozesse kulturtechnisch hochstrukturierte Gesellschaft) einen solch komplexen Konzentrationsgrad erreicht hat, daß das Bedürfnis nach einer bewußten und systematischen Information zur Steuerung der Gesellschaft aufgekommen ist (Informationsfunktion der Soziologie).

3. Die Soziologie wird sich nur dort in Forschung und Lehre entfalten können, wo sie keinen ideologischen (politischen) Kontrollen und Beschrän-

kungen unterworfen wird. In diesem Sinne ist der wissenschaftliche Charakter der Soziologie lange Zeit verkannt worden. Man wollte in ihr, wie bereits eingangs betont, ein Instrument zur Umgestaltung und Revolutionierung von Gesellschaftsordnungen sehen. Dieses Mißverständnis hat sich jedoch als die kritische Funktion der Soziologie innerhalb der Gesellschaft aufgeklärt. Trotzdem kann aus der historischen Entwicklung der einzelnen nationalen Gesellschaften abgelesen werden, daß in traditionalistischen, rational nicht aufgeschlossenen, stark ideologisierten Gesellschaften die Soziologie nicht nur schwer Eingang findet, sondern auch kaum eine großzügige Unterstützung und Entfaltung erfährt. Meist wird die Soziologie in solchen Gesellschaften nur insoweit toleriert, als sie den Status quo oder die Interessen von herrschenden Gruppen zu unterstützen geneigt ist (Konservierungs- oder Stabilisierungsfunktion der Soziologie).

4. Damit, daß die Soziologie Informationen über die Gesellschaft liefern und so über die Bedingtheiten des menschlichen Zusammenlebens aufklären kann, und damit, daß sie ein kritisches Bewußtsein dem Status quo gegenüber erreichen will, um so zu möglichst rationalen Verhaltensweisen anzuregen, ist jedoch noch nicht alles gesagt. Es bleibt noch ein zentraler Punkt übrig. Die Soziologie versucht nämlich, über die bereits erwähnten Funktionen hinaus zwischen den methodisch aufbereiteten Informationen Zusammenhänge nachzuweisen und zu erklären. Denn durch solche methodisch gesicherte Erklärungen von Zusammenhängen zwischen sozialen Fakten wird die Möglichkeit geboten, hinsichtlich von künftig zu erwartenden oder auch bewußt angestrebten sozialen Bedingungs-Zusammenhängen Prognosen aufzustellen darüber, welche erwünschten oder unerwünschten (alternativen) Ergebnisse, beim Einsatz von verschiedenen Mitteln, zu erwarten sind (Theoretische Funktion).

5 Die Arbeits- und Entwicklungsbedingungen der Soziologie sind demnach dann vorhanden, wenn der komplexe Charakter einer Gesellschaft nach einer Wissenschaft verlangt, die Informationen, kritisches Bewußtsein und theoretische Erklärungen über die Bedingtheiten des menschlichen Zusammenlebens zu liefern in der Lage ist. Eine solche Gesellschaft ist gewillt, sich nicht zu konservieren, sondern mit Hilfe von Wissenschaft sich erkennen, sich verbessern und sich wandeln zu wollen.

Diese Zusammenhänge lassen sich noch von einer weiteren Überlegung her einsichtig machen. Wir können von verschiedenen Dimensionen der soziologischen Betrachtungsweise sprechen. Die enthüllende, informative, kritische und theoretische Funktion der Soziologie findet sich in den Dimensionen einer soziologischen Betrachtungsweise von Begriffen und in soziologischen Begriffen wieder. Es gehört zu einem der ersten und erregendsten Erlebnisse desjenigen, der sich mit der Soziologie beschäftigt, daß er aus dem diffusen, unreflektierten und wie von selbst ablaufenden Kontinuum des menschlichen Zusammenlebens mit Hilfe der soziologischen Betrachtungsweise und anhand soziologischer Begriffe Aspekte entdeckt, die es ermöglichen, nicht nur die eigene Persönlichkeit, sondern auch einzelne soziale Gruppen und Institutionen in einem Zusammenhang zu sehen, der nicht selbstverständlich und natürlich ist, sondern der jeweils von der vorhandenen Kultur und von sozialen Machtverhältnissen, d. h. aber von der politischen und ideologischen Macht des Menschen und menschlicher Gruppen, mit abhängig ist.

So gesehen, wird dem Studenten der Soziologie klar, daß durch die von ihm zu erlernende Betrachtungsweise und durch die Einübung in soziologische Begriffe das diffuse soziale Kontinuum im Sinne des menschlichen Zusammenlebens nicht nur Sachverhalte beschreibt (informative Funktion), sondern daß mit den gelernten Begriffen und durch die eingeübte Betrachtungsweise auch Motivationen, Wertungen und Einstellungen erhoben werden und so Stellungnahmen von Gesellschaftsmitgliedern initiiert werden, die ihrerseits wiederum ein bestimmtes Verhalten auslösen, welches schließlich durch Belohnungen oder Bestrafungen (Sanktionen) an die Einstellungen bzw. Wertungen der Gesellschaft und ihrer Gruppen rückgekoppelt ist. (Die damit mögliche Verhaltenserklärung kann im Zusammenhang mit der oben beschriebenen theoretischen Funktion der Soziologie gesehen werden.)

Menschliches Zusammenleben als diffuses Kontinuum
↓
SOZIOLOGISCHE BETRACHTUNGSWEISE (Dimensionen): sieht

Sachverhalte   Bewertung   Verhalten (Sanktionen)

SOZIOLOGISCHE BEGRIFFE (Funktionen): machen möglich

Information   Kritik   Erklärung (Prognose)

Menschliches Zusammenleben als begriffene (transparente) Ordnung

Schon in der Begriffssprache des Alltags findet man (implizit) die genannten Dimensionen und Funktionen. Etwa, wenn wir von Geburtenkontrolle, von Familienplanung, von einem Arzt, von einem Arbeiter usw. sprechen. Mit diesen Begriffen isolieren und beschreiben wir nicht nur bestimmte Sachverhalte und Rollenerwartungen, sondern bewerten die damit verbundenen Dinge und Personen entsprechend unseren persönlichen oder sozial vorgegebenen Einstellungen (Wertorientierungen). Wir antizipieren mit diesen Begriffen bestimmte, damit zusammenhängende Verhaltensweisen, die,

WAS IST SOZIOLOGIE?

wenn sie nicht „entsprechend" ausfallen, von uns belächelt, abgewertet, ignoriert oder, wenn sie unseren Erwartungen „entsprechen", von uns belohnt, mit Prestige versehen, als nachahmenswert, jedenfalls dann positiv sanktioniert werden.
Dieses begriffliche Strukturschema von Wissen (beschreibende Unterscheidung von Personen, Gruppen und Sachverhalten, insgesamt also Information), Bewertung (im Sinne von „Bedeutung", „Sinn", „Wichtigkeit", eine „Einstellung" haben) und Verhaltenserwartungen mit den dazugehörigen positiven und negativen Sanktionen ist für den Aufbau und den Zusammenhang einer soziologischen Betrachtungsweise und eines soziologischen Begriffssystems wichtig und wird uns immer wieder begegnen[3].

6 Nach dieser Beschreibung von Dimensionen einer soziologischen Betrachtungsweise müssen wir nun den Gegenstand der Soziologie näher definieren. Der beste Weg dazu ist der, daß wir zunächst auf das blicken, was die Soziologen tun, womit sie sich beschäftigen[4]. Daraus können wir dann Anhaltspunkte gewinnen für eine Definition des Gegenstandes der Soziologie. Es bieten sich hiefür folgende Quellen an:

1. der Inhalt von Lehrbüchern und akademischen Lehrveranstaltungen;
2. die Befragung von Soziologen, um herauszubekommen, mit welchen Gebieten sie sich beschäftigen;
3. Forschungen, die Soziologen betreiben, und Themen, die auf soziologischen Fachkongressen, in Fachbüchern und in Fachzeitschriften abgehandelt werden.

1. Inhalt von Lehrbüchern und akademischen Lehrveranstaltungen

Professor *Hornell Hart* fand für die amerikanische Soziologie, dort gilt die Soziologie als am weitesten entwickelt, 12 Themen heraus, die, von Lehrbüchern her gesehen, das Forschungsfeld der Soziologie umreißen. Es sind dies: wissenschaftliche Methodologie der Soziologie, die Persönlichkeit in der Gesellschaft, Kultur, Gruppen, Bevölkerung, Kaste, Klasse, Rasse, Sozialer Wandel, Wirtschaft, Familie, Erziehung und Religion. Daneben finden sich Themen wie „Soziale Probleme", „Städtische und ländliche Gemeinde", „Politik" usw.
Natürlich wird in den Lehrbüchern in der Betonung der Schwerpunkte voneinander abgewichen. Trotz dieser zum Teil auch wesentlichen Differenzen zeigt doch der Umstand, daß in den Lehrbüchern mehr oder weniger identische Inhalte vermittelt werden, wieweit die Soziologie sich über ihren Forschungsgegenstand einig geworden ist. Man kann daraus die Folgerung ziehen, daß es einen soliden und wohldefinierten Kernbestand von Forschungsgegenständen der Soziologie zu geben scheint, der in

weiterem oder geringerem Umfang in fast allen Lehrbüchern abgehandelt wird [5].

Überblick über die Hauptforschungsgegenstände der Soziologie

1. *Soziologische Analyse*
Menschliche Kultur und Gesellschaft
Soziologische Perspektive (bzw. die Problemsicht der Soziologie)
Wissenschaftliche Methode der Sozialwissenschaft

2. *Primäre Einheiten des gesellschaftlichen Lebens*
Soziale Handlungen und soziale Beziehungen
Die soziale Persönlichkeit
Gruppen (einschließlich Klassen und Stämme)
Stadt- und Landsoziologie
Verbände und Organisationen
Bevölkerung
Gesellschaft

3. *Grundlegende soziale Institutionen*
Familie und Verwandtschaft
Wirtschaft
Politik und Gesetzgebung
Religion
Erziehung und Wissenschaft
Freiheit und soziale Sicherheit
Ästhetik und Kunst

4. *Grundlegende soziale Prozesse*
Differenzierung und Schichtung
Kooperation, Akkommodation, Assimilation
Sozialer Konflikt (einschließlich Revolution und Krieg)
Kommunikation
Sozialisation
Soziales Wertsystem (das Studium der Werte)
Soziale Kontrolle
Soziale Abweichung (Verbrechen, Selbstmord usw.)
Soziale Integration
Sozialer Wandel [6]

Was die akademischen Lehrveranstaltungen in Soziologie betrifft, so konnten wir in einer eigenen Untersuchung folgendes Soziologie-Angebot an deutschen Hochschulen feststellen [7]:

Soziologie-Frequenz an deutschen Hochschulen [8]

1. Sozialpsychologie, Kleingruppenforschung (626)
2. Erziehung, Bildung, Erwachsenenbildung (540)
3. Geschichts- und Sozialphilosophie (501)
4. Forschungstechniken, Methoden, Empirische Sozialforschung (472)
5. Soziale Hypothesen, Theorien, Begriffe (377)
6. Politische Soziologie (357)
7. Industrie und Betrieb (322)
8. Allgemeine Geschichte der Soziologie (285)

9. Schichtung und Mobilität (276)
10. Religionssoziologie (209)
11. Wirtschaftssoziologie (182)
12. Arbeit und Beruf (181)
13. Sozialer Wandel, Entwicklungssoziologie (173)
14. Jugend und Kindheit (153)
15. Familie und Ehe (147)
16. Kultur und Kunst (147)
17. Wissenschaftstheorie (145)
18. Massenkommunikation (131)
19. Wissen und Ideologie (111)
20. Verbandssoziologie (103)
21. Rechtssoziologie (81)
22. Stadtsoziologie (78)
23. Abweichendes Verhalten, Kriminalsoziologie (66)
24. Ethnosoziologie, Sozial- und Kulturanthropologie (62)
25. Stand und Entwicklung der Soziologie in einzelnen Ländern (61)
26. Öffentliche Meinung (56)
27. Gemeindesoziologie (48)
28. Organisationssoziologie (48)
29. Soziopsychiatrie (46)
30. Soziale Konflikte (46)
31. Literatursoziologie (31)
32. Militärsoziologie (22)
33. Allgemeine Sozialforschung (21)
34. Freizeit und Sport
35. Vorurteile und Minoritäten (20)
36. Medizinsoziologie (19)
37. Wissenschaftssoziologie (14)
38. Soziologie der Sexualität (13)
39. Tiersoziologie (13)
40. Soziologie der Sprache (11)
41. Landsoziologie (10)
42. Soziologie des Alters (8)
43. Migration (8)
44. Soziologie der Angestellten (5)

Soziologie-Profile an deutschen Hochschulen

Als Soziologie-Profil verstehen wir die Präferenz (Auswahl) und die Betonung bestimmter Fächer innerhalb der soziologischen Fachgebiete, wie sie von einzelnen Hochschulen vorgenommen werden, gemessen an der Häufigkeit ihres Angebotes in Vorlesungen, Seminaren und Übungen. Als Beispiel mögen die Hochschulen München, Hamburg, Köln, FU Berlin und Frankfurt dienen[9] (vgl. die Aufstellung auf Seite 24 und 25).

2. Womit identifizieren sich Soziologen?

Man könnte sagen, Lehrbücher und akademische Lehrveranstaltungen seien für Studenten geschrieben bzw. angeboten worden und darum kein echtes Spiegelbild dessen, womit sich eine Wissenschaft tatsächlich beschäftigt.

Um jedoch zu erfahren, womit sich professionalisierte Soziologen beschäftigen, hat die Amerikanische Gesellschaft für Soziologie verschiedene Male

(1950 und dann wiederum 1959) entsprechende Untersuchungen angestellt. Dabei wurde jedes Mitglied der Soziologischen Gesellschaft aufgefordert, drei Gebiete der Soziologie zu benennen, in welchen es sich in Lehre und Forschung qualifiziert fühlte. Jedem Soziologen stand es dabei frei, seinen Kompetenzbereich in seiner eigenen Terminologie zu beschreiben, so daß die auftauchenden Kategorien nicht vorher festgelegt waren.

Die auf diese Weise von den Gelehrten insgesamt genannten Forschungsfelder stimmten weitgehend mit denjenigen überein, die wir bereits als Inhalt der Lehrbücher kennengelernt haben. Daraus kann der Schluß gezogen werden, daß die Autoren der Lehrbücher mehr oder weniger die Gegenstände beschreiben, die auch das Interesse der meisten Soziologen finden. Natürlich darf der Versuch der Befragung einzelner Soziologen mit der Absicht, eine definitive Antwort auf die Frage zu finden, was der Gegenstand der Soziologie ist, nicht überbewertet werden. Denn was die Soziologen heute tun, kann sich schwerpunktmäßig morgen ändern. So ist z.B. erst neuerlich das Interesse an der Soziologie der Freiheit, der Friedensforschung, der Bildung oder der Medizin besonders stark erwacht. Auch wirken staatliche Maßnahmen (etwa Arbeitsmarktpolitik, Gesundheitspolitik, Sozialpolitik) auf die Stimulierung soziologischer Interessen ein. Im ganzen gesehen bleibt jedoch die Liste der verschiedenen Gebiete, die zum Gegenstandsbereich der Soziologie gehören, relativ konstant.

3. Forschungen und Fachthemen

Man könnte auch sagen, daß man sich bei dem Versuch, die zentralen Anliegen einer Wissenschaft zu erfahren, an die eigentlichen Kapazitäten und Autoritäten des Faches wenden müsse und nicht bloß das durchschnittliche Interesse an bestimmten Gegenstandsbereichen von Mitgliedern der Soziologen-Zunft reflektieren sollte. Man könnte nämlich einwenden, daß das „Interesse" an soziologischen Themen als solches sich noch keineswegs durchzusetzen brauche. Kapazitäten und Autoritäten eines Fachs würden an ihren Beschäftigungsbereichen viel deutlicher erkennen lassen, was zentrale Gegenstände eines Faches sind. Wer jedoch zu diesem elitären Kreis zählt, läßt sich nicht immer leicht feststellen. Sicherlich zählen aber zu den führenden Leuten einer wissenschaftlichen Disziplin diejenigen, die Beiträge in den wichtigsten soziologischen Fachzeitschriften veröffentlichen und bei der Gestaltung von Fachkongressen eine wichtige Rolle spielen. Auf folgendem Schema erscheinen die Themen, die z.B. in der Amerikanischen Gesellschaft für Soziologie in den Jahren 1955-1965 behandelt wurden [10].

Gegenstände auf Soziologie-Kongressen
(Amerikanische Gesellschaft für Soziologie 1955—1965)
Industriesoziologie
Familiensoziologie
Kommunikationssoziologie und Soziologie der öffentlichen Meinung

WAS IST SOZIOLOGIE?

	München	Hamburg	Köln	Berlin (FU)	Frankfurt
1	Erziehung und Bildung, Erwachsenenbildung (16)	Forschungstechniken, Statistik, Methoden (25)	Forschungstechniken, Statistik, Methoden (45)	Soziale Hypothesen, Theorien, Begriffe (22)	Erziehung und Bildung, Erwachsenenbildung (43)
2	Forschungstechniken, Statistik, Methoden (14)	Industrie und Betrieb, Betriebssoziologie (6)	Erziehung und Bildung, Erwachsenenbildung (20)	Forschungstechniken, Statistik, Methoden (21) Politische Soziologie (21)	Soziale Hypothesen, Theorien, Begriffe (22)
3	Soziale Hypothesen, Theorien, Begriffe (11)	Religionssoziologie (6)	Arbeit und Beruf (10)	Erziehung, Bildung, Erwachsenenbildung (18)	Forschungstechniken, Statistik, Methoden (22)
4	Sozialer Wandel, Entwicklungssoziologie (9)	Allgemeine Geschichte der Soziologie (5)	Soziale Hypothesen, Theorien, Begriffe (8)	Allgemeine Geschichte der Soziologie (12)	Allgemeine Geschichte der Soziologie (12)
5	Allgemeine Geschichte der Soziologie (6) Industrie und Betrieb (6) Wirtschaftssoziologie (6)	Wissen und Ideologie, Wissenssoziologie (5)	Familie und Ehe (8)	Sozialer Wandel, Entwicklungssoziologie (11)	Jugend (12)
6	Medizinsoziologie (5) Organisationssoziologie, Verwaltung (5)	Wissenschaftstheorie (4)	Massenkommunikation, Soziologie des Films (8)	Schichtung, Mobilität, Sozialstruktur (8)	Politische Soziologie (10)
7	Politische Soziologie (4)	Soziale Hypothesen, Theorien, Begriffe (4)	Politische Soziologie (7)	Wissenschaftstheorie (7) Industrie und Betrieb (7)	Schichtung und Mobilität, Struktur (10)

WAS IST SOZIOLOGIE?

8	Wissenschaftstheorie (3) Familie (3) Kultur und Kunst (3) Massenkommunikation, Literatursoziologie (3)	Erziehung und Bildung (4) Jugend (4)	Religionssoziologie (5)	Rechtssoziologie (6) Verbandssoziologie (6)	Industrie und Betrieb (9) Massenkommunikation, Massenmedien (9)
9	Beruf (2) Jugend (2) Schichtung und Mobilität (2)	Massenkommunikation (3) Schichtung und Mobilität, Struktur (3)	Betrieb (4)	Familie (5) Religionssoziologie (5) Wirtschaftssoziologie (5)	Familie (7)
10		Abweichendes Verhalten, Kriminalsoziologie, Soziologie der Außenseiter (2) Arbeit und Beruf (2)	Sozialer Wandel, Entwicklungssoziologie (4)	Jugend (4) Kultur (4) Stadtsoziologie, Städtebau (4)	Wirtschaftssoziologie (6)
11		Familie (2) Gemeindesoziologie (2) Sozialer Wandel, Entwicklungssoziologie (2) Militärsoziologie (2) Literatursoziologie (2)	Wissenschaftstheorie (3) Abweichendes Verhalten (3) Jugend (3) Ideologie (3)	Organisationssoziologie (3)	Abweichendes Verhalten, Kriminalsoziologie (5) Organisationssoziologie (5) Verbandssoziologie (5)
12			Allgemeine Geschichte der Soziologie (2) Kultur (2) Schichtung, Struktur (2)	Arbeit (2) Wissenschaftssoziologie (2) Landsoziologie (2) Soziologie Lateinamerikas (2)	Gemeindesoziologie (4)
13					Stadtsoziologie, Städtebau (3) Vorurteile und Minoritäten (3) Wissen (3) Arbeit und Beruf (3)
14					Wissenschaftstheorie (2)

WAS IST SOZIOLOGIE?

Soziologie der Rasse und der ethnischen Beziehungen
Sozialpsychologie
Erziehungssoziologie
Soziologie der Volksbildung und der Freiheit
Religionssoziologie
Bevölkerungssoziologie
Soziologie der Anpassung (Mental Health)
Soziologie der Kleingruppen
Soziologie der Sozialstruktur
Wissenssoziologie
Politische Soziologie
Geschichte der Soziologie
Soziologische Methodologie
Soziologie des sozialen Wandels
Arbeits- und Berufssoziologie
Soziologische Theorie
Soziologie der sozialen Schichtung
Medizinsoziologie
Gemeindesoziologie
Kunstsoziologie
Soziologie komplexer Organisationen
Soziologie der sozialen Desorganisation und der Abweichung
Entwicklungs- und Planungssoziologie
Rechtssoziologie
Literatursoziologie
Stadtsoziologie
Ländliche Soziologie
Soziologie der internationalen Beziehungen
Soziologie des Verbrechens und der Jugendkriminalität
Statistik und quantitative Soziologie
Soziologie der verschiedenen Lebensalter
Kollektives Verhalten
Militärsoziologie
Musiksoziologie
Fürsorgesoziologie (Welfare)
Soziologie der Massengesellschaft [11]

7 Wir haben uns bis jetzt einen gewissen Eindruck verschafft, welchen Umfang die soziologische Forschung angenommen hat, von welchen Bedingungen es abhängt, daß sich in einer Gesellschaft die Soziologie entfalten kann und welche Funktionen und Dimensionen mit dem soziologischen Begriffssystem gegeben sind.
Es obliegt uns im folgenden nun noch die Aufgabe, den Gegenstand der Soziologie zu definieren.
Eine Definition kann zu weit oder zu eng sein. Wenn wir sagen, die Soziologie befasse sich mit den Bedingtheiten des menschlichen Zusammenlebens, mit der Gesellschaft oder mit dem sozialen Handeln, so wird man einwenden können, daß dies auch andere Wissenschaften tun, etwa die Volkswirtschaft,

die Rechtswissenschaft, die Bevölkerungslehre, die Geschichtswissenschaft usw. Eine derartige Definition würde also das Spezifische der Soziologie nicht erkennen lassen. Andererseits ist etwa eine Definition der Soziologie als Wissenschaft, die sich mit der Entstehung und Wirkungsweise von Gruppen beschäftigt, zu eng. Unsere Definition soll so umfassend wie gleichzeitig auch spezifisch sein, daß sie sich ihrem Inhalt nach nicht nur deutlich von anderen Wissenschaftsgegenständen unterscheidet, sondern auch gleichermaßen den Umfang des soziologischen Forschungsbereiches erkennen läßt, wie wir ihn in unseren vorausgegangenen Überlegungen aufgewiesen haben.

Soziologie kann daher heißen: **die Wissenschaft vom sozialen Handeln des Menschen, insofern dieses in Gruppen und Institutionen einer bestimmten Gesellschaft und Kultur durch soziale Prozesse geprägt wird.**

Damit ist gesagt, daß wir den Menschen insofern betrachten, als er in einem Abhängigkeitsverhältnis und damit in einem Beziehungsfeld mit anderen Menschen steht. Durch dieses Beziehungs- und Abhängigkeitsverhältnis wird deutlich, daß der Mensch nicht vereinzelt existiert, sondern mit, durch und in Gruppen handelt. Aber das menschliche Handeln und damit auch das Gruppenhandeln weist seinerseits wiederum verschiedene Aktivitätsstrukturen auf, die wir soziale Prozesse nennen. Schließlich sind das, was durch diese sozialen Prozesse verwirklicht werden soll, Ziele, Zwecke, Bedürfnisse und Werte von Menschen und Gruppen, die ihrerseits objektiviert werden müssen, um in dieser objektivierten Form (sozial) konsumiert werden zu können.

Diesen Objektivierungsprozeß bzw. die sozial entstehenden Objektivationen menschlicher Bedürfnisse (Werte, Ziele, Zwecke, Interessen) nennen wir Institutionalisierung bzw. Institutionen. Wir können sie in allen Gesellschaften als konstante Faktoren des menschlichen Zusammenlebens finden; sie variieren aber jeweils nach einer bestimmten historischen und geographischen Situation innerhalb einer bestimmten Kultur. Eine Wirtschaft, heterosexuelle Beziehungen, Sitten und Bräuche usw. wird es in jeder Gesellschaft geben, jede Gesellschaft und Kultur wird aber solche „Institutionen" verschieden strukturieren (etwa als Planwirtschaft oder als Marktwirtschaft usw.).

Entsprechend dieser Definition gliedern wir unsere Darlegungen in einen ersten, ausführlichen Teil (soziales Handeln des Menschen, soziales Handeln und Gruppen, soziales Handeln und Institutionen und schließlich soziales Handeln und soziale Prozesse). In einem zweiten, kürzeren Teil werden wir dann auf einige wissenschaftstheoretische und methodologische Fragen, zusammen mit einer kurzen Charakterisierung empirischer Forschungs-

WAS IST SOZIOLOGIE?

methoden, eingehen. Der Anfänger und Interessent wird sich dadurch zwar kein erschöpfendes, aber doch ein hinreichendes Bild von dem machen können, was man von Soziologie in einer ersten grundlegenden Orientierung wissen sollte.

Schematisierte Definition

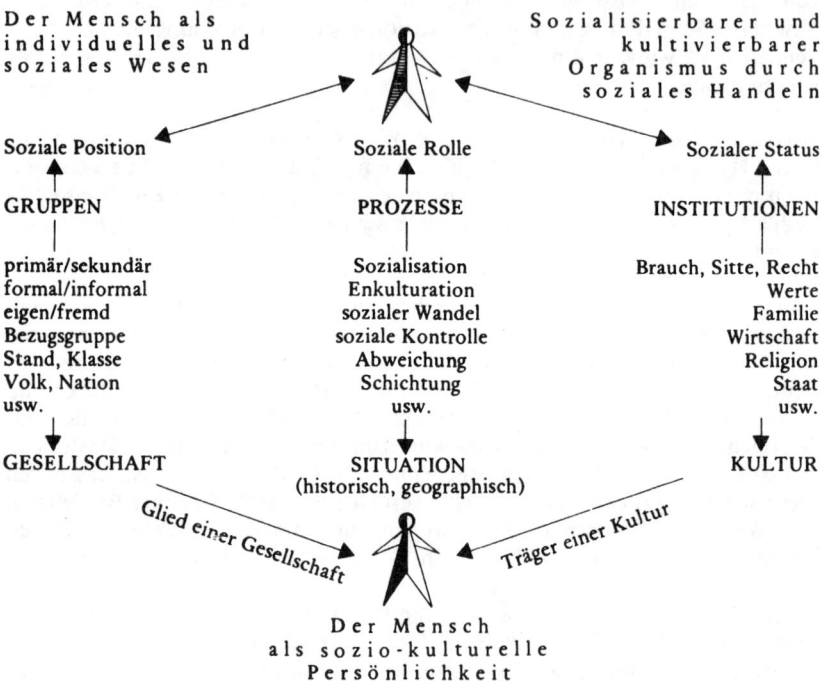

8   Man kann sich nun am Schluß dieses einführenden Kapitels fragen, wozu Soziologie gut ist. Eigentlich haben wir dazu schon Stellung genommen, als wir von den Funktionen der Soziologie gesprochen haben. Da aber seit Auguste *Comte* und dessen Lehrer *Saint-Simon* die Behauptung besteht, daß die Soziologie so etwas wie die zentrale Wissenschaft innerhalb der modernen Gesellschaft werden soll, sei dazu noch kurz Stellung genommen.

Ohne Zweifel ist es weit wichtiger als gemeinhin angenommen wird, daß Soziologie studiert wird und daß man sich mit ihren Begriffen und Forschungsergebnissen auseinandersetzt. Man muß sich nur einmal an den Komplex erinnern, der mit „sozial-kultureller Geburt" (R. *König*) gemeint ist, um sich zu vergewissern, wie wichtig schon für den Durchschnittsmenschen der „soziologische Begriff" ist. Im Grunde genommen handelt es

sich dabei um die Einsicht, daß der Eine für den Anderen sozial notwendig ist, daß jeder von uns an der Übertragung des menschlichen Kulturerbes beteiligt ist bzw. bewußt beteiligt sein sollte. Wer die folgenden Kapitel aufmerksam und mit einigem Nachdenken liest, wird feststellen können, daß die Soziologie eine erregende Sache ist und Einsichten für neue menschliche Erfahrungen zu vermitteln in der Lage ist.
Dabei hat die Soziologie den großen Vorteil vor anderen Sozialwissenschaften, daß die Fragen des menschlichen Zusammenlebens mehr und mehr an Bedeutung gewinnen. In diesem Sinne sind etwa Nationalökonomie, Betriebswirtschaftslehre, Fragen der Raumordnung, Probleme des Bildungs- und Erziehungswesens, um nur einige wissenschaftliche Disziplinen zu nennen, „abstrakte" Wissenschaften. Sie abstrahieren nämlich gerade von d e n sozialen Dimensionen, die doch Bedingung ihrer Möglichkeit sind, es sei denn, sie nehmen typisch soziologische Aspekte auf, d.h. wenn die genannten Wissenschaften anwendungsspezifisch werden, kommen sie in den Horizont der Soziologie. Typische Beispiele dafür sind etwa die Marktforschung oder die unter dem Namen „Marketing" laufende Managementeinstellung als Orientierung betriebswirtschaftlicher bzw. unternehmerischer Tätigkeit an den Erfordernissen des Marktes. Daß der „Markt" aber in erster Linie keine ökonomische Größe ist, sondern eine Frage von Bedürfnissen und damit von Einstellungen und Normen des Menschen und dessen Einbettung in gruppen- und schichtspezifische Verhaltensschemata, dämmert sehr schnell.
Man ist sich oft im unklaren darüber, warum die Soziologie auf einmal so wichtig geworden ist. Sicherlich hat das damit zu tun, daß man genug davon hat, einfach eine Nummer zu sein oder nur von Sachzwängen hören zu müssen. Zwar ist das Spezialistentum notwendig, auch innerhalb der Soziologie werden spezielle Erhebungstechniken vermittelt, aber im Grunde genommen zielt die Soziologie auf das „Allgemeine" in allem Speziellen, auf das Zwischenmenschliche des Menschen. Insofern ist der Soziologe immer ein „Generalist" vor dem „Spezialisten". In der Tat gibt es so etwas wie die soziologische Fragestellung in allen Disziplinen und Erscheinungen, die irgendwie mit dem Menschen zu tun haben. Die Behauptung hat daher etwas für sich, daß die menschliche Bildung und Ausbildung auf allen Ebenen ohne ein Mindestmaß von Soziologie ein Torso bleiben muß.
Das erkannt zu haben, ist für fortgeschrittene Gesellschaften der Grund, warum sie an ihren Hochschulen Soziologie etabliert haben. Es ist jedoch noch ein weiter Weg, bis aus dieser Anerkennung die Einsicht gefolgert wird, Soziologie als kritisches Bewußtsein womöglich (schulisch) jedem Gesellschaftsmitglied zu vermitteln. Erst unter diesem öffentlichen Druck wird aber die Soziologie selbst ein Medium ihrer eigenen Beschränktheit bleiben. Denn das „Zwischenmenschliche" setzt den Maßstab des „Menschlichen" voraus, welcher die Soziologie zur Hilfswissenschaft derjenigen Disziplinen macht, die sich mit dem Menschen als solchem beschäftigen. Aus der

WAS IST SOZIOLOGIE?

Unsicherheit aber dieser Humanwissenschaften profitiert die Soziologie sicherlich zu einem guten Teil den übertriebenen Erwartungscharakter, der an ihre Leistungsfähigkeit gestellt wird. Trotzdem bleibt aufrecht, daß, je bedeutender und einflußreicher die Stellung des einzelnen in der Gesellschaft ist, um so wichtiger und nützlicher soziologische Kenntnisse für ihn sein werden. Insbesondere alle Berufe, die sich mit dem menschlichen Zusammenleben befassen, etwa Führungspositionen in der Wirtschaft, Anwälte, Geistliche, Lehrer, Politiker, Journalisten, aber auch Frauen in ihrer Funktion als primäre Vermittlerinnen des kulturellen Erbes an die nachwachsende Generation, brauchen ein überdurchschnittliches Wissen über die Problematik der „sozio-kulturellen Geburt" des Menschen und überhaupt über die Problematik des menschlichen Zusammenlebens.

Mit der Etablierung der Soziologie an den Hochschulen ist nur ein Anfang gemacht, zumal sich die Soziologie hier noch ihrer Bedeutung entsprechend entfalten muß. Es ist schlechterdings unmöglich und zeigt deutlich erst das etablierte Anfangsstadium der Soziologie an, daß an vielen Hochschulen nur ein oder nur ein paar soziologische Lehrstühle vorhanden sind, wo es doch für jedes soziale, gesellschaftliche und politische Hauptgebiet einen Soziologen geben sollte. Erst dann könnte sich nämlich zeigen, daß die „Soziologie" einiger Soziologen nicht die Leistung der „Soziologie" insgesamt okkupieren kann zugunsten etwa einer dialektischen Methode oder ideologischer Interessen.

Soziologie als „Theorie" (Lehre) hat von ihrem Status her einen ganz anderen Charakter als etwa die Betriebswirtschaftslehre, die Jurisprudenz oder die Nationalökonomie. Der Psychologe, Theologe, Philosoph, Mediziner, der Erziehungswissenschaftler, um nur einige zu nennen, kommen ohne die erstgenannten Fächer aus, diese selbst aber und die letztgenannten Fachdisziplinen sind auf Kooperation (Interdisziplin) mit der Soziologie angewiesen, um für ihren Gegenstand den menschlichen Bezugsrahmen nicht außer acht zu lassen. Soziologie als „Praxis"-Wissen wird dagegen nicht nur, wie bereits weiter oben dargestellt, für viele Berufe zu einem wichtigen Ergänzungswissen, sondern voll ausgebildete Soziologen werden vielmehr in Zukunft als „Generalisten" in der Wirtschaft, in Kammern und Verbänden, bei staatlichen und kommunalen Bürokratien, in den Massenmedien, auf allen Stufen der Bildung und an den sonstigen Leitstellen von Gesellschaft und Kultur in verantwortliche Positionen einrücken. Als „Spezialisten" finden sie schon heute Verwendung in der Markt- und Meinungsforschung, in Stabs-, Forschungs- und Planungsstellen der Verwaltung, der Wirtschaft und anderer Institutionen.

Entscheidend für das weitere Durchsetzen der Soziologie in den modernen Gesellschaften ist die Planung des Soziologiestudiums. Der Soziologiestudent muß, um jede Form von Dilettantismus zu vermeiden, Schwerpunkte seiner Ausbildung setzen können, und zwar je nach dem Standort, den er später in der Gesellschaft wählt. Es wird dann zu einer Kombination etwa kommen können, wie Soziologie und Betriebswirtschaftslehre, Soziologie und Publizistik, Soziologie und Datenverarbeitung usw. So gesehen, würde die Soziologie einer Fachisolierung entgegenwirken, und der mit Hilfe der Soziologie Ausgebildete könnte seinen jeweils eingenommenen gesellschaftlichen Standort und damit auch den Sinn seiner Leistungen und derjenigen seines Betriebes, seiner Organisation oder seiner Institution leichter erkennen und solidarischer und kritischer motivieren.

Soziologie ist damit nicht so sehr „Hauptfach" für sich, sondern jeweils Basis und Bezugsrahmen anderer Hauptfächer ebenso, wie sie für alle wichtigen und einflußreichen Positionen und Institutionen in Wirtschaft, Gesellschaft und Staat nützliches Wissen und Informationen liefert und auch teilweise schon die Denkstruktur und das Problembewußtsein der allgemeinen Öffentlichkeit in einem Ausmaß beeinflußt, wie das in so kurzer Zeit ihres institutionalisierten Bestehens noch keiner anderen Disziplin gelungen ist. Das läßt darauf schließen, daß nach der Etablierung der Soziologie an den Hochschulen und Pädagogischen Lehranstalten nun ihre weitere Differenzierung erfolgt, damit sie den genannten Ansprüchen und Erfordernissen noch erfolgreicher begegnen kann.

Literatur

1. *Inkeles* A., What is Sociology?
 (Kapitel 1: The Subject Matter of Sociology; Kapitel 2: The Sociological Perspective).
2. *Broom* L. und *Selznick* Ph., Sociology
 (Kapitel 1: Introduction: The Discipline of Sociology).
3. *Gouldner* A. W. und H. P., Modern Sociology
 (Kapitel 1: Perspective: The Sociological Point of View).
4. *Woods* J., Introductory Sociology
 (Kapitel 1: Sociology. What it is).
5. *Fichter* J. H., Grundbegriffe der Soziologie
 (Einleitung: Was ist Soziologie?).
6. *Himes* J. S., The Study of Sociology
 (Kapitel 1: Sociology as a Science; Kapitel 2: Sociology as a Profession).

Prüfungsfragen

1. Was ist unter Wissenschaft zu verstehen?
2. Wann kann man im besonderen vom Vorhandensein einer Einzelwissenschaft sprechen?
3. Seit wann existiert der „Gegenstand" der Soziologie?
4. Welche Bedingungen erleichtern die Entwicklung der Soziologie als Wissenschaft?
5. Welche Funktionen sind im Zusammenhang mit der Soziologie zu beachten?
6. Auf welchen Wegen kann man den Gegenstand der Soziologie bestimmen?
7. Definieren Sie den Gegenstand der Soziologie.
8. Unterscheiden Sie die Soziologie von anderen Sozialwissenschaften.
9. Warum ist es wichtig, sich mit Soziologie zu beschäftigen?

ERSTER TEIL

Soziologische Begriffe und Forschungsbereiche

In diesem Teil ist es unsere Aufgabe, die soziologischen Begriffe und die mit ihnen gegebenen Forschungsbereiche darzulegen. Wenn wir gesagt haben, daß eine Einzelwissenschaft erst dann formal zu existieren beginnt, wenn sie ein konsistentes, das heißt ein in sich zusammenhängendes und plausibles Begriffssystem entwickelt hat, so muß von einer empirischen Wissenschaft verlangt werden, als solche wird hier die Soziologie aufgefaßt, ihre Begriffe so zu definieren, daß sie einer intersubjektiven Überprüfung zugänglich sind. Auf die näheren Bestimmungen dieser Überprüfbarkeit ist erst im Teil II unserer Darlegungen einzugehen. Hier kann jedoch schon soviel gesagt werden, daß die Merkmale der soziologischen Begriffe so beschaffen sein müssen, daß sie nicht nur logisch „sinnvoll" sind, sondern daß sie auch gleichzeitig einen intersubjektiv nachprüfbaren Bezug insofern aufweisen sollen, als der Inhalt der Begriffe entweder unmittelbar (existentiell) oder mittelbar durch Anwendung bestimmter Methoden als „richtig" anerkannt wird.

Wenn wir die Soziologie als eine Wissenschaft definiert haben, die sich mit dem sozialen Handeln des Menschen beschäftigt, insofern dieses durch Gruppen und Institutionen in einer bestimmten Gesellschaft und Kultur auf Grund sozialer Prozesse geprägt wird, so sind in dieser Definition vier komplexe Aussagen enthalten, die in klare und eindeutige Begriffe zu übersetzen sind. Es handelt sich dabei

1. um den Komplex des Menschen, insofern er sozial handelt;
2. um den Komplex der sozialen Gruppen, die mit dem sozialen Handeln entstehen;
3. um den Komplex der sozialen Institutionen (und Organisationen), die sowohl den Menschen als auch die sozialen Gruppen von bestimmten Werten und Normen her prägen und
4. um den Komplex der sozialen Prozesse, die zwischen den einzelnen Menschen, den Gruppen und den Institutionen ablaufen.

Unsere Aufgabe muß nun sein, diese Komplexe in Begriffe aufzuspalten (operationale Merkmalisierung). Die Merkmale dieser Begriffe müssen, wie gesagt, so beschaffen sein, daß sie sowohl „sinnvoll" (operational) als auch „nachprüfbar" (operativ) im oben genannten Sinne sind (existentiell oder methodisch). Auf die hier angedeuteten wissenschaftstheoretischen Implikationen wird dann noch später einzugehen sein.

1. Unterabschnitt

SOZIALES HANDELN UND DER MENSCH

1. Kapitel

Die sozio-kulturelle Persönlichkeit (die soziale Person)

1 Wenn man das menschliche Zusammenleben betrachtet, so hat man es schließlich doch immer nur mit einzelnen Menschen zu tun. Man sieht die Gruppe als solche nicht. Ebenfalls sieht man keine Institutionen, noch sieht man soziale Beziehungen oder soziale Prozesse. Man sieht immer nur, daß einzelne Menschen „z u s a m m e n" etwas tun. Oder man sieht, daß einzelne Menschen Gleiches oder Ähnliches tun. Es muß also jeweils im Menschen etwas vorhanden sein, das ihn veranlaßt, auf andere so zu reagieren, wie es den Erwartungen des anderen eben entspricht; und der andere kann scheinbar aufgrund seiner Erwartungen sicher sein, daß bestimmte Reaktionen, Verhaltensweisen und Handlungen ausgelöst werden, je nach dem Signal, das Mitmenschen gegenüber gesetzt wird. Was ist aber dieses jeweils Gemeinsame in den Menschen?
Wenn man etwa versucht, sich irgendeine konkrete Gesellschaft vorzustellen, was sieht man dann? Man sieht eine bestimmte Anzahl von Menschen, die man Bevölkerung nennt, die an bestimmten Orten und zu einer bestimmten Zeit miteinander leben. Dieses Miteinander spielt sich in Betrieben, Büros, in den Familien, in den Verkehrsmitteln, in den Schulen usw. ab; es ist ein Beziehungsgefüge. Die Menschen leben hinsichtlich eines bestimmten Zieles oder Zweckes miteinander. Sie haben gemeinsame Interessen, oder sie halten sich an bestimmte Vorschriften und Gebote. Immer ist es eine mehr oder weniger große Zahl von Menschen (Kollektiv), zwischen denen ein Handlungsfeld vorhanden ist, an das der einzelne Mensch, aber auch ganze Gruppen gebunden ist.

SOZIALES HANDELN UND DER MENSCH

Soziales Handlungsfeld

◯ soziale Person

⟶ soziales Handeln

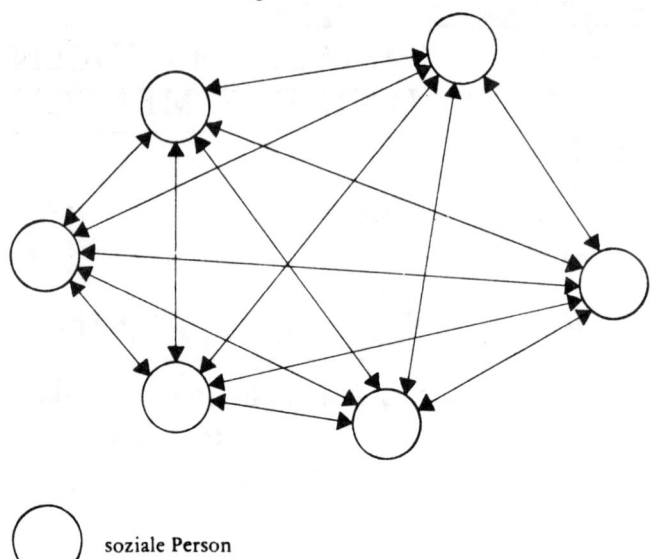

Was sehen wir an diesem Schema? Einmal die schematisch dargestellten einzelnen Personen und zum anderen die schematisch dargestellten Beziehungen, die diese Personen miteinander verbinden. In der sozialen Wirklichkeit sehen wir aber jeweils nur die Personen und ihre Handlungen, nicht aber das zwischen ihnen entstandene Handlungsfeld.

2 Den Soziologen interessieren nun diese Personen nur unter dem Aspekt, daß sie sich aufeinander beziehen, daß sie miteinander handeln und daß dieses Handeln ziel- und zweckgerichtet ist. Die einzelne Person muß also die Fähigkeit oder die Eigenschaft haben, sich nach solchen Zielen und Zwecken zu richten, nach bestimmten Normen zu handeln, von einem sozialen Handlungsfeld abhängig zu sein. Der Philosoph fragt nach dem Wesen des Menschen, der Theologe versucht den Menschen im Zusammenhang mit einem letzten Prinzip (Gott) zu verstehen, der Psychologe konzentriert sich auf die Bewußtseinsstrukturen des Menschen. Bei der Betrachtung des Menschen interessiert sich der Soziologe für das „Zwischenmenschliche", das „Soziale". Dabei geht er von einigen wenigen Axiomen aus:

1. Der Mensch verfügt in geringerem Maße über instinkthafte, angeborene Verhaltensweisen als etwa das Tier; er ist am meisten darauf angewiesen,

DIE SOZIO-KULTURELLE PERSÖNLICHKEIT

Verhaltensweisen, die ihm Anpassung und Überleben seiner Umwelt gegenüber ermöglichen, zu lernen. Dabei übersteigt seine L e r n f ä h i g - k e i t diejenige der Tiere.
2. Eine wesentliche Voraussetzung für soziales Leben und die damit zusammenhängenden Informationen ist die S p r a c h e. Sie ist nicht nur das dem Menschen arteigene Verständigungsmittel, sondern im wesentlichen auch das Medium des Lernens.
3. Menschliche G e f ü h l e sind nicht gleichsam mechanisch oder instinktiv vorgegeben, sondern unterliegen einer Entwicklung.
4. Lernfähigkeit, Sprachgebrauch und Gefühlserwerb machen darauf aufmerksam, daß der Mensch einen plastischen, zunächst noch unstrukturierten Organismus besitzt, der auf bestimmte Ziele und Zwecke eingerichtet werden kann. Diese Möglichkeit verschiedener Strukturierung beinhaltet aber auch gleichzeitig menschliche F r e i h e i t (und V e r a n t w o r - t u n g). Ohne dieses Axiom wären Kultur und Gesellschaft, sozialer Wandel, Fortschritt und abweichendes Verhalten von den Normen nicht möglich.
5. Der Mensch hat ein b e g r e n z t e s p s y c h o - p h y s i s c h e s A n t r i e b s - p o t e n t i a l und eine b e s c h r ä n k t e B e l a s t u n g s f ä h i g k e i t.
6. Schließlich muß noch angenommen werden, daß sowohl der einzelne Mensch wie auch ganze Gesellschaften eingebettet sind in ein s o z i a l e s E r b e. Ganz ebenso wie der Mensch „Vorfahren" besitzt und dadurch mit bestimmten Möglichkeiten und Fähigkeiten („Anlagen" erbgenetischer Art) seines psycho-physischen Organismus in die Welt kommt, so haben auch ganze Gesellschaften ein gewisses „kulturelles Erbe".

3 Diese Axiome nennen wir insgesamt die S o z i a b i l i t ä t d e s M e n - s c h e n : es ist die Möglichkeit, Fähigkeit und Notwendigkeit des Angewiesenseins auf andere. Wenn der Mensch ein „gesellschaftliches Wesen" genannt wird, so sind damit nicht besondere Tugenden etwa im Sinne der Geselligkeit oder der Zugehörigkeit zu bestimmten gesellschaftlichen Schichten gemeint, sondern die allen Menschen gleiche Naturanlage, das „Soziale", wobei hier unter „Natur" verstanden werden soll: die notwendigen Bedingungen zur Erhaltung und Entfaltung der menschlichen Existenz. Die genannten 6 Axiome stellen die „Bedingungen" der menschlichen Sozialnatur dar. In der Aktualisierung dieser Bedingungen entstehen nicht nur Gesellschaft und Kultur, sondern auch der lebensfähige Mensch.
Der Mensch existiert also in diesem Sinne wesentlich sozial. Der Soziologe befaßt sich mit dem Menschen nur unter diesem Aspekt. Die Axiomatik der Soziabilität wird vorausgesetzt, und nur die daraus resultierenden Beziehungen und deren Folgeerscheinungen, die Funktion und Struktur des Sozialen, finden das Interesse des Soziologen.

SOZIALES HANDELN UND DER MENSCH

Man muß dieses Interesse des Soziologen immer vor Augen haben. Er leugnet weder ein philosophisches oder theologisches Interesse an der Erforschung des Menschen, vielmehr beschränkt sich das soziologische Interesse eben auf den Menschen als s o z i a l e Person. Wenn das „Soziale" und das „Menschliche" identisch wären, so gäbe es weder antisoziales oder unsoziales Verhalten, noch menschliche Freiheit, vielmehr würde man dann den Menschen und die menschliche Gesellschaft entweder einer materiellen oder geistigen Verursachung zuschreiben, die weder wissenschaftlich faßbar, noch von der menschlichen Erfahrung bestätigt werden könnte (der Mensch als Epiphänomen der „Materie" oder eines „objektiven Geistes"!).

4 Wenn die Soziabilität die allen Menschen gemeinsame Möglichkeit, Fähigkeit und Notwendigkeit des Angewiesenseins auf andere ist, so verstehen wir unter der sozialen Person den in einer bestimmten Gesellschaft und in einer bestimmten Kultur im einzelnen Menschen durch Lernen und Erfahrung zustande gekommenen Verhaltens- oder Handlungskomplex im Sinne eines Verhaltenspotentials. Dieses ist die Summe von Erfahrungen und Lernprozessen, die das einzelne Individuum machen muß, um ein Partner im sozialen Handeln werden zu können. Wenn also von sozialer Person oder von sozio-kultureller Persönlichkeit gesprochen wird, so ist damit nicht der Mensch in seiner Gesamtheit gemeint, sondern nur die Summe von Verhaltensweisen und Einstellungen, die er haben (lernen) muß, um die Erwartungen seiner sozialen und kulturellen Umgebung erfüllen zu können. Damit ist gleichzeitig gesagt, daß von Gesellschaft zu Gesellschaft und von Kultur zu Kultur verschieden, je nach Sitte, Brauch, Technik, Wirtschaft, Religion usw., es auch jeweils verschiedene Typen von sozio-kulturellen Persönlichkeiten gibt. Hier zeigt es sich, daß es nicht dem Einzelnen überlassen bleiben kann, ob er „lernen" und sich „anpassen" will oder nicht. Vielmehr übt die Gesellschaft durch die dem Einzelnen auferlegten Lern- und Anpassungsprozesse einen Zwang aus, damit ihre Kultur von Generation zu Generation weitergegeben wird. Das einzelne Individuum muß die in einer Gesellschaft als „richtig" geltenden und anerkannten Handlungsformen des sozialen Lebens übernehmen. Die Summe dieser übernommenen und gelernten Verhaltens- und Handlungsformen ist die sozio-kulturelle Persönlichkeit.

5 Die soziale Person oder die sozio-kulturelle Persönlichkeit ist also das Bindemittel zwischen dem einzelnen Individuum und der Gesellschaft [12]. Allerdings darf man dann Gesellschaft nicht abstrakt auffassen, sondern konkret als einen Zusammenhang von einzelnen Gruppen, Institutionen und sozialen Prozessen. Durch den Aufbau der sozialen Person (im Sozialisationsprozeß) wird der einzelne Mensch in diese Gruppen und Institutionen integriert. Das Ausmaß dieser Integration ist nicht nur verschieden stark, sondern bleibt auch immer partiell. Eine Eingliederung des Menschen in alle in einer Gesellschaft bestehenden Gruppen ist unmöglich.

DIE SOZIO-KULTURELLE PERSÖNLICHKEIT

In den verschiedenen Altersphasen können wir einen unterschiedlichen Partizipations- und darum auch Integrationsgrad des Menschen in die Gesellschaft feststellen. Von der frühen Kindheit über die Jugendphase bis zum Erreichen des Erwachsenenstatus nimmt der Partizipations- und Integrationsgrad ständig zu, während er dann mit Beginn der Altersphase wiederum abnimmt. Zwar bleibt in allen Phasen der Mensch mit sich selbst identisch, unterliegt aber im zeitlichen Verlauf seiner Existenz einer unterschiedlichen sozialen Beanspruchung. Kann das einzelne Individuum den von der Gesellschaft ausgelösten Anpassungsdruck nicht durch eine entsprechende Form von Integration in soziale Gruppen und damit durch Identifikation mit bestimmten Werten und Normen lösen, und führt auch die Akzeptierung von Verhaltenserwartungen zu keinem entsprechenden Prestige oder sozial anerkannten Vorteilen, so kann es zu sogenannten R a n d p e r s ö n l i c h k e i t e n (Marginal man) kommen. Randpersönlichkeiten (und Randgruppen) sind durch Unsicherheit und Desorientierung gekennzeichnet, können sich aber auch avantgardistisch oder sektiererisch als Einzelpersönlichkeiten oder, im Zusammenschluß zu Gruppen, als diejenigen betrachten, die eine „neue Gesellschaft" anstreben.

6 Wenn wir die soziale Person oder die sozio-kulturelle Persönlichkeit als das durch Lernen oder Erfahrung im einzelnen Individuum entwickelte Verhaltenspotential im Sinne vorhandener Handlungsdispositionen zur Eingliederung in das Gruppen- und Institutionsgefüge einer bestimmten Gesellschaft und Kultur bezeichnet haben, so muß noch darauf hingewiesen werden, daß der einzelne Mensch mit diesem gelernten Verhaltenspotential nicht voll identisch ist. Er ist T r ä g e r dieser gelernten und erfahrenen Dispositionen. Er kann sie verändern, er kann sich mit ihnen mehr oder weniger solidarisieren, er kann sie in einem größeren oder kleineren Ausmaße in den sozialen Prozessen der Gesellschaft individualisieren. Mit anderen Worten: ob ich nur den sozial unbedingt notwendigen Gruppen, also etwa der Familiengruppe und der Berufsgruppe angehören will, oder ob ich noch zusätzlich einer Parteigruppierung, einer Kirche, einem Verein, bestimmten sozialen Verkehrskreisen usw. angehören will, das hängt von meiner Gesamtpersönlichkeit ab. Weiterhin: ob ich etwa meine Berufsrolle minimalistisch oder maximierend auffasse, ob ich nur das unbedingt Notwendige oder das zusätzlich Wünschenswerte tue, das hängt wiederum von meiner Gesamtpersönlichkeit ab. Hier stößt der Soziologe auf das Phänomen der Personalisation oder Individuation des Sozialen. Das Personale und Einmalig-Individuelle des Menschen fällt zwar nicht in den Forschungs- und Gegenstandsbereich der Soziologie (hier sind die Theologie, die Philosophie, die Anthropologie, die Psychologie usw. zuständig), nichtsdestoweniger ermöglicht gerade diese Differenz zwischen dem Personalen und dem Sozialen Freiheit, Kritik, Distanz, sozialen Wandel usw.

SOZIALES HANDELN UND DER MENSCH

7 S o z i o l o g i s m u s bedeutet in diesem Zusammenhang, daß der Mensch nicht nur allein vom Sozialen her verstanden wird, d.h. daß das Gesamt seiner sozialen Handlungen durch relevante soziale Faktoren zu erklären versucht wird, sondern auch, daß der Eingliederungszwang, den die Gesellschaft auf den Menschen ausübt, als absolut angesehen wird. Der Mensch wäre also nach einem solchen soziologischen Verständnis nichts weiter als das Produkt seiner Gesellschaft. In diesem Sinne würde die Erklärung dessen, was soziale Person oder sozio-kulturelle Persönlichkeit ist, ausreichen, um den Menschen als solchen zu erklären. Daß das natürlich eine Absolutsetzung der soziologischen Perspektive ist, braucht nicht besonders hervorgehoben werden. Schließlich wird ein solcher Standpunkt dem Umstand nicht gerecht, daß der Mensch zwar ohne Eingliederung in Gruppen und soziale Prozesse, ohne die Aufnahme einer bestimmten Kultur nicht existieren kann, daß er aber gleichzeitig diesen Gruppen und sozialen Prozessen nicht passiv gegenübersteht, sondern als Träger von Rollen in Gruppen und sozialen Prozessen aktiv an der Gestaltung des sozialen Lebens einer Gesellschaft mitwirkt. Damit wird aber nur wiederum auf ein Axiom hingewiesen, das wir bereits eingangs als eine von der Soziologie her nicht weiter diskutierte Voraussetzung des menschlichen Zusammenlebens sehen müssen: nämlich, daß der Mensch mit Freiheit als Möglichkeit, zwischen Alternativen zu wählen, ausgestattet und Verantwortung zu tragen in der Lage ist, d.h. ein kritisches und distanziertes Verhältnis gegenüber „Zwängen" des Sozialen entwickeln kann.

8 Es wurde mehrfach versucht, eine Typologie von sozialen Persönlichkeitstypen aufzustellen. Wir haben bereits gesagt, daß die soziale Persönlichkeit die Vermittlungsinstanz ist zwischen dem einzelnen Individuum und einer bestimmten Gesellschaft und Kultur. So hat man versucht, sowohl für die gegenwärtige Gesellschaft als auch für frühere Gesellschaftssysteme bestimmte, diesen Gesellschaften zugeordnete Persönlichkeitstypen herauszufinden. Hier seien nur einige Beispiele genannt: *W. J. Thomas* und *F. Znaniecki* (in: „The Polish Peasant") haben den Bohemien, den Philister und den schöpferischen Menschen unterschieden, *Park* und *Stonequist* haben den Typ des bereits erwähnten „Marginal man", *William Whyte* den „street corner boy", *Paul Lazarsfeld* die „Influentials" und *Robert Merton* die „Cosmopolitans" und die „Locals" als Persönlichkeitstypen geschaffen.
Von besonderer Bedeutung ist die Typologie von *David Riesman* (in: „Die einsame Masse") geworden. Er unterscheidet drei Haupttypen: Den „von der Tradition gelenkten", den „von innen gelenkten" und den „von außen (anderen) gelenkten" Menschen. Riesman nannte sie „historische Typen", weil er meinte, daß ein jeder dieser Typen sehr charakteristisch für eine Gesellschaft auf einer bestimmten Entwicklungsstufe sei. In der Geschichte könne z.B. das Mittelalter als eine Periode betrachtet werden, in der die Lenkung durch Tradition bedeutend war. Renaissance und Reformation

DIE SOZIO-KULTURELLE PERSÖNLICHKEIT

werden als Perioden angesehen, die den sozialen Persönlichkeitstyp des „von innen gelenkten" Menschen zur Erscheinung brachten. Weitere Neuerungen in der Gesellschaftsstruktur zielen dann aber wiederum auf einen Menschentyp hin, bei dem der soziale Bezug dominierend ist. Hier finden die Menschen, daß in zunehmenden Maße nicht mehr die materielle Umgebung zum Problem wird, sondern das Verhältnis zum anderen Menschen. Dies sei dann die Periode, wo der „von außen (anderen) gelenkte" Typ dominierend wird.

Aus allen diesen Beispielen wird nicht nur der Versuch deutlich, zu zeigen, daß es verschiedene soziale Persönlichkeitstypen gibt, sondern daß auch ein Zusammenhang besteht zwischen einer konkreten Struktur sozialer Beziehungen und einem entsprechenden sozialen Verhaltenstyp.

Literatur

1. Fischer-Lexikon: Soziologie. Herausgegeben von R. König
   (Artikel: Person)
2. A Dictionary of the Social Science. Herausgegeben von J. Gould und W. L. Kolb
   (Artikel: Personality Integration, -System)
3. *Fichter* H. J., Grundbegriffe der Soziologie
   (Kapitel: Person und Gesellschaft)
4. *Broom* L. und Ph. *Selznick*, Sociology
   (Human nature, S. 130 ff.)
5. *Barley* T., Grundzüge und Probleme der Soziologie
   (Kapitel: Der Mensch und die Gesellschaft, S. 25-29)

Prüfungsfragen

1. Was ist „soziale Person" oder „sozio-kulturelle Persönlichkeit"?
2. Von welchen Axiomen geht die Soziologie bei der Bestimmung ihres „Menschenbildes" aus?
3. Was ist die „Geselligkeit" (Soziabilität) des Menschen?
4. Ist das „Menschliche" und das „Soziale" identisch?
5. Wie ist das Verhältnis von Individuum und sozialer Person?
6. Was ist „Randpersönlichkeit"?
7. Was ist Soziologismus?
8. Kennen Sie Persönlichkeitstypen?

2. Kapitel

Das soziale Handeln

1 *Adolf Geck* hat die Geschichte des Wortes „sozial" untersucht und ist auf vier hauptsächliche Verwendungsweisen gestoßen:

1. m e n s c h l i c h im Sinne von ähnlich oder gleich hinsichtlich einer bestimmten gemeinsamen Lage oder eines gemeinsamen Zieles;

2. z w i s c h e n m e n s c h l i c h als eine Bindung oder eine Beziehung zwischen einzelnen Menschen oder Personengruppen;

3. i n n e r g e s e l l s c h a f t l i c h mit Bezug auf die Stellung, die ein Mensch, eine Gruppe oder ein Problem im Rahmen einer bestimmten Gesellschaft hat;

4. g e m e i n s c h a f t l i c h im Hinblick darauf, daß Menschen oder Gruppen gleiche Merkmale besitzen (etwa die soziale Natur des Menschen);

5. wir können hinzufügen: „sozial" im Sinne von wertbestimmtem oder nach einer Norm ausgerichtetem Handeln. (Von hier aus kann man dann etwa „unsozial", „asozial" und „antisozial" unterscheiden.)

2 Wenn man vom „sozialen Handeln" spricht, so meinen wir ein Verhalten oder ein Handeln aufgrund von Werten und Normen entsprechend der Situation, in der sich die Handelnden befinden. *Max Weber* versteht unter „ H a n d e l n " ein menschliches Verhalten, „wenn und insofern als der oder die Handelnden mit ihm einen subjektiven Sinn verbinden" (in: Wirtschaft und Gesellschaft). Menschliches Handeln ist also Sinn-Handeln.

Ein solches Sinn-Handeln wird erst dann zum s o z i a l e n Handeln, wenn es „seinem (von dem oder den Handelnden gemeinten) Sinn nach auf das Verhalten (oder Handeln) anderer bezogen wird und daran in seinem Ablauf orientiert ist". Wenn wir uns an den Bedeutungsgehalt des Wortes „sozial" erinnern, so wird nach dieser Definition von *Max Weber* zwar das „Zwischenmenschliche" und, mit dem Merkmal der „Orientierung", auch das normative und wertende Element angesprochen, aber die von den einzelnen handelnden Personen unabhängige Bedeutung des „Sinnes" der Handlung wird nicht besonders deutlich. *E. Durkheim* hat besonders auf diesen Gesichtspunkt Wert gelegt, indem er von mehreren Eigenschaften des „Sozialen" spricht (in: Regeln der soziologischen Methode):

1. überindividuell − äußerlich (Transzendenz gegenüber dem Einzelnen − von außen kommend)
2. zwingend (das Aufgezwungenwerden eines bestimmten Verhaltens − contrainte −)
3. sanktionierend (Abweichung wird bestraft, Konformität belohnt)

3 Wenn man unter „sozial" eine sinnbestimmte, überindividuelle und je nach einer bestimmten Situation geltende Orientierung versteht, so kann man die Summe der Orientierungen mit Bezug auf die soziale Person als „ E i n - s t e l l u n g " und mit Bezugnahme auf das sich daraus ergebende Handeln als Handlungs f o r m , Handlungs m u s t e r oder als Handlungs- s c h e m a bezeichnen. Aufgrund von solchen Einstellungen und Handlungsformen sind zwischenmenschliche Beziehungen und Interaktionen möglich. Interaktionen umfassen die ganze Breite des sozialen Handelns und sind z e i t l i c h b e g r e n z t e H a n d l u n g s k o n t a k t e (ein Gruß, ein Gespräch in einem Verkehrsmittel, das Lösen einer Fahrkarte, eine Kaufhandlung, ein Theaterbesuch usw., aber auch die einzelnen Kontakte innerhalb von dauerhaften sozialen Beziehungen). Die zeitlich begrenzte, verhältnismäßig nur punktuelle Kontaktaufnahme setzt zwar eine sinnbestimmte Orientierung der Handlungsteilnehmer voraus, läßt jedoch die teilnehmenden Personen nicht auf eine längere Dauer hin in einer sozialen Beziehung.

Die s o z i a l e B e z i e h u n g ist nicht nur von einer gewissen Dauer, sondern besteht auch um bestimmter Ziele willen. *Max Weber* ist der Ansicht, daß die soziale Beziehung „durchaus und ganz ausschließlich in der Chance besteht, daß in einer angebbaren Art sozial gehandelt wird". In diesem Sinne sind soziale Beziehungen nur eine besondere Form der sozialen Interaktion. Innerhalb der sozialen Beziehungen können die Kontakte zwischen den Personen sowohl an Häufigkeit, wie auch an Intensität stark variieren. Wichtig dabei ist jedoch, daß die bei einer sozialen Beziehung b e r e i t s i m v o r a u s a n g e b b a r e A r t d e s s o z i a l e n H a n d e l n s einerseits eine bestimmte dauerhafte Einstellung sozusagen im Inneren des Menschen ebenso voraussetzt wie bestimmte Handlungsformen im äußeren Ablauf der sozialen Beziehung. D i e s o z i a l e B e z i e - h u n g b e r u h t d a h e r a u f e i n e r v e r h ä l t n i s m ä ß i g dauerhaften Einstellung der sozialen Person (sozio-kulturellen Persönlichkeit), deren Handlungsmuster oder Handlungsformen im Kontakt mit anderen Personen sich als Erwartungen voraussagen lassen.

4 Die im sozialen Handeln zum Ausdruck kommenden Einstellungen oder Haltungen sowie die Handlungsformen oder -schemata sind nun im einzelnen näher zu betrachten. Soziologie als Wissenschaft ist nur möglich, wenn im menschlichen Zusammenleben gewisse konstante, gewisse über den Einzelfall hinausreichende Allgemeinheiten aufzuweisen sind. Bei der Kennzeichnung des „Sozialen" und der „sozialen Beziehung" ist daher das überindividuelle Merkmal besonders wichtig. Dem Begriff der „Form" und dem „Schema" liegt ebenfalls diese überindividuelle Bedeutung zugrunde.
Wenn wir uns an das erinnern, was wir eingangs über die Dimensionen einer soziologischen Betrachtungsweise und der soziologischen Begriffe gesagt haben, so müssen wir jetzt feststellen, daß ein Handlungsschema oder eine Handlungsform

1. menschliches Verhalten ordnet;
2. dieses wertbezogen und sinnvoll macht;
3. individuelles Handeln ohne Eigenerfindung ermöglicht und
4. dieses schließlich von der sozialen Gruppe oder von der Gemeinschaft her belohnt oder bestraft (Sanktionen).

5 Es gibt viele Arten des Verhaltens, die für die Einzelperson zwar regelmäßig vorkommen, dennoch aber kein soziales Handlungsschema voraussetzen. So sind etwa Schlafen und Essen allen Menschen gemeinsame, ungelernte biologische Verhaltensweisen. Sie haben aber keinen sozialen Wert. Ebenso ist es bei rein persönlichen Gewohnheiten, die zwar regelmäßig bei den einzelnen Individuen zu beobachten sind, dennoch aber keine soziale Tatsachen im Sinne von sozialen Handlungsschemata darstellen (etwa einen Bart tragen, links oder rechts schlafen, grundsätzlich nur mit dem Auto oder mit der Straßenbahn fahren, nur Anzüge von einer bestimmten Farbe tragen usw.).
Eine soziale Handlungsform (-Schema) muß also vielen Menschen gemeinsam sein und in der häufigen Wiederkehr eine gewisse soziale Bedeutung erkennen lassen. Dabei gibt es, was die Bedeutung anbetrifft, sehr große Unterschiede.

6 Weder für den Einzelnen, noch für die Gesellschaft sind alle Formen des sozialen Handelns gleich wichtig. Für die Bedeutung eines Handlungsschemas sind maßgebend: der soziale Wert, d.h. das Ausmaß, in dem das

Verhaltensmuster in den Augen der Gesellschaft wichtig ist, der s o z i a l e
D r u c k , d.h. das Ausmaß, in dem die Gesellschaft das in Frage stehende
Verhalten unter Sanktion stellt; d i e V e r b r e i t u n g , das Ausmaß, in
dem es befolgt wird. Keiner dieser drei Maßstäbe genügt jedoch für sich
allein zur Beurteilung der Bedeutung eines sozialen Handlungsschemas. So
ist z.b. die Teilnahme am Sonntagsgottesdienst in manchen christlichen
Ländern ein verhältnismäßig hoch eingeschätztes Verhaltensmuster, dennoch
gehen vermutlich die meisten der erwachsenen Christen nicht wirklich jeden
Sonntag zur Kirche, d.h. die Verbreitung dieses Handlungsschemas ist nicht
sehr groß, andererseits ist auch kein besonders großer sozialer Druck zur
Verstärkung dieses Handlungsschemas vorhanden.

7 Drei große Gruppen von Handlungsschemata können aufgezählt werden.
Es sind dies die „Sitten", „Bräuche" und die „sozialen Gewohnheiten"[13].
Die Einteilung geht von den wichtigsten, zwingendsten und verbreitetsten bis
zu den am wenigsten wichtigen, zwingenden und verbreiteten.
Die S i t t e n werden gewöhnlich als das erwartete „Mußverhalten" einer
Gesellschaft bezeichnet. Es sind grundlegende und wichtige Handlungsschemata, denen die Menschen Folge leisten, weil sie sich dazu verpflichtet
fühlen. Der Kern der Sitten ist ein bestimmtes Wertsystem der Gesellschaft.
Von diesem Wertsystem her gesehen gelten bestimmte Handlungen als für
die Gesellschaft wesentlich. Dieser Kern der Sitten ist in allen komplexen
und in den meisten einfachen Gesellschaften zu einem seine Durchführung
und Beachtung garantierenden System von Normen zusammengefaßt. Dieses
Normsystem schlägt sich für gewöhnlich im „Recht", zumeist in kodifizier-
ter Form, nieder. Im Unterschied aber zu Sitten, Bräuchen und Gewohnheiten wacht dann über die Einhaltung rechtlicher Normen ein „eigens
hierauf eingestellter Personenkreis" (z.B. Richter, Staatsanwalt, Polizei) [14].
B r ä u c h e sind weniger verpflichtend als die Sitten, aber ebenfalls weit
verbreitete Handlungsschemata. Analog zu dem Mußverhalten bei den
Sitten, beinhalten Bräuche das, was durchschnittlich vom einzelnen Menschen erwartet werden kann („Sollverhalten"). Bestimmte Handlungen sind
vom Brauch her gewünscht, ihre tatsächliche Einhaltung wird aber, weil für
die Gesellschaft weniger wichtig, nicht so streng sanktioniert. Während der
soziale Druck bei den Sitten oft soziale Ächtung, auch im Sinne von
gerichtlichen Strafen, nach sich zieht, ist für gewöhnlich die Nichteinhaltung
eines Brauches weniger formell sanktioniert (Spott, Hohn, Klatsch).
Die s o z i a l e n G e w o h n h e i t e n sind die am wenigsten zwingenden
Verhaltensmuster. Sie sind gewissermaßen im Vergleich zu dem „Mußverhalten" bei den Sitten und dem „Sollverhalten" bei den Bräuchen ein
„Kannverhalten". Sie sind das, was sich schickt und was passend ist, was
aber nicht unbedingt verpflichtend ist (das Rechtsgehenlassen einer Frau, in
Österreich etwa der Handkuß, oder daß man über gewisse Dinge nur
metaphorisch spricht usw.).

8 Natürlich verändern sich die Handlungsschemata, sowohl was ihre Verbreitung, ihren sozialen Druck und ihren sozialen Wert anbelangt, nicht nur im Verlauf der Zeit von Gesellschaft zu Gesellschaft, sondern sie sind auch r e g i o n a l (von Land zu Land, von Stadt zu Stadt, von Region zu Region) wie auch nach s o z i a l e r S c h i c h t (Unter- und Oberschicht, Arbeiter und Akademiker) verschieden.
Weiterhin muß ein Unterschied zwischen r e a l e n und i d e a l e n Handlungsschemata gemacht werden. Die Menschen halten nicht immer in ihren Handlungen das ein, was sie als Muß-, Kann- und Sollvorschrift für richtig erkannt haben. Jeder von uns weiß, daß oft zwischen dem, was man sagt (was man für richtig hält), und dem, was man tut, weiter zwischen dem, was man nach außen hin sagt und dem, was man für sich selbst innerlich für richtig hält, ein großer Widerspruch besteht. Das eine Verhaltensschema ist eben das s o z i a l (ideal) geltende, das andere das i n d i v i d u a l (real) geltende. Dieses individual geltende, das also vom öffentlich geltenden Handlungsschema abweicht, kann in der Gesellschaft eine solche Verbreitung finden, daß es zu einem sozialen Wandel kommen kann (Anomie!). Die Wichtigkeit äußerer Verhaltensschemata besteht darin, daß deren Befolgung eine gewisse innere Verhaltensdisposition erzwingt oder doch nahelegt. Von daher wird einsichtig, daß bestimmte Gruppen und Gesellschaften, auch wenn sie nur das äußere Verhalten vorschreiben, auf die innere Einstellung hinarbeiten. Damit wird deutlich, daß Handlungsschemata auch eine Norm oder ein Leitbild darstellen, an denen jeder Einzelne sich orientieren kann (Auslöserfunktion, Sollsuggestion).
Es bedeutet für den Menschen als wesentlich soziales Wesen eine große Belastung, wenn er solche Orientierungshilfen bzw. Normvorschriften im Sinne geltender Verhaltensschemata nicht vorfindet. Solche Vorschriften können expliziter und impliziter Art sein. Explizit im Sinne rationaler Überlegungen und bewußter Formulierung, etwa in der Form von Gesetzen und ethischen Prinzipien; implizit als nicht rationale, unbewußt bejahte Normen, die in die wiederkehrenden Regelmäßigkeiten der sozialen Beziehungen eingebettet sind. Diese zuletzt genannten impliziten Normen und Verhaltensvorschriften beeinflussen das tatsächliche soziale Verhalten häufiger und tiefer als die explizit, rational in Gesetzen und in ethischen Prinzipien formulierten. Die vielen Kleingruppen, die es in jeder Gesellschaft gibt, Freundes-, Arbeits-, Familien-, politische Gruppen usw., wirken durch implizite Normen im Rahmen ihres Beziehungsgefüges, während explizite Gesetze und schriftlich niedergelegte Vorschriften hauptsächlich in den größeren, mehr oder weniger unpersönlichen Gruppen (z.B. Staat, Betrieb) in Erscheinung treten.

9 Die Handlungsschemata sind als soziale Orientierungshilfen und als Handlungsvorschriften immer an einen bestimmten Sinn, an ein Ziel und an einen Zweck gebunden. Diese Hinordnung, Einordnung oder auch Unterordnung

unter ein bestimmtes Ziel kann auch als die Strukturierung der Handlungsschemata bezeichnet werden. Wir werden später bei dem Begriff der „sozialen Rolle" sehen, daß solche Rollen nichts anderes sind als die Z u s a m m e n o r d n u n g von Handlungsschemata auf ein Ziel oder einen Zweck hin. S o z i a l e   S t r u k t u r meint also immer die Zusammenordnung sozialer Teilhandlungen innerhalb eines größeren Ziel- oder Zweckzusammenhangs, wohingegen unter einem s o z i a l e n   S y s t e m eine kleinere oder größere Handlungseinheit (Gruppe, Organisation usw.) betrachtet wird, die jeweils eine bestimmte Verhaltensstruktur besitzt.

Während der Gesichtspunkt der Struktur mehr die Zusammenordnung sozialer Handlungen meint und ein soziales System den Integrationsraum solcher Handlungen darstellt, kommt in dem Gesichtspunkt der F u n k t i o n einer sozialen Handlung zum Ausdruck, daß dieses oder jenes Handeln zur Aufrechterhaltung und damit zur Ziel- und Zweckerfüllung einer Struktur bzw. eines Systems nützlich und notwendig ist. Nach *R.K. Merton* sind Funktionen diejenigen beobachtbaren Handlungsfolgen (Konsequenzen), welche die Adaption oder Anpassung eines gegebenen Systems fördern. D y s f u n k t i o n e n sind dann jene Handlungsfolgen, welche die Adaption oder Anpassung des Systems verringern. Es besteht auch die Möglichkeit n i c h t f u n k t i o n a l e r Handlungsfolgen, welche also für das betrachtete System einfach irrelevant sind.

Zu jedem gegebenen Zeitpunkt kann ein sozialer Tatbestand sowohl funktionale wie dysfunktionale Handlungsfolgen haben, woraus sich das schwierige und wichtige Problem ergibt, Methoden zu entwickeln, die es ermöglichen, den Nettoertrag von Handlungsfolgen für eine Struktur oder ein System festzustellen [15].

Eine weitere Unterscheidung ist nach *R.K. Merton* diejenige von m a n i f e s t e r und l a t e n t e r F u n k t i o n . Der Unterschied liegt darin, daß bei manifesten Funktionen das subjektive Handlungsziel mit den objektiven Handlungsfolgen zusammenfällt, bei latenten Funktionen aber Handlungsziel und Handlungsfolgen auseinandergehen. „Manifeste Funktionen sind jene objektiven Handlungsfolgen, die zur Adaption oder zur Anpassung beitragen und von den Mitgliedern des Systems beabsichtigt und anerkannt sind, latente Funktionen sind dementsprechend jene, welche weder beabsichtigt, noch anerkannt sind." Als Beispiel können Zeremonien angeführt werden, die scheinbar keine Funktion mehr haben, aber als „Mittel zum kollektiven Ausdruck von Gefühlen, als grundlegende Quellen der Gruppeneinheit" analysiert werden können.

10 Da der Mensch, wie wir gesehen haben, wesentlich ein soziales, d.h. aber abhängiges Wesen ist, entstehen durch soziale Beziehungen Machtverhältnisse. M a c h t kann definiert werden als eine (aufgrund von Abhängigkeit zustande kommende) Überlegenheit über andere mit der Möglichkeit, erfolgreich ein bestimmtes Verhalten zu verlangen. Nach *M. Weber* ist Macht die

Chance, seinen Willen bei anderen durchzusetzen, wobei es gleichgültig ist, worauf diese Chance beruht.

Wenn wir die „soziale Tatsache", das „Soziale" überhaupt, als eine sinnbestimmte, überindividuelle und je nach Situation geltende und damit vorgeschriebene Orientierung bezeichnet haben, so erkennen wir leicht, daß in allen sozialen Tatbeständen ein Machtfaktor am Wirken ist. Dabei entsteht das Problem, die Macht als Möglichkeit, von anderen Menschen ein bestimmtes Verhalten erfolgreich zu verlangen, zu legitimieren, d.h. einen Erklärungsgrund zu finden, warum so und nicht anders gehandelt werden soll. Bloße Macht im Sinne von Gewalt (Willkür) bedarf keiner Legitimierung. Wenn jedoch Macht legitimiert wird, d.h. wenn angegeben wird, warum und wieso Macht ausgeübt und Abhängigkeit gefordert wird, und wenn diese Angaben dann auch bei den Abhängigen (Gehorchenden) Glauben finden (Legitimitätsglaube), so wird von Herrschaft gesprochen.

H e r r s c h a f t ist demnach befugte und anerkannte Machtausübung. Von *Max Weber* wurden drei Typen von Herrschaft unterschieden:

1. T r a d i t i o n a l e H e r r s c h a f t : eine Ordnung, die durch Brauch, Gewohnheit und eingelebte Sitte begründet wird: „Es war immer schon so." Begriffe wie Ehre, Treue zur Überlieferung, aber auch eine mehr oder weniger mythische Religion usw. spielen hier eine Rolle.

2. L e g a l e (r a t i o n a l e u n d b ü r o k r a t i s c h e) H e r r s c h a f t : Macht wird hier aufgrund positiver Satzung ausgeübt (Legalität). Dieser Herrschaftstyp steht im Zusammenhang mit der Industrialisierung und der Rationalisierung der abendländischen Gesellschaft und ist, von dieser ausgehend, die ganze Welt umfassend, in einer ständigen Ausbreitung begriffen. Man könnte auch sagen, daß reine (und durch alle möglichen Immunisierungstechniken abgedeckte) Machtverhältnisse in Herrschaftsformen überzugehen tendieren, sofern die Bedingungen von Abhängigkeit in den verschiedenen sozialen Systemen bewußt werden und die Systemmitglieder willens und in der Lage sind, an der Abhängigkeitskontrolle sich zu beteiligen.

3. C h a r i s m a t i s c h e H e r r s c h a f t : Hier handelt es sich um einzelne Personen, die aufgrund ihres Charismas (einer besonderen Eigenschaft) Gefolgschaft von seiten anderer finden.

Mit Macht und Herrschaft hängt eng die A u t o r i t ä t zusammen. Wenn Macht sozusagen ganz diffus über alle sozialen Beziehungssysteme verteilt ist, und wenn Herrschaft mehr oder weniger auf der Legitimierung von Macht beruht, so kann unter Autorität die Anordnungsbefugnis verstanden werden, die jemand aufgrund seiner Stellung im sozialen Beziehungsgefüge hat. Aufgrund dieser Befugnis kann der Autorisierte bereits schematisiertes soziales Handeln auslösen, in Zweifelsfällen die Art des sozialen Handelns entscheiden oder auch neue soziale Handlungsformen einführen.

DAS SOZIALE HANDELN

Man kann formale Autorität (Amtsautorität), personale Autorität (Personautorität) und funktionale Autorität (Sachautorität) unterscheiden. Wie bei der charismatischen Herrschaft, ist bei der personalen Autorität die Anordnungs- und Bestimmungsbefugnis für soziales Handeln an die Qualität einer bestimmten Person gebunden. Diese Person hat sich anderen gegenüber besonders hervorgetan und ist deswegen geeignet, Macht im Sinne einer Zusammenordnung aller Beteiligten unter einen Zweck auszuüben. Macht im Sinne personaler Autorität wird oft auch als F ü h r u n g bezeichnet. Auf die Dauer können sich jedoch nur Führer und eine Führung erhalten, deren Anordnungen für das soziale System und dessen Mitglieder belohnenden (erfolgreichen) Charakter haben.

Demgegenüber wird unter formaler Autorität jene Machtbefugnis verstanden, die einer Person aufgrund ihrer sozialen Position zukommt. Prinzipiell gilt für die formale Autorität, daß j e d e Person über sie verfügen kann, die legitim die Position, mit der die formale Autorität verbunden ist, innehat. Solche Machtpositionen im Sinne formaler Autorität lassen sich auf einer breiten Skala anordnen. Sie reichen vom Verkehrspolizisten bis zum Regierungschef. Derartige Autoritäts- und Machtpositionen sind für jedes komplexe soziale Beziehungsgefüge (System) notwendig.

Funktionale Autorität ist von personaler und von formaler Autorität zu unterscheiden. Wir haben schon weiter oben den Begriff der sozialen Funktion erörtert. Darunter haben wir die Nützlichkeit, Brauchbarkeit oder Notwendigkeit eines bestimmten Handlungsschemas zur Erreichung eines Zieles oder Zweckes verstanden. Analog dazu meint funktionale Autorität in erster Linie den Sachverstand, das Sachwissen oder eine sonstige Eigenschaft, die je nach der sozialen Struktur des Beziehungsgefüges (Systems) zur Aufrechterhaltung oder zur Entwicklung dieses Gefüges (Systems) notwendig ist. In unserer modernen Gesellschaft haben diese funktionale Autorität (Sachautorität) im besonderen Maße die „Experten". Nicht umsonst hat man auch von der „Expertokratie" gesprochen. Da aber reines Sachwissen noch keine soziale Ordnung bedeutet, sind die anderen Autoritätsformen nicht nur notwendig, sondern ihre Etablierung ist im besonderen Maße für jede Gesellschaft im Rahmen ihrer Wertvorstellungen und ihrer Institutionen auch eines der wichtigsten Ordnungsprobleme.

Neuerdings ist der Begriff des E s t a b l i s h m e n t s in Mode gekommen. Obwohl der Begriff seinem Ursprung nach auf die englische Verfassungsgeschichte zurückgeht, verbindet man damit in der Gegenwart oft eine abwertende Bedeutung im Sinne einer Gruppe von Personen, die in den Spitzenpositionen der verschiedensten sozialen Systeme formale Autorität innehat, nach einem gewissen Informationsmonopol strebt (oder es innehat), gegenseitige ideologische Differenzen möglichst egalisiert und sozialen Wandel entweder unterbindet oder nur insoweit zuläßt, als dieser zum Vorteil des etablierten Systems und der darin begünstigten Gruppen sich auswirkt.

SOZIALES HANDELN UND DER MENSCH

Literatur

1. *Geck* L.H.A., Über das Eindringen des Wortes „sozial" in die Deutsche Sprache
2. *Weber* M., Wirtschaft und Gesellschaft
   (§ 1: Begriff der Soziologie und des „Sinnes" sozialen Handelns, S. 3ff.; die Legitimitätsregelung, S. 157ff.)
3. *Durkheim* E., Regeln der soziologischen Methode
   (Kap. 1: Was ist ein soziologischer Tatbestand? S. 105-115)
4. Fischer-Lexikon: Soziologie. Herausgegeben von R. König
   (Artikel: Struktur)
5. *Hartmann* H., Funktionale Autorität
6. *Wössner* J., Mensch und Gesellschaft
   (Qualitäten des sozialen Phänomens, S. 388-394)
7. *Fichter* J.H., Grundbegriffe der Soziologie
   (Die Verhaltensmuster und die Kultur, S. 95ff; Strukturaspekt und Funktionsaspekt der Gesellschaft, S. 87f.)
8. *Hoefnagels* H., Soziologie des Sozialen
   (Einleitung: Die Soziologie als Wissenschaft vom Sozialen, S. 13-20).

Prüfungsfragen

1. Was ist „sozial"? Welche Bedeutungsgehalte davon gibt es?
2. Wie definiert Max Weber „Soziales Handeln"?
3. Was ist nach E. Durkheim eine „Soziale Tatsache"?
4. Definieren Sie die Begriffe „Interaktion" und „Soziale Beziehung".
5. Von welchen Merkmalen hängt die Bedeutung eines sozialen Handlungsschemas ab? (Beispiele)
6. Klassifizieren Sie die sozialen Handlungsschemata nach Wichtigkeitsgrad und Zwangscharakter.
7. Was ist zu idealen und realen Handlungsschemata (Verhaltensmuster) zu sagen; was zu ihrer Änderung?
8. Inwiefern ist ein soziales Handlungsschema ein „Leitbild"? Wann ist es explizit und wann implizit?
9. Was ist soziale Struktur, soziales System und soziale Funktion?
10. Nennen Sie den Unterschied zwischen manifester und latenter Funktion (Beispiel).
11. Sagen Sie etwas zu „Macht" und „Herrschaft".
12. Welche Herrschaftstypen kennt Max Weber?
13. Nennen Sie Beispiele verschiedener Autoritätsformen.
14. Was kann unter „Establishment" verstanden werden?

3. Kapitel

Einstellungen und Haltungen

1 Die Abhängigkeit des Individuums von sozialen Beziehungen setzt bei den Handlungspartnern gewisse ähnliche innere Dispositionen voraus, die es ermöglichen, daß eine Anzahl von Menschen sich nicht nur versteht, sondern auch im Hinblick auf gewisse Ziele und Zwecke zusammen handeln kann. Wenn wir im letzten Kapitel etwas über die äußeren Handlungsformen und Handlungsschemata gesagt haben, so müssen wir jetzt auf diese inneren Dispositionen der sozio-kulturellen Persönlichkeit eingehen.
Genauso nämlich, wie die Abhängigkeit und der Einfluß von einem sozialen Beziehungsgefüge den einzelnen Menschen zur Anerkennung von ihm unabhängiger und damit vorgeschriebener Handlungsformen zwingen, so „denkt" der Einzelne in einer Gesellschaft und in einer bestimmten Kultur nicht je für sich allein, sondern ist gewissermaßen vorinformiert (konditioniert). Auch hier wiederum gilt, daß das Denken und das menschliche Bewußtsein eine starke soziale Determinante und Bestimmung aufweisen. Bevor wir solche soziale Denk- und Einstellungsschemata aufzeigen, sei an einem berühmt gewordenen Experiment gezeigt, wie vom „Sozialen" (Gruppe) her das Denken und Urteilen des Einzelnen bestimmt wird.

Das Sherifsche Experiment

M. Sherif, ein türkischer Psychologe, der jetzt in den Vereinigten Staaten wirkt, verwendet bei seiner Versuchsanordnung das schon seit langer Zeit bekannte, sogenannte autokinetische Phänomen. In einem völlig verdunkelten Raum wird ein sehr kleiner und intensitätsschwacher Lichtpunkt für kurze Zeit dargeboten. Da auch bei fester Fixation unsere Augenachsen niemals ganz ruhig bleiben, scheint sich der Lichtpunkt, der objektiv feststeht, zu bewegen. Die Versuchspersonen (Vpn.) besitzen in diesem Fall auch nicht die Möglichkeit, den subjektiven Charakter dieser Bewegungserscheinung zu erkennen, da es dazu eines festen Bezugssystems bedürfte. Da außerdem die Entfernung des Lichtpunktes unbekannt ist (der Projektor befindet sich hinter einem Schirm, der erst nach der Verdunkelung weggezogen wird), fällt die Schätzung der scheinbaren Bewegungsweite des Punktes überaus schwer.

P. R. *Hofstätter* hat in Anlehnung an die Versuchsanordnung von *Sherif* in einem eigenen Experiment mit drei Vpn. folgende Werte erzielt: „Zunächst wurden mit jeder Vpn. vier Einzelversuche ($A_1 - A_4$) durchgeführt, sodann drei Gruppenversuche ($Z_1 - Z_3$), in denen jede Vp. ihre Schätzung ausrief und schließlich abermals vier Einzelversuche ($A_5 - A_8$). Die Ordinate gibt die Schätzungsbeträge in cm. Die zu einer Gruppe zusammengefaßten Vpn. wurden im Hinblick auf einen möglichst großen Unterschied zwischen ihren Alleinschätzungen ($A_1 - A_4$) ausgewählt. Zwischen der ersten Gruppe der Alleinschätzungen, den drei Zusammenschätzungen und der zweiten Gruppe der Alleinschätzungen lag jeweils eine Spanne von 30 Minuten, während die Vpn. im Sinne einer Konkurrenz dreistellige Zahlen miteinander multiplizierten. Dies hatte einmal den Zweck, eine Diskussion zu verhindern, zum anderen sollten dadurch die geschätzten Zahlenwerte nach Möglichkeit verwischt werden.

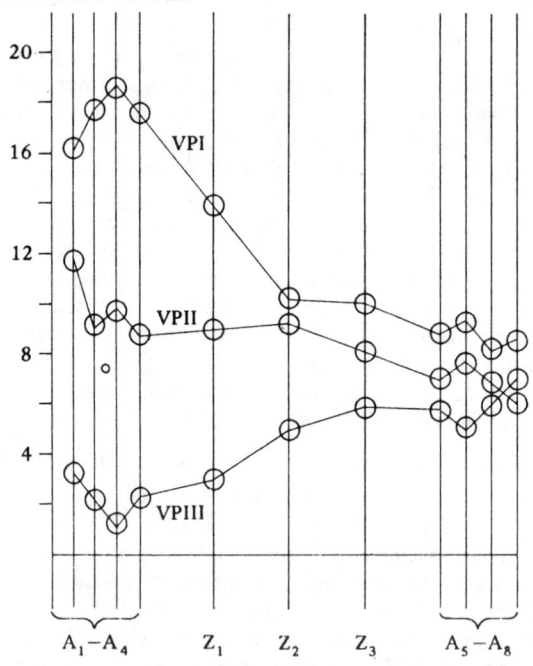

Quelle: P. R. Hofstätter, Gruppendynamik, Hamburg 1957, S. 54.

Die Konvergenz der Schätzungen beim autokinetischen Phänomen.

EINSTELLUNGEN UND HALTUNGEN

In Übereinstimmung mit den Befunden *Sherifs* zeigt sich in diesem Experiment eine deutliche Konvergenz der Schätzungen während der drei Gemeinschaftssituationen ($Z_1 - Z_3$). Das Resultat dieses Vorgangs erhielt sich auch in den darauffolgenden vier Einzelsituationen ($A_5 - A_8$). Der Konvergenzpunkt entsprach dem geometrischen Mittel der ursprünglichen Einzelschätzungen. (Kreis zwischen A_2 und A_3.)
Bei dem Experiment handelt es sich um eine besonders einfache Form des Miteinanders. Die Vpn. diskutieren ihre Aufgabe zwar nicht miteinander, sie beeinflussen sich aber gegenseitig durch die ausgerufenen Schätzungen. Auf diese Weise geben sie einander gegenseitige Anhaltspunkte in einer sehr unbestimmten und daher schwierigen Situation. Im Endeffekt einigen sie sich ohne direkte Verabredung über einen Sachverhalt (die Bewegungsweite des Lichtpunktes), der objektiv in dieser Form gar nicht gegeben ist, da sich der Punkt, dessen Bewegungsspielraum die Vpn. schätzen sollen, in Wirklichkeit ja überhaupt nicht bewegt. Hier wird somit innerhalb einer sehr kleinen Gruppe eine Behauptung über einen Teil der gemeinsamen Umwelt formuliert, die, obwohl sie objektiv falsch ist, doch eine gewisse Verbindlichkeit besitzt. D i e G r u p p e t r ä g t , w i e m a n a u c h s a g e n k ö n n t e , e i n e n e u e O r d n u n g s t a t s a c h e i n d a s B i l d i h r e r W e l t .
Obwohl für die Vpn. bei diesem Test nichts auf dem Spiel stand und sie deshalb, wie man denken sollte, bei ihren weit auseinanderliegenden Anfangsschätzungen hätten bleiben können, zeigten sie bei ihren späteren Schätzungen eine K o n v e r g e n z b e w e g u n g . Dieser Tatbestand verlangt eine Erklärung. Um diese zu finden, müssen wir auf eine bisher noch nicht erörterte Eigenheit des Versuchsergebnisses zurückgreifen. Wie kommt es nämlich, daß sich im wiederholten Einzelversuch ($A_1 - A_4$) die Schätzungen jeder einzelnen Vp. innerhalb sehr enger Grenzen (15–19 cm, 8–12 cm, 1–3 cm) halten? Warum verteilen sie sich nicht über die ganze Skala von 1 bis 19 cm und darüber hinaus? Selbst in der Illusion herrscht also eine gewisse Ordnung. Ohne daß sie sich dessen eigentlich bewußt werden, haben die Vpn. je für sich ein unbestimmtes, fluktuierendes Erlebnis n o r m i e r t . Der Punkt bestimmt sich nunmehr sozusagen in verläßlicher Weise. Damit ist die Situation einigermaßen bewältigt. Das ist an sich nicht besonders von Belang, es spiegelt sich jedoch darin unser immerwährender A n s p r u c h a u f e i n e g e o r d n e t e U m w e l t . In der ersten Gemeinschaftssituation (Z_1) erweisen sich diese individuellen Ordnungen freilich als sehr zweifelhaft. Von hier aus verläuft die Entwicklung in Richtung auf eine neue Ordnung, die darum besonders verläßlich ist, weil sie von mehreren geteilt wird. Die Konvergenz entspricht demnach einem Vorgang, den der typisch menschliche Anspruch auf eine geordnete und gesicherte Umwelt motiviert.
D a s „ K o n v e r g e n z p r i n z i p " a l s e i n e F o r m v o n e i n e r „ B e s t i m m u n g s l e i s t u n g d e r G r u p p e " läßt sich auch

an folgendem Tatbestand aufweisen. Nach dem Stücklohn bezahlte Arbeiter schaffen nebeneinander. Den zwischen ihnen bestehenden Unterschieden des persönlichen Tempos, der Geschicklichkeit und des Fleißes entsprechend, produzieren sie in der gleichen Arbeitszeit ungleich viel. Eine allgemeine Erfahrung geht aber nun dahin, daß sich in einer solchen Gruppe sehr bald eine N o r m einstellt, auf die hin die produktiven Leistungen der Mitglieder konvergieren, wobei es auch in der Regel nicht an sehr deutlichen und manchmal handgreiflichen Ermahnungen fehlt, durch die der „übernormal" Arbeitende gebremst wird. Normen dieser Art bezeichnen aber oftmals nicht die in der Tat „normale" Leistungsfähigkeit des Durchschnittsarbeiters, diese muß vielmehr als gruppenspezifische Bestimmung angesichts objektiv nicht mit Sicherheit zu entscheidender Sachverhalte aufgefaßt werden.

F o l g e r u n g e n : *Sherif* fand e r s t e n s heraus, daß, wenn jedes Subjekt für sich allein arbeitet, es für sich selbst eine Rangordnung der Urteile aufbaut. Ein Subjekt mag in der vorgetragenen Versuchsanordnung eine Skala entwickeln von 1 bis 3 cm, ein anderes von 8 bis 10 cm. Mit anderen Worten: jedes Subjekt entwickelt seine eigene Skala, die ihm als Bezugssystem dient, mit Hilfe dessen es ablesen kann, wie weit sich das Licht bewegt hat. Im täglichen Leben sind wir ständig gezwungen, mehrere Bezugssysteme zu benutzen. Man sieht einen einzelnen Menschen als intelligent an, eine Frau als gut aussehend, den Preis einer Ware als zu hoch. Alle diese Urteile setzen natürlich eine Skala von Intelligenz, von gut aussehend und von Warenpreisen voraus. Diese einzelnen Standards konstituieren ein Bezugssystem von Begriffen, mit denen Intelligenz, Schönheit und Preise bewertet werden können.

Z w e i t e n s : Wenn in dem Sherifschen Experiment die Einzelpersonen zusammenkommen, dann entwickeln sie ein Gruppensystem oder ein gemeinsames Bezugssystem, d.h. die meisten Gruppenmitglieder urteilen innerhalb der gemeinsam gefundenen und anerkannten Wertskala. Zwar entwickeln verschiedene Gruppen verschiedene Ränge, aber innerhalb einer Gruppe wird eine gemeinsame Rangskala zu definieren versucht, die dann das Einzelurteil beeinflußt und mitbestimmt. Dabei ist bemerkenswert, daß jedes Subjekt, das zuerst allein operiert hat und für sich selbst bereits eine individuelle Rangskala aufgestellt hat, sobald es mit anderen zusammenkommt und andere Urteile hört, die individuelle Rangskala in Richtung auf die Gruppenskala hin ändert. Diejenigen Subjekte, die gleich von Anfang an in einer Gruppe zusammengefaßt waren und nicht zuerst eine individuelle Rangskala entwickeln konnten, konvergierten untereinander schneller. Aber beide Gruppen, ob sie nun zuvor eine individuelle Erfahrung hatten oder nicht, beeinflussen schließlich das individuelle Urteil durch die soziale Bestimmungsleistung und konstituieren eine Gruppennorm. Diese Gruppennorm wird dann zu einem Teil des individuellen Bezugssystems und beeinflußt die Art und Weise, wie nun der Einzelne seine Urteile abgibt.

EINSTELLUNGEN UND HALTUNGEN

Damit wird deutlich, daß wir die Welt aus der Perspektive unserer Gruppe, unserer Familie, unserer Freunde, unserer Kollegen oder vom Standpunkt irgendeiner anderen Gruppe zu betrachten uns angewöhnen. Es handelt sich dabei um Gruppen, die für uns von irgendeiner Bedeutung (Wert) sind.

D r i t t e n s : Aus dem Sherifschen Experiment läßt sich weiterhin noch folgende Erkenntnis ableiten: ist einmal eine Gruppennorm aufgestellt und anerkannt worden, so benutzen die einzelnen Individuen diese für ihre Urteilsbildung und Urteilsabgabe auch dann, wenn die Gruppe nicht anwesend ist. Im Experiment selber geben die einzelnen Teilnehmer, auch wenn sie später in dem dunklen Raum einzeln plaziert werden, genormte Urteile ab.

Eine ganz allgemeine Implikation des Sherifschen Experimentes ist darin zu sehen, daß die einzelnen Menschen, wenn sie vor Entscheidungen gestellt werden und Meinungen in unklaren Situationen bilden sollen, sich an andere wenden. Das ist nicht etwa eine Ausnahmeerscheinung im menschlichen Zusammenleben. Vielmehr liefern Gruppen und unsere soziale Umgebung im allgemeinen Vorverständnisse und Interpretationen für Erfahrungen. Die Gültigkeit einer sehr großen Zahl unserer Meinungen und unserer Werthaltungen hängt davon ab, in welchem Maße sie von anderen ebenfalls geglaubt werden. Wir können z.B. nicht beweisen, daß etwa ein Kunstwerk gut ist, daß eine bestimmte Art und Weise sich zu kleiden richtig oder falsch ist in dem Sinne, wie wir z.B. die Behauptung: in einem Wagen ist kein Benzin mehr, eine Brücke ist unsicher, eine Krankheit ist ansteckend, oder die Erde bewegt sich um die Sonne, als richtig oder falsch bezeichnen können. Der Beweis sozialer Verhaltensweisen kann bis zu dem Grade geführt werden, als andere Menschen unseren Glauben und unsere Werte teilen, d.h.: unsere Verhaltensnormen werden von der sozialen Zustimmung getragen.

2 Die Annahme nun, daß Menschen, die der gleichen Gruppe oder Gesellschaft angehören, auch ähnlich denken, ist Allgemeingut. Erinnern wir uns nur an Feststellungen wie „typisch deutsch" oder „amerikanisch". Wenn auch solche Urteile falsch sein können, analog etwa zu denen im Sherifschen Experiment, so weisen sie doch auf eine Gemeinsamkeit der Denkweise hin, die als eine Bestimmungsleistung des Sozialen angesehen werden muß. Wir wollen nun eine Reihe von solchen Bestimmungsleistungen im Sinne von genormten inneren (geistigen) Handlungsschemata aufweisen, wobei Einstellungen oder Haltungen (Attitüden) gedankliche Verhaltensschemata sind, die Urteilen und Vorurteilen vorangehen und zugrunde liegen. Es handelt sich dabei für gewöhnlich um eine Bereitschaft, in einer bestimmten Weise nach außen hin zu handeln. Alle Einstellungen oder Haltungen sind gelernt worden. Ob aber eine Haltung oder Einstellung bloß nachgeahmt wird, weil sie in der Gesellschaft weithin gängig ist, oder ob sie einer logischen Denkübung entspricht, ist von großer Bedeutung.

3 Die Einübung in objektives Denken trägt zum Abbau und zur Vermeidung aggressiver, feindseliger Haltungen bei. Wichtig dabei ist, daß die Art und Weise, wie Haltungen und Einstellungen erlernt werden, einen direkten Einfluß darauf hat, welche Haltungen das Individuum einnimmt.
Als Beispiel hierfür sei ein Forschungsergebnis aus der Religionssoziologie herangezogen. Dabei wurde von der Hypothese ausgegangen, daß soziale Gruppen mit unterschiedlichen Einstellungen bei der nachwachsenden Generation verschiedene Haltungen und Einstellungen hervorrufen. Bei einem Vergleich von Protestanten und Katholiken zeigte es sich, daß 60% der protestantischen Mütter, aber nur 47% katholischer Mütter ihre Kinder als eine mehr oder weniger große Last empfinden. Für fast 68% katholischer Mütter, aber nur für 51% protestantischer Mütter waren die bereits vorhandenen Kinder willkommen oder sehr willkommen.
Von da aus interessierte die Frage, welche Haltungen (Einstellungen) den Kindern beigebracht werden sollten. Dabei wurden folgende Variablen getestet: Gehorsam (1) − Beliebtsein (2) − selbständiges Denken (3) − hart arbeiten (4) − anderen helfen, wenn notwendig (5). Die Befragten wurden gebeten, eine Reihenfolge ihrer Wahl anzugeben, das heißt also, welcher Variablen sie den Vorzug geben würden. Nahezu die Hälfte der Interviewten hielt selbständiges Denken (3) für das wichtigste, dann Gehorsam (1), ein Drittel setzte Gehorsam an die erste Stelle. Daraufhin folgten: anderen helfen (5) − hart arbeiten (4) − Beliebtsein (2). Wenn sich auch bezüglich der letzten drei Haltungswerte keine großen Unterschiede bei den sozio-religiösen Gruppen ergaben, so treten diese doch sehr stark ins Blickfeld bezüglich der Variablen: selbständiges Denken (Autonomie) und Gehorsam (Autorität).
Prozentsatz der Wertung: Intellektuelle Autonomie vor Gehorsam (Autorität) bezüglich Klassen und rel. Gruppen [16]:

Soziale Klasse	Religiöse Gruppe	%
Obere Mittelklasse	Protestanten	90
	Katholiken	70
Untere Mittelklasse	Protestanten	72
	Katholiken	63
Obere Arbeiterklasse	Protestanten	66
	Katholiken	51
Untere Arbeiterklasse	Protestanten	48
	Katholiken	38

Wie wir sehen, ist nicht nur in allen angeführten Klassen eine autonomere Orientierung bei Protestanten vorherrschend, diese ist besonders auch in der oberen Mittelklasse sehr verbreitet, was darauf schließen läßt, daß eine größere Mobilität gerade mit dieser Einstellung stark zusammenhängt [17].

EINSTELLUNGEN UND HALTUNGEN

Wenn wir uns an das erinnern, was wir über Funktion und Dysfunktion gesagt haben (vgl. S. 49), so kann man feststellen, daß in einer Gesellschaft, die sehr auf Mobilität, sowohl auf geistige wie auch auf berufliche, angewiesen ist, die Einstellung religiöser Gruppen oder sozialer Klassen „funktionaler" sein kann als diejenige anderer Gruppen und Klassen, sowohl was den sozialen Aufstieg anbetrifft, als auch hinsichtlich der geistigen Verarbeitung des wertpluralistischen Druckes in den modernen Gesellschaften. Von hier aus ließe sich dann auch eine Prognose dahingehend aufstellen, daß soziale Persönlichkeiten und ganze Gruppen zu Randpersönlichkeiten bzw. Randgruppen in einer Gesellschaft werden können, wenn die Werte, die für eine Gesellschaft zentral und bestimmend sind, nicht als „Einstellung" auf der Persönlichkeits- bzw. Gruppenebene wieder auftauchen.

4 Wenn wir also von Haltungs- und Einstellungstypen, vom „Österreicher", „Deutschen", „Protestanten", „Katholiken", „Kommunisten", von einem Angehörigen der Unter- oder Mittel- bzw. Oberschicht usw. reden, so kommt darin zum Ausdruck, daß die Mitglieder einer bestimmten Gruppe oder Schicht so und so denken. Wir setzen zwar keinen in der Außenwelt von den einzelnen Individuen unabhängigen „Gruppengeist" voraus, doch bleibt Tatsache, daß es eine Anzahl von Menschen (Gruppen) gibt, die hinsichtlich bestimmter Sachverhalte und bezüglich anderer Menschen und Gruppen einen übereinstimmenden Standpunkt hat. Schon die Umgangssprache enthält viele Ausdrücke, die sich auf diesen gemeinsamen Standpunkt (den Gruppengeist) beziehen. Wenn man etwa sagt: „das bin ich meiner Familie schuldig", „das kann ich mir bei meiner Stellung nicht erlauben", „das macht man als Frau nicht" usw., so kommt darin eben eine Haltung und eine Einstellung zum Ausdruck, die einer bestimmten Gruppe eigen ist oder die andere von diesen Gruppen – zu Recht oder Unrecht – erwarten. Jedem Mitglied einer Gruppe wird ein gewisser Druck auferlegt, diese oder jene Meinung, Haltung oder Einstellung zu vertreten. Dabei gibt es kein Kollektivbewußtsein. Wohl aber haben alle in Frage kommenden Gruppenmitglieder dieselben Einstellungs- oder Haltungsschemata. Jeder hat selbst schon erlebt, wie ihn eine Gruppe beeinflußt und geistig in eine bestimmte Richtung drängt. Wer in einen Verein, in eine Partei, in eine Kirche, aber auch in einen Betrieb eintritt oder sich an einer Hochschule inskribiert, dem wird eine bestimmte Haltung und Einstellung abverlangt.
Im Zusammenhang mit dem, was wir über die soziale Person oder sozio-kulturelle Persönlichkeit gesagt haben, sehen wir nun ein, daß durch die Übernahme solcher geistiger (innerer) Einstellungsschemata wie auch durch die Übernahme der bereits behandelten äußeren Handlungsschemata der einzelne Mensch zu einer sozialen Person wird. Der Soziologe ist daran interessiert, durch seine Forschungen sowohl die in den einzelnen Gruppen vorhandenen Einstellungen und Haltungen festzustellen, wie auch durch Inhaltsanalysen, etwa von Satzungen, Zeitschriften, kulturellen Symbolen

usw., festzustellen, auf welche Einstellungen und Haltungen der Inhalt solcher, das einzelne Individuum beeinflussenden Medien hinzielt.

5 Die Übereinstimmung und die Gemeinsamkeit innerer Haltungen und Einstellungen bei einer Vielzahl von Menschen im Hinblick auf bestimmte Sachverhalte wird auch K o n s e n s u s genannt. Im Zusammenhang mit dem eingangs angeführten Strukturschema der soziologischen Begriffe können wir jetzt sagen, daß sich der Konsensus auf die Werte (Bewertung) bestimmter Personen und Sachverhalte bezieht, wobei Werte ihrerseits ein bestimmtes Verhalten und auch bestimmte Sanktionen zur Folge haben. In den modernen, rationalen Gesellschaften ist die Konsensus-Bildung besonders wichtig. So sind z.B. Wahlen zur Ermittlung einer Regierung demokratischer Gesellschaften ein wichtiger Vorgang für die Herstellung eines Konsensus und damit zur Integration von Gruppen und der Gesellschaft insgesamt.

6 Als Elemente (Schemata) von Einstellungen und Haltungen können aufgezählt werden: Werte und Wertorientierungen, soziale Prinzipien, Tatsachenurteile, Werturteile, Ideologien, Vorurteile, Stereotypen, Gefühlslagen usw. Vermittler solcher innerer Einstellungsschemata sind nicht nur die Erziehung und Bildung im Elternhaus, in der Schule usw., sondern z.B. auch die öffentliche Meinung und die Propaganda. Als Beispiel für ein strukturiertes Bündel solcher innerer Einstellungsschemata soll weiter unten der Ethnozentrismus angeführt werden. Andererseits sind die Summe und die innere Ordnung von Einstellungen und Haltungen in wissensmäßiger und gefühlsmäßiger Hinsicht die „Leitstelle", durch die der Mensch und einzelne Gruppen Erfahrungen, Lernprozesse und Veränderungen vollziehen.
Diese Leit- und Verarbeitungsstelle im Einzelindividuum und im „Wir-Bewußtsein" von Gruppen kann deren „Kathexis" genannt werden. Bei der personalen oder gruppenspezifischen Kathexis (Einstellung, Haltung) ist das Wesentliche der Umstand, daß eine Konsistenz von kognitiven und emotionalen Schemata gegeben ist, durch die eine optimale Anpassung an die Umgebung oder deren Interpretation möglich wird. Durch die Kathexis werden also Reize, Signale, Aufforderungen usw. der physikalischen oder sozialen Umgebung (Außensystem) in das Innensystem des Menschen oder von Gruppen integriert [18]).
Ist diese Möglichkeit nicht gegeben, erhalten also Gruppen oder Einzelindividuen aufgrund ihrer Kathexis keine „Bedürfnisbefriedigung", keine Belohnungen (Verstärkungen, Spannungsreduktionen) in der Verarbeitung ihrer sozialen oder natürlichen Umgebung, so wird eben durch diese Umgebung ein Druck auf Änderung (Konversion) der Kathexis (Einstellung, Haltung) ausgelöst.
Im folgenden sollen nun einige Elemente und Beispiele angeführt werden, die für die „Einstellungen" von Bedeutung sind.

EINSTELLUNGEN UND HALTUNGEN

7 Grundelement von Einstellungen und Haltungen (Kathexis) sind W e r t e und W e r t o r i e n t i e r u n g e n. Es gibt wirtschaftliche, religiöse, künstlerische, Bildungs-, Freizeitwerte usw. In allen diesen Bereichen sagt der „Wert", was wünschenswert, was richtig, was angestrebt und realisiert werden soll. Dabei kann hier nicht die philosophische Frage entschieden werden, ob es in der „Sache" begründete Werte gibt oder ob Werte immer nur „Standpunkte" von Einzelpersönlichkeiten, von Gruppen oder Institutionen sind. Jedenfalls interessieren die Soziologie nur die Werte, die als Einstellung (in der Kathexis) aufscheinen und für Einzelmenschen und soziale Gruppen Signale oder Imperative sind, in einer bestimmten Richtung zu handeln, bestimmte Verhaltensschemata auszulösen oder bestimmte Situationen zu interpretieren (erklären).
Beziehen sich Werte immer auf einen bestimmten Sachverhalt oder einen bestimmten Bereich, so transzendieren die Wertorientierungen den einzelnen Wertbereich und sagen allgemeinere Motivationsmuster aus. Man kann in diesem Zusammenhang von „Leistungsorientierung", von „religiöser Orientierung", aber auch von solchen Wertorientierungen wie Toleranz, Nächstenliebe usw. sprechen. Wertorientierungen sind also mehr Werth a l t u n g e n, während Werte mehr Wert i n h a l t e darstellen.
Werthaltungen sind wichtig für die Systematisierung und Akzentuierung von Werten. Da Werte als Verhaltenssignale und Aufforderung, in einer bestimmten Richtung bei gegebenen Situationen zu handeln, über die ganze Skala der menschlichen Antriebswelt und die menschliche Umgebung verteilt sind, müssen sowohl der Einzelmensch als auch Gruppen, Gesellschaften und Kulturen eine Wertordnung schaffen, die bestimmt, welche Werte mit welcher Präferenz verwirklicht werden sollen. Ist dann einmal eine solche Wertordnung normativ als Verhaltensregel aufgestellt, dann interessiert gerade wiederum den Soziologen aber nur, warum diese ideale Ordnung einerseits aufgestellt worden ist, welche Ziele und Bedürfnisse damit innerhalb einer Gesellschaft oder einer Gruppe oder einer Institution erreicht werden sollen, und warum aber auch andererseits in konkreten Situationen von dieser (idealen) Ordnung abgewichen wird. Werte, die als Handlungsmotive zur Lösung von konkreten Situationen beitragen, oder Motive, die angesichts konkreter Situationen Handlungen auslösen, werden auch als die V a l e n z *(Lewin)* von Werten bezeichnet.
Dabei ist leicht zu sehen, daß in der Verarbeitung von Wertorientierungen, von Werten und von Valenzen auf der Persönlichkeitsebene, auf der Gruppenebene und auf der Ebene von Institutionen, Gesellschaften und Kulturen komplexe Probleme entstehen können. Bereits weiter oben haben wir erwähnt, daß die „Kathexis" die Verarbeitungs-, Leit- und Kontrollstelle dieser Problematik bei der Bewältigung konkreter Situationen ist.

8 S o z i a l e P r i n z i p i e n sind Wertorientierungen, an die sich das Gesellschaftsmitglied oder die einzelnen Gruppenmitglieder halten. Jede

SOZIALES HANDELN UND DER MENSCH

Gesellschaft entwickelt solche Prinzipien etwa der Toleranz, der Freiheit in Rede, Versammlung, Religion; der Gleichheit, Brüderlichkeit usw. Der Soziologe untersucht nicht, ob diese Prinzipien falsch oder richtig, moralisch oder unmoralisch sind, sondern nur, welche in einer Gesellschaft überhaupt vorhanden sind und in welchem Ausmaß sie die Mitglieder einer Gesellschaft bejahen.

9 Die I d e o l o g i e wird oft mit den sozialen Prinzipien als Einstellungs- und Haltungskonsensus von Gruppen oder von ganzen Gesellschaften hinsichtlich bestimmter Werte (Ziele) in eins gesetzt, jedoch ist der Ideologiebegriff von seiner Geschichte her auch eingeengt auf einen Interessenstandpunkt gesellschaftlicher Gruppen, der die Wirklichkeit einseitig pointiert. In diesem Zusammenhang spricht man auch von „Ideologieverdacht", insofern nämlich, als die Ideologie zur Wirklichkeitsverzerrung oder zum Instrument bewußter Machtausübung von Gruppen benutzt wird. Der Masse wird, so gesehen, durch die Ideologie eine „ideale Lehre" vorgesetzt, um dadurch einerseits die wirklichen Interessen (Werte) einer Machtgruppe zu verstecken und um andererseits die Zustimmung der Gesamtheit für diese gruppenspezifisch festgelegten Ziele (Werte) zu erreichen.

10 In einer Gesellschaft gibt es oft weitverbreitete V o r u r t e i l e . Ein T a t s a c h e n u r t e i l betrifft die Übereinstimmung zwischen einem als richtig anerkannten Sachverhalt und dessen logischem Ausdruck in einem aus Worten gebildeten Satz. Dagegen ist ein W e r t u r t e i l eine Aussage über einen Sachverhalt, der zwar im Sinne eines Tatsachenurteils richtig erfaßt werden kann, dabei aber dann noch zusätzlich bewertet wird. Werturteile in diesem Sinne hat jeder Mensch, jede gesellschaftliche Gruppe und ganze Gesellschaften.
Wenn also Tatsachenurteile und Werturteile für menschliches Handeln notwendig sind, so ist besondere Aufmerksamkeit hinsichtlich von V o r - u r t e i l e n geboten. Diese bilden sich nämlich noch bevor Tatsachen untersucht und festgestellt sind. Ein Vorurteil ist immer ein Werturteil, aber ein Werturteil, das sich nicht auf Tatsachen stützt, sondern eben auf eine Voreingenommenheit. Bestimmte Einstellungen und Haltungen als innere Dispositionen, als Bereitschaft, in einer bestimmten Richtung zu denken und zu handeln, führen leicht zu Vorurteilen. Vorurteile haben jedoch oft eine wichtige, Dissonanzen gegenüber der Wirklichkeit ausgleichende Funktion. Dadurch wird eine Abschirmung gegen die Änderung einer Kathexis erreicht. Einzelpersonen, Gruppen und ganze Gesellschaften „arbeiten" mit Vorurteilen.

11 Eine besondere Form des Vorurteils ist das S t e r e o t y p . Auch hier werden bestimmte Personen, Gruppen oder auch ganze Bevölkerungen mit

bestimmten, logisch unbegründeten und empirisch nicht überprüften Eigenschaften in Berührung gebracht. Etwa: Der Deutsche ist militaristisch, der Jude gewinnsüchtig. Oft sind auch die Vorstellungen über den „Nationalcharakter" von Bewohnern anderer Länder solche Stereotypen: D e r Österreicher, d e r Schweizer, d e r Tscheche, d e r Italiener hat diese und jene Eigenschaften. Solche Stereotypisierungen haben oft den Zweck, die eigene Gruppe fester zusammenzuhalten und innere Spannungen dadurch zu eliminieren, daß man der „Außengruppe" negative Eigenschaften zuschreibt.

12 Die ö f f e n t l i c h e M e i n u n g bezeichnet sowohl einen sozialen Prozeß, wie auch einen bestimmten Inhalt. Im Sinne eines sozialen Prozesses entsteht die öffentliche Meinung durch die Darstellung verschiedener Meinungsstandpunkte in der Öffentlichkeit. Als Inhalt ist die öffentliche Meinung eine Kombination sozialer Denkinhalte, die sich aus den Meinungen mehrerer Publikumsschichten einer bestimmten Gesellschaft ergeben. Die öffentliche Meinung stellt immer nur die Ansichten eines Teils der Bevölkerung dar, sie ist nicht die Summe der Meinung aller Gesellschaftsmitglieder.

Die Tatsache, daß sich die öffentliche Meinung aus verschiedenen Gruppen-Ansichten zusammensetzt und daß in der Gesellschaft nicht jeder über alles gleich informiert sein kann, aber andererseits doch eine Meinung haben sollte über in Frage stehende Punkte, gibt die Möglichkeit, auf die öffentliche Meinung einzuwirken. Die Einwirkung oder der Einfluß auf die Meinungsbildung kann als P r o p a g a n d a (propagare = ausbreiten, verbreiten) bezeichnet werden. Wiederum kann man Propaganda entweder als Mechanismus betrachten, durch den man bestimmte Informationen verbreiten will, oder man kann sie auch von der inhaltlichen Seite her zu begreifen suchen, indem man z.B. fragt, welche Einstellungs- und Haltungsschemata durch die Propaganda empfohlen oder erzwungen werden sollen. In diesem Sinne ist Propaganda die Verbreitung von Haltungs- und Einstellungsschemata mit Hilfe der Massenkommunikationsmittel, um die Menschen zur Annahme dieser Schemata zu bringen (vgl. auch die „Werbung").

Gerade diese Absicht, das Denken der Menschen in der Gesellschaft durch Propaganda zu verändern, führt zu einer geringschätzigen Meinung über die Propaganda. Einmal haben die Menschen das Gefühl, daß die Propaganda in ihr Recht und in ihre Möglichkeit eingreift, sich selbst eine Meinung zu bilden; und zum anderen ist man der Auffassung, daß sowohl der Inhalt der Propaganda, wie auch die Quellen, aus denen sie schöpft, von bestimmten Interessen gesteuert sind. Aus diesem Grunde wird oft in der politischen, aber auch in der wirtschaftlichen Propaganda (Werbung) der Eindruck erweckt, die zu verbreitende Information stütze sich auf wissenschaftliche Tatsachenurteile.

Auf der anderen Seite darf man jedoch die Propaganda als Vermittlung von Einstellungs- und Haltungsschemata nicht überbewerten. Einerseits muß Propaganda durch die bereits erwähnte personale oder gruppenspezifische Filterstelle der Kathexis, andererseits werden wir noch in dem Kapitel über die sozialen Prozesse zu zeigen haben, daß der einzelne Mensch durch seine Einbettung in soziale Gruppen eine Kontrolle hat, durch die die Propaganda-Informationen hindurch müssen, um für das einzelne Individuum handlungswirksam zu werden. Nur diejenigen Informationen können wirksam werden, die auf bereits vorhandene Haltungen, Einstellungen und Gefühlslagen stoßen oder doch mit ihnen zusammenhängen (Frage der Konsistenz).

13 Der Ethnozentrismus ist eine besondere Form von Werturteil. Ethnozentrismus heißt, daß man alle eigenen Werte und Interessen nach den Werten und Interessen derjenigen Gruppe ausrichtet, der man angehört. Ethnozentrismus ist eine typische Form der Voreingenommenheit gegenüber anderen Gruppen, wobei die eigene Gruppe als überlegen angesehen wird. Besondere Formen des Ethnozentrismus sind die Einstellung zu „Ausländern", rassischen Minderheiten, religiösen Gruppen usw. Auf der persönlichen Seite entspricht dem Ethnozentrismus der Egozentrismus.
Sowohl der Ethnozentrismus wie auch der Egozentrismus verhindern Objektivität. Insofern sind solche Einstellungen und Haltungen Bestandteil von Vorurteilen, Intoleranz, Diskriminierungen und Stereotypisierungen, als dadurch Sitten, Gebräuche und Gewohnheiten anderer Menschen, Gruppen und anderer Völker nicht nur für sonderbar gehalten, sondern meist auch noch herabgesetzt werden.

14 Wenn wir dieses Kapitel über Haltungen und Einstellungen mit der Darstellung des Sherifschen Experiments begonnen haben, so wollen wir es beschließen mit der Theorie von der „kognitiven Dissonanz" *(L. Festinger)*. Vieles von dem, was wir über Konsistenz (Kathexis), Vorurteile, Stereotypen, Ethnozentrismus usw. gesagt haben, wird durch diese Theorie einer interessanten Vertiefung zugeführt.
Kognitive Dissonanz meint das Unbehagen, das entsteht, wenn zwischen Wissen und Tun, zwischen Handeln einerseits, und der Bewertung eines Gegenstandes, einer Person, einer Gruppe oder einer Situation andererseits, ein Widerspruch besteht. Im großen und ganzen handeln Menschen natürlich in Übereinstimmung mit dem, was sie wissen oder fühlen. Wenn sich jemand einer Gefahr bewußt wird, wird er in der Regel vorsichtig sein; wenn jemand weiß, daß ein Restaurant besser ist als ein anderes, wird er gewöhnlich im besseren speisen usw. Oft treten jedoch Unstimmigkeiten auf zwischen dem, wie ein Mensch handelt und dem, was er weiß.

EINSTELLUNGEN UND HALTUNGEN

Auf der Grundlage dieser Überlegungen steht folgende Behauptung: Immer dann, wenn ein Mensch über Informationen und Meinungen verfügt, die, für sich allein betrachtet, ihn nicht dazu veranlassen würden, eine bestimmte Handlung zu vollziehen, besteht eine Dissonanz zwischen diesen Meinungen oder Überzeugungen und den tatsächlich ausgeführten Handlungen. Ist eine solche Dissonanz vorhanden, so wird der Mensch versuchen, diese herabzumindern, indem er entweder sein Handeln oder seine Überzeugungen und Grundsätze ändert. Wenn er seine (äußeren) Handlungen nicht ändern kann, wird er einen (inneren) Meinungswandel vornehmen.

Einige Beispiele sollen das Gesagte illustrieren:

Vorausgesetzt ist also, daß eine Dissonanz zwischen einer Information (Wissen, Überzeugung) und einer bestimmten Handlung dann besteht, wenn diese Information, für sich allein genommen, den Menschen daran hindert, eine solche Handlung zu vollziehen. Demnach entsteht eine Dissonanz, nachdem ein Mensch sich zwischen zwei Alternativen entschieden hat, die beide recht attraktiv sind. Nachdem er eine der Alternativen gewählt hat, ist alles, was er über die positiven Seiten der ausgeschlagenen anderen Möglichkeit weiß, gegenüber der ausgeführten Handlung, also seinem eigenen Entschluß, dissonant. Folge wäre also dann, daß die gewählte Alternative weit attraktiver dargestellt wird, als dies ursprünglich vor der Entscheidung der Fall war. Ein Experiment (*J. Brehm*) hat diesen Tatbestand tatsächlich erhoben. Mehrere Versuchspersonen wurden aufgefordert, einige Gegenstände hinsichtlich ihres Wertes und ihrer Attraktivität einzustufen. Daran anschließend durften diese Vpn. als Entlohnung für ihre Mitarbeit sich von zwei Gegenständen einen als Geschenk auswählen. Nachdem sie ihre Wahl getroffen hatten, wurden sie erneut wieder nach der Attraktivität jedes einzelnen Gegenstandes gefragt. Die beiden Gegenstände, zwischen denen gewählt werden durfte, waren von den Veranstaltern des Versuches sorgfältig ausgesucht worden. Für die eine Hälfte der Vpn. waren sie entsprechend ihrer ursprünglichen Einstufung so gewählt, daß sie nach dem Grad der Attraktivität nahe beieinanderlagen. Für die andere Hälfte waren sie jedoch derart, daß sie nach der ersten Einordnung ziemlich entfernt voneinander waren. Im ersten Fall wurde gefolgert, daß eine erhebliche Dissonanz auftreten würde, weil die Vpn. zahlreiche positive Aspekte der zurückgewiesenen Alternative kannte; andererseits: wenn der Attraktivitätsgrad der beiden Gegenstände weit auseinanderlag, folgerte daraus eine geringe Dissonanz. Das Ergebnis zeigte, daß in den Fällen, wo die ausgeschlagene Alternative attraktiv war und auf die Entscheidung eine beträchtliche Dissonanz folgte, die gewählte Alternative später für attraktiver gehalten wurde als vorher. Wenn der Entscheidung nur wenig Dissonanz folgte, weil die abgelehnte Alternative weniger anziehend war, wurde die gewählte Alternative später nicht als attraktiver beurteilt. Die theoretisch angenommene Dissonanzminderung konnte also durch das Experiment bestätigt werden.

Ein weiteres Beispiel für die Dissonanzminderung und daraus folgendes Kommunikationsverhalten konnte durch eine andere Untersuchung *(Ehrlich)* nachgewiesen werden. Dabei wurde davon ausgegangen, in welchem Umfang Menschen, die kurz zuvor ein Auto gekauft hatten, Reklamematerial über neue Wagen lesen. Vor einem neuen Autokauf interessiert man sich bekanntlich für verschiedene Wagentypen. Der Kauf stellt dann eine Entscheidung dar für einen bestimmten Typ. Und wegen der positiven Momente derjenigen Autotypen, die man zuvor ebenfalls erwogen hat, aber dann nicht gekauft hat, dürfte eine Dissonanz auftreten. Anzunehmen ist weiter, daß die Käufer beim Versuch, diese Dissonanz herabzumindern, eifrig alle Informationen sammeln, die ihnen bestätigen, daß das Auto, das sie gerade angeschafft haben, tatsächlich sehr gut ist. Da die Reklamebroschüren gerade dieses herausstellten, schien es also wahrscheinlich, daß die Käufer eine starke Neigung zeigen würden, Reklamematerial über ihren neuen Wagen zu lesen.

Tatsächlich fand man heraus, daß es sich genauso verhielt. Man befragte Menschen innerhalb von 4 Wochen nach dem Kauf eines neuen Wagens. Die Daten zeigten, daß sie in den vorausgegangenen Wochen bei weitem mehr Anzeigen über i h r e n Wagen gelesen hatten als über andere. Dagegen wurde bei Leuten, die ihr Auto nicht so kurz vor der Untersuchung gekauft hatten, eine solche Tendenz beim Lesen von Reklame nicht festgestellt. Daraus ist die Folgerung zu ziehen, daß Menschen, die eine Entscheidung getroffen haben, dann auch für gewöhnlich Wege suchen, ihr Verhalten i n v e r s t ä r k t e m M a ß e zu rechtfertigen.

Noch ein Beispiel: Dissonanz und Dissonanzminderung treten auch auf, wenn ein Mensch dazu veranlaßt wird, in der Öffentlichkeit etwas zu behaupten, was mit seiner persönlichen Meinung nicht übereinstimmt. Solche Situationen kommen häufig vor. Aus diesem oder jenem Grunde – vielleicht, um eine bestimmte Position oder die Anerkennung durch einen anderen Menschen zu erlangen bzw. um Unannehmlichkeiten aus dem Wege zu gehen – sagt man etwas, was man normalerweise nicht aussprechen würde, weil die wahre Meinung ganz anders ist.

Wenn jemand in der Öffentlichkeit eine Äußerung tut, die mit seiner privaten Meinung nicht übereinstimmt, entstehen zwei Gruppen von Informationen, über die der Betreffende oder die Betreffenden verfügen und die für ihr Handeln von großer Bedeutung sind. Die eine bezieht sich auf den Nutzen oder die Unannehmlichkeit, die eine Meinungsäußerung in der Öffentlichkeit einbringt, die andere beinhaltet das Wissen um die eigene Meinung, die mit der öffentlichen Meinungsäußerung nicht übereinstimmt. Angesichts dieser Situation kann erwartet werden, daß, nachdem jemand dazu gebracht worden ist, nach außen etwas zu behaupten, was der inneren Überzeugung entgegensteht, bei ihm ein Prozeß der Dissonanzminderung einsetzt, die sich darin äußert, daß er sein Handeln durch zusätzliche Bestätigungen zu rechtfertigen sucht. Dafür gibt es zwei Möglichkeiten:

Einmal die Übertreibung des Nachteils oder des Nutzens der Meinungsäußerung nach außen, oder aber zum anderen die Änderung der eigenen Meinung hinsichtlich der betreffenden Sache. Wenn man seine Auffassung über die Angelegenheit so ändert, daß sie mit dem übereinstimmt, was man nach außen gesagt hat, ist damit die Dissonanz offensichtlich herabgemindert worden.

Im Zusammenhang der gebrachten Beispiele ist es wichtig, das Verhältnis von vorhandenen Dissonanzen und Reaktionen zu Kommunikations- und Beeinflussungsversuchen darzustellen. Das heißt der Gedanke liegt nahe, daß jemand, der eine bestehende Dissonanz dadurch zu mindern sucht, daß er seine Meinung ändert, gegenüber einer Kommunikation, die in dieser Richtung zu beeinflussen trachtet, besonders empfänglich ist. In ähnlicher Weise kann dann auch erwartet werden, daß man gegenüber Einflüssen, die einen in die entgegengesetzte Richtung drängen möchten, sehr widerstandsfähig ist. Das heißt Kommunikationen mit dem Ziele der Überredung sind sehr wirksam, wenn sie eine Dissonanz vermindern, sie bleiben wirkungslos, wenn eine Beeinflussung die Dissonanz nur steigern würde.

Das Bestehen einer Dissonanz übt nicht nur eine Wirkung auf die Empfänglichkeit eines Menschen gegenüber Beeinflussungsversuchen aus, sondern ruft auch Motivation zur Kommunikation und zu Beeinflussungsprozessen hervor. Da die Meinungen eines Menschen für gewöhnlich nicht sehr leicht wandelbar sind, wird jemand im Bemühen um Dissonanzminderung nach Schützenhilfe suchen, wenn er eine bestimmte Auffassung übernehmen möchte. Wenn genügend Menschen von dieser Sorte gefunden werden, oder wenn andere überzeugt werden können, dann gelingt es einem vielleicht, hinreichend allgemeine Unterstützung zu sammeln, so daß man am Ende eine andere Meinung als richtig annimmt und somit die Dissonanz zwischen seinen Überzeugungen und seinem Verhalten reduziert.

Dissonanzminderung ist nun nichts anderes als der Versuch, Wissen, Wertung und soziales Verhalten in Übereinstimmung zu bringen. Ergeben sich in dieser Kette Widersprüche und Unstimmigkeiten (Inkonsistenzen), kurz, eine Dissonanz, so treten Aktivitäten auf, sei es bei der Einzelperson oder sei es bei Gruppen oder innerhalb einer Gesamtgesellschaft bezüglich des „Konsensus" (in der Kathexis), um diese Dissonanz herabzumindern oder um sie zu beseitigen. Das Inübereinstimmungbringen seiner Meinungen, Haltungen und Überzeugungen (Wissen und Motive) mit seinen Handlungen ist, wie wir gesehen haben, von sozialen Bestätigungen abhängig. Auch zeigt es sich hier wieder, daß das einzelne Individuum aufgrund seiner sozialen Beziehungen, und von dorther, seine Handlungen und Einstellungen „sinnvoll" machen will. Konsensus, Vorurteile und Stereotypen haben in der Schaffung von Konsistenz zwischen Wissen, Werten und Verhalten ihre Funktion. Dissonanzen schaffen „Kosten" (Unlust, Aggression, Frustrationen usw.). Dissonanzminderung oder Schaffung einer ausgeglichenen Konsistenz sind durch entsprechende Aktivitäten oder durch Einstellungswandel möglich.

SOZIALES HANDELN UND DER MENSCH

15 Wegen der Wichtigkeit dieses Kapitels wollen wir noch ein weiteres Experiment anführen. Es stammt von *Salomon E. Asch* (vgl. Literaturangabe). Es geht dabei sowohl um die Meinungsbildung, als auch um die Änderung von Meinungen unter sozialem Druck. Auch hier wird wiederum deutlich, daß die Haltung, die Einstellung und die Überzeugung des Einzelnen von sozialen Determinanten, hier von Gruppennormen, abhängig sind. *Asch* beginnt mit der Frage: bis zu welchem Ausmaße werden Meinungen und Haltungen der Menschen von sozialen Kräften bestimmt? Offensichtlich ist diese Frage in unseren Tagen von großer Wichtigkeit; denn gerade unsere Epoche, die durch die Technik ein Ausmaß von zwischenmenschlicher Kommunikation erreicht hat, das man sich in früheren Zeiten nicht vorzustellen wagte, bringt die Möglichkeit der Meinungsmanipulation (engineering of consent) mit sich. Darum ist es für uns besonders wichtig, Wege und Mittel und den Mechanismus zu erkennen, wodurch Meinungen und soziales Verhalten mitbestimmt sind.

V e r s u c h s a n o r d n u n g : Eine Gruppe von Leuten, etwa 7 oder 9, ist in einem Zimmer versammelt. Der Versuchsleiter informiert sie, daß sie die Aufgabe haben, die Länge von Linien zu bestimmen. Daraufhin zeigt er ihnen zwei weiße Karten. Auf der einen ist eine vertikale schwarze Linie aufgezeichnet. Die Länge dieser Linie dient als Vergleichsmaßstab; auf der anderen Karte sind drei vertikale Linien von verschiedener Länge aufgeführt. Die Versuchspersonen können nun sagen, welche von den drei verschieden langen Linien derjenigen gleichkommt, die auf der ersten Karte aufgeführt ist. Eine von den drei Linien hat genau dieselbe Länge wie diejenige auf der ersten Karte. Die anderen sind grundsätzlich davon verschieden.

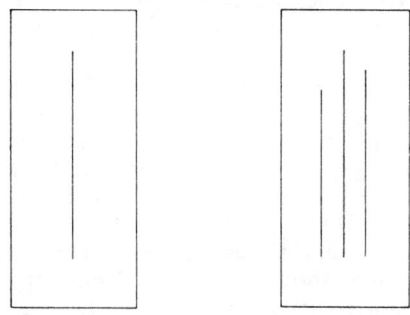

Q u e l l e : D. Krech – R. S. Crutchfield – E. L. Ballachey, Individual in Society. A Textbook of Social Psychology. New York 1962, S. 507 f.

Die Versuchspersonen geben nun ihre Antworten in der Reihenfolge ab, in der sie in dem Raum sitzen. Bei der ersten Fragerunde geben alle Personen die gleiche Linie als identisch mit der Vergleichslinie an. Dann wird ein zweiter Satz von Karten vorgeführt mit derselben Experimentalstruktur, aber mit geänderten Maßen. Und wieder ist die Gruppe einheitlich in ihrem

Urteil. Bei dem dritten Versuch tritt nun folgendes ein: eine Person aus der Gruppe stimmt nicht mit der Wahl der anderen überein. Bei einem weiteren Versuch widerspricht diese Person wiederum dem allgemeinen Urteil, während die anderen bei der Einheitlichkeit ihres Urteils bleiben. Der Abweichler gerät in Verwirrung und wird unsicher. Er zögert jetzt bei seiner Antwort.

Was jedoch der Abweichler nicht wußte, war, daß vor dem Experiment alle anderen Gruppenmitglieder vom Versuchsleiter instruiert worden waren, gemeinsam und einheitlich ein falsches Maß anzugeben. Das Versuchsobjekt ist also die abweichende Person. Sie wird nämlich in eine Position hineinmanövriert, in der sie zwar die richtige Meinung vertritt, diese aber auf eine Majorität von (falschen) Meinungen stößt, die ihrerseits einheitlich ist. Das einzelne abweichende Individuum steht also zwei verschiedenen Einflüssen gegenüber: einerseits der Wahrnehmung der eigenen Sinne, die ihm die richtige Lösung sehr klar aufzeigt und andererseits der einheitlichen Meinung der Gruppenmajorität, die eine abweichende Meinung vertritt. Mit anderen Worten: das Individuum muß öffentlich ein Urteil abgeben, das mit dem Urteil der überwältigenden Majorität seiner Gruppe nicht übereinstimmt.

Bei einer Reihe von Versuchen antwortete die instruierte Majorität richtig, um die Möglichkeit auszuschließen, daß das naive Subjekt, d.h. also die Versuchsperson, die von dem Konsensus ausgeschlossen ist und ihn selber anhand der Vergleiche finden muß, argwöhnisch wird. Insgesamt wurden 18 Versuche in einer Serie durchgeführt, und in 12 Versuchen gab die Majorität absichtlich eine falsche Antwort. Welche Ergebnisse wurden dabei erzielt? Wie reagiert der Mensch unter einem Gruppendruck in einer solchen Situation?

Zunächst seien einige statistische Ergebnisse geliefert, die an verschiedenen Instituten ermittelt wurden, wo insgesamt 123 Personen in die Lage versetzt wurden, daß sie einer Majorität gegenüberstanden, die bewußt ein falsches Urteil abgab. Bei dem irregeführten Subjekt waren zwei Reaktionsarten möglich: 1. Es konnte unabhängig bleiben und das Urteil der Majorität verwerfen oder 2. es konnte seine eigene Sinneswahrnehmung übergehen und das Urteil der Majorität annehmen.

Von den 123 angeführten Personen, die diesem Test unterworfen worden sind, ging ein beträchtlicher Prozentsatz auf das Urteil der falsch instruierten Majorität ein. Wenn unter gewöhnlichen Umständen ein solches Individuum a l l e i n den Vergleich anstellen soll, liegt die Fehlerquelle bei 1%, während, wenn sein Urteil einer Gruppenmajorität ausgesetzt ist, in 37 von 100 Fällen sich das Individuum dem (falschen) Urteil der Majorität anschließt. Freilich unterscheiden sich die einzelnen Individuen in der Antwort. Ungefähr 1/4 der irregeleiteten Versuchspersonen war vollkommen unabhängig und stimmte der irrigen Mehrheit niemals zu. Auf der anderen Seite gab es einige Individuen, die ständig dem Urteil der Majorität

zustimmten. Das sind die beiden extremen Haltungen. Die Verhaltensweise der einzelnen Individuen erreicht aber insgesamt eine hohe Konsistenz. Diejenigen, die unabhängig bleiben, unterwerfen sich der Majorität auch dann nicht, wenn die Serie der Versuche fortgesetzt wird, während diejenigen, die die Übereinstimmung mit der Majorität wählen, keine Abweichung von dieser Majorität eingehen, auch dann nicht, wenn auch hier wiederum das Experiment fortgesetzt wird.
Die Gründe für die individuellen Differenzen sind im einzelnen noch nicht genügend durchforscht; man kann nur einige versuchsweise Verallgemeinerungen wagen, die aus den Interviews mit den Versuchspersonen herrühren, welche nach dem Experiment gemacht wurden: Unter den unabhängig gebliebenen Versuchspersonen war eine große Zahl, die bei ihrem Urteil blieben, weil sie eine feste Überzeugung in ihre eigene Urteilskraft und in ihre Fähigkeit hatten, einen Zweifel zu überwinden und ihr eigenes Gleichgewicht im Urteil zu bewahren oder zu festigen. Andere aus dieser Gruppe kamen zu der Überzeugung, daß sie widersprechen mußten aus dem einfachen Grunde, weil es ihre Pflicht sei, eine Aussage zu machen, so wie sie die Sache sahen.
Unter der Gruppe der Personen, die mit der Majorität von vornherein übereinstimmt, war eine Reihe, die ohne weiteres sagte: sie, die Majorität, hat recht, ich habe unrecht. Andere wiederum aus dieser Gruppe kamen zu der Meinung, daß sie das Ergebnis nicht stören wollten. Wiederum eine andere Anzahl aus dieser Gruppe, die zustimmte, drückte die Meinung aus, daß die Majorität von der ersten Antwort abhängt oder daß die Majorität das Opfer einer optischen Täuschung geworden sei. Trotz dieser Einreden stimmte sie jedoch der Mehrheitsentscheidung zu. (Gründe der Zustimmung zur Majorität waren etwa, daß einige ihre Abweichung auf eine allgemeine [Seh-] Schwäche oder auf eine Krankheit bei sich zurückführten, die sie verbergen wollten.) Im ganzen aber unterschätzten alle (falsch) zustimmenden Personen die Häufigkeit der Versuche, mit der sie konfrontiert wurden; d.h. sie nahmen die offensichtliche Tatsache, daß sie wiederholt innerlich, d.h. aufgrund ihrer eigenen Sinneswahrnehmung zu einem anderen Urteil gelangten als die Majorität, nicht zum Anlaß, selbständig zu bleiben, sondern stimmten schließlich äußerlich zu.
In diesem Zusammenhang muß die Frage diskutiert werden, welcher Aspekt des Einflusses einer Majorität wichtiger ist, die Größe ihrer Majorität oder ihre Übereinstimmung im Urteil. Um diese Frage zu entscheiden, wurde das Experiment modifiziert. In einer Serie von Versuchsanordnungen wurde die abweichende Gruppe von einer Person bis auf 15 variiert. Die Ergebnisse zeigen dann einen klaren Trend: wenn ein Subjekt mit einer einzelnen Person konfrontiert wird, die von seinem Urteil abweicht, ist es wenig erschüttert. Es bleibt meistens unabhängig und steht zu seinem anfänglichen Urteil auch bei der Fortsetzung der Versuche. Nimmt die Opposition aber

zu, sind es also zwei, die widersprechen, dann nimmt auch der Anpassungsdruck zu. Es entsteht eine Minorität und eine Majorität. Die in der Minorität stehenden Subjekte akzeptieren nun auf einmal bis zu 13 1/2% die falsche Antwort. Unter dem Druck einer Majorität von drei sind es bereits 31,8%. Ein weiteres Ansteigen der Größe der Majorität vergrößert nicht mehr das Gewicht des Anpassungsdruckes.

Wenn man aber die Einheitlichkeit im Urteil der Majorität stört, so hat das einen schlagenden Erfolg. Einem abweichenden Individuum wurde eine Versuchsperson zugestellt, die dahingehend instruiert worden war, nur richtige Antworten zu geben. Die Anwesenheit dieser unterstützenden Person in bezug auf die richtige Antwort nahm der Majorität viel von ihrem Einfluß. Ihr Anpassungsdruck auf das dissentierende Individuum war bis zu einem Viertel abgesunken, d.h. die in Frage stehenden Personen antworteten nur noch 1/4mal so oft falsch wie unter dem Druck einer einheitlichen Majorität. Dabei waren die Reaktionen dem zustimmenden Partner gegenüber interessant: Das allgemeine Gefühl war Zuneigung und Vertrauen. Auf Fragen jedoch verneinte die Versuchsperson, daß ihn letztlich der Partner zur Entscheidung bestimmt hätte.

Ä n d e r u n g e n   d e r   V e r s u c h s a n o r d n u n g   u n d   d e r e n   F o l g e n : Der Versuchsperson wird zunächst ein vorher instruierter Partner zugestellt, der dann aber von der Meinung der Versuchsperson abweicht. Der instruierte Partner beginnt korrekt zu antworten, etwa die ersten 6 Versuche. Mit Hilfe dieses instruierten Partners widersteht die Versuchsperson dem Gruppendruck so, daß 18 von 27 Versuchspersonen vollkommen unabhängig blieben. Ab etwa dem 6. Versuch wechselt der instruierte Partner jedoch zur Majorität über. Sobald das geschieht, steigt die Zahl der falschen Schätzungen der Versuchspersonen abrupt an. Die Unterordnung unter die Majorität war ebenso häufig, wie wenn die Versuchsperson von Anfang an einer einheitlichen Majorität gegenübergestanden hätte. Dabei war überraschend, daß der zeitweilige Konsensus mit einem Partner und das Teilen der Opposition mit ihm gegen eine Majorität auf die Dauer die Unabhängigkeit des Individuums nicht beeinflußt haben. Allerdings wurde bei dieser Versuchsanordnung ein bedeutender Umstand übersehen, nämlich der, daß der Übertritt des instruierten Beobachters zu der Majorität eben dieser Majorität in ihrem Anpassungsdruck einen hohen Grad von Richtigkeit zu gewährleisten schien. Darum wurde die Versuchsanordnung dahingehend geändert, daß der der Versuchsperson zustimmende Partner nach einigen Versuchen die Gruppe jetzt einfach verließ. In diesem Falle überdauerte die Wirkung des Partners dessen Anwesenheit. Zwar vermischten sich die irrigen Schätzungen nach seinem Weggehen, aber weniger stark, als wenn der Partner zur Majorität übergewechselt wäre. Eine weitere Variation des Experimentes wurde dadurch vorgenommen, daß zunächst einmal die Majorität einstimmig richtige Antworten gab. Dann entfernte sie sich allmählich von der richtigen Antwort, bis etwa beim 6.

Versuch die Versuchsperson allein war und die ganze Gruppe einhellig gegen sie stand. Solange die Versuchsperson irgendjemanden auf ihrer Seite hatte, blieb sie unabhängig. Aber sobald sie allein war, wuchs die Tendenz, sich mit der Majorität zu konformieren.
Auch wenn man die Diskrepanz zwischen der Vergleichslinie und den anderen Linien systematisch variiert, in der Hoffnung, daß die Einsicht in den Irrtum der Majorität zu offensichtlich in die Augen springen würde, so daß die Versuchsperson unabhängig bliebe, d.h. richtig wählen würde, blieben doch noch immer einige übrig, die dem Irrtum der Majorität zustimmten.
E r g e b n i s s e : Die Frage ist zu stellen: Bis zu welchem Grad ist die Unabhängigkeit in der Einstellung und in der Haltung des Menschen bezogen auf soziale und kulturelle Bedingungen? Wir haben gesehen, daß das Experiment von *Asch* dem ähnlich ist, das *Sherif* durchgeführt hatte. Allerdings handelt es sich bei dem Asch-Experiment um ein Experiment, das die These von *Sherif* unter verschärften Bedingungen testet. Zeigte das Experiment von *Sherif,* daß bei der Beurteilung einer Situation, über die nur w e n i g e Informationen vorliegen, die sozialen Bedingungen, unter denen die Beurteilung stattfindet, entscheidend sind, so bestätigte das Experiment von *Asch* die genannte These auch für den Fall, daß über die zu beurteilende Situation relativ g e n a u e Informationen vorliegen. Dies kann so weit gehen, daß man lieber das, was man mit eigenen Augen sieht, leugnet, als daß man sich dem Urteil einer überwältigenden Majorität entgegenstellt.
Allerdings muß beachtet werden, daß es auch Versuchspersonen gibt, die dem Gruppendruck nicht unterliegen. Doch auch diese Personen fühlten den Gruppendruck ganz deutlich. Sie empfanden es als unangenehm, allein gegen eine einmütige Gruppenmeinung zu stehen. Eine der am meisten unabhängigen Versuchspersonen sagte: „Trotz alledem hatte ich doch eine gewisse Furcht, daß ich im Unrecht sei"; und eine andere Person drückte es so aus: „Ich leugne nicht, daß ich manchmal das Gefühl hatte, jetzt aufgeben zu müssen und mit dem Rest zu gehen", oder: „Ich fand es schrecklich, immer dagegen zu sein". Weiterhin haben wir gesehen, daß der Gruppeneinfluß mit der Zahl der Personen variiert, die die in Frage stehende Versuchsperson in ihrem Urteil unterstützten. Der Einfluß der Gruppe war um so intensiver, wenn das Individuum in seinem Urteil allein für sich stand, d.h. wenn alle anderen dagegen waren. Der Einfluß war weniger intensiv, wenn ein oder zwei in der Gruppe mit ihm übereinstimmten.
Es sollte auch noch erwähnt werden, daß der Versuchsleiter nach jedem Versuch die einzelnen Personen interviewte und ihnen die Anordnung des Experimentes und die Absicht darlegte. Viele Versuchspersonen gaben zu, daß sie nun das Verständnis einer Gruppenopposition gelernt hätten und wie wichtig es sei, daß auch das Individuum gegenüber der öffentlichen Meinung seinen Standpunkt behalte und zum Ausdruck bringe.

EINSTELLUNGEN UND HALTUNGEN

Wie wichtig dieses Experiment für das Verständnis der pluralistischen Gesellschaft ist, möge in dem Hinweis Genüge finden, daß durch die Vielfältigkeit der Gruppenmeinungen nicht nur die eigene Meinung sich in der Konkurrenz mit der Auffassung anderer Gruppen bestätigen muß, sondern daß auch für den gesamtgesellschaftlichen Konsensus und einer dauernden kritischen Infragestellung desselben die Meinungsartikulation des Einzelnen und von Gruppen notwendig ist. Mut zur Opposition, zur Kritik und zur Reflexion über die Bedingungen sozialer Abhängigkeiten können durch solche Experimente und deren Ergebnisse verstärkt werden. Für die Sozialbildung des Menschen ist darum die Kenntnis darüber, wie es zu Einstellungen und Haltungen und zu deren Änderungen kommt, von größtem Interesse.

Literatur

1. *Asch* S. E., Opinions and Social Pressure. In: Scientific American, CXCIII (Nov.: 1955) (S. 31 – 25).
2. *Barley* D., Grundzüge und Probleme der Soziologie (Normen, S. 36; Art und Ursprung der Vorurteile, S. 262).
3. *Bouman* P.J., Einführung in die Soziologie (Soziale Normen, S. 42 – 44).
4. *Festinger* L., Die Lehre der „Kognitiven Dissonanz". In: Grundfragen der Kommunikationsforschung. Herausgegeben von W. Schramm. (S. 27 – 38).
5. *Fichter* J. H., Grundbegriffe der Soziologie (Innere Verhaltensmuster, S. 107 – 122).
6. *Gibbs* J. P. Norms, The Problem of Definition and Classification. In: American Journal of Sociology. March 1965.
7. *Hofstätter* P. R., Gruppendynamik (S. 53 – 59).
8. *Popitz* H., Soziale Normen. In: Archives Européenes de Sociologie, Nr. 2. 1961. (S. 185 – 198).
9. *Wössner* J., Kirche – Familie – Sozialisation. In: Familie als Sozialisationsfaktor. Herausgegeben von Wurzbacher (S. 331 – 341).
10. *Asch* S. E., Effects of Group Pressure upon the Modification and Distortion of Judgements. In: Groups, Leadership and Men. Herausgegeben von H. Guetzkow (S. 177 – 190).

Prüfungsfragen

1. Was ist zur Bildung und zu Elementen von „Einstellungen" und „Haltungen" der sozialen Personen zu sagen?
2. Gibt es einen „Gruppengeist"?
3. Erklären Sie den Unterschied von „Werturteil" und „Vorurteil".

SOZIALES HANDELN UND DER MENSCH

4. Sagen Sie etwas zur „öffentlichen Meinung" und „Propaganda".
5. Was ist Ethnozentrismus?
6. Welche Folgen ergeben sich aus dem Sherifschen Experiment für die Bildung einer „Einstellung" (attitude) der sozialen Person?
7. Was wissen Sie über den Zusammenhang von Erziehung und Einstellungsbildung?
8. Was sagt die Theorie der „Kognitiven Dissonanz"? Stellen Sie einen Zusammenhang her zwischen dieser Theorie und den sozialen Handlungs- und Einstellungsschemata.
9. Kennen Sie Experimente, worin gezeigt wird, wie sich Meinungen unter sozialem Druck ändern?
10. Was ist Kathexis?

4. Kapitel

Kategorien und Aggregate

1 Wenn wir in den vorausgegangenen Kapiteln die soziale Person, das soziale Handeln, Einstellungen und Haltungen behandelt haben, so sind wir immer auf die Tatsache gestoßen, daß g l e i c h f ö r m i g gehandelt oder gedacht wird. Als Träger dieser Gleichförmigkeiten haben wir die soziale Person erkannt. Die allgemeine Auffassung, daß wir als Individuen sehr voneinander unterschieden sind, übersieht leicht, daß wir in vielen Dingen ähnlich oder gleichförmig sind. Dieser Umstand fällt uns darum nicht auf, weil er so selbstverständlich mit unserem täglichen Leben zusammenhängt, daß wir ihn leicht übersehen. Aber ohne dieses ähnliche oder gleichförmige Handeln ist nicht nur soziales Leben unmöglich, es gibt auch ohne diese Gleichförmigkeit keine Wissenschaft.
Floyd Allport konnte in seiner (verkehrten) „J-Kurvenhypothese" statistisch und graphisch dieses gleichförmige Verhalten anschaulich darstellen. Es konnte gezeigt werden, daß zumindest in einigen Bereichen, wie z.B. beim Gebot eines pünktlichen Arbeitsbeginnes, bei Beobachtung von Verkehrsregeln u.a. das tatsächliche Verhalten von dem sozial erwarteten oder vorgeschriebenen um so mehr abweicht, je weniger es tatsächlich vorkommt. In dem folgenden Schema werden entsprechende Beobachtungen aufgeführt. Natürlich kann diese Kurve nicht auf alle Arten sozialen Verhaltens angewendet werden, aber es zeigt doch das Ausmaß der Gleichförmigkeit bei einigen Formen sozialer Interaktion. Die 3 Darstellungen zeigen, daß der größte Teil der Menschen vollkommen mit den Verkehrsregeln übereinstimmt, daß einige nur zum Teil und daß wenige sich überhaupt nicht entsprechend verhalten.

SOZIALES HANDELN UND DER MENSCH

Die J-Kurvenhypothese bezüglich konformen Verhaltens

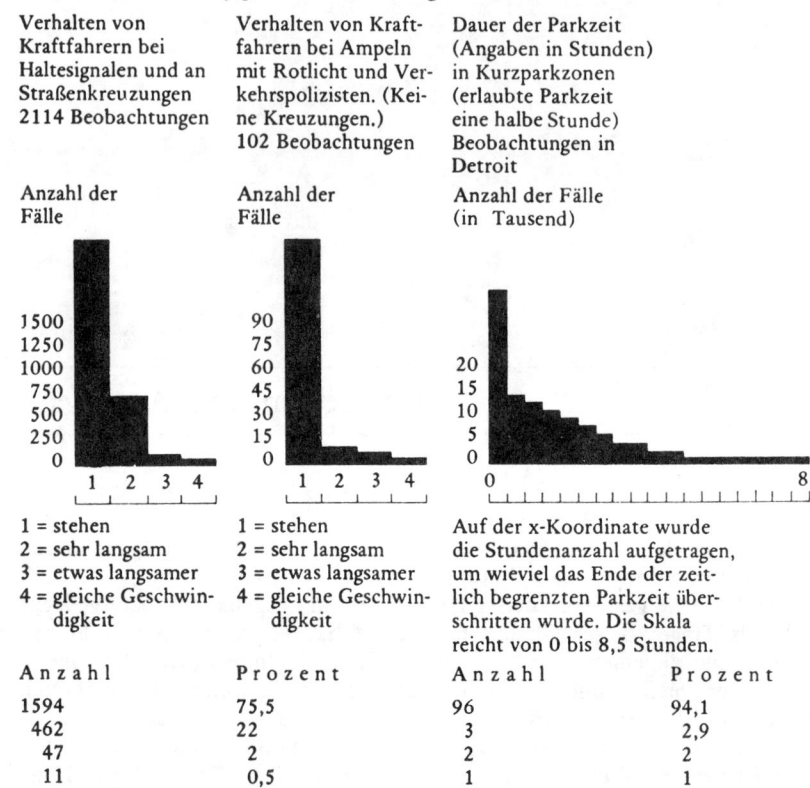

Verhalten von Kraftfahrern bei Haltesignalen und an Straßenkreuzungen 2114 Beobachtungen	Verhalten von Kraftfahrern bei Ampeln mit Rotlicht und Verkehrspolizisten. (Keine Kreuzungen.) 102 Beobachtungen	Dauer der Parkzeit (Angaben in Stunden) in Kurzparkzonen (erlaubte Parkzeit eine halbe Stunde) Beobachtungen in Detroit
Anzahl der Fälle	Anzahl der Fälle	Anzahl der Fälle (in Tausend)

1500	90	
1250	75	
1000	60	20
750	45	15
500	30	10
250	15	5
0	0	0
1 2 3 4	1 2 3 4	0 8,5

| 1 = stehen
2 = sehr langsam
3 = etwas langsamer
4 = gleiche Geschwindigkeit | 1 = stehen
2 = sehr langsam
3 = etwas langsamer
4 = gleiche Geschwindigkeit | Auf der x-Koordinate wurde die Stundenanzahl aufgetragen, um wieviel das Ende der zeitlich begrenzten Parkzeit überschritten wurde. Die Skala reicht von 0 bis 8,5 Stunden. |

Anzahl	Prozent	Anzahl	Prozent
1594	75,5	96	94,1
462	22	3	2,9
47	2	2	2
11	0,5	1	1

Quelle:
Floyd H. Allport, The J-Curve Hypothesis of Conforming Behavior, in: Guy E. Swanson et. al. (Hg.) Readings in Social Psychology. New York 1952, S. 234.

2   Die Ähnlichkeit oder Gleichförmigkeit und damit das Vorhandensein derselben Eigenschaften bei einer großen Anzahl von Menschen ist die Grundlage dafür, daß wir von einer sozialen Kategorie sprechen. Kategorie (griechisch „kategorein" = aussagen) ist eine Aussage über Personen oder Sachen aufgrund von Merkmalen oder Eigenschaften, die diese Personen oder Sachen gemeinsam haben. Kategorien dienen also dazu, Personen oder Sachen sowohl voneinander zu unterscheiden als auch sie zusammenzufassen. Grund der Unterscheidung oder der Zusammenfassung sind gleiche oder ähnliche Merkmale oder Eigenschaften. Dadurch entstehen s t a t i s t i s c h e (mengenmäßige) E i n h e i t e n , z. B. Raucher, Menschen mit derselben Schuhgröße, Sterne verschiedener Ordnungen, Jugendliche, Ver-

heiratete, Rentner usw. Solche statistische Einheiten werden zu s o z i a -
l e n E i n h e i t e n oder Kategorien, wenn sie für die Erklärung und
Prognose des menschlichen Zusammenlebens Aussagekraft haben. Menschen
mit denselben Merkmalen des Alters, des Berufes, derselben Einstellung usw.
sind von großer sozialer Bedeutung. Wenn man weiß, wieviel 6-jährige es
gibt, kann ich abschätzen, wieviel Lehrer gebraucht werden. Daran erkennt
man schon die Wichtigkeit sozialer Kategorien.

Zum Unterschied von Personen, die miteinander in sozialen Beziehungen
stehen, ist die soziale Kategorie aus Personen gebildet, die nicht miteinander
in Kontakt oder Kommunikation stehen, d.h. die sich in ihrem Verhalten
nicht aneinander orientieren. „Studenten" oder „Verheiratete Männer"
bilden eine soziale Kategorie, eine studentische Korporation ist aber eine
Gruppe ebenso wie die Familie, eine Fußballmannschaft, ein Freundeskreis
u.s.w. Soziale Kategorien, d.h. die Gleichheit oder Ähnlichkeit aufgrund von
identischen Merkmalen unter Menschen, sind oft Grundlage von sozialen
Beziehungen und Gruppenbildungen („Ähnliches strebt Ähnliches an"!).

Auch wenn wir die persönliche Individualität noch so sehr betonen müssen,
tragen wir doch Merkmale, Züge und Eigenschaften an uns, aufgrund derer
wir als soziale Person identifiziert werden können. Folgendes einfache
Schema mag dazu eine Illustration sein:

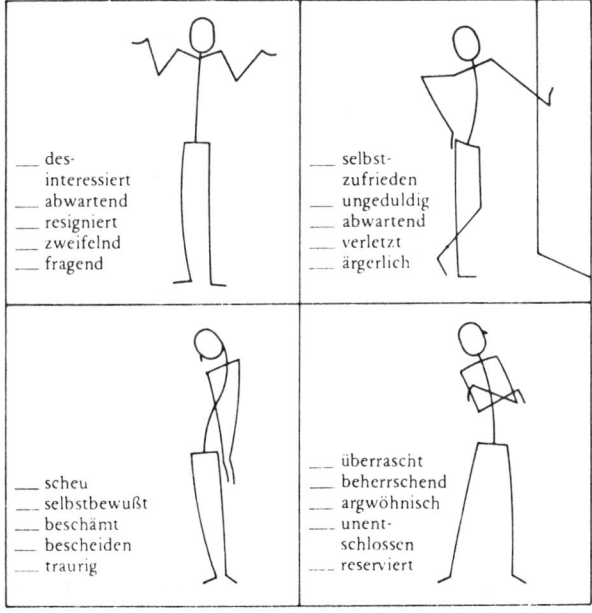

__ desinteressiert __ abwartend __ resigniert __ zweifelnd __ fragend	__ selbstzufrieden __ ungeduldig __ abwartend __ verletzt __ ärgerlich
__ scheu __ selbstbewußt __ beschämt __ bescheiden __ traurig	__ überrascht __ beherrschend __ argwöhnisch __ unentschlossen __ reserviert

Q u e l l e : Aus Theodore Sarbin: Role Theory, in: Garnder Lindzey (Hg.): Handbook of Social Psychology, Reading, Mass. 1954, I. S. 321.

Die **soziale Identität** des einzelnen Menschen ist nichts anderes als die Summe von Kategorien, die wir an ihm feststellen können. Durch die Kategorien identifizieren wir nicht nur die soziale Person, sondern wir tragen auch eine Ordnung in die Welt der Dinge hinein (vgl. die Schätzungen beim Sherif-Experiment, S. 53 ff.). Erst wenn wir solche Kategorien und ihren Zusammenhang (im Gedankenmodell) gebildet haben, können wir menschliches Verhalten erklären (Theorie).

Man kann **allgemeine** und **besondere** Kategorien unterscheiden. In jeder Gesellschaft gibt es eine bestimmte Anzahl allgemeiner Kategorien, aufgrund derer wir in die Lage versetzt werden, die einzelnen Gesellschaftsmitglieder zu identifizieren. Solche allgemeine Kategorien sind etwa Beschäftigung (Beruf), Religion, Abstammung, Bildung, Besitz. Neben diesen allgemeinen Kategorien gibt es etwa noch spezifische Kategorien verschiedener Gruppen. So etwa bei den Studenten: politisch interessierte, politisch organisierte, politisch indifferente Studenten. Die Bildung von speziellen Kategorien (Merkmalen) hängt jeweils von der Erkenntnis- und Forschungsabsicht desjenigen ab, der menschliches Verhalten unter einer besonderen Rücksicht erklären will. Durch eine bestimmte Untersuchung versucht man dann zu testen, ob diese Kategorien (Merkmale) einen sozial bedeutsamen Aussagewert haben oder nicht.

3 Die Identifizierung einer Person oder eines Sachverhaltes mit Hilfe bestimmter Kategorien ist darum so wichtig, damit der Einzelne weiß, welche Rechte und Pflichten, welche Verbote und Gebote in der jeweiligen Situation vorgeschrieben sind, was man sagen darf oder was man nicht sagen darf. Wenn die soziale Identität in einer Situation nicht feststeht, kommt Verhaltensunsicherheit auf. Dies führt dann oft zu Spannungen.

4 Man unterscheidet eine **manifeste** und **latente** soziale Identität. In jeder Situation gibt es stets eine große Zahl von sozialen Identitäten. In einem öffentlichen Verkehrsmittel wird man als Verkehrsgast identifiziert. Aber gleichzeitig unterscheiden sich die Verkehrsteilnehmer nach dem Geschlecht, nach der Religion, nach der sozialen Schicht usw. Im Grund genommen dürfen in der Straßenbahn, im Taxi, in der Eisenbahn usw. nur solche Erwartungen zwischen den Menschen eine Rolle spielen, die mit ihrer Identität als Verkehrsteilnehmer konsistent und relevant sind. Alle Erwartungen also, die von Teilnehmern innerhalb einer bestimmten Handlungssituation als relevant betrachtet werden, kann man als manifeste Identität bezeichnen; andere Identitäten, die hinsichtlich einer spezifischen Situation nicht in Rechnung gestellt werden dürfen, sind latente (verborgene) Identitäten.

Oft ist es nun so, daß gerade die latenten Identitäten im menschlichen Zusammenleben eine große Rolle spielen. So z.B. wenn es um die Frage geht, wer etwa in einer Fabrik Meister oder Vorarbeiter werden soll. Unter sonst gleichen (manifesten) Identitäten spielen dann latente Identitäten (Parteimitgliedschaft, Religionszugehörigkeit, Vereinsmitgliedschaft, sympathische äußere Erscheinung usw.) eine große Rolle.

5 Das soziale Aggregat: Wir haben gesehen, daß wir mit Hilfe sozialer Kategorien die Menschen danach einteilen können, welche Eigenschaften und Merkmale sie gemeinsam haben. Dies sind Signale für uns, die darauf aufmerksam machen, welches Verhalten wir daraus ableiten können. Daraus folgt jedoch nicht, daß Menschen, die sozial identisch sind, die also dieselben kategorialen Merkmale aufweisen, auch aufgrund eben dieser Merkmale in wechselseitige Beziehungen treten oder einen räumlichen Kontakt haben.
Im ersten Falle sprechen wir von einer Gruppe, im letzteren vom sozialen Aggregat. Die Schauspieler in einem Theater bilden eine Gruppe, die Zuschauer ein Aggregat, und der Teil der Bevölkerung, der regelmäßig in ein Theater geht, bildet eine Kategorie. Eine Fußballmannschaft ist eine Gruppe, die Zuschauer bilden ein Aggregat, und Fußballinteressenten stellen eine Kategorie einer Merkmalseigenschaft an Menschen dar.
Daran sehen wir deutlich, daß bei einer Gruppe nicht nur soziale Beziehungen und eine Rollenverteilung vorhanden sein müssen, sondern daß die einzelnen Gruppenmitglieder auch auf ein bestimmtes Ziel oder einen Zweck hin zusammenhandeln. Dagegen sind bei einem Aggregat die Zuschauer, die ein bestimmtes Spiel sehen, nur in einem räumlichen Kontakt verbunden und in keinem sozialen. Aber weder das eine noch das andere ist bei denjenigen festzustellen, die nur ein gleiches Merkmal aufweisen und damit derselben Kategorie angehören. Nach *J. H. Fichter* ist bei der Beschreibung des sozialen Aggregates von folgenden Elementen auszugehen: 1. Die Personen, die das Aggregat bilden, bleiben relativ a n o n y m ; sie sind einander mehr oder weniger vollkommen fremd; 2. Das soziale Aggregat ist n i c h t   o r g a n i s i e r t , hat keine Struktur mit einer Hierarchie von sozialen Rollen und Funktionen; 3. Obwohl die physische Nähe sehr groß sein kann, besteht innerhalb eines Aggregates nur b e s c h r ä n k t e r   s o z i a l e r   K o n t a k t ; 4. Das V e r h a l t e n der Angehörigen des Aggregates zeigt, wenn überhaupt irgendwelche, dann n u r   g e r i n g e   M o d i f i k a t i o n e n gegenüber ihrem Verhalten außerhalb des Aggregates; 5. Die meisten sozialen Aggregate haben t e r r i t o r i a l e n C h a r a k t e r , und ihre soziale Bedeutung ist durch gewisse räumliche Grenzlinien umschrieben; 6. Die meisten Aggregate haben v o r ü b e r g e h e n d e n C h a r a k t e r , insofern die Menschen in rascher Abfolge in sie ein- und aus ihnen austreten bzw. zwischen ihnen hin- und herpendeln.

6 H a u p t a r t e n   d e r   s o z i a l e n   A g g r e g a t e sind die Menschenmenge, der Mob, das Publikum, die Demonstration, das Wohnaggregat und das funktionelle Aggregat.

1. Die **Menschenmenge** ist einfach ein Kollektiv, eine Ansammlung von Menschen, die bloß physisch einen gewissen Raum einnimmt. Die einzelnen Personen innerhalb der Menge haben nur relativ geringen, „oberflächlichen Kontakt". Die Menschenmenge ist friedlich und amorph. (Es handelt sich um so unterschiedliche Ansammlungen wie etwa an einer Kreuzung bei Rotlicht, die Zuschauer in einem Fußballstadion, bei einer Ansammlung wegen eines Verkehrsunfalles usw.)

2. Als **Mob** wird eine Menschenmenge bezeichnet, die ein destruktives, antisoziales und gewalttätiges Verhalten an den Tag legt. Konkrete Erscheinungen des Mobs sind etwa der Aufruhr und die Lynchjustiz. Oft treten gewisse „Anführer" auf. Zwischen diesen und der Menge kommt es dann im Gegensatz zu der bloßen Menschenmenge zu einem gewissen Führer-Gefolgschafts-Verhältnis. Der Mob bildet sich meist aus einem konkreten Anlaß heraus, welcher starke Emotionen hervorruft (gewisse Entscheidungen, etwa von einem Schiedsrichter beim Fußballspiel, Rassenhaß, Vermutung politischer Manipulation, religiöser Fanatismus usw.).

3. Das **Publikum** ist eine Anzahl von Personen, die in einer bewußten Absicht zusammenkommen und sich dabei, im Gegensatz zum Mob, nicht aktiv an einer gemeinsamen Aktion beteiligen. Das Publikum hat im Gegensatz zu einer bloßen Menschenmenge ein vorsätzliches Ziel und konzentriert sich darauf auch mit einer gewissen Aufmerksamkeit.

4. **Öffentliche Demonstrationen** kann man als soziale Aggregate bezeichnen, bei denen einzelne Personen in der bewußten Absicht sich versammeln, für eine Sache oder eine Person Propaganda zu machen. Es handelt sich dabei um keine bloßen Zuschauer oder Zuhörer, sondern um ein aktives, kollektives Verhalten. Demonstrationen sind kurzfristig, aber als solche organisiert und geplant.

5. **Wohnaggregate** bilden sich in allen großen Städten. Merkmale sind: die Menschen eines solchen Aggregates wohnen zwar physisch beieinander, bleiben aber einander fremd; sie haben praktisch keinen Kontakt und sind auch nicht organisiert. Natürlich können sich innerhalb solcher Wohnaggregate Familien- und Freundeskreise mit verhältnismäßig dichtem Sozialkontakt bilden.

6. **Funktionelle Aggregate** sind etwa ein Pfarr-, Polizei-, Schul- und Wahlbezirk. Auch hier handelt es sich beim Zusammensein der einzelnen Personen um keine Gruppen im soziologischen Sinne, sondern um Menschen, die zwar unter funktionellen Gesichtspunkten in einem räumlichen Bezirk leben, jedoch aufgrund dieser funktionellen Einheit keinen sonstigen Kontakt miteinander haben.

KATEGORIEN UND AGGREGATE

Literatur

1. *Broom* L. und B. H. *Selznick*, Sociology
   (8. Kapitel: Collective-Behavior, S. 255 – 304).
2. *Woods* F. J., Introductory Sociology
   (12. Kapitel: Collectivities, S. 247 – 266).
3. *Fichter* J. H., Grundbegriffe der Soziologie
   (Soziale Kategorien, S. 43 – 57; Soziale Aggregate, S. 57 – 69).

Prüfungsfragen

1. Was ist eine Kategorie, und welchen Zweck hat ihre Bildung?
2. Wie kann die „soziale Kategorie" definiert werden? Nennen Sie wichtige soziale Kategorien, und formulieren Sie damit im Zusammenhang eine Hypothese.
3. Was ist der Unterschied zwischen einer sozialen Kategorie und einer sozialen Beziehung?
4. Nennen Sie einige soziale Aggregate und machen Sie deren Unterschied klar.
5. Nennen Sie die Merkmale eines sozialen Aggregates.
6. Wie können Sie die soziale Person identifizieren?
7. Was muß man bezüglich des richtigen Verhaltens in einer sozialen Situation beachten?
8. Was ist zu dem Unterschied zwischen manifester und latenter Kategorie zu sagen?
9. Warum oder warum nicht sind folgende Sachverhalte für den Soziologen relevante Erscheinungen: Theaterbesucher, Einwohner eines Stadtteiles, 18jährige, Fußballmannschaft, Gewerkschaftsmitglied, Raucher, Schulklasse, Verkehrsteilnehmer, Parteimitglied, Leute mit Schuhgröße 41, Arbeiter, usw.

5. Kapitel

Position – Status – Rolle

In den vorausgegangenen Kapiteln haben wir davon gesprochen, daß die soziale Person einen durch Erfahrung und Lernen entstandenen, organisierten Verhaltenskomplex darstellt. Im Unterschied zur individuellen, je einmaligen Person ist die sozio-kulturelle Persönlichkeit die vermittelnde Instanz zwischen dem je einzelnen Individuum und der Gesellschaft. Wobei Gesellschaft zunächst als alles das aufgefaßt wird, was nicht bloß privat, individuell, persönlich, sondern was als ein Gefüge von sozialen Gruppen und Institutionen gekennzeichnet werden kann.

1 In den Verhaltensschemata – jenen überindividuellen inneren Einstellungen und Haltungen, die dem Einzelindividuum vorgeschrieben sind und bei deren Nichteinhaltung es mit Sanktionen belegt wird – sowie in den äußeren Handlungsformen haben wir jenes Grundmuster erkannt, das menschliches Zusammenleben, soll es von Dauer sein, erst in gewissen Gleichförmigkeiten möglich macht. Dieses menschliche Zusammenleben erzeugt Wechselbeziehungen. Wir haben von einem sozialen Feld gesprochen. Je nach dem Inhalt, dem Sinn des sozialen Feldes, ist auch das Verhaltensschema verschieden. In der Familie, im Betrieb, in einer Freundschaft, in einer Partei, beim Straßenverkehr, in der Schule, auf der Universität, bei einer Religionsgemeinschaft, in der Nachbarschaft, bei Gericht, beim Theaterbesuch usw. sind immer jeweils ganz verschiedene Verhaltensschemata festzustellen. Das heißt aber nach dem, was wir bereits wissen, daß damit auch jeweils ganz verschiedene Einstellungen und Haltungen wie auch äußere Handlungsabläufe verbunden sind. Und zwar ganz unabhängig davon, wer und wieviel Personen an den damit in einer Gesellschaft und Kultur gegebenen Interaktionen und sozialen Beziehungen teilnehmen.

Somit ist das Verhaltensmuster zunächst einmal die grundlegende Struktureinheit des Sozialen (soziale Struktur meint ja nichts anderes als die ziel- oder zweckgerichtete Aufrechterhaltung sozialer Handlungen über eine gewisse Zeitdauer hinweg, zielt also auf Kontinuität und Gleichheit sozialen Handelns ab und sagt, wie etwas getan werden muß).

2   Wenn nun die sozio-kulturelle Persönlichkeit in einem bestimmten Interaktionsgefüge handelt, zunächst einmal gleichgültig, worauf sich diese Handlung richtet, so bezieht sie eine Position. P o s i t i o n i s t a l s o n i c h t s a n d e r e s a l s d e r P l a t z o d e r d i e S t e l l u n g , w o s i c h V e r h a l t e n s s c h e m a t a i n n e r h a l b e i n e s s o z i a l e n F e l d e s „ v e r d i c h t e n " b z w. k o n z e n t r i e r e n [19]. Anders ausgedrückt: im Hinblick auf den Funktionsort, wo Verhaltensschemata ausgelöst werden, oder im Hinblick auf den Träger, auf den Auslöser von Verhaltensmustern, sprechen wir von einer sozialen Stellung oder Position. Da nun soziales Handeln immer ein Orientierungshandeln ist, kann eine soziale Stellung oder Position nur im Hinblick auf andere aufgefaßt werden.

3   Die soziale Stellung oder Position wird auch oft mit dem Begriff S t a t u s gleichgesetzt. Aber erst wenn eine Position in einen Zusammenhang mit „Rang", „Wert" oder „Prestige" gebracht wird, spricht man von einem Status. Daß Position und Status nicht dasselbe sind, sieht man schon daran, daß in den verschiedensten Gesellschaften soziale Positionen und Stellungen ganz unterschiedlich bewertet werden. Berufe, Alter und Geschlecht, Religion und Erziehung, Kleidung und Wohnung, Besitz und Freizeit sind in den verschiedenen Kulturen und Gesellschaften ganz unterschiedlich im Bewußtsein und in der Einschätzung der Gesellschaftsmitglieder mit Werten besetzt. Werden also soziale Positionen/Stellungen und die damit verbundenen Verhaltensschemata in eine bestimmte wertende Ordnung gebracht, dann gibt es eine Vielzahl von Status-Positionen im menschlichen Zusammenleben [20].

4   Man spricht von einem z u g e s c h r i e b e n e n, einem e r w o r b e n e n und einem ü b e r t r a g e n e n Status. Das unterscheidende Moment dabei ist die Möglichkeit, ob man sich selbst, durch eigenes Bemühen, für einen Status entscheiden kann oder nicht. Bei dem zugeschriebenen Status handelt es sich um die einem Individuum ohne sein Zutun auferlegte Stellung innerhalb eines sozialen Beziehungsgefüges bzw. innerhalb der Gesellschaft. So wird man als Mann, als Frau, als Neger, als Deutscher usw. geboren. An den damit gegebenen Verhaltensschemata kann der Einzelne nichts ändern, es sei denn, das gesamte Bewertungssystem der Gesellschaft ändert sich. Eine ständische Gesellschaft oder etwa eine Kastengesellschaft legt mehr oder weniger von Geburt an den Status der Gesellschaftsmitglieder fest. Dagegen hängt der e r w o r b e n e Status von der persönlichen Aneignung

(Leistung) bestimmter Eigenschaften oder Merkmale ab. Hier ist also dem Einzelnen überlassen, welchen Status er erreichen will. Natürlich gibt es auch hier Grenzen nach Fähigkeit, sozialer Schicht, im Hinblick auf die Religionszugehörigkeit, die ökologische Situation usw. In offenen und demokratischen Gesellschaften wird das Statussystem wesentlich nicht vom zugeschriebenen, sondern vom erworbenen Status bestimmt.
Während bei dem erworbenen Status also das Element der Freiwilligkeit und der persönlichen Leistung und Aneignung von Qualitäten bei der Besetzung bestimmter sozialer Positionen eine große Rolle spielt, tritt beim ü b e r - t r a g e n e n S t a t u s , ähnlich wie beim zugeschriebenen Status, das Element der Freiwilligkeit und der eigenen Leistung außer Kraft.

Beispiele:
1. Eduard VIII. von Großbritannien hatte etwa den zugeschriebenen Status des ältesten Sohnes der Königsfamilie und war damit Thronerbe. Beim Tode seines Vaters wurde auf ihn der Status des Königs übertragen. Als er jedoch vor der Wahl stand, die Frau, die er liebte, zu heiraten oder auf den Königsthron zu verzichten, legte er den ihm übertragenen Status „König" ab Trotzdem behielt er jedoch den zugeschriebenen Status eines Mitglieds der englischen Königsfamilie weiterhin.
2. Auf die Ehefrau wird der Status ihres Mannes übertragen;
3. oder die Stellung einer Schreibkraft wird vom Status der Firma oder der Institution mitbestimmt, in der sie tätig ist: etwa auf der Universität, beim Magistrat, in einem kleinen Büro usw.

An diesen Beispielen wird deutlich, daß beim übertragenen Status jemand am Status einer anderen Person beziehungsweise am Status einer Institution teilnimmt, zu der er in sozialen Beziehungen steht oder der er angehört, obwohl von der eigenen Leistung her gesehen ein entsprechend hoher bzw. niederer Status nicht abgeleitet werden könnte.

5 S t a t u s u n d P r e s t i g e : Ungeachtet des Status handelt es sich bei dem Prestige um das persönliche Wertgefühl, das man bei der Begegnung mit der Umwelt — innerhalb und außerhalb der Rollenhierarchie — empfindet. Sowohl die Rolle, die jemand innehat, wie auch die persönliche Leistung, der Charakter, die Autorität, die Erfüllung von Erwartungen, physische Merkmale usw., die jemand besitzt, sind hier mit im Spiele. Durch die Trennung der Lebensbereiche der heutigen Gesellschaft ergeben sich verschiedene und unterschiedliche Statusmöglichkeiten für eine Person. Ein Student mag zu Hause bei seinen Schulkameraden, mit denen er früher zusammen war, einen hohen Status haben, unter Studenten und in seiner Familie aber aufgrund seiner Leistungen, seines Charakters usw. einen sehr geringen.
Wunsch und Zwang jedoch, „etwas zu gelten", sind für viele Menschen unvermeidlich. Das oft geschmähte „Geltungsbedürfnis" muß man als ein

POSITION – STATUS – ROLLE

wichtiges emotionales Bedürfnis nach Selbstwert betrachten. Sein Unbefriedigtsein löst eine Unruhe aus, die bis zu nichtakzeptablen Formen des Geltenwollens gehen kann. Schließlich hat das „Selbstwertgefühl", das Geltenwollen, tiefere Wurzeln als nur äußere Belohnungen und Ansehen. Das Bewußtsein des „Selbst" ist von der sozialen Umwelt abhängig. Vermutlich ist das Selbstwertgefühl nicht zu trennen vom Selbsterhaltungstrieb; das Fehlen beider wäre womöglich ein Erklärungsgrund für den Selbstmord.

6 Viele Handlungen lassen sich aus dem Bestreben nach Statuserhöhung (Selbstwertbestätigung, Anerkennung) erklären. Einige Methoden seien hier kurz angeführt:

1. Anpassung an die in einer Gruppe geltenden Normen: „Wie lebt man hier?", „Wie sind die Einstellungen?" usw. Extrem gesprochen: Es gibt Fälle, in denen die Leute Fernsehantennen auf dem Dach anbringen, ohne daß ein Gerät in der Wohnung steht. Solche „Anpassungen" finden sich in allen sozialen Bereichen (Fabrik, Familie, Schule, Nachbarschaft, Freundeskreis). Man denke auch an die Mode.
2. Es wird versucht, abweichende Normen des Verhaltens zu zeigen und durchzusetzen, um dadurch den eigenen Status und das Geltungsverlangen zu erhöhen (Erklärungsgrund für manche Erscheinungen in der Jugend!).
3. Wahl einer Gruppe, in der man einen höheren Status genießt. Der im Beruf oder in der Familie nicht voll anerkannte Mensch sucht Gruppen, in denen sein Geltungsbedürfnis gestillt wird (Wirtshaus, Freundschaften oft zweifelhafter Art usw.).
4. Wahl von Menschen oder Dingen, die höheren Status genießen oder repräsentieren. Man ersetzt sich mangelnden Status durch „Geltungskontakte" und „Geltungskonsum" (abgeleitete Statussymbole!). Man „muß" dieses oder jenes gesehen oder gelesen oder getan haben. Man „kennt" diesen oder jenen und hat damit „Umgang".
5. Flucht vor dem niederen Status. Das kann äußerlich oder innerlich geschehen. Äußerlich, indem man z.B. auswandert oder in eine bessere Gegend zieht; innerlich entziehen kann man sich dem niederen Status etwa durch Kinobesuche, Bücher, Alkohol, Phantasien usw.

In unserer modernen Gesellschaft ist die Statusunsicherheit weit verbreitet, und Statusverlust ist nicht selten. Daraus resultieren Aggressionen gegen die Welt im allgemeinen, gegen einzelne Menschen oder Dinge oder gegen sich selbst im besonderen. Gerade der Druck in der modernen Gesellschaft, bestimmte berufliche und materielle Leistungen erbringen zu müssen, erhöht die Gefahr des Statusverlustes. Man hat nicht umsonst von einer „Gesellschaft der Statussucher" gesprochen.

7 Vom Status und der Stellung/Position im sozialen Handeln ist die s o z i a l e   R o l l e zu unterscheiden. Die soziale Rolle ist eine Organi-

sationsform von Verhaltensschemata, insofern sie die Erfüllung bestimmter Erwartungen (im Hinblick auf Einstellung und Verhalten) von einem Statusträger verlangt. Wenn man sagt, daß die Beschreibung von Rechten und Pflichten, die mit bestimmten Verhaltensschemata gegeben sind, die soziale Position oder Stellung ausmacht, und wenn die Bewertung dieser Position/Stellung Status bedeutet, so kann man unter einer sozialen Rolle das aus einer Position oder aus einem Status zu erschließende Verhalten (sei es, was das Denken, sei es, was das Handeln anbetrifft) verstehen. Rollen sind Erwartungen, die andere an Positions- und Statusträger herantragen. Nach R. *Linton* [21] ist die Rolle der dynamische Aspekt der Position. Das Individuum spielt eine soziale Rolle, wenn es die Rechte und Pflichten, das Prestige und die gesellschaftliche Bewertung seiner Position zur Verwirklichung bringt. Damit wird deutlich, daß alle drei Begriffe sehr eng miteinander zusammenhängen und jeweils immer nur einen besonderen Aspekt der sozialen Persönlichkeit zum Ausdruck bringen.

R. *Dahrendorf* hat in seinem „homo sociologicus" den Rollenbegriff als soziologischen Schlüsselbegriff in die Mitte des soziologischen Theoriengebäudes zu stellen versucht: „Der rollenlose Mensch ist für Gesellschaft und Soziologie ein nichtexistierendes Wesen." Ob dadurch allerdings die Gesellschaft als ein System von Rollen zur „ärgerlichen Tatsache" für den Menschen wird, dürfte ein philosophisches Werturteil sein, das um so schwerer wiegt, als es von einem Soziologen stammt. [22]

8 Intra- und Interrollenkonflikt: Die Unterscheidung zwischen diesen beiden Arten von Konflikten setzt den Begriff des Rollensegmentes voraus. Ein Rollensegment ist ein Teil von Verhaltensschemata, die in einer Rolle insgesamt integriert sind. Zwischen diesen einzelnen Teilen kann es zu Erwartungskonflikten kommen. So werden, wie wir bereits erwähnt haben, an die Rolle des Professors Erwartungen von seiten der Kollegen, von seiten der Studenten, von seiten der Öffentlichkeit, von seiten der Wirtschaft gestellt. Diese einzelnen Segmente können miteinander in Konflikt kommen, etwa dann, wenn die Tätigkeit des Professors als Forscher seine Lehrtätigkeit mindert oder wenn er überhaupt keine pädagogischen Fähigkeiten besitzt; auch der umgekehrte Fall ist denkbar, wenn der Professor aufgrund seiner Rolle zur Solidarität mit seinen Kollegen verpflichtet ist, andererseits aber bei gewissen Forderungen auf seiten der Studenten steht.

Wie man sieht, kann der Intrarollenkonflikt v o n a u ß e n an den Rollenträger herangetragen werden, indem verschiedene Gruppen unterschiedliche Erwartungen in die soziale Rolle des Rollenträgers haben; mehr v o n i n n e n tritt der Intrarollenkonflikt dann auf, wenn der Träger der Rolle entweder alle Rollenerwartungen gleichzeitig erfüllen möchte oder aber aufgrund seiner Fähigkeiten und Persönlichkeitsstruktur von den Erwartungen, die an seine übernommene Rolle gestellt werden, überfordert ist.

Der Interrollenkonflikt ist dann gegeben, wenn eine Person verschiedene Rollen in sich vereinigt, deren Anforderungen zu keinem Ausgleich kommen. So ist der Professor auch Mitglied einer Familie, einer Kirche, eines Vereins, eines Freundeskreises usw. Hier können nicht nur Konflikte auftreten von der zeitlichen Erfüllung der Rollenerwartungen her, sondern vielmehr auch aufgrund der verschiedenen moralischen Positionen, die die einzelnen Rollen beinhalten. In der Regel wird im Falle eines solchen Rollenkonfliktes d i e Rolle gespielt werden, die mit den intensiveren Sanktionen verbunden ist.

9 Es gibt verschiedene M e c h a n i s m e n , die bei einem evtl. Rollenkonflikt diesen zu mildern und zu beseitigen versuchen:

1. Die Rollenerwartungen in einem sozialen Beziehungsfeld werden mit unterschiedlicher Intensität vorgetragen (M e c h a n i s m u s d e r d i f f e r e n z i e r t e n I n t e n s i t ä t d e r R o l l e n e r w a r t u n g). Eine Rollenerwartung mag zentral, die andere lediglich peripher sein. Beispiel: Eltern werden aufgrund ihrer Erziehungsrolle größere Erwartungen an das Verhalten eines Lehrers stellen als ein Ehepaar, das keine Kinder zur Schule schickt. Melden beide Gruppen, Ehepaare mit Kindern und solche ohne Kinder, Interesse an der Schule und an den Lehrer an, so wird sich ein Lehrer leicht für diejenige Rollenerwartung entscheiden können, die für ihn selbst am wichtigsten ist, d.h. deren Nichterfüllung für ihn mit größeren Sanktionen verbunden ist.

2. Ein zweiter Mechanismus, der Rollenerwartungen neutralisieren kann, liegt in der Machtverteilung (M e c h a n i s m u s d e s M a c h t u n t e r s c h i e d e s v o n G r u p p e n , d i e b e s t i m m t e E r w a r t u n g e n a n R o l l e n s t e l l e n). Macht bedeutet ja die Möglichkeit, auf Grund sozialer Beziehungen von anderen ein bestimmtes Verhalten zu erzwingen. Nicht alle Mitglieder in einem sozialen Beziehungsfeld haben aufeinander den gleichen Einfluß. Dieser wird sich vielmehr nach dem Ausmaß der Macht richten. Es können sich aber bestimmte Machtkonstellationen bilden, die es dem Rolleninhaber ermöglichen, eigene Wege zu gehen. So weiß etwa der Sohn, daß die Entscheidung seines Vaters durch die entgegengesetzte Meinung seiner Mutter aufgehoben werden kann. *R. K. Merton* sagt daher, daß eine solche „Einflußstruktur eines Rollenfeldes in oft größerem Maße den Positionsinhabern Freiheiten gewähren (kann) als er sie hätte, wenn diese Einflüsse nicht im Widerstreit lägen"[23]. Bei solchen latent instabilen Strukturen ist der Rolleninhaber nicht einmal dem einflußreichsten Mitglied des sozialen Beziehungsfeldes völlig preisgegeben (vgl. den Zusammenhang mit dem Experiment von *Asch* S. 68 ff.).

3. Je mehr die Sozialstruktur das Individuum davor schützt, daß seine Handlungen anderen bekannt werden, desto weniger wird es widerstreiten-

den Erwartungen ausgesetzt (Mechanismus der Abschirmung des Rollenhandelns gegenüber Beobachtung durch andere). Hierher gehören etwa die exklusiven Informationen und die vertraulichen Mitteilungen bei verschiedenen Berufen. Die Klienten werden gegen die Beobachtungen ihres Verhaltens und ihrer Ansichten durch andere abgeschirmt. Wenn es z.B. Ärzten und Priestern freigestellt wäre, über das mitgeteilte Wissen der ihnen Anvertrauten zu berichten, würden sie bald mit verschiedenen Erwartungen in Konflikt kommen und könnten ihr Amt nicht mehr ausüben. Offenbar gehört es zu den funktionalen Voraussetzungen einer Sozialstruktur, daß sie ein gewisses Maß an Freiheit vor ungehinderter Beobachtung gewährleistet. Hierher gehört auch der Schutz der Privatsphäre.

4. Die Positions- und Rolleninhaber stehen nicht allein; andere stehen in der gleichen oder in einer ähnlichen Situation, sie sind gleichen oder ähnlichen Rollenkonflikten ausgesetzt (Mechanismus der gegenseitigen sozialen Unterstützung zwischen den Rolleninhabern). Die Gleich- oder Ähnlichgestellten bilden Interessengemeinschaften und Organisationen. Aufgrund gleichlaufender Interessen ist es möglich, die eigene Rolle abzusichern und die eigenen Rolleninteressen durchzusetzen (Grund z.B. für die Gründung von Interessenverbänden).

5. Im Grenzfall kann man mit widersprechenden Forderungen der Rollenbeziehungen natürlich auch dadurch fertigwerden, daß man die Rollenbeziehungen einfach abbricht (Mechanismus der Beschränkung des Rollenfeldes). Diese Beschränkung hebt dann die Übereinstimmung zwischen den noch verbleibenden Rollen. Natürlich nützt ein solcher Abbruch der Rollenbeziehungen nur dann etwas, wenn der Positionsinhaber die übrigen, für ihn wichtigen Rollen weiterspielen kann.

Aus all den angeführten Beispielen wird sichtbar, wie die sozialen Rollen miteinander zusammenhängen und welchen Einfluß sie aufeinander ausüben [24].

Literatur

1. *Dahrendorf* R., Homo sociologicus
2. *Barley* D., Grundzüge und Probleme der Soziologie (Die Gesellschaft als ein System von Rollen und Normen, S. 30ff.; Rolle und Status, S.40ff.).
3. *Fichter* J. H., Grundbegriffe der Soziologie
   (9. Kapitel: Rollen).
4. *Gouldner* A. W. und H. D., Modern Sociology
   (Roles and Roles Behavior, S. 184ff.).
5. *Hartmann* H., Moderne amerikanische Soziologie
   (Status und Rolle, S. 251ff.).

POSITION – STATUS – ROLLE

Prüfungsfragen

1. Was ist die grundlegende Struktureinheit des Sozialen?
2. Unterscheiden Sie Position, Rolle, Status.
3. Gibt es Einteilungen von Status?
4. Was ist mit „homo sociologicus" gemeint?
5. Sagen Sie etwas zum Rollenkonflikt.
6. Gibt es Mechanismen zur Milderung oder Beseitigung des Rollenkonfliktes?
7. Wie hängen Status und Prestige zusammen?
8. Kommentieren Sie Typen von Gesellschaften anhand des Statusbegriffs.
9. Kann man vom Statusbegriff her etwas zu unserer modernen Gesellschaft sagen?

6. Kapitel
Kultur und Gesellschaft

Wir haben von der sozio-kulturellen Persönlichkeit gesprochen, vom sozialen Handeln, von Einstellungen und Haltungen, von Kategorien und Aggregaten, von sozialen Positionen und Rollen und vom Status — am Schluß dieses Teiles wollen wir noch von den größeren Einheiten der Kultur und Gesellschaft sprechen. Erinnern wir uns daran, daß wir gesagt haben, daß die sozio-kulturelle Persönlichkeit die Vermittlung darstellt zwischen dem Individuum und der Gesellschaft bzw. der Kultur. Das einzelne Individuum lernt Verhaltensschemata und Rollenerwartungen, durch die es in einer bestimmten Kultur und Gesellschaft „handeln" kann.

1 W. v. *Humboldt* bezeichnete vor mehr als einem Jahrhundert die technischen, ökonomischen und organisatorischen Aspekte der menschlichen Geschichte als „Kultur", während er die geistig-schöpferischen Bemühungen „Zivilisation" nannte. Interessanterweise wurde aber während des 19. Jh. der Inhalt dieser beiden Begriffe vertauscht, so daß man im historischen und philosophischen Schrifttum „Kultur" in der Bedeutung von etwas „Höherem", mehr Geistig-Schöpferischem, im Gegensatz zur „Zivilisation" findet, der man mehr die Bedeutung des Instrumentalen, des Technischen, des Künstlichen usw. gab.

Wenn wir davon ausgehen, daß der Mensch ein abhängiges Wesen ist — und zwar abhängig nicht nur von der Natur, sondern auch von anderen Menschen —, so ist es verständlich, daß er im Verlaufe der Geschichte versucht hat, die natürliche und soziale Umwelt zu gestalten und damit seine Abhängigkeit zu mildern. Beide Abhängigkeiten, sowohl die naturale als auch die soziale, lassen es im Zusammenhang mit der Lernfähigkeit und der Möglichkeit von Freiheit, die wir bereits eingangs als Axiome des menschlichen Organismus

KULTUR UND GESELLSCHAFT

erkannt haben, zu dem kommen, was wir Kultur nennen. K u l t u r i s t
a l s o i m s o z i o l o g i s c h e n S i n n e all das, was sich der Mensch zur
Bewältigung seines Daseins aufgrund eigener Leistung aufbaut, was er sich
zur Manipulation seiner Umgebung „leistet".
Kultur ist die Gesamtsumme der Verhaltensschemata im Sinne von Denk-,
Gefühls- und Handlungsformen, die vom Menschen erfunden und von einer
Generation zur anderen weitergegeben und weiterentwickelt worden sind,
einschließlich der Gegenstände und der Techniken (Objektivationen), die
sich der Mensch im Umgang mit der Natur und aufgrund seines geistigen
Wesens geschaffen hat. In diesem Sinne kann Kultur auch als die
überlieferungsfähige Lebensform des Menschen und menschlicher Gesellschaften bezeichnet werden. Kultur ist also die Gesamtsumme der schöpferischen Tätigkeiten des Menschen; sie ist das organisierte Ergebnis der
menschlichen Gruppenerfahrung. In diesem Sinne umfaßt Kultur alles, was
der Mensch an Werkzeugen, Waffen, Wohnung und anderen materiellen
Gütern und Prozessen entwickelt hat, bis hin zu den Denk- und Glaubens-
systemen, zu den Institutionen des Rechts, des Staates, der Moral,
einschließlich von Kunst und Wissenschaft, Philosophie und sozialer Organisation. Kultur schließt also alle geschaffenen materiellen und immateriellen
Dinge ein. Kultur ist lernbar und überlieferungsfähig. Kultur wird auch als
„soziales Erbe" bezeichnet.
Auch wenn Kulturen bereits untergegangen sind, d. h. eine Gesellschaft als
Träger verloren haben, bleiben dennoch oft kulturelle Objektivationen
(Denkmäler) übrig.

2   Die „Gesellschaft" gehört selbst zur Kultur. Wenn wir Gesellschaft in einem
    ganz allgemeinen und zunächst sehr oberflächlichen Sinne als alles das
    bezeichnen, was nicht „privat", was nicht das einzelne Individuum und die
    einzelne Persönlichkeit für sich meint, sondern was das Zwischenmenschli-
    che und das menschliche Zusammenleben an sozialen Beziehungen beinhal-
    tet, also das ganze System von sozialen Positionen, Rollen, das ganze
    Statusgefüge, die Sanktionen, die Gruppen und die Institutionen usw., so
    wird uns klar, daß die Gesellschaft in diesem Sinne ebenfalls eine
    Entwicklung des Menschen ist.
    So gesehen sind G e s e l l s c h a f t u n d K u l t u r z w e i B e -
    g r i f f e , d i e s i c h g e g e n s e i t i g e r g ä n z e n . Kultur entsteht
    nur durch, mit und im menschlichen Zusammenleben, wie auch die
    Gesellschaft erst möglich wird durch kulturelle Verhaltensschemata und
    durch Anpassungs-, Bewältigungs- und Ausdrucksformen der Herrschaft über
    die Natur einerseits sowie der Organisation menschlichen Zusammenlebens
    andererseits.

3   Damit haben wir den s o z i a l e n (g e s e l l s c h a f t l i c h e n)
    C h a r a k t e r d e r K u l t u r angesprochen. Kein Teil der Kultur ist uns

sozusagen angeboren. Die Mitglieder jeder Generation empfangen das kulturelle Erbe von den vorausgegangenen Generationen. Kultur wird also gelernt. Damit soll gesagt sein, daß sie nicht ererbt ist wie etwa blondes Haar oder eine hochgewachsene Gestalt. Die einzige Voraussetzung für das Lernen jeder Kultur ist geistige und körperliche Beweglichkeit, nicht die biologische Verwandtschaft mit Menschen, die an einer gegebenen Kultur teilnehmen. Ein Europäer paßt in die europäische Kultur, nicht weil er „biologisch" Europäer ist, sondern weil er in Europa geboren, erzogen und aufgewachsen ist. Ebenso ergeht es dem Inder, dem Chinesen, dem Feuerländer, dem Afrikaner, usw.

Der Mensch ist sowohl Schöpfer als auch Empfänger der Kultur. Im letzteren Sinne kann die Kultur auch als etwas Unabhängiges von den einzelnen Gesellschaftsmitgliedern betrachtet werden. So sind zum Beispiel die Sprache wie auch religiöse Dogmen, wissenschaftliche Theorien, eine Gesetzgebung usw. eine objektive, vom Einzelnen unabhängige Realität (Objektivation). Jede Generation muß sich von neuem Kultur aneignen (Enkulturation), mit ihrer Hilfe sich an die Erfordernisse der geschichtlichen Situation anpassen und sie der künftigen Generation weitergeben.

4 Die Verschiedenheit der kulturellen Formen: Kultur nimmt die vielfältigsten Formen an. Die materielle Ausgestaltung und die ideellen Systeme differieren von Gruppe zu Gruppe. Jedes Volk hat seine eigene Lebensform, einen bestimmten Bestand von Sitten und Bräuchen, eine bestimmte Art zu denken und zu fühlen. Jede einzelne Gruppe hat wiederum innerhalb einer größeren Gruppe ihre eigene Kultur (Subkultur). Dabei handelt es sich nicht nur um Großgruppen innerhalb einer geographisch weit verbreiteten Kultur, etwa innerhalb der europäischen Kultur die deutsche, die italienische, die spanische, die österreichische Kultur usw.; sondern innerhalb der österreichischen Kultur gibt es Subkulturen, etwa in der Steiermark, in Oberösterreich und im Salzburgischen. Weiterhin sind Subkulturen im Sinne der Summe von materiellen und immateriellen Verhaltensschemata bestimmter Gruppen auch etwa die evangelische oder katholische Subkultur. Man spricht auch von den Subkulturen der Arbeiter, der Mittelschichten oder der oberen Schichten; ganz ebenso auch von derjenigen der Jugend, der Erwachsenen oder der Kultur des Alters. Immer handelt es sich dabei um spezifische Verhaltensweisen, die die Menschen zur Bewältigung des Daseins entwickeln.

5 Kulturelle Verschiedenheit und Übereinstimmung: Die Kultur ist sowohl ein integrierender als auch ein trennender Faktor im menschlichen Leben. Menschen, die dem gleichen Kulturkreis angehören und damit ein gemeinsames soziales Erbe besitzen, können sich aufgrund der gemeinsamen Verhaltens- und Denkschemata sehr schnell und leicht verständigen; umgekehrt gestaltet sich die Verständigung zwischen

KULTUR UND GESELLSCHAFT

Angehörigen verschiedener Kulturen aus dem gleichen Grunde schwierig. Sicherlich ist eine gemeinsame Sprache für Kommunikation notwendig. Aber sogar innerhalb eines homogenen Sprachgebietes ist das gegenseitige Sichverstehen zwischen verschiedenen kulturellen Subgruppen (-Kulturen) schwierig.
Ganz allgemein kann gesagt werden, daß kein Individuum den gesamten Komplex einer Kultur in sich vereint. Inwieweit ein Mensch an einer Kultur teilnimmt, anders ausgedrückt, in welchem Maße ein Mensch kultiviert ist, hängt zum einen von seiner Lernkapazität und seinen Möglichkeiten, Kulturmuster und -techniken kennenzulernen, ab; zum anderen ist dafür das Ausmaß seiner Integration in verschiedene kulturtragende Gruppen maßgebend.

6 Der Inhalt der Kultur: Wenn man den Inhalt der Kultur betrachtet, gibt es verschiedene Einteilungen. Oft wird unterteilt in materielle und immaterielle Aspekte der Kultur. Diese Klassifizierung ist aber nicht besonders nützlich, da sie irgendwie willkürlich scheint, denn äußere Formen und materielle Objekte sind im großen und ganzen sinnlos, wenn sie von den dazugehörigen Ideen getrennt werden.
Clark Wissler sieht neun grundlegende Unterscheidungen vor: 1. Kommunikation (Sprache und Schriftsysteme usw.), 2. materielle Eigenarten (Nahrungsgewohnheiten, Wohnung, Transport und Verkehr, Kleidung, Werkzeuge, Waffen, Produktionsformen), 3. Kunst (Musik, Schauspiel, Malerei, Plastik usw.), 4. Mythologie und Wissenschaft, 5. religiöse Formen, 6. Familie und Sozialisationssysteme (Eheformen, Verwandtschaftssysteme, Vererbung, soziale Kontrolle, Sport und Spiel), 7. Eigentumsformen, 8. Regierung (Staatsformen, Rechtswesen, Regierungssystem), 9. Krieg[25].
Eine andere Einteilung benutzt drei Kategorien: die induktive, die ästhetische und die Kategorie der Kontrolle[26].
Induktion: In diese Kategorie fallen alle Arten von Kenntnissen, die induktiv erworben worden sind und was durch Praxis und Erfahrung getestet ist. Hierin sind alle Werkzeuge, Maschinen und die verschiedenen Gebrauchsgegenstände eingeschlossen, aber auch nichtmaterielle Techniken, wissenschaftliche Erkenntnisse, die Logik usw.
Ästhetik: Hierunter fallen alle materiellen Gegenstände der Kunst, der Symbolik und bestimmte Rituale, wie auch nichtmaterielle Dinge wie Formen der Muse und Ausdrucksformen der Kunst.
Kontrolle: Hierunter fallen alle Dinge, die einen kontrollierenden Einfluß ausüben auf die Gruppenmitglieder. Patriotische Symbole, Formen der Autorität, moralische Standards, religiöse Sanktionen, Gesetze usw.

7 Die Wirkungen der Kultur: Die Kultur einer Gruppe, die Art ihrer Lebensweise, ist weit stabiler und dauerhafter als ihr physischer und

rassischer Charakter. Die biologische Eigenart, etwa als Ergebnis der Geburts- oder der Sterblichkeitsrate, kann sich in wenigen Generationen sehr stark ändern.
Aber die Kultur dauert über viele Generationen. Jedes Individuum nimmt die Kultur von außen auf. Der plastische, neu geborene Organismus wird von einer bestimmten Kultur je nach den dort vorhandenen Verhaltensschemata geformt. Unvermeidlich erwirbt das Kind die Lebensform der Gruppe, in welche es hineingeboren ist. In wesentlichen menschlichen Eigenschaften ist der Mensch ein Produkt einer Gruppe und deren Lebensart. Die k u l t u - r e l l e K o n d i t i o n i e r u n g d e s K i n d e s setzt so früh und so vollständig ein, daß man leicht annehmen könnte, das tatsächliche kulturelle Verhalten sei mehr oder weniger angeboren.
Darum ist auch die Veränderung der sozio-kulturellen Verhaltensformen oft sehr schwierig. Die sehr früh einsetzende Konditionierung modifiziert die plastische menschliche Antriebsstruktur und verleiht ihr dauerhaften Charakter, durch den das Individuum in die Lage versetzt wird, sozial zu handeln. Z.B. ist der Erwerb einer Sprache Ergebnis der Entfaltung und Entwicklung des physiologischen Mechanismus, der seinerseits nur eine bestimmte Anzahl von Lauten zuläßt. Ähnlich verhält es sich etwa mit dem Erwerb von Ideen. Das Erlernen b e s t i m m t e r Dinge schließt zunächst einmal fast notwendig das Lernen anderer Dinge aus.
Wenn ein erwachsener Mensch in eine andere Kultur hineingestellt wird, tut er sich oft sehr schwer, oder es ist ihm oft sogar unmöglich, neue kulturelle Verhaltensformen zu lernen (Emigranten, Flüchtlinge). Andererseits aber lernen Kinder solcher Flüchtlinge oder Emigranten (weil sie noch leicht formbar sind) sehr leicht die neue Kultur. Ja es ist oft sogar schwierig, sie davon abzuhalten (Anpassungsdrang!).

8   K u l t u r e l l e r W a n d e l : Kultureller Wandel kann eintreten durch Innovation (Neuerung), Erfindung und Entdeckung. I n n o v a t i o n bezieht sich auf die Änderung von Denkinhalten und Verhaltensweisen, sofern sich diese Denkinhalte und Verhaltensweisen von bereits bestehenden qualitativ unterscheiden. Dagegen ist die E r f i n d u n g eine Tätigkeit, die sich auf Gegenstände oder Verfahren bezieht, die der praktischen Nutzung dienen. Als Entdeckung wird eine Handlung bezeichnet, die sich auf etwas bezieht, was schon vorhanden ist, jedoch bisher unbekannt war.
Kultureller Wandel kann durch alle diese drei Arten von Änderungen eintreten. Allerdings ist dann Voraussetzung, daß die Änderung von Denkinhalten und Verhaltensweisen, die mit einer Innovation, Erfindung oder Entdeckung zusammenhängt, genügend verbreitet wird und einen gewissen Grad von Allgemeinheit (Diffusion) erlangt. Der Vorgang dieser Verbreitung kann langsam (Evolution) oder ruckartig vor sich gehen (Revolution).

KULTUR UND GESELLSCHAFT

Im Zusammenhang mit kulturellem Wandel ist auch das von *W.F. Ogburn* sogenannte „Cultural Lag" zu nennen. Dabei handelt es sich um ein Nachhinken der geistigen Kultur gegenüber der materiellen. Die These des Marxismus, daß die materiellen Produktivkräfte nicht nur die Produktionsverhältnisse im Sinne der sozialen und gesellschaftlichen Verhältnisse bewirken, sondern vor allen Dingen auch den geistigen Überbau (Moral, Recht, Staatsform usw.), hat dabei Pate gestanden.

Ob nun zuerst die Ideen, die geistigen Antriebskräfte, vorhanden sind und dann erst die wirtschaftlichen und technischen Formen, oder ob zuerst gewisse wirtschaftliche und technische Kulturen soziale und geistige Prozesse bedingen, ist nicht so sehr eine Frage des Vorher und des Nachher im zeitlichen Ablauf, sondern vielmehr eine Frage der komplementären gegenseitigen Bedingung. Bekanntlich hat gegenüber der marxistischen Ansicht *Max Weber* in seinem berühmten Aufsatz über „Die protestantische Ethik und der Geist des Kapitalismus" die Meinung vertreten, daß erst gewisse religiöse Vorstellungen bestimmte gesellschaftliche Verhältnisse und wirtschaftliche Praktiken zur Folge gehabt hätten.

Allgemein ist jedoch an dieser Stelle festzuhalten, daß Wertorientierungen, die in einer bestimmten Kultur und Gesellschaft vorhanden sind, soziales Verhalten bedingen. Andererseits muß aber auch gesagt werden, daß soziale Verhältnisse bestimmte Mentalitätsstrukturen zur Folge haben. Hier zeigt sich, daß Einstellung und soziales Handeln einerseits, die Struktur der Umgebung und deren Stimuli andererseits nur die zwei Seiten der einen Medaille sind.

9 Abschließend ist zu sagen, daß der Unterschied von Kultur und Gesellschaft darin zu sehen ist, daß eine Gesellschaft eine Gruppe von Menschen ist, die sich mehr oder weniger dauerhaft zur Erreichung bestimmter Ziele und Zwecke organisiert hat. Eine Gesellschaft ist eine kollektive Gruppe von verhältnismäßiger Dauer, die viele Geschlechter überlebt und sich in ihrer Form oft Jahrhunderte erhält, weil sie ein System entwickelt hat, das alle für eine bestimmte historische Situation notwendigen Bedürfnisse der Gesellschaftsmitglieder zu erfüllen in der Lage ist (Kriterium der Selbstgenügsamkeit. Vgl. S 162).

Während sich also die Gesellschaft auf den menschlichen und auf den Gruppenaspekt bezieht, meint Kultur immer das, was die Menschen tun. Kulturen sind insofern die verschiedenen Lebensweisen, die die verschiedenen menschlichen Gesellschaften entwickelt haben. Kultur ist die lern- und übertragbare Lebensform einer Gesellschaft. Kultur ist die Summe der Verhaltensmuster, die lernbar und überlieferungsfähig sind. Darum hängt auch mit der Kultur der Begriff Tradition zusammen.

Man könnte auch sagen, Kultur ist das historisch gewordene Bedürfnissystem einer Gesellschaft, das lernbar und überlieferungsfähig ist, samt den Methoden und Techniken zu dessen Befriedigung und Weiterentwicklung.

Literatur

1. *Ogburn* F. und M. F. *Nimkoff*, A Handbook of Sociology
   (The Role of Culture, S. 27 − 46).
2. *Roncek* J. S. und R. L. *Warren*. Sociology. Introduction
   (2. Kapitel: Culture, S. 8 − 22).
3. *Broom* L. und Ph. *Selznick*, Sociology
   (4. Kapitel: Culture , S. 52 − 92).
4. *Barley* D., Grundzüge und Probleme der Soziologie
   (4. Kapitel: Kultur als soziologischer Begriff, S. 62 ff.).
5. *Woods* J., Introductory Sociology
   (6. Kapitel: Cultural Foundations, S. 117 − 140).

Prüfungsfragen

1. Was ist soziologisch „Kultur"?
2. Unterscheiden Sie „Gesellschaft" und „Kultur".
3. Inwiefern ist der Mensch sowohl „Schöpfer" als auch „Empfänger" der Kultur?
4. Was ist unter „Subkultur" zu verstehen?
5. Sagen Sie etwas zum Inhalt (Einteilungsschema) einer Kultur.
6. Was wissen Sie über die Wirkungen der Kultur?
7. Was ist „Cultural Lag"?
8. Was ist kultureller Wandel, und wie kommt es dazu?
9. Wie sind die Ansichten M. Webers und K. Marx' zum sozialen Wandel?
10. Unterscheiden Sie Innovation, Erfindung, Entdeckung.

2. Unterabschnitt

SOZIALES HANDELN
UND GRUPPEN

Wir haben die Soziologie als die Wissenschaft vom sozialen Handeln des Menschen definiert, insofern dieses durch Gruppen und Institutionen in einer bestimmten Gesellschaft und Kultur mit Hilfe sozialer Prozesse geprägt wird. Im bereits dargelegten 1. Unterabschnitt haben wir vom „Sozialen Handeln" des Menschen gesprochen. Hier stießen wir auf die Begriffe der sozio-kulturellen Persönlichkeit, der Verhaltensschemata, der sozialen Beziehung, der Kategorien und Aggregate, der Einstellungen und Haltungen, und schließlich behandelten wir den Begriff der Kultur.

Wenn wir Kultur als die Summe der Verhaltensschemata einer Gesellschaft bezeichnet haben, so sprachen wir mit Bezug auf den Menschen von „kultureller Persönlichkeit". Wenn wir jetzt von Gruppen sprechen, so geht es um die soziale Vermittlung der Summe dieser kulturellen Verhaltensschemata durch Gruppen, wobei hinsichtlich des Menschen durch dessen Eingliederung in Gruppen die „s o z i a l e P e r s ö n l i c h k e i t " oder „sozio-kulturelle Persönlichkeit" entsteht.

Wenn wir schon früher die sozio-kulturelle Persönlichkeit als die durch Lernen und durch Erfahrung eines menschlichen Trägers vermittelte Summe der Verhaltensschemata bezeichnet haben, so interessiert uns jetzt die Frage, w i e diese Verhaltensschemata dem einzelnen Individuum vermittelt werden. Wir sagen, dies geschieht durch die Gruppe. Insofern nämlich das einzelne Individuum in Gruppen eingegliedert wird, lernt es mit Hilfe eben dieser Gruppen sich innerlich und äußerlich entsprechend einer bestimmten Kultur zu verhalten („innerlich" einstellen und „äußerlich" handeln).

7. Kapitel

Merkmale und Einteilung der Gruppe

Der Begriff „Gruppe" wurde und wird in der Soziologie nicht einheitlich gebraucht. Ganz allgemein gesagt, umfaßt er jedes kontinuierliche Zusammenwirken mehrerer Personen zur Erreichung bestimmter Ziele. So fallen unter den Begriff der Gruppe sowohl die Familie, die Belegschaft eines Industriebetriebes, Mitglieder kirchlicher Organisationen, als auch Erscheinungen wie eine Partei, ein Kegelklub usw. Da der Mensch kulturell notwendige Verhaltensschemata zum größten Teil nur als Gruppenmitglied aufnimmt, muß die Erforschung der Gruppe als eine wesentliche Aufgabe der Soziologie angesehen werden; ja manche Soziologen erblicken in der Gruppe den Hauptgegenstand der Soziologie überhaupt.

1 Wenn wir den Begriff der Gruppe definieren wollen, so müssen wir Merkmale angeben, die für die verschiedensten Gruppen konstitutiv sind. Über folgende Merkmale herrscht im allgemeinen Übereinstimmung:

1. Gemeinsames Verhaltensmotiv (Ziel-Zweck; auch bei Experimenten mit Gruppen, bei denen ein gemeinsames Handlungsziel nicht spontan vorhanden ist, werden vom Versuchsleiter meist Aufgaben vorgegeben).

2. Ein System gemeinsamer Normen zur Regelung zwischenmenschlicher Beziehungen. Damit wird erreicht, daß die Interaktionen der Gruppenmitglieder bestimmte Regelmäßigkeiten bzw. Gleichförmigkeiten aufweisen und sich so von der Umwelt als eine spezifische Handlungseinheit abheben.

3. Das Vorhandensein eines Rollendifferentials (zusammenhängende Verhaltensschemata aufgrund von Positionen, Rollen und Status innerhalb einer Gruppe).

MERKMALE UND EINTEILUNG DER GRUPPE

4. Ein mehr oder weniger komplexes Geflecht gefühlsmäßiger Wechselbeziehungen zwischen den beteiligten Personen. Oft wird in diesem Zusammenhang auch von einem „Wir-Gefühl" gesprochen. Dieses Wir-Gefühl schafft dann auch die Grundlage für die Unterscheidung von Eigengruppe und Fremdgruppe.

5. Aus den bisherigen Merkmalen folgt, daß die Gruppe nicht nur immer einen Plural von Personen (Kollektiv) umfaßt, sondern auch eine gewisse Dauer voraussetzt[27].

2 Von diesen Merkmalen her lassen sich von der G r u p p e die bereits abgehandelten sozialen Einheiten der K a t e g o r i e n und der A g g r e g a t e leicht unterscheiden. Bei den sozialen Kategorien spricht man auch oft von sogenannten statistischen Gruppen. Dabei handelt es sich um Personen, die ein oder mehrere Merkmale gemeinsam haben und deshalb für die Zwecke soziologischer Forschungen zusammengefaßt werden. Die Nützlichkeit solcher Kategorienbildung wurde bereits erwähnt. Von Gruppen im oben gekennzeichneten Sinne kann jedoch nicht gesprochen werden. Dies ist auch bei den Aggregaten nicht der Fall. Diese werden vornehmlich durch einen spezifisch räumlichen Bezug zusammengehalten und verwirklichen zumindest nicht alle die für eine Gruppe konstitutiven Merkmale. Das spezifische Merkmal der Gruppe ist eben, daß sie strukturiert ist (zu „Struktur" vgl. S. 49).

Man spricht auch von „Quasi-Gruppen" oder „Latenten Gruppen". Hier handelt es sich etwa um solche Phänomene, wie die Summe der Arbeiter, der Angestellten, unorganisierte Interessengruppen wie z. B. alle Autobesitzer, die an niedrigen Versicherungsprämien, Steuern und Benzinpreisen interessiert sind. Bei all diesen Quasi- oder Latenten Gruppen (Intentionaler Verband: *W. Sombart*) sind zwar einige Merkmale der Gruppe vorhanden, von einer Gruppe im eigentlichen Sinne kann aber trotzdem nicht gesprochen werden, weil das Moment der Struktur, insbesondere also das Rollendifferential, fehlt [28].

Ein besonderes Problem im Zusammenhang mit dem Begriff der Gruppe stellen P a a r - B e z i e h u n g e n dar. Hier ist zweifellos nicht nur eine gewisse Dauerhaftigkeit, sondern auch ein Wir-Gefühl vorhanden. Das entscheidende Kriterium aber, ob eine Paar-Beziehung als Gruppe angesprochen werden kann oder nicht, ist wiederum das Merkmal der Struktur. Bei einem Liebespaar wird dies kaum der Fall sein, da hier die beiden Gruppenmitglieder mit ihrer Gesamtperson in die (Zweier-)Gruppe integriert sind, eine nur funktionelle Beteiligung am Gruppenleben und damit die Ausbildung einer angebbaren Struktur der gegenseitigen Beziehungen aber fehlen. Anders ist dies jedoch in Zweier-Beziehungen, wo Unter- und Überordnungsverhältnisse üblich sind, wie dies etwa in Zweier-Gruppen der Fall ist, die aus Herr und Diener oder Chef und Sekretär (-in) bestehen. Hier lassen sich alle Merkmale, auch das der Struktur, klar aufzeigen.

SOZIALES HANDELN UND GRUPPEN

Nach dem Gesagten kann man die **Gruppe als eine Mehrzahl (Plural, Kollektiv) von Personen definieren, die durch auf Dauer abgestellte soziale Beziehungen bestimmte Ziele und Zwecke durch Übernahme von aufeinander abgestimmten Rollen erreichen wollen.**

3 Die Gruppentheorie befaßt sich vor allen Dingen mit folgenden Teilaspekten des Gruppenphänomens:

1. Zusammensetzung der Gruppe in bezug auf **personale (individuelle) Merkmale:** Alter, Geschlecht, Fähigkeiten, Interessen, Charaktereigenschaften. Solche individuellen Merkmale sind wesentliche Determinanten der Gruppenstruktur. Von daher kann untersucht werden, wie der Grad der Homogenität bzw. Inhomogenität der Mitglieder die Gruppeneigenschaften beeinflußt (Harmonie, Aktivität der Gruppe usw.).

2. Zusammensetzung der Gruppe in bezug auf **interpersonale Beziehungen.** Dieser interpersonale Aspekt umfaßt zwei Gesichtspunkte: Das Netzwerk der affektiven (emotionalen) Wechselbeziehungen („Tiefenbindung") einerseits und die mehr oder weniger normierten (rationalen) Beziehungen zwischen den Gruppenangehörigen als Inhaber von Positionen (Rollen) andererseits. Diese rationale Rollenstruktur enthält ihrerseits wiederum Teilstrukturen: Rollen der Teilnehmer im Vollzug zielgerichteter Handlungen (Aufgabenstruktur, funktionale Autoritätsstruktur), und die Rollen, die sich im Rahmen des Kommunikationssystems bzw. bei der Identifizierung mit der Gruppe herausstellen (Kohäsionsstruktur, personale Autoritätsstruktur).

3. Zusammensetzung der Gruppe in bezug auf das **Gruppenziel** und die sich dabei herausbildenden **Normen**.

Die sozialen Prozesse (Vgl. 4. Teil, S. 203 ff.), die sich innerhalb von Gruppen abspielen, werden demnach von dem individuellen, personalen Faktor, dem interpersonalen Faktor und dem transpersonalen Faktor (was getan werden muß) beeinflußt[29].

Einteilung der Gruppen

4 *F. Tönnies* unterscheidet in seinem Werk „Gemeinschaft und Gesellschaft" (1. Aufl. 1887) zwischen Gruppen, die aufgrund von Wesenswillen, und Gruppen, die aufgrund von Kürwillen entstanden sind bzw. gebildet werden. Die einen heißen (aufgrund des Wesenswillens) Gemeinschaften, die anderen (aufgrund von Kürwillen) Gesellschaften. Dabei verhält sich die Gesellschaft zur Gemeinschaft „wie ein künstliches Gerät oder eine Maschine, welche zu bestimmten Zwecken angefertigt wird, zu den Organsystemen und einzelnen

Organen eines tierischen Leibes". In der Gemeinschaft ist jeder mit seiner gesamten Person integriert, zunächst untrennbar mit dem Ganzen verbunden, ein Teil des Ganzen. Gemeinschaften „wachsen" wie Organismen, Gesellschaften werden dagegen „geschaffen". Ihre Mitglieder sind durch beabsichtigten Kontakt, also willensmäßig, miteinander verbunden (vgl. den engl. Autor *Maine:* From Status to Contract). Unabhängig von ihrer Größe kann jede Gruppe den Charakter von Gemeinschaft bzw. von Gesellschaft annehmen. In der Gemeinschaft herrschen „Intimkontakte" vor, in der Gesellschaft „Distanzkontakte".

Eine Gemeinschaft hat im Gegensatz zur Gesellschaft nach Ferdinand *Tönnies* primären Charakter: erstens, weil der Status und die soziale Rolle und damit auch die Position im allgemeinen nicht (durch Leistung und Willen) erworben, sondern (von anderen) zugeschrieben sind, zweitens, das ganze Leben über anhalten und die ganze Person affizieren, drittens, ein hoher Kohäsionsgrad aufgrund allgemein anerkannter und angenommener Werte vorhanden ist, und viertens, eine unbegrenzte (keine zweckhafte) Hingabe an die Gemeinschaft stattfindet.

5   Was die Größe einer Gruppe anlangt, so hat *G. Simmel* darauf hingewiesen, daß die Zahl der Mitglieder einer Gruppe einen bedeutenden Einfluß auf die gesamte Form der Gruppe hat. So mißt er der quantitativen Bestimmtheit eine doppelte Bedeutung zu: „Die negative, daß gewisse Formungen, die aus den inhaltlichen oder sonstigen Lebensbedingungen heraus erforderlich sind, sich eben nur diesseits oder jenseits einer numerischen Grenze der Elemente verwirklichen können. Die positive, daß andere direkt durch bestimmte rein quantitative Modifikationen der Gruppe gefordert werden"[30]).
Daraus wird gefolgert, daß die Inanspruchnahme des Einzelnen durch die Gruppe nur in kleinen Gruppen in einem umfassenden Sinne möglich sei. Kleine und zentripetal organisierte Gruppen pflegen daher die in ihnen vorhandenen Kräfte auch voll aufzurufen und zu gebrauchen; in großen Gruppen dagegen bleiben die individuellen Kräfte nicht nur absolut, sondern auch relativ in einem mehr latenten Zustand. Der Anspruch des Ganzen ergreift nicht jedes Mitglied; und wenn ja, dann nur partiell. In kleineren Gruppen dagegen ist die Persönlichkeit in einem höheren Maße integriert. Weiter weist *Simmel* darauf hin (und das folgt aus dem bisher Gesagten), daß die E n t s c h i e d e n h e i t   d e r   S t e l l u n g n a h m e (Radikalismus) in kleineren Gruppen ein höheres Maß aufweist als in größeren Gruppen (kleine Parteien sind radikaler als große). Das habe seinen Grund in der Tatsache, daß kleine Gruppen durch die unreservierte Hingabe des Einzelnen an die Tendenz der Gruppe getragen werden. Große Gruppen schaffen infolge der größeren sozialen Distanz ihrer Mitglieder dagegen Ersatz durch Organisation, Gesetze, Allgemeinbegriffe. So versucht etwa die Großgruppe die Unterschiedlichkeit der Individuen durch Allgemeinbegriffe (Ideologie)

zu paralysieren. Ideologien, Symbole, Ämter, Gesetze, die sich große Gruppen schaffen, sind abstrakte Formen des Gruppenzusammenhanges, weil ein konkreter Zusammenhang ab einer gewissen Ausdehnung nicht mehr bestehen kann. Der Charakter des Unpersönlichen und des Objektiven, mit dem solche Verkörperungen der Gruppenkräfte dem Einzelnen gegenübertreten, entstammt gerade der Vielheit der in der Großgruppe wirksamen individuellen Elemente.
Die Einheit der großen Gruppe wird also durch Mittel hergestellt, die die Weite der sozialen Distanz zu verringern suchen. Aus dieser Sachlage zieht Simmel eine wesentliche Erkenntnis hinsichtlich von Gruppengröße und Gruppennorm. Der „große Kreis", sagt Simmel, strebt nach strenger objektiver Normierung, was sich dann als Recht kristallisiert. Das Recht läßt sich gegenüber der Sitte, der Normierungsform kleinerer Kreise, als ein größerer Raum der Freiheit begreifen. Größere Gruppen scheinen also zur reflexen (rationalen) Fixierung von Normen zu neigen, während in kleineren Gruppen eine Lebensordnung herrscht, die von den einzelnen unbewußt und wie selbstverständlich beachtet wird.
Ein weiterer Punkt muß in diesem Zusammenhang noch betont werden. Nämlich die von Simmel herausgestellte Tatsache, daß es bei der quantitativen Bestimmtheit der Gruppe nicht so sehr auf die relativen, sondern auf die absoluten numerischen Quanten ankomme. „Wenn in einer parlamentarischen Partei von 20 Köpfen sich vier kritische oder sezessionistische Mitglieder befinden, die sich gegen das Parteiprogramm richten, so wird deren Rolle für die Tendenz und das Verfahren der Partei eine andere sein, als wenn die Partei 50 Köpfe stark ist und 10 Rebellen in ihrer Mitte hat: Im allgemeinen wird trotz der gleichgebliebenen Zahlenrelation die Bedeutung der letzteren in der größeren Partei eine größere sein"[31].
Der Charakter der Gruppe ändert sich vor allem auch dann, wenn die Änderung die einzelnen Elemente der Gruppe in völlig gleichem Maße trifft.

6 *C. H. Cooley* entwickelte die Unterscheidung von „primären" und anderen Gruppen. Für diese anderen Gruppen hat sich die Bezeichnung „Sekundärgruppen" eingebürgert. Als Primärgruppen bezeichnete Cooley Gruppen, in denen

1. enge „face-to-face"-Beziehungen vorherrschen,
2. ein „Wir-Gefühl" vorhanden ist und
3. eine hohe Ingetration des Einzelnen in der Gruppe vorliegt.

Dabei müssen in der Gruppe zwar keineswegs immer nur Einigkeit und Liebe herrschen, doch sind in den Primärgruppen alle Leidenschaften „socialized by sympathy and come, or tend to come, under the discipline of a common spirit"[32]. Solche Gruppen seien nur möglich, wenn sie relativ klein sind und wenn die Gruppe relativ lange existiere[33].

Gegenüber Primärgruppen ist man bei den Sekundärgruppen zu folgenden abgrenzenden Merkmalen gelangt:
1. Organisation beruhend auf Satzungen und Kompetenzordnungen;
2. Unpersönlichkeit der Migliederbeziehung;
3. eine relativ strenge Bezogenheit auf ein Ziel hin [34].

Die Unterscheidung von Primär- und Sekundärgruppen wirkt in der Unterscheidung von formalen und informellen Gruppen bzw. Gruppenbeziehungen nach. Informelle Gruppen sind solche Primärgruppen, die innerhalb von Sekundärgruppen entstehen. Allerdings wurde dabei die Wertung, die sowohl bei der Unterscheidung von Tönnies „Gemeinschaft und Gesellschaft" als auch bei Cooleys „Primär- und andere Gruppen" mitschwingt, aufgegeben. Es wurde erkannt, daß sowohl in Gemeinschaften bzw. Primärgruppen als auch in Gesellschaften bzw. Sekundärgruppen einerseits Konflikte, andererseits auch sozialer Friede herrschen kann. Weiterhin haben Untersuchungen über beide Gruppenformen ergeben, daß jede von ihnen spezifische soziale Leistungen ausführt, wobei aber keine der beiden Gruppenformen fähig ist, je für sich allein alle diejenigen Leistungen zu erbringen, die für das Zusammenleben in komplexen Gesellschaften nötig sind.

7 Im Zuge einer versachlichten Betrachtungsweise des Primär- und Sekundärgruppenphänomens wird in der neueren Forschung versucht, die Bezeichnungen Groß- (Extended Groups) und Kleingruppen (Small Groups) einzuführen. Besonders auf dem Gebiete der Kleingruppenforschung hat sich eine fast eigenständige Spezialforschung entwickelt. Es fehlt allerdings auch nicht an Hinweisen, daß die Begriffe Primär- und Kleingruppe bzw. Sekundär- und Großgruppe nicht synonym gebraucht werden dürfen [35].
Klein- bzw. Großgruppe können als übergeordnete Begriffe angesehen werden, die die Begriffe Primär- bzw. Sekundärgruppe in sich einschließen. Denn nicht jede Kleingruppe muß eine Primärgruppe sein. So sind etwa Versuchsgruppen, die zufällig entstanden sind, keine Primärgruppen. Auch bei Großgruppen gilt, daß nicht jede Großgruppe eine Sekundärgruppe sein muß, man denke nur an eine relativ unorganisierte Großgruppe, wie sie etwa ein Volk darstellt.
Was die Eigenschaft „face-to-face" betrifft, so ist zu fragen, ob Primärgruppen nicht auch ohne dieses Merkmal zu finden sind. Bei Gericht sind z. B. der Richter, der Verteidiger, der Angeklagte und der Anwalt in face-to-face-Beziehungen, und doch ist deren Beziehungsstruktur nicht diejenige einer Primärgruppe. Vielmehr sind die Gruppenbeziehungen mehr oder weniger äußerlich, formal, durch bestimmte Regeln kontrolliert und durch die Autorität des Staates zusammengehalten. Auch im Parlament gibt es face-to-face-B e z i e h u n g e n , und dennoch kann nicht von Primärg r u p p e n gesprochen werden.

Andererseits muß die Frage gestellt werden: Gibt es nicht auch Gruppen, die, obwohl sie nicht die face-to-face-Eigenschaft haben, Primärgruppen sind? Es gibt viele Gründe dafür, diese Frage zu bejahen. Nehmen wir z. B. eine Verwandtschaftsgruppe, die sehr weit verstreut ist und selten Kommunikation pflegt, trotzdem aber ein Zusammengehörigkeitsgefühl entwickelt und eine gewisse, um den Ausdruck von *Cooley* zu benutzen, Einheit von einzelnen Individuen im Sinne eines Ganzen darstellt.
Die Primärgruppe kann also nicht in Gegensatz gesetzt werden zu einer Gruppe, deren Mitglieder räumlich, also face-to-face, größere oder geringere Distanzen aufweisen: der Unterschied muß vielmehr darin gesehen werden, ob die jeweiligen Gruppenmitglieder nur in formalen, unpersönlichen und institutionalisierten Verhaltensweisen zueinanderstehen oder nicht. Eine „Klein-Gruppe" kann demnach face-to-face-Beziehungen aufweisen und trotzdem keine Primär-Gruppe sein, sondern vielmehr Sekundär-Gruppen-Charakter tragen (vgl. die Gruppenbeziehungen bei einer Gerichtsverhandlung!).

8 Ein weiterer Akzent in der Gruppenforschung wurde von *E. Faris* gesetzt [36]. Er ist der Vertreter eines wichtigen Trends in der neueren Soziologie, nämlich wegzukommen von äußeren, mehr oder weniger statistischen Einteilungskriterien bei Gruppen, wie etwa die face-to-face-Nähe, zugunsten einer größeren Betonung der inneren Dynamik in den Beziehungen innerhalb von Gruppen in quantitativer Hinsicht. Folgende Merkmale seien hier besonders zu beachten:

1. die Anzahl der Leute, die an dem Handlungssystem teilnehmen;
2. ihre Konzentration oder ihre Verstreutheit im geographischen Raum;
3. die Häufigkeit, mit der sie sich gegenseitig beeinflussen;
4. die relative Dauer ihrer Verbindungen.

9 Über die qualitativen Gesichtspunkte zwischenmenschlicher Beziehungen in Gruppen ist weniger leicht Übereinstimmung zu erzielen. *K. Davis* unterscheidet 5 Kennzeichen, die ihm, wenn sie mit dem quantitativen Aspekt (von ihm physikalische Bedingungen genannt) verbunden werden, als Basis zur Unterscheidung von primären und sekundären Beziehungen dienen [37]. Er hat darüber hinaus auch hervorgehoben, daß *Cooleys* Betonung des „Wir"-Gefühls nicht als Unterscheidungsmerkmal für eine Gruppe mit primären Beziehungen sein kann, weil das Gefühl zu einem gewissen Grad in jeder auf Dauer gerichteten Gemeinschaft notwendig sei. Sogar in großen Nationen müsse dies angenommen werden, wo aber mitmenschlicher Kontakt nur zwischen einem kleinen Anteil der Bürger gelingt [38].

MERKMALE UND EINTEILUNG DER GRUPPE

Primär- und Sekundärbeziehungen

	Physikalische Bedingung	Soziale Merkmale	Beziehungen im Sample	Sample
Primär	räumliche Nähe	gleiche Interessen		
		persönliche Bedeutsamkeit der Beziehung	Freund-Freund	Spielgruppe
	geringere Anzahl	persönliche Bedeutsamkeit der anderen Personen	Mann-Frau	Familie
		umfassende Kenntnisse über die andere Person	Eltern-Kind	Dorf oder Nachbarschaft
	lange Dauer	Eindruck von Freiheit und Spontaneität	Lehrer-Schüler	Arbeitsgruppe
		Geltung informeller Kontrollen		
Sekundär	räumliche Distanz	entgegengesetzte Interessen		
		sachliche Bedeutsamkeit der Beziehung	Verkäufer-Kunde	Nation
	große Anzahl	sachliche Bedeutsamkeit der anderen Personen	Ansager-Zuhörer Hierarchie	Kirchliche Hierachie
		spezielles, beschränktes Wissen über die andere Person	Schauspieler-Zuschauer	Berufsverband
	kurze Dauer	Eindruck eines äußeren Zwanges	Vorgesetzter-Untergebener	Großunternehmung (Konzern)
		Geltung formaler Kontrollen	Autor-Leser	

Quelle: K. Davis, a.a.O., S. 306

10 Das Schema von *K. Davis* ist eine Variante eines bekannteren, von *T. Parsons* entwickelten. Dieser benützt ein System von fünf „pattern variables" (pattern = Muster; Verhaltensschema), um die Art sozialer Beziehungen zu differenzieren. Gemäß Parsons betonen wir zu jeder Zeit, in der wir handeln, und in jeder Rolle, mit der wir handeln, im wesentlichen die eine oder andere Seite der fünf folgenden grundlegenden Merkmale. Primärgruppenbeziehungen sind d i f f u s (also nicht genau umschrieben, nicht bloß auf eine Rolle, eine Funktion beschränkt), a f f e k t u a l (emotional), vom Gefühl her geladen, p a r t i k u l ä r (auf die konkrete Person abgestellt; das Ausscheiden eines Mitgliedes rüttelt an der Existenz der Gruppe; man denke an die Ehescheidung!). Weiterhin sind die Positionen in Primärgruppen in der Regel z u g e s c h r i e b e n (ascribed), während sie in Sekundärgruppen e r w o r b e n (achieved), a f f e k t u a l - n e u t r a l (die emotionale Seite tritt hinter die rational konzipierte Aufgabenstruktur zurück) und u n i v e r s a l i s t i s c h sind (Substitutionsprinzip; die Organisation nimmt keinen Schaden, wenn ein Mitglied ausscheidet; das gilt selbst für hohe Führungspositionen). Ist das Interesse hauptsächlich darauf gerichtet, die Ziele der Gruppe zu erreichen, liegt eine Einordnung in die Gemeinschaft (Altruismus) vor. Will man hingegen durch soziale Beziehungen eigene Interessen verfolgen, ist man vom E i g e n n u t z motiviert.

„p a t t e r n - v a r i a b l e s" [39]	
1. diffus (nicht genau umschrieben)	spezifisch
2. emotional	emotional neutral
3. partikulär	universalistisch
4. Gemeinschaftsorientierung	Selbstorientierung
5. zugeschrieben (ascribed) auf die Person (deren Qualität) bezogen.	erworben (achieved) nur auf das äußere Handeln (performance) bezogen.

11 Eine weitere Einteilung von Gruppen versucht *N. S. Timasheff* mit Hilfe folgender Unterscheidungen [40]:
1. organisiert — nicht organisiert
2. primär — sekundär
3. Gemeinschaft — Gesellschaft.

Dieses Schema geht davon aus, daß zwischen den drei Unterscheidungskriterien im Prinzip keine Verbindung bestehen muß. Es kann also Gemeinschaften geben, die keine Primärgruppen sind. Primärgruppen können ihrerseits durchaus Gesellschaften sein, die wiederum sowohl organisiert als auch unorganisiert auftreten können. Das folgende Klassifikationsschema zeigt einige Beispiele für die Einordnung von Gruppen mit Hilfe der erwähnten Differenzierungskriterien.

MERKMALE UND EINTEILUNG DER GRUPPE

Einteilung der sozialen Gruppen

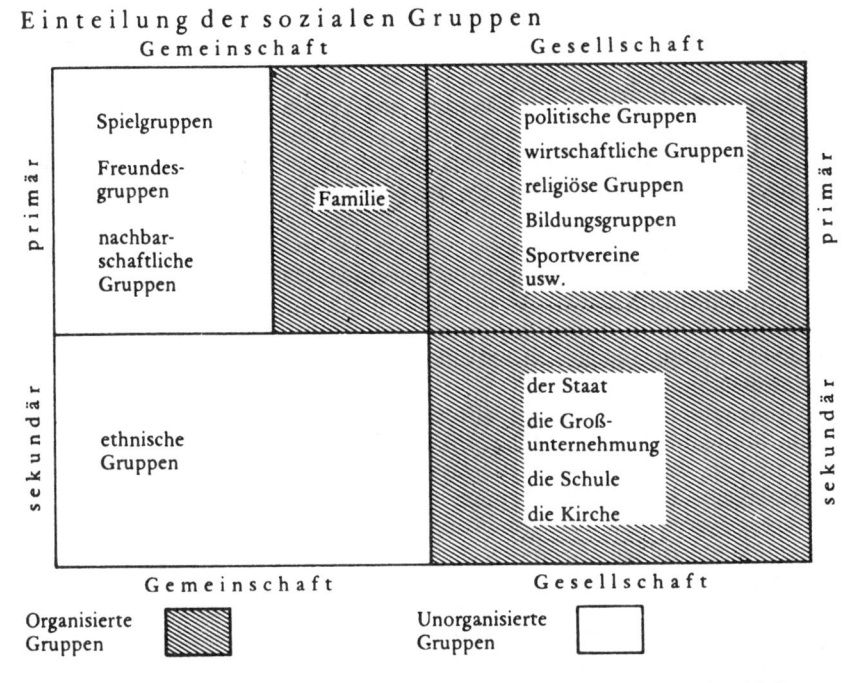

	Gemeinschaft	Gesellschaft	
primär	Spielgruppen, Freundesgruppen, nachbarschaftliche Gruppen	Familie / politische Gruppen, wirtschaftliche Gruppen, religiöse Gruppen, Bildungsgruppen, Sportvereine usw.	primär
sekundär	ethnische Gruppen	der Staat, die Großunternehmung, die Schule, die Kirche	sekundär
	Gemeinschaft	Gesellschaft	

Organisierte Gruppen ▨   Unorganisierte Gruppen ☐

12 G. *Gurvitch* versucht, Gruppen anhand von 15 Kriterien zu klassifizieren: Ziel, Größe, Dauer, Rhythmus der Mitgliederbewegung, Enge der Mitgliederbeziehungen, Art der Mitgliederschaft (freiwillige oder zwangsweise Mitgliederschaft), Zugang zur Gruppe (offen, halb geschlossen, geschlossen), Grad der Formalisierung (Organisation), Aufgabe, Ausrichtung der Gruppe, Beziehung zur umgebenden Gesellschaft, Beziehung zu anderen Gruppen, Arten der sozialen Kontrolle, Art der Herrschaftsstruktur, Grad der Einigkeit [41].

13 Eine weitere Unterscheidung geht von *R. K. Merton* aus. Dieser gilt als Gründer der sogenannten Theorie der Referenzgruppe (Bezugsgruppe). *C. H. Cooley* und *G. H. Mead* haben bereits vom „Anderen" und vom „Übernehmen der Rolle des Anderen" gesprochen, um das Selbstverständnis des Menschen in seinem sozialen Verhalten verstehen zu können. *H. S. Sullivan* sprach dann vom „signifikanten" Anderen, womit ausgedrückt werden sollte, daß in der Identifikation mit „Anderen" eine Selektion unter Menschen und Gruppen stattfinde. Weiterhin sprach bereits *W. G. Sumner* von der Eigengruppe und der Fremdgruppe. Alle diese einzelnen Konzeptionen führten dann zu der Unterscheidung von „Mitgliedschaftsgruppe" und „Referenzgruppe".

Eingeführt wurde der Terminus „Referenzgruppe" von *H. Hyman* [42]. *R. K. Merton* u. a. betonten dann besonders die Funktion der Selbsteinschätzung im Zusammenhang mit Referenzgruppen. „Im allgemeinen versucht die Referenzgruppen-Theorie die Ursachen und Folgen derjenigen Prozesse der Selbsteinschätzung und -bewertung zu systematisieren, durch welche das Individuum die Werte oder die Verhaltensstandards anderer Individuen und Gruppen als einen erstrebenswerten Bezugsrahmen betrachtet."[43]

14 Die Unterscheidung von I n n e n - G r u p p e und A u ß e n - G r u p p e bezieht sich nicht auf die Eigenschaften einer Gruppe als solcher, sondern auf das subjektive Gefühl, das ein ganz bestimmtes Individuum zu einer gegebenen Zeit in bezug auf eine bestimmte Gruppe empfindet. Für verschiedene Individuen wird also eine bestimmte Gruppe gleichzeitig Innen- und Außengruppe sein.

Die Innengruppe ist diejenige Gruppe, der sich ein Einzelner durch eine Reihe besonderer Umstände zugehörig fühlt, mit der er sich persönlich identifiziert. Er empfindet Solidarität und brüderliche Gefühle für die Angehörigen der eigenen Gruppe. Ihre Erfolge werden als persönliche Erfolge gewertet, ein Versagen als persönlicher Fehlschlag. (Der Erfolg der Raumfahrer wird einerseits von allen Amerikanern − Innengruppe − als persönlicher Erfolg betrachtet, während die Erfolge der Russen − Außengruppe − mit Neid und einem Gefühl der Angst vor technischer Überlegenheit angesehen werden.) Umgekehrt gilt das Gleiche. In einem Konflikt zwischen der Studentenschaft und der Hochschule wird der Studierende die Studentenschaft als Innengruppe, die Hochschule (Professoren, Fakultät) aber als Außengruppe betrachten. In einem (etwa sportlichen) Wettbewerb jedoch zwischen verschiedenen Hochschulen gehören Studenten und Lehrkörper einer Hochschule zusammen zur Innengruppe.

Im Zusammenhang mit religiösen, sozialen und wirtschaftlichen Gruppen, Klassen, Interessenlagen usw. spielt der Gesichtspunkt der Innen- und Außengruppe eine große Rolle. Hier ist der Ort, wo Vorurteile und Ethnozentrismus ansetzen. Was man bei der Außengruppe als Laster brandmarkt, ist bei der Innengruppe Tugend (in der kommunistischen Welt sind Überstunden eine „freiwillige Leistung" zum Aufbau des Sozialismus, unter den „kapitalistischen Ausbeutern" ist die Mehrarbeit nötig, um die unerträglich hohen Preise auszugleichen. In einem Sportwettbewerb spielt die eigene Mannschaft fair, die andere aber hinterlistig und faul!).

15 „Antizipatorische Sozialisation" heißt, möglichst jetzt schon Normen zu praktizieren, die bei höheren Statusinhabern institutionalisiert sind. Die soziale Distanz zum höheren Status bzw. zu entsprechenden Bezugsgruppen darf nicht zu groß sein, d. h. es muß ein Minimum von Vertrautheit mit dem gewünschten Status gegeben sein. Das wird deutlich, wenn wir bedenken, daß benachbarten Gruppen die Bezugsgruppenqualität stärker innezu-

wohnen pflegt als entfernter stehenden. Auch wird etwa, wenn wir im Schichtenmodell denken (siehe dazu die Ausführungen zum Problem der sozialen Schichtung, S. 237 ff.), immer die nächsthöhere Schicht als Bezugsgruppe gewählt und nicht eine solche, die durch einen weiten sozialen Abstand von der eigenen Schicht charakterisiert ist. Weiter kommt in der Regel bei der antizipatorischen Sozialisation dazu, daß die Eigen- und die als Referenzgruppe gewählte Fremdgruppe gewisse Ähnlichkeiten (hinsichtlich bestimmter Aspekte) aufweisen werden.

Welche B e z u g s g r u p p e n f u n k t i o n e n lassen sich nun im Zusammenhang mit der antizipatorischen Sozialisation herausarbeiten? Eine Bezugsgruppe wird immer V e r g l e i c h s g r u p p e sein. Die Bezugsgruppe bietet Orientierungsmodi (frame of reference) an. So vergleicht man etwa die materiellen Lebensbedingungen oder das soziale Prestige oder den Grad der jeweiligen Macht und Unabhängigkeit. Der Einzelne findet sich dann im Bezugsrahmen, gemessen an den Vergleichsgruppen, richtig oder falsch placiert oder dotiert, was dann evtl. den Drang impliziert, in die Bezugsgruppe überzuwechseln.

Die zweite Bezugsgruppenfunktion, die eng mit der ersten verbunden ist, kann in der Tatsache gesehen werden, daß die Fremdgruppe zur P a r a d i g m a g r u p p e wird. Und zwar handelt es sich darum, daß außenstehende Einzelne oder Gruppen sich an Werten einer bestimmten Fremdgruppe orientieren und diese für sich als verbindlich anerkennen oder sich ihr doch zumindest äußerlich aus den verschiedensten Gründen anzupassen suchen. So orientieren sich tiefere Bevölkerungsschichten an höheren. Von 1871 an bis in den Ersten Weltkrieg hinein wählte die deutsche Großbourgeoisie den preußischen Adel zur Bezugsgruppe. Der Adel wurde zur Paradigmagruppe (Vorbildgruppe), wohingegen das für das Bürgertum um 1848 noch nicht galt. Hier wird deutlich, daß sich der Rahmen, innerhalb dessen andere Gruppen zu positiven oder negativen Richtpunkten werden, ändern kann. Wir können dann von einer sozialstrukturierten Änderung von Bezugsgruppenfunktionen sprechen.

Wird die Paradigmagruppe zudem noch zur Z i e l g r u p p e, in die der Aspirant aufgenommen werden möchte, so prägt sich diese normative Funktion besonders gut aus. In der zweiten Hälfte des 19. Jh. war etwa das Großbürgertum sehr darauf bedacht, eine Nobilitierung der eigenen Familie zu erreichen.

Die hier dargestellten funktionalen Typen von Referenzgruppen hat erstmals R. *Merton* beschrieben. Nach ihm kann das Bezugsgruppenverhältnis folgendermaßen strukturiert sein: das Nichtmitglied kann drei Verhaltensweisen aufweisen („non-members attitudes toward membership"):

1. aspire to belong (positiv orientiert)
2. indifferent to affiliation
3. motivated not to belong (negativ orientiert)

Andererseits kann die Bezugsgruppe den Status des potentiellen Mitglieds definieren:

1. Candidate for membership
2. indifferent to affiliation
3. motivated not to belong

Aus der Kombination dieser Kriterien sind unterschiedliche Bezugsgruppenverhältnisse aufweisbar. So ergäbe die Kombination von 1 auf der Seite des Aspiranten und 3 auf der Seite der Bezugsgruppe den Status des „marginal man" (Randpersönlichkeit): Der Aspirant wird von beiden Gruppen abgestoßen. Seine gegenwärtige membership-group behandelt ihn als Außenseiter, weil er sich an gruppenfremden Normen orientiert, die Bezugsgruppe verweigert aber ihrerseits seine Aufnahme [44]).

Literatur

1. Fischer-Lexikon: Soziologie (Artikel: Gruppe)
2. *Barley* D., Grundzüge und Probleme der Soziologie (3. Kapitel: Die Gruppen und Wechselwirkungsvorgänge)
3. *Hofstätter* P. R., Gruppendynamik
4. *Wurzbacher* G., Gruppe — Führung — Gesellschaft

Prüfungsfragen

1. Was heißt „sozio-kulturelle Persönlichkeit" mit Bezug auf Gesellschaft und Kultur?
2. Warum ist die Erforschung der Gruppe ein Hauptgegenstand der Soziologie?
3. Wie unterscheiden sich Gruppe, Kategorie und Aggregat?
4. Definieren Sie die „Gruppe". Zählen Sie konstitutive Merkmale auf.
5. Kennen Sie einige Klassifikationsschemata von Gruppen?
6. Was versteht G. Simmel unter der „quantitativen Bestimmtheit der Gruppe", und was folgert er daraus für die Gruppenstruktur?
7. Was sind Primär- und Sekundär-Gruppen?
8. Was sind formelle und informelle Gruppen?
9. Sagen Sie etwas über „pattern variables".
10. Was sind Bezugs- (Referenz-) Gruppen?
11. Welche Bedeutung hat die Unterscheidung von Innengruppen und Außengruppen?
12. Was ist eine „Randpersönlichkeit"?

8. Kapitel

Soziale Funktionen von Primär- und Sekundärgruppen

Wir haben bis jetzt ganz allgemein die Merkmale sozialer Gruppen kennengelernt, sowie Kriterien, nach denen Gruppen eingeteilt werden können. Es muß nun unsere Aufgabe sein, die sozialen Funktionen der einzelnen Gruppen darzustellen. Funktion wird hier als notwendiges Mittel zur Erhaltung oder Erreichung eines bestimmten Zweckzusammenhanges aufgefaßt. Dabei wollen wir zuerst die Funktion von Primärgruppen und dann anschließend diejenige von Sekundärgruppen untersuchen.

1 Wenn auch der Einfluß der Primärgruppen auf das einzelne Individuum noch nicht vollständig erforscht ist, so stehen doch folgende Elemente zweifellos fest:

1. In der Primärgruppe bekommt der Mensch von seiner individuellen Persönlichkeit und nicht von einer formalen Position her Bedeutung. Das Individuum kann feststellen, daß es akzeptiert und um seiner selbst willen anerkannt und geachtet wird. Es kommt also nicht bloß auf die Rolle an, die ein Mensch in einem sozialen System spielt, sondern bei der Primärgruppe interessieren besonders die individuellen, für die Ausübung von Rollen relativ belanglosen Eigenarten.

2. Aus seiner Mitgliedschaft zu einer Primärgruppe leitet das einzelne Individuum seine Selbstschätzung (sein Anerkanntsein, sein Image) ab. Die beständige Mitgliedschaft in der Primärgruppe hält dieses Image, die persönliche Identität, aufrecht. Wenn wir z. B. einen neuen Beruf annehmen, oder in eine neue Wohngegend ziehen, oder den Arbeitsplatz wechseln, oder

in eine höhere Stellung gelangen, dann müssen wir erst wieder dieses Selbstbild (Identität, Image) als Anerkennung von seiten anderer schaffen. Das ist oft mit großen Schwierigkeiten verbunden, verleiht aber dann wiederum eine gewisse Sicherheit im sozialen Verkehr und persönliche Selbstwertgefühle.

3. Die Primärgruppe schützt das einzelne Individuum durch dauernde interpersonale Kommunikation, durch Interpretation und Modifizierung formaler Ziele und Regeln, wodurch eine Anpassung an die Fähigkeit des einzelnen Individuums und an seine persönlichen Umstände erfolgt. Jede große Gesellschaft entwickelt Verhaltensregeln, die auf der Erfahrung mit dem Durchschnittsindividuum beruhen. Aber die Primärgruppen reinterpretieren und modifizieren die Verhaltensziele und bewirken so die entscheidende Anpassung des konkreten Menschen an sozial vorgegebene Ziele.

2 Betrachten wir nun im Hinblick auf diese Funktionen einige Primärgruppen bzw. Kleingruppen. Man hat für die F a m i l i e fünf zentrale Funktionen isoliert. 1. Reproduktion — 2. Statuszuweisung — 3. Sozialisation und soziale Kontrolle — 4. biologische Aufzucht des Individuums — 5. emotionale und wirtschaftliche Erhaltung des Einzelnen [45]. Nicht alle diese fünf Funktionen sind gleich wichtig. So ist etwa die Aufgabe der Reproduktion, also die Erhaltung des Menschen als Gattungswesen, auch ohne die Institution der Familie denkbar. Auch die wirtschaftliche Erhaltung des Individuums kann weitgehend von anderen Institutionen vollzogen werden. Anders ist es jedoch bei den Aufgaben der Statuszuweisung, der Sozialisation und sozialen Kontrolle sowie der emotionalen Erhaltung des Individuums. Bei diesen sozialen Leistungen ist die Familie unentbehrlich.
In diesem Zusammenhang kommen nun auch die bereits genannten Grundfunktionen der Primärgruppe zum Tragen. Einerseits wird dem Individuum die Erfüllung seiner emotionalen Bedürfnisse durch die engen menschlichen Beziehungen in der Familie ermöglicht, andererseits wird der einzelne Mensch an die Gesellschaft und ihre Erwartungen angepaßt. Dabei werden die Normen der Gesellschaft im Familienmitglied, und hier speziell im Kind, emotional abgesichert und vertieft, indem sie als Befehle, Wünsche und Ratschläge des Vaters, der Mutter, des Bruders usw. erscheinen. Diese Vertiefung der gesellschaftlichen Normen im emotionalen Kern des Menschen nennt man auch Internalisierung [46]. Anders ausgedrückt: es entsteht das Gewissen, also die Innenleitung des Verhaltens. Deswegen kann gerade bei der Eingliederung (Sozialisation) des Kindes in die Gesellschaft auf die Mithilfe der Klein-(Primär-) Gruppe Familie nicht verzichtet werden. Für das Kind ist der Vater oder die Mutter fast immer die einzige Autoritätsquelle, und damit, formal gesprochen, die Zuweisungsinstanz seiner Identität.

SOZIALE FUNKTIONEN VON PRIMÄR- UND SEKUNDÄRGRUPPEN

3 Ein weiterer wichtiger Typ der Kleingruppe ist die F r e i z e i t g r u p p e .
Darunter fällt auch die spezielle Form der Spielgruppe. Hat die Spielgruppe
der Kinder und Jugendlichen noch im besonderen Maße die Aufgabe, bei der
Sozialisation ihrer Mitglieder mitzuwirken, so läßt sich doch bei ihr bereits
die Funktion aller Freizeitgruppen in der modernen Gesellschaft ablesen:
Die emotionalen Bedürfnisse des Menschen, die, wie wir später noch zeigen
werden, in sekundären Systemen unbefriedigt bleiben, deren Erfüllung aber
zu einer Hauptfunktion primärer Gruppen gehört, erfahren gerade auch in
den Freizeitgruppen ihre Erfüllung. Das darf jedoch nicht in dem Sinne
mißverstanden werden, als ob die Primärgruppen, und hier speziell die
Freizeitgruppen, immer harmonisierend auf ihre jeweiligen Mitglieder wirken
würden. Die Gefühle, die in der versachlichten Atmosphäre der Sekundär-
systeme keinen Platz haben, kommen u. a. in den Freizeitgruppen sowohl
mit positiven als auch mit negativen Vorzeichen auf, z. B. als Liebe, Treue,
aber auch als Neid, Haß, Mißgunst usw. So wird die Freizeitgruppe zum Ort,
an dem das Individuum emotionale Erfüllung wie auch Frustration (Wunschversagung) finden kann.

4 Ein besonderer Typ von Primärgruppen ist die i n f o r m e l l e G r u p p e
i m B e t r i e b . Besonders bekannt wurde die Bedeutung solcher informeller Gruppen durch eine Untersuchung in dem Industriebetrieb
Hawthorne der Western Electric Company in Chicago (Hawthorne Untersuchung). Als klassische Untersuchung sei hier deshalb ausführlicher darauf
eingegangen.
In der Chicagoer Fabrik für Elektromaterial mit 30.000 Arbeitern suchte ein
Betriebsingenieur (G. A. Pennok) seit Jahren nach der besten Beleuchtung
im Betrieb und fand dabei zu seinem großen Erstaunen heraus, daß in einer
versuchsweise gewählten Werkstatt ganz unabhängig von seinen Experimenten mit starkem und schwachem, konzentriertem und diffusem Licht
regelmäßig mehr geleistet wurde als in den anderen Werkstätten. Ratlos
brach Pennok seine Versuche ab, bis er eines Tages dem Professor *Elton
Mayo* von der Harvard Handelshochschule davon erzählte. Daraufhin
organisierte Mayo (1927) mit seinem Stab eine umfassende Untersuchung
über den Einfluß der Umgebung auf die Arbeitsleistung – eine Untersuchung, die 5 Jahre dauern sollte. Man gebrauchte alle möglichen
Methoden. Fragebogen, Aussprachen (in etwas über 2 Jahren wurden 21.216
Arbeiter interviewt), Verhaltensforschung bei einzelnen Arbeitern usw.; aber
die erstaunlichsten Ergebnisse lieferte eine als Testobjekt ausgewählte
Werkstatt, die mit sechs Arbeiterinnen besetzt war. Diese Werkstatt hatte
man zwar in einem abgeteilten, aber sonst den anderen Werkstätten absolut
gleichen Raum untergebracht. Auch hatten diese sechs genau die gleiche
Arbeit zu verrichten wie alle anderen. Nur einen einzigen Unterschied gab
es: man erklärte diesen sechs den Zweck des Versuches, nämlich daß die
Wirkung bestimmter Arbeitsbedingungen, wie Beleuchtung, Pausen,

Prämien, Gratistee, Kurzarbeit usw., auf die Arbeitsleistung studiert werden sollte. Aber man sagte ihnen ausdrücklich, sie sollten nach ihrem gewohnten Rhythmus arbeiten, nur nicht hetzen. Ein eigener Kontrolleur mußte die Leistung Tag für Tag und Minute für Minute messen.
Dabei fand man heraus, daß die Leistung der 6 stetig wuchs und nach 3 Jahren auf einem hohen Niveau stabil blieb. Natürlich sank die Leistung dann und wann, manchmal nur 5 Minuten, manchmal für mehrere Monate; aber — zur Verblüffung der Forscher — nie als Folge eines ihrer willkürlichen Eingriffe; denn während dieser 3 Jahre hatten die Forscher alles mögliche versucht, hatten Prämien bewilligt und entzogen, Arbeitspausen und Gratistee eingeführt und wieder abgeschafft und anderes mehr. Trotzdem fiel aber die Leistung dieser sechs nie unter den Durchschnitt, während dieselben Maßnahmen in den anderen Werkstätten sofort zu Unzufriedenheit und Leistungsabfall führten. Die Forscher konnten sich das nicht erklären. Sie fragten die sechs Arbeiterinnen, aber diese verstanden die Sache selbst nicht.
Allerdings, und das ist nun wichtig, meinten sie, daß bei ihnen ein Gefühl der Befreiung, der Entlastung aufgekommen sei, so, als ob ein früherer Druck plötzlich geschwunden wäre. Besonders habe auf einmal die nervöse Spannung aufgehört, mit der sie früher gearbeitet hätten. Sie sähen natürlich selbst, daß ihre Leistung gestiegen sei. Aber sie wüßten nicht warum, weil sich dies, wie sie versicherten — ohne ihr Zutun ergeben habe; sie selbst hätten nicht das Gefühl, rascher zu arbeiten als früher. Besonders frappierte sie, daß sich ihre Einstellung gegenüber den anderen und gegenüber den Werkmeistern stark gebessert hatte. Kurz gesagt, das Klima schien ihnen weit freier und angenehmer, sie waren zufrieden.
Die Forscher ihrerseits konnten feststellen: ,,Zwischen diesen Arbeiterinnen und uns ist ein derart aufrichtiges Verhältnis entstanden, daß eigentlich keine Kontrolle mehr nötig ist. Selbst wenn kein Aufpasser und Antreiber mehr da ist, kann man sicher sein, daß sie nach besten Kräften arbeiten."
Hatte man nun zwischen diesem neuen Klima und dem Leistungswachstum so etwas wie Ursache und Wirkung zu sehen? — Offenbar ja! Der Chef des Forschungsteams, Patnam, glaubte sich zu dem folgenden Schluß berechtigt: ,,Wenn wir logisch denken, müssen wir das Leistungswachstum weit eher dem besseren Betriebsklima zuschreiben, als allen sonstigen Änderungen während der Untersuchung." Man könnte noch eine Reihe weiterer Feststellungen anführen. Aber für unseren Zusammenhang, im Rahmen einer Einführung in die Problematik der Primärbeziehungen, genügt es, folgende weitere Punkte anzuführen:
1. Beispielsweise braucht der Teamchef (Gruppenführer) keine ,,Führernatur" zu sein. Seine wichtigste Eigenschaft besteht darin, daß er ein guter ,,Zuhörer" sein muß. Auch erreicht er bessere Resultate eher durch bessere Arbeitsbedingungen, als wenn er ,,ködert" oder ,,treibt". Selbst die untersuchenden Wissenschaftler hatten bald heraus, daß sie ebenfalls mehr

zuhören müßten. Daher legten sie keinen so großen Wert mehr auf Fragebogen, sondern ließen die Arbeiter frei reden. Ohne zu unterbrechen oder ungeduldig zu werden, waren sie an all dem interessiert, was die Arbeiter sagten, was sie sagen oder verschweigen wollten und was sie ohne ihre Hilfe nicht ausdrücken konnten. Denn sie hatten bemerkt, daß die bloße Möglichkeit, sich auszusprechen, den Arbeiter erleichterte und seine Zustimmung und Leistung hob.

2. Die Forscher, die ja keine vorgegebene und von früheren Untersuchungen her bekannte Strategie hatten, behandelten anfangs ihre Gesprächspartner als unabhängige und isolierte „Atome". Sie fanden aber bald heraus, daß Leute, die zusammenarbeiteten, keine Einzelwesen blieben, sondern ein „Zusammen" entwickelten: die Gruppe. Im Inneren der Gruppe bildeten sich zahlreiche Arten von Beziehungen: Beziehungen der Mitglieder untereinander, Beziehungen zu den verschiedenen Vorgesetzten, Beziehungen zum Unternehmen als solchem usw., die durchwegs eigene Probleme darstellen.

3. Die Arbeiter reagieren ungünstig, werden sogar in wirkliche psychische Konflikte bis zur aktiven Untreue getrieben, wenn man sie zu einer Tätigkeit zwingt, ohne sie bei der vorgängigen Entscheidung mitreden zu lassen. Dann kommt es zu einem Widerstand sowohl gegen das Unternehmen als auch gegen die leitenden Personen wie auch gegen die Kollegen selbst.

4. Eine scheinbar unwichtige Tatsache fiel besonders auf: bei einer Arbeiterin sank an bestimmten Tagen die Leistung, während sie zu anderen Zeiten stabil blieb. Wie die Forscher bemerkten, fiel eine Besserung immer mit dem Ende häuslicher Schwierigkeiten zusammen und hörte wieder auf, sobald die Sorgen wieder überhand nahmen. Die Leistung hängt also nicht nur vom Klima in Werkstatt und Betrieb ab, sondern auch vom Fehlen häuslicher Sorgen [47].

5 Die genannte Untersuchung regte eine ganze Reihe anderer Untersuchungen an. Es stellte sich heraus, daß in Betrieben neben der formellen Organisation die informelle existiert. Die Elemente dieser informellen Organisation sind:

1. eine besondere Form interpersonaler Kommunikation
2. der soziale Status als zwischenmenschliche Anerkennung
3. bestimmte Normen
4. Einstellungen und Leitbilder der unmittelbar miteinander arbeitenden Menschen
5. die daraus sich ergebenden Beziehungen untereinander
6. informelle Macht und subjektive Autorität.

Das soziale Beziehungsfeld, innerhalb dessen alle diese Elemente vorkommen, ist die informelle Gruppe. Sie ist also jener Komplex von formell nicht beabsichtigten sozialen Abläufen und Phänomenen im Betrieb, die deswegen entstehen, weil die Mitglieder des Betriebes typisch soziale Wesen sind und sich auch im Betrieb als soziale Wesen verhalten und die ihre außerbetrieblich erlernten sozialen Gewohnheiten, Sitten, Traditionen, Wünsche und Erwartungen sowie ihre soziale Herkunft mit in den Betrieb einbringen [48].

Ganz allgemein kann also gesagt werden, daß die informelle Gruppe ein Teil jenes Mechanismus ist, der die emotional-personalen Bedürfnisse der Betriebsmitglieder, die diese auch in die Arbeitssphäre mitbringen, abzusättigen versucht. Hier zeigt sich also bereits im Hinblick auf Sekundärgruppen oder auf soziale Großorganisation die Bedeutung von primären Beziehungen, Kleingruppen, primären Gruppen oder informellen Organisationen: nämlich die Aufrechterhaltung und Funktionsfähigkeit der sozialen Großgebilde, weil diese ihre eigene wichtigste Voraussetzung, nämlich einen n u r rational und rollenhaft agierenden und reagierenden Menschen, nicht selbst „produzieren" können. Die Produktionsstätte eben dieses Menschen in seiner Gesamtpersönlichkeit muß daher wesentlich in den kleinen oder primären Gruppen oder Gruppenbeziehungen gesehen werden.

6 Die F u n k t i o n e n   v o n   S e k u n d ä r g r u p p e n   o d e r -s y s t e m e n sind ganz anderer Art. Wir haben ja bereits gesagt, daß die Beziehungen solcher Gruppen
1. einen hohen Grad von Unpersönlichkeit,
2. von Organisation (beruhend auf Satzung und Kompetenzordnung) und
3. von relativ strenger Zweckbezogenheit aufweisen.

Unter Unpersönlichkeit der Mitgliederbeziehungen innerhalb von Sekundärgruppen ist zu verstehen, daß sich die Mitgliederkontakte auf das beschränken, was aufgrund der Mitgliedsrolle dem einzelnen Mitglied zugemutet und was von ihm erwartet wird (Distanzkontakte). Daraus folgt, daß in der Art der Kommunikation zwischen den Mitgliedern das Prinzip der Sachlichkeit betont wird. Bevorzugte Verständigungsträger zwischen den Mitgliedern sind der Aktenverkehr, die telefonische Verbindung, eine sachlich-spezifische Anordnungssprache oder andere Kommunikationsformen und -mittel des zur Verfügung stehenden Sachapparates.

Hoher Organisationsgrad bei einer sekundären Gruppe meint, daß nicht nur eine starke innere Rollendifferenzierung vorhanden ist, sondern daß auch eine bewußte Zweckorientierung vorgegeben ist. Der machtmäßige Aufbau der Gruppe ist meist schriftlich fixiert und/oder durch eine Geschäfts- oder Betriebsordnung geregelt. Die Verteilung der Machtbefugnisse richtet sich nach sachlichen, nicht nach persönlichen Gesichtspunkten; befohlen und gehorcht wird bei sekundären Gruppen (Systemen) aufgrund einer durch Satzung legitimierten Kompetenzordnung.

7 Der L e i s t u n g s - (F u n k t i o n s -) V o r t e i l   v o n   s e k u n d ä r e n   G r u p p e n liegt darin, daß in ihnen ein Höchstausmaß an sachbezogenem Handeln möglich ist und daß jeweils darin ein Personenkreis zu

arbeiten imstande ist, der nicht aufgrund verwandtschaftlicher oder ideologischer Bande zusammenkommt, sondern der allein durch fachliche Qualifikation das entsprechende soziale Zuordnungspatent besitzt. Sekundärgruppen oder Systeme sind, so gesehen, also in der Lage bzw. erzwingen eine Anpassung dahingehend, daß alle erforderlichen und notwendigen, aber auch vorhandenen Begabungen und Qualifikationen der Mitglieder einer Gesellschaft ins Spiel kommen können.

Diese Struktur übt darum auch einen gewissen Einstellungsdruck auf die Gesellschaftsmitglieder aus. In einer sekundär strukturierten Gesellschaft wird erwartet, daß die Beziehungen zwischen den Mitgliedern funktional, d. h. von der zu bewältigenden Sachaufgabe her begründet sind und daß diese Beziehungen unpersönlich gehalten werden. Entsprechend der „Emotionalisierung" bei primären Beziehungen kann bei sekundären Beziehungen von einer „Rationalisierung" („Entpersönlichung") gesprochen werden. Diese ist nicht nur für das einzelne Gruppenmitglied, sondern auch für die Gesellschaft insgesamt ein Vorteil. Man muß sich nur vorstellen, welche Folgen es haben würde, wenn der Postbote, ein Schutzmann, eine Verkäuferin, ein Tankwart, ein Anwalt ein Anrecht auf individuelle Betrachtung und damit auf emotionale Befriedigung von seiten der sozialen Verkehrsteilnehmer hätte. Vielmehr ist das völlige Zurücktreten der Person hinter die Funktion, die die jeweilige soziale Rolle beinhaltet, in all den angeführten Beispielen Bedingung für die Möglichkeit ihrer Erfüllung.

8 Nachdem wir nun einigermaßen die Funktionen der Primär- und Sekundärgruppen verdeutlicht haben, muß es uns noch darauf ankommen, ihr Zusammenwirken darzustellen. Beide Gruppenstrukturen dürfen nicht völlig isoliert voneinander betrachtet werden, sondern sie hängen innerlich zusammen [49]. Und das nicht nur etwa in einem Betrieb, wo im Zusammenhang mit der formalen Organisation gleichzeitig auch informelle Organisationen, informelle Gruppenbeziehungen entstehen, sondern auch innerhalb der Gesamtgesellschaft, wo in der Familie, durch Freundschaften, gesellige Vereinigungen usw. solche primäre Beziehungen möglich werden, die es wiederum den Gesellschaftsmitgliedern erlauben, emotional „aufgerüstet" bzw. ausgeglichen ihre rationalisierten Funktionen in den Sekundärbeziehungen der Gesellschaft auszuführen [50].
Man kann also das Zusammenwirken von Groß- und Kleingruppen innerhalb eines gegebenen Systems oder innerhalb einer gegebenen Organisation (Schule, Betrieb) oder aber auch von der Gesamtgesellschaft her betrachten. Die gegenseitigen Wirkungen betreffen hauptsächlich das Kommunikations- und Normsystem sowie die Autoritätsstruktur der formalen Organisationen. In jeder formalen Organisation sind K o m m u n i k a t i o n s w e g e von unten nach oben und umgekehrt genau festgelegt. Innerhalb dieser Bahnen sollten die Mitteilungen, ohne sich zu verändern, von und zu den einzelnen Positionen des Systems fließen. Die informellen Beziehungen innerhalb der

formellen Organisation wirken in dieser Hinsicht aber zweifach auf das Kommunikationssystem filternd ein. Erstens werden die Informationen selbst verändert, u. U. sogar entstellt; zweitens bilden sich neben den formell zugelassenen Kommunikationsbahnen Informationskanäle informeller Art. Beide Tatbestände sind jedem, der in einem Betrieb oder in einer Verwaltung gearbeitet hat, bekannt. Die Möglichkeit, Berichte von unten so zu kommentieren, daß ihr Inhalt in eine ganz bestimmte Richtung gelenkt wird, ist bei Verwaltungen eine ebenso hohe wie alte Kunst. Nicht weniger bekannt ist die Tatsache, daß eine Reorganisation eines Amtes gegen den Willen der Beamtenschaft nur unter ungeheurem Kraftaufwand möglich ist, weil alle Befehle von oben irgendwie im Getriebe der Amtsmaschinerie versickern. Bei den informellen Kommunikationsbahnen handelt es sich meist um Informationswege, auf denen schnell und unter Umständen unter Überspringung einiger Instanzen Informationen erhalten bzw. gegeben werden können. Solche Informationen haben jedoch den Nachteil, daß sie nur insoweit verwendbar sind, als durch ihre Weitergabe der Informant nicht enthüllt wird.

Die A u t o r i t ä t s s t r u k t u r erscheint in formalisierten sozialen Systemen relativ festgelegt. Die Fixierung der Autoritätsstruktur nimmt in der formellen Organisation einen breiten Raum ein, so daß der Eindruck entstehen könnte, daß hier Modifikationen durch die informelle Organisation kaum möglich sind. Doch hat sich gezeigt, daß in Großgruppen die tatsächlich vorhandene Autoritätsstruktur stark von der durch die formelle Organisation festgelegten abweicht[51]. Die Gründe für diese Abweichung sind sehr verschiedenartig. Sie liegen häufig in einer besonderen, sozial verwertbaren Qualität einzelner Personen, oder sie entstehen dadurch, daß bestimmte Personen über einflußreiche Beziehungen verfügen.

Das N o r m s y s t e m (d. h. wie etwas getan werden soll) eines Sekundärsystems ist, wie die Autoritätsstruktur, durch die formelle Organisation fixiert. Es bleibt jedoch für Modifikationen immer ein gewisser Spielraum. So spielt sich etwa die Leistungsnorm einer Arbeitsgruppe durch informelle Übereinkunft irgendwo zwischen der physisch und psychisch möglichen Höchstleistung und der durch die formelle Organisation verlangten Mindestleistung ein. Aber auch formell genau festgelegte Normen, wie etwa der Zeitpunkt des Arbeitsbeginns, können durch eine informelle Übereinkunft der Beteiligten modifiziert werden. Die offizielle Norm bleibt dabei formell in Geltung, sie wird aber gruppenspezifisch „angewendet" (adaptiert).

9 Alle diese Bemerkungen über das Zusammenwirken von Primär- und Sekundärgruppen bzw. -beziehungen oder -systemen sollen darauf aufmerksam machen, daß die Modifizierung, die die informellen Einflüsse an der formalen Organisation eines sozialen Systems hervorbringt, durchaus nicht immer die Erhaltung und Funktionstüchtigkeit des Systems beeinträchtigt, ja dieses sogar unter Umständen in seiner Wirksamkeit zu steigern

vermag. Man kann also die informellen Beziehungen in Sekundärsystemen nicht nur als Störungen der formellen Organisation eines Systems ansehen. So macht *Luhmann* [52] sogar darauf aufmerksam, daß selbst illegale Handlungen in sekundären Beziehungen positive Funktionen haben können. Es ist z.b. bekannt, daß fast jede Polizeiorganisation (als sekundäres System) mit Verbrechern, die Spitzeldienste leisten, zusammenarbeitet; im Do-ut-des-Verfahren muß diesen Verbrechern natürlich dann bei der Strafverfolgung mit „Nachsicht" begegnet werden [53].

Formale und informale Strukturen in sozialen Großsystemen müssen also unter dem einheitlichen Gesichtspunkt der Funktionsfähigkeit des Systems gesehen werden. Die formale Organisation eines Systems kann dabei insoweit als ideale Normordnung angesehen werden, als sie den Entwurf eines rationalen, im höchsten Maße auf Effektivität aufgebauten Systems darstellt. Da ein solches System aber nur unter der Voraussetzung funktionsfähig wäre, daß sowohl die Umwelt, als auch die Mitglieder des Systems sich völlig rational verhalten, sind die informalen Strukturen in sozialen Systemen keineswegs nur dysfunktional. Vielmehr ermöglichen informale Strukturen in hochformalisierten Systemen erst, daß solche Systeme in einer zum großen Teil eben auch irrational handelnden Welt funktionsfähig bleiben. Ist man sich also der Bedeutung solch primärer Beziehungen (Gruppen) bewußt, so kann man sie auch bewußt in sekundären Systemen zulassen und sogar, wenn immer möglich, fördern – zur Verbesserung des „Betriebsklimas".

Dabei taucht natürlich die Gefahr des „human engeneering", der menschlichen M a n i p u l a t i o n auf. Der verächtliche Scherz eines Industriemanagers kann dies verdeutlichen: „Die Soziologie hat gezeigt, daß glückliche Menschen besser arbeiten; deswegen suchen wir sie glücklich zu machen. Würde sie aber zeigen, daß wütende Menschen mehr leisten, so würden wir trachten, sie dauernd in Wut zu bringen."

Andererseits muß man aber auch sehen, daß solche Möglichkeiten nicht übertrieben werden dürfen. Denn diejenigen, die primäre Beziehungen zur Verbesserung der Wirksamkeit ihrer Organisation aufbauen wollen, müssen ihre Pläne den Bedürfnissen ihrer Untergebenen anpassen. Dann hat aber das einzelne Individuum durch seine Partizipation in Primärgruppen die Möglichkeit, die Organisationsziele mitzubeeinflussen und mitzutragen. Schließlich dürfte die Manipulierung Einzelner durch eine gemanagte Kontrolle primärer Gruppen wahrscheinlich dort ihre Grenzen haben, wo Manipulationen personale Integrität verletzen.

Primärgruppen ermöglichen für die Einzelperson die Entfaltung von persönlichen Neigungen und deren Erwiderung. Sie bieten weiters Schutz vor Willkür. Wenn die Primärgruppe wirksam mit einer Organisation verbunden ist, kann sie die Beteiligung an dieser Organisation fördern. Das Fehlen eines Bindegliedes (einer Primärgruppe) zwischen dem Individuum und einer Gruppe kann dazu führen, daß Moral und Disziplin leiden.

SOZIALES HANDELN UND GRUPPEN

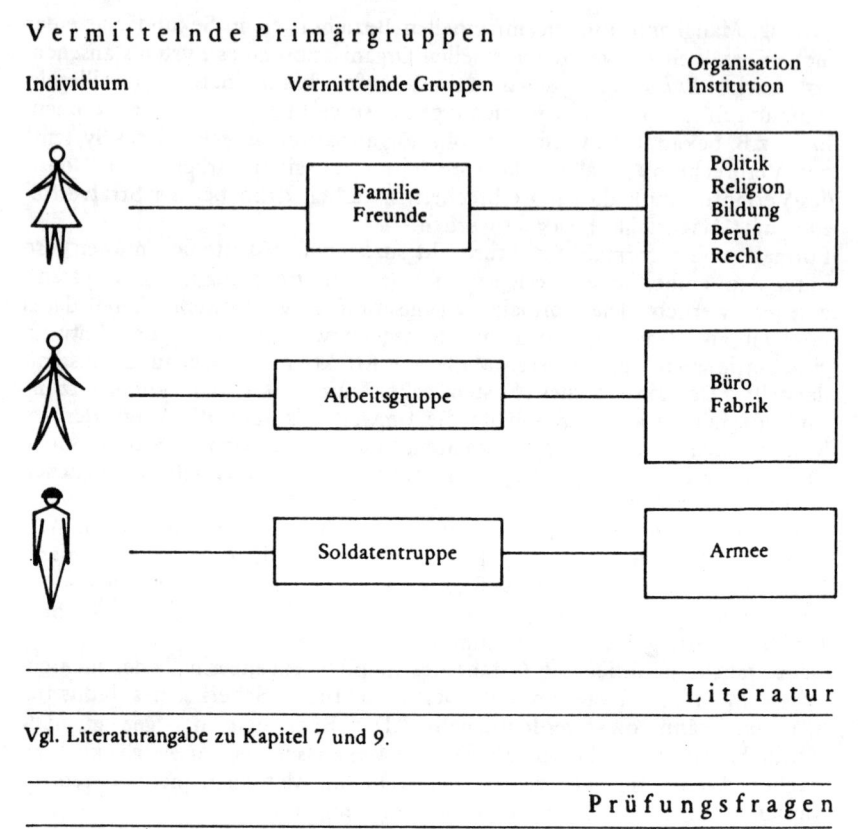

Vermittelnde Primärgruppen

Individuum	Vermittelnde Gruppen	Organisation Institution
👩	Familie / Freunde	Politik / Religion / Bildung / Beruf / Recht
🧍	Arbeitsgruppe	Büro / Fabrik
🧍	Soldatentruppe	Armee

Literatur

Vgl. Literaturangabe zu Kapitel 7 und 9.

Prüfungsfragen

1. Welches sind die Merkmale von Primärgruppen?
2. Nennen Sie Beispiele von Primärgruppen.
3. Kommentieren Sie die Hawthorne-Untersuchung.
4. Zählen Sie informelle Gruppen auf.
5. Welches sind Merkmale von Sekundärgruppen, und wo liegt ihr Leistungsvorteil?
6. Wie ist die gegenseitige Einwirkung von primären und sekundären Gruppen bzw. Systemen zu erklären?
7. Was ist zur „Manipulation" mit Hilfe von Primärgruppen-Beziehungen zu sagen?
8. Können Hypothesen aufgestellt werden bezüglich bestimmter Bereiche (Betrieb, Schule, Familie, Kirche, Gesamtgesellschaft), wenn primäre Beziehungen (Gruppen) fehlen?

9. Kapitel

Ergebnisse aus der Gruppen-Forschung

Im folgenden sollen einige Ergebnisse dargelegt werden, um die soziale Bedeutung der Gruppe besser verstehen zu können. Dabei wird sich auch zeigen, wie die bisher mehr abstrakten Ausführungen über die Gruppenbeziehungen und Gruppenmerkmale konkreter und praktischer werden.

1 **Normensystem und Konvergenzphänomen**:
Unsere Frage lautet zunächst: läßt sich das als konstitutives Gruppenmerkmal gekennzeichnete Normensystem empirisch nachweisen? Oder anders formuliert: Gibt es eine empirische Evidenz über das Zustandekommen einer Konvergenz von Meinungen als Grundlage einer Gruppe?
Es ist hier auf das bereits angeführte Experiment von *M. Sherif* auf der Grundlage des sog. autokinetischen Effektes hinzuweisen [54]. Wir haben dort gesehen, wie verschiedene Versuchspersonen, wenn sie zu einer Gruppe zusammengefaßt werden, ihre Einzelmeinungen zu einer gemeinsamen (Konvergenz) zusammenfassen. Die gegenseitige Abstimmung der Urteile der Versuchspersonen (Vps) erfolgt ohne Zwang und ohne direkte Verabredung einfach dadurch, daß jeder der drei Partner die verschiedenen Meinungen als gleichberechtigt akzeptiert und miteinander vereinigt.
Dieses sehr einfache Beispiel für die Entstehung eines Normensystems läßt die Frage entstehen: Was passiert mit Personen, die nicht bereit sind, sich einem gemeinsamen Normensystem zu fügen? *S. Schachter* und *R.M. Emerson* haben Gruppen zusammengestellt, in die man Personen einführt, die sich der Tendenz zur Konvergenz der Urteile nicht fügen [55]. In den genannten Untersuchungen wurden Studenten danach gefragt, welchen von zwei Clubs sie lieber beitreten würden: einem Club „zur Diskussion

sozialer Fragen", oder einem anderen „zur Erörterung journalistischer Probleme". In die dann darauffolgende Untersuchung wurden jedoch nur solche Vpn. einbezogen, die sich zugunsten des Sozial-Clubs und gegen den Zeitungs-Club ausgesprochen hatten. Der Hälfte davon wurde nun erklärt, daß sie trotzdem in einen Zeitungs-Club eingegliedert werden müßten, auch wenn dies nicht ihren Interessen entspräche. Die andere Hälfte der Vpn. kam tatsächlich in den gewünschten Sozial-Club. Ziel dieser Maßnahme war: die Vpn. im Sozial-Club sollten sich mit größerer innerer Anteilnahme an ihren Club gebunden fühlen als die Vpn. des Zeitungs-Clubs (also einerseits eine stark-kohärente und andererseits eine schwach-kohärente Gruppe).

Versuchsanordnung: Nachdem so aus den beiden Gruppen je eine Anzahl von Clubs von 6 bis 7 Angehörigen gebildet worden war, wurden in den Club geschulte Hilfskräfte des Versuchsleiters eingeschleust, die sich aber nicht als solche zu erkennen gaben. Sie spielten verschiedene Rollen, nämlich die des Konformisten, des Konvertiten und des Extremisten – und zwar während der jeweiligen Gruppendiskussion. Bei der ersten Diskussion des Clubs ging es um den Fall eines jugendlichen Rechtsbrechers, für dessen Behandlung Vorschläge zu machen waren. Die Vorschläge bewegten sich zwischen den Extremen einer verzeihenden und liebevollen Behandlung einerseits und einer streng bestrafenden Behandlung andererseits. Die Versuchspersonen mußten sich für einen Vorschlag entscheiden, und diesen hatten sie deutlich sichtbar für die anderen Vpn. auf ein Kärtchen zu schreiben. Die eigene Position konnte jede Versuchsperson während des Gesprächs ändern. Der Konformist hielt sich mit seinen Meinungsäußerungen genau beim Gros der Gruppe, das sich fast immer zugunsten einer mehr liebevollen Behandlung des Delinquenten aussprach. Der Konvertit begann als ein Vertreter der Extremposition mit dem Vorschlag: „Strenge Bestrafung", ließ sich aber – anscheinend unter dem Eindruck der Argumente – zur Majoritätsposition hindrängen. Der Extremist blieb hingegen unbekümmert bei der Extremposition, von der sich der Konvertit hatte abbringen lassen.

Ergebnis der Untersuchung: Der Extremist wird als ein unsympathischer Mensch abgelehnt – auch unbeschadet seiner menschlichen Qualitäten (die drei Rollen wurden unter den Hilfskräften ausgetauscht). Die Ablehnung des Extremisten ist in stark-kohärenten Gruppen deutlicher als in schwach-kohärenten Gruppen. Der Extremist wird aber von anderen Gruppengesprächspartnern häufiger angeredet als der Konvertit oder der Konformist (Meinungsaustausch in der Gruppe ist also erheblich reger, wenn ein Extremist vorhanden ist). Die Durchschnittsmeinung der Gruppe verschiebt sich im Zuge der Diskussion geringfügig, aber merkbar in Richtung auf die Position des Extremisten: d.h. durch das Vorhandensein eines Außenseiters wird das Meinungspotential mobilisiert und in die Richtung der Opposition gedrängt, zumindest aber ein Druck auf die Gruppenkohäsion ausgeübt.

Kommt es zu einer Spaltung der Gruppe, so ist dies keine Aufhebung des Konvergenzsatzes, sondern lediglich eine Bestätigung dafür, daß das Bestehen einer Gruppe von der Meinungskonvergenz (einheitliches Normsystem) abhängig ist. Mit dem Konvergenzsatz ist es sowohl vereinbar, daß es zu einer K o n z e n t r a t i o n der Standpunkte kommen kann, als auch zu einer P o l a r i s a t i o n mit anschließendem Zerfall der Gesamtgruppe.

2 Der Konvergenzsatz hängt eng zusammen mit der Bildung eines W i r - G e - f ü h l s in der Gruppe. Das F e r i e n - E x p e r i m e n t von *Sherif* zeigt das sehr schön. Hier wurden zwölfjährige Jungen in einem Ferienlager zusammengefaßt, wobei zwei Studenten als Beobachter fungierten, die am Gruppenleben selbst teilnahmen, ohne jedoch eine Führungsposition anzustreben. Die Untersuchung wurde im 4-Phasen-Schema durchgeführt.
1. P h a s e : Die Jungen hatten Gelegenheit, einander kennenzulernen. Es kam spontan zu Freundschaftsgruppen.
2. P h a s e : Aufgrund soziometrischer Befragung (vgl. nächstes Kapitel) wurden zwei Untergruppen gebildet. In die eine Gruppe kamen vorwiegend solche Lagerteilnehmer, die sich in der ersten Phase nicht besonders eng aneinander angeschlossen hatten. Dadurch sollte bezweckt werden, daß die bei freier Partnerwahl zustande gekommenen Sympathiebindungen ausgeschlossen wurden und somit die bindungsstiftende Wirksamkeit des Gruppenkontaktes – das Wir-Gefühl – möglichst rein zur Geltung kommen konnte. In der Tat entwickelten die beiden Gruppen ein echtes Wir-Gefühl. Schon nach kurzer Zeit trauerte niemand den ursprünglich zustande gekommenen Freundschaftsbanden nach. Die beiden Gruppen benannten sich auch mit Namen wie „Bulldogs" und „Red Devils".
In der 3. P h a s e wurde den beiden Gruppen Gelegenheit gegeben, einander zu messen. Es kam zu sportlichen Wettkämpfen und zu gemeinsamen Ausflügen – freilich auch zum Ausbruch gruppenspezifischer Aggressivität. Ein Prozeß der Bildung von Eigen- (In-) und Fremd- (Out-) Gruppengefühlen setzte ein. Und als den Mitgliedern verschiedene Adjektive vorgelegt wurden (mutig, ausdauernd, ordentlich, hinterlistig, unsauber), zeigte sich, daß die jeweilige Wir- (Eigen-) Gruppe sich vorwiegend mit günstigen Attributen belegte, die Fremdgruppe, die Out-Group, aber mit den ungünstigen.
4. P h a s e : Hier ging es um die Rückgliederung der beiden Kleingruppen in eine gemeinsame Großgruppe. Dies wurde dadurch erreicht, daß man gemeinsam einen Wettkampf gegen eine Mannschaft eines benachbarten Städtchens ausführte oder aber eine gemeinsame Notlage, z.B. ein angebliches Versagen der Wasserzufuhr zum Lager, meistern mußte. Tatsächlich verlor sich im Zuge dieser Erlebnisse die Animosität zwischen beiden Gruppen wieder. Eine abermalige Befragung mit dem bereits geschilderten Verfahren ergab auch keinen Unterschied mehr in der Bewertung der Eigen- bzw. der ehemaligen Fremdgruppe.

Ergebnis: Offenbar bringt ein starkes Wir-Erlebnis ein Absetzen der eigenen Gruppe von anderen Gruppen mit sich. Die interindividuellen Unterschiede zwischen den Mitgliedern der jeweiligen Gruppe werden für sehr viel geringer erachtet, als der Unterschied zwischen den Gruppen. Hierbei tritt dann das Problem von Stereotypen auf.
Insofern diese auf die eigene Gruppe bezogen werden, spricht man von Auto-Stereotypen, dagegen beziehen sich Hetero-Stereotypen auf die Fremdgruppe. Stereotype Urteile scheinen um so stärker zu sein, je fester wir emotional in einer Gruppe engagiert sind. Je stärker also die emotionalen Wechselbeziehungen sind, desto fester ist auch die **Gemeinschaftsseite** (das Wir-Gefühl) der Gruppe. Stark-kohärente Gruppen neigen zu ausgeprägten Stereotypen. Voraussetzung jedoch für die Ausbildung eines Auto-Stereotyps ist das Vorhandensein einer Fremdgruppe, von der man sich per Hetero-Stereotypisierung abzusetzen versucht.

3 Mit dem Wir-Erlebnis ist eine interne **Differenzierung** (Struktur, Positions- und Rollensystem) der Gruppe vereinbar. Diese kann durch freie Beobachtung oder durch soziometrische Tests ausgemacht werden. In dem oben beschriebenen Sherifschen Ferienlager kam es schon kurz nach der Aufgliederung in zwei Untergruppen dazu, daß sich auf jeder der beiden Seiten jeweils ein Junge besonders hervortat. Von diesem gingen Anregungen aus, die von den übrigen akzeptiert wurden. Schon bald bedurfte nahezu jeder in der Gruppe geäußerte Vorschlag seiner Zustimmung. Wir wollen diesen als X-Person bezeichnen. Nicht lange dauerte es auch, bis sich gewisse Spezialistenrollen entwickelten, die wegen ihres besonderen Geschicks auf einzelnen Gebieten von den übrigen als zuständig (Fachleute) anerkannt wurden. Diese Anerkennung erfolgte allerdings auch schon im Einvernehmen mit X; die Spezialistenrollen wurden unterschiedlich bewertet (z.B. Sportwart höher als Koch). X war jedoch nicht der Inhaber der am höchsten bewerteten Spezialistenrolle (vgl. das „Führungs-Dual" S. 126, 158f.). Ihm oblag mehr die Koordination der Einzelleistungen. Allerdings bestand eine gewisse Rivalität zwischen der am höchsten bewerteten Spezialistenrolle und X. Der Differenzierungsprozeß fand darin seinen Abschluß, daß jeder einen bestimmten Kompetenzbereich innehatte.
Die Gruppen hatten also eine **Struktur** ausgebildet (Aufgabenstruktur, Autoritätsstruktur). Auch eine Kommunikationsstruktur, die stark auf die in der Gruppe sich bildende Affektual-Emotional-Struktur rückwirkt, konnte (mittels soziometrischer Analyse) ermittelt werden: X erhielt die meisten Vorzugswahlen. Die Entwicklung eines Wir-Gefühls (Normensystems) geht also mit der Konstituierung solcher interner Strukturen parallel. Auch zeigte sich bei dem Sherifschen Ferienlager, daß Spannungen innerhalb der Gruppe sich meistens nicht gegen die Gruppe selbst richten, sondern in Form von Aggression gegen eine Fremdgruppe entladen.

ERGEBNISSE AUS DER GRUPPEN-FORSCHUNG

4 Zur R a n g d i f f e r e n z i e r u n g muß noch folgendes gesagt werden. Der Soziologe *W.F. Whyte* konnte eine Zeitlang das Vertrauen einer Gang (einer Gruppe Jugendlicher nichtkrimineller Art) gewinnen. In der Gang hatte sich eine spezifische Rangstruktur entwickelt. *Whyte* konnte als weitere Konsequenz folgenden interessanten Vorfall berichten: Beim Kegeln (eine Lieblingsbeschäftigung der Gang) stellte sich heraus, daß ein Junge, Frank, eine ganz besonders gute Leistung erzielte, obwohl er in der Hierarchie sehr tief stand. Da nun das Kegeln eine zentrale Beschäftigung für die Gruppe darstellte, begann die Gang die Rangordnung der Burschen auch auf deren Kegelleistungen zu übertragen. Frank spielte in diesem Sinne aber viel besser als er eigentlich seiner Position nach innerhalb der Gang spielen durfte. Seine Leistungen beim Kegeln waren nicht mit seiner Rangstellung vereinbar. Es zeigte sich aber nun, daß Frank sich auf diese „Erwartungen" seiner Gruppe „einstellte". Er spielte immer schlechter. Offenbar tat er dies nicht absichtlich, es ergab sich wie von selbst. Vielleicht erklärt sich diese Verhaltenskorrektur so, daß, wenn Frank, der für seine Verhältnisse zu gut spielte, die Kugel nahm, er unter den Augen seiner Genossen sozusagen in Spannung gesetzt wurde. Das Ergebnis davon war dann eine mäßige Leistung, was wiederum von der Gruppe mit Befriedigung quittiert wurde. Frank paßte nämlich jetzt zu dem Bild, das sich die Gruppe aufgrund ihrer Rangliste von ihm machte und was Frank vermutlich jetzt zu akzeptieren begann. Dieser brachte selbst seine Verwunderung darüber zum Ausdruck, daß er nicht mehr kegeln könne, wenn die anderen zuschauten. Merkwürdigerweise war er noch immer ein guter Spieler, wenn er in anderen Kreisen auftrat.
Dieses Beispiel kann die Interdependenz zwischen Rangstellung und Leistung veranschaulichen. *Hofstätter* kommentiert den Sachverhalt so: „wo sich in Gruppen Rangordnungen etabliert haben, pflegen diese auch in Situationen sichtbar zu werden, die für die entsprechenden Gruppen belangvoll sind" (vgl. Anm. 55).

5 Die Rangdifferenzierung ist nun in aller Regel zweidimensional (nach *Bales;* Divergenztheorem nach *Hofstätter*). Es zeigt sich nämlich folgendes: Tüchtigkeits-Rangordnung und Beliebtheits-Rangordnung fallen auseinander. Um dies herauszubekommen, können bei einer soziometrischen Analyse etwa in einer Schulklasse folgende zwei Fragen gestellt werden: Mit wem würdest du gerne zusammenarbeiten, um eine schwierige Aufgabe zu lösen? Mit wem würdest du gerne einen Ferienausflug machen? Solche auf verschiedene Bereiche (Tüchtigkeit, fachliche Leistung einerseits, privates, persönliches Zusammensein andererseits) zielende Fragestellungen führen zu unterschiedlichen Namensnennungen; und zwar je nachdem, wie die erste oder die zweite Frage beantwortet wird.
Offenbar bewertet eine Gruppe ihre Mitglieder stets in zweifacher Weise: entsprechend ihrem L e i s t u n g s b e i t r a g z u r E r r e i c h u n g d e r

(rationalen) Gruppenziele einerseits und hinsichtlich des Beitrages zur (emotionalen) Erhaltung und zum (affektualen) Zusammenhalt der Gruppe andererseits. Daraus wird eine Dualität von rationaler und emotionaler Struktur einer Gruppe (Divergenztheorem) deutlich. Die rationale Struktur ist durch das Gruppenziel, die emotionale durch die persönliche Beliebtheit bestimmt. *Moreno* spricht in diesem Zusammenhang von soziotelen und psychotelen Strukturen.

Aus dieser Divergenz der Strukturen folgt ein Dualismus der Führerrollen: Wenn wir zwischen instrumentalen und expressiven Aktivitäten unterscheiden (eine Terminologie, die *Bales* von *Parsons* in die Gruppensoziologie übernommen hat), so können wir diesen beiden Aktivitäten unterschiedliche Führerrollen zuordnen. Expressive Tätigkeiten beeinflussen interpersonale Beziehungen innerhalb der Gruppe (Befolgung von Normen, moralische Ansichten usw.), instrumentale Tätigkeiten befassen sich mit der Realisation von Gruppenzielen (Ziel ist das, was getan oder erreicht werden soll; Norm ist das, wie etwas getan oder erreicht werden soll). *Bales* zeigt, daß jede dieser zwei Tätigkeitsarten ihre eigene Rangstruktur zu entwickeln pflegt. Diese sind aber organisatorisch so stark voneinander getrennt, daß sie in der Regel mit verschiedenen Personen besetzt werden. Es ist deshalb sinnvoll, zwischen instrumentalen und expressiven Führern zu unterscheiden.

Zur Illustration kann folgendes Beispiel angeführt werden: in der Schulklasse wird in aller Regel der Primus (Tüchtigkeits-Rangordnung) nicht expressiver Führer der Klasse sein. Auch in der Familie kann im allgemeinen von einem Führungs-Dualismus gesprochen werden: Der Vater ist instrumentaler Führer (er vertritt die Familie nach außen), die Mutter ist expressive Führerin (emotionaler Kern der Familie). Der Häuptling und der Medizinmann in primitiven Stämmen, Papst und Kaiser etwa im Mittelalter sind weitere Beispiele für Führungs-Duale.

6   Weiters sei hier noch eine Untersuchung von *R. Lippitt* und *W. F. Whyte* angeführt, die sich mit dem Zusammenhang von Führungsstilen und Gruppenleben, vor allem mit der Gruppenaktivität, befaßt: Drei Typen von Führungspersönlichkeiten wurden angewiesen, Kinder in 4 verschiedenen Clubs auf dem Gebiete der Gruppenarbeit, z. B. des Werkens (Bastelns), zu unterrichten. Die erste Führungspersönlichkeit entwickelte einen autoritären Führungsstil. Sie hielt sich von der Gruppe fern und gab Befehle, um die Gruppenaktivitäten zu leiten. Der demokratische (permissive) Führer mußte Vorschläge für das Vorgehen der Kinder anbieten, sie ermutigen und sich an der Gruppe beteiligen. Die dritte Führungspersönlichkeit, der Laisser-faire-Typ, vermittelte den Gruppenmitgliedern ein bestimmtes Wissen, zeigte aber wenig emotionales Engagement und nur ein minimales Interesse an den Gruppentätigkeiten.

Zweck des Experimentes war, die allgemeine Atmosphäre der verschiedenen Gruppen zu beobachten, die Auswirkungen eines Austausches der Führer auf die Gruppen und auf ihre einzelnen Mitglieder zu studieren, um herauszufinden, wie die verschiedenen Formen des Führungsstils die Gruppentätigkeit beeinflussen. Die Unterschiede in den Gruppenreaktionen auf die verschiedenen Führungsstile wurden durch Beobachtung und durch Prüfung der hergestellten Werkstücke festgestellt. Aber auch andere Experimente – so z.B. untersuchte man, wie die Gruppen reagieren, wenn der Führer den Raum für eine bestimmte Zeit verließ – wurden durchgeführt.

E r g e b n i s : Bei den Gruppen unter demokratischer Führung zeigten sich herzliche und freundschaftliche Beziehungen zwischen den Mitgliedern. Die Gruppenmitglieder waren nach einiger Zeit auch in der Lage, ohne Anweisung die gestellte Aufgabe zu erfüllen. Die hergestellte Menge der Werkstücke war zwar nicht so groß wie bei der autoritären Führung, aber die Qualität war besser. Die Gruppe mit dem Laisser-faire-Führer schnitt weder besonders gut bei der Ausführung ab noch war die Zufriedenheit bei der Gruppe groß. Ihre Werkstücke waren die schlechtesten, und die Gruppenmitglieder baten den Leiter häufig um Informationen und zeigten keine Unabhängigkeit. Auch war der Grad der Gruppen-Kooperation gering. Ferner bestand unter den Mitgliedern ein hoher Grad von Unzufriedenheit. Bei der autoritären Führung gab es zwei Arten von Gruppen: aggressive Gruppen mit Rebellion gegen den Führer einerseits, apathische Gruppen, die weniger kritisch gegenüber dem Leiter waren andererseits.
Diese Ergebnisse sind mittlerweile auch bei Arbeitergruppen verifiziert worden. So konnte man feststellen, daß es bei Einführung neuer Arbeitsbedingungen in solchen Gruppen zu Widerständen kam, denen die neuen Arbeitsbedingungen lediglich von oben mitgeteilt wurden (autoritäre Führung). In Gruppen jedoch, die bei der Planung und Einführung der neuen Arbeitsbedingungen aktiv mitwirken konnten (demokratisch-permissive Führung), kam es zu einer schnellen Anpassung an die neuen Verhältnisse [56].

7 P r i m ä r - G r u p p e n i n d e r d e u t s c h e n A r m e e : Der verhältnismäßig hohe Stabilitätsgrad der deutschen Armee im 2. Weltkrieg beeindruckte allgemein. Man versuchte den relativen Einfluß primärer und sekundärer Gruppen und Situationen diesbezüglich zu analysieren. Weiterhin fragte man nach den Wirkungen der alliierten Propaganda bezüglich der deutschen Armee [57].
Obwohl zahlenmäßig immer mehr vermindert und mit einer immer mangelhafteren Ausrüstung ausgestattet, behielt doch die deutsche Armee ihre Integrität und ihre Kampfkraft fast bis zum Schluß. Desertation und Selbstübergabe von Individuen oder von Gruppen waren äußerst selten. Das führte man gewöhnlich auf eine starke nationalsozialistische, also politisch-ideologische Überzeugung bei den deutschen Soldaten zurück. Im

SOZIALES HANDELN UND GRUPPEN

Folgenden soll jedoch gezeigt werden, daß das nur zu einem äußerst geringen Teil der Fall war und daß die Widerstandskraft hauptsächlich auf den ständigen Bedürfnissen der primären Persönlichkeit beruhte. Dabei sind folgende Elemente zu beachten:

1. S t ä r k e p r i m ä r e r B e z i e h u n g e n : Die Kampfkraft der meisten Soldaten hängt nur zu einem geringen Ausmaß mit politischen Dingen zusammen. Auch die sogenannten eigentlichen Kriegsgründe und Kriegsziele, die in den Feststellungen der Staatsmänner und der Publizisten offenbar werden, spielen kaum eine Rolle. Das ist alles für den Soldaten und seine Motivation ziemlich unwichtig. Solche Gründe können bei Freiwilligenarmeen eher eine Rolle spielen. Für den gewöhnlichen deutschen Soldaten aber war die entscheidende Tatsache, daß er Mitglied einer Gruppe war, die ihre strukturelle Integrität aufrechtzuerhalten hatte und die für ihn die soziale Einheit war, innerhalb derer er seine wichtigsten primären Bedürfnisse erfüllte. Wenn er die notwendigen Waffen hatte, dann war er solange kampfbereit, wie seine Gruppe ordnungsgemäß geführt wurde, solange er von der Gruppe anerkannt wurde und solange er diese selbst wiederum anerkannte. Mit anderen Worten: Solange er sich selbst als Mitglied dieser Primärgruppe fühlte und deshalb die Erwartungen und die Zumutungen der anderen Mitglieder anerkannte, solange war und blieb er wahrscheinlich ein guter Soldat.

2. Probleme und Symbole, die der unmittelbaren Erfahrung nicht zugänglich sind, hatten nur einen verhältnismäßig geringen Einfluß auf das Verhalten und die Aufmerksamkeit des deutschen Soldaten (S c h w ä c h e s e k u n d ä r e r S y m b o l e). Befragungen von gefangenen Soldaten zeigten, daß sie hinsichtlich der strategischen Aspekte des Krieges nur ein geringes Interesse aufbrachten. Auch die Erwartungen über den Ausgang des Krieges spielten keine große Rolle bezüglich der Integration oder Desintegration der deutschen Armee. Die Statistiken in der Meinungsumfrage zeigen, daß sich eine pessimistische Einstellung hinsichtlich des Kriegsausganges wohl vereinbaren ließ mit einer hohen Kampfkraft.

Die verhältnismäßig große Wichtigkeit der Überlegungen, was das eigene Überleben anbetrifft, zeigt sich in Gefangenenbefragungen über den Inhalt der alliierten Flugblattpropaganda. Während des Dezembers 1944 und im Januar 1945 gaben mehr als 60% der Gefangenen gerade diesen Punkt als wichtig an; der Prozentsatz stieg bis zu 76% im Februar 1945. Auf der anderen Seite waren es nur selten mehr als 20%, die sich für Flugblattinhalte, wie strategische Positionen des Krieges, und für den Kriegsausgang interessierten. Der Bezug auf politische Gesichtspunkte stieg selten über 10% an. Die allgemeine Tendenz ging dahin, wenn nicht besonders danach gefragt wurde, nicht über die Aussichten des Krieges nachzudenken. Gelegentlich aufkommender Pessimismus wurde durch die Anerkennung eines sicheren und wohlmeinenden Gruppenführers, durch die Identifizierung mit guten Offizieren und durch die psychologische Unterstützung einer engen und integrierten Primärgruppe ausgeglichen.

Befragung Gefangener nach Wirkungen der
Flugblattpropaganda   Quelle: Siehe Literatur S. 133/134 unter 7.

	Dez. 44	Jan. 45	Feb. 45
Anzahl der Befragten	60	83	135
Interesse an Themen wie:			
Gute Behandlung und Heimkehr nach der Gefangenschaft	63%	65%	76%
Militärische Nachrichten	15%	17%	30%
Strategische Aussichtslosigkeit der deutschen Position	13%	12%	26%
Angriffe auf die deutsche politische Führung	7%	5%	8%
Bombardierung deutscher Städte	2%	8%	–
Militärregierung der Alliierten	7%	3%	–

3. Ethische Aspekte des Krieges beeindruckten den deutschen Soldaten nicht sehr. Darauf angesprochen, antworteten die Soldaten, daß Deutschland zu einem Existenzkampf gezwungen worden war. Nur wenige deutsche Soldaten sagten, daß Deutschland bezüglich der Angriffe auf Polen und Rußland moralisch falsch gehandelt habe. Die meisten von ihnen waren der Ansicht, daß, wenn irgend etwas falsch gemacht worden sei, dann nur bezüglich technischer Entscheidungen. Die Judenvernichtung wurde zwar als zu drastisch verurteilt, aber nicht aus moralischen Gründen, sondern weil sie die Welt gegen Deutschland zusammenführte. Die Kriegserklärung gegen die Sowjetunion war nicht aus moralischen Gründen etwa falsch, sondern weil sie eine zweite Front gegenüber Deutschland aufrichtete. Solche Antworten hörte man aber nur dann, wenn die Gefangenen direkt darauf angesprochen worden waren. Von sich aus erwähnten sie diese Gesichtspunkte sehr selten.

4. Keine Ideologisierung: Die Soldaten reagierten nicht in irgendeiner feststellbaren Weise auf die Versuche, die Armee zu nazifizieren. Als der nationalsozialistische Gruß im Jahre 1944 befohlen wurde (als Treuegeste nach dem mißlungenen Attentat auf Hitler), wurde dies als eine militärische Anordnung empfunden, etwa gleich derjenigen, Gasmasken zu tragen. Die nationalsozialistischen Führungsoffiziere wurden mit Apathie oder mit Witz ertragen. Der parteiische Führungsoffizier wurde also nicht deswegen verworfen und übergangen, weil er etwa ein Nazi war, sondern weil er eben ein Außenseiter, also kein richtiger Soldat war. Ähnlich war es mit der Waffen-SS. Sie wurde von den Soldaten nicht etwa feindselig betrachtet, auch dann nicht, wenn sie gewisser Grausamkeiten angeklagt wurde. Im Gegenteil: die Waffen-SS wurde nicht als ideologisierte Naziformation, sondern wegen ihrer hervorragenden Kampfkraft hochgeschätzt. Wenn eine Waffen-SS-Einheit in der Nähe war, fühlten sich reguläre Wehrmachtseinheiten sicherer.

Wenn, so gesehen, die Primärgruppe und die damit zusammenhängenden Beziehungen und Einstellungen ein wichtiges Element der deutschen Armee darstellen, dann war es wichtig zu wissen, welche Faktoren den Primärgruppenzusammenhang im einzelnen förderten und welche ihn minderten.

1. Der „harte Kern": Die Stabilität und die Wirksamkeit der militärischen Primärgruppen hingen zu einem großen Ausmaß von dem sogenannten harten Kern ab, der ungefähr 10 bis 15% der eingezogenen Soldaten ausmachte (Kerngruppentheorie!). Dieser Prozentsatz war insbesondere viel höher unter den jüngeren Offizieren. Sie waren unter der Naziideologie aufgewachsen und für das militärische Leben begeistert. Die Gegenwart einiger solcher Leute in einer Gruppe — energisch, eifernd und rücksichtslos gegen sich selbst — lieferte Modelle für die schwächeren Soldaten. Wenn auch, wie wir schon gesehen haben, die politische Ideologie fast kaum eine Bedeutung für die meisten Soldaten hatte, so diente doch dieser harte Kern als Bindeglied zwischen dem gewöhnlichen Soldaten in seiner Primärgruppe und der politischen Führung der deutschen Armee und des Staates.

2. Die Gruppenerfahrung: Es wurde bald klar, daß die Solidarität durch gemeinsame Erfahrung gefördert wurde. So war eine gemeinsam gewonnene Schlacht ein wichtiges Bindemittel. Dieses Prinzip leitete auch die sogenannte Auffrischungspolitik. Das gesamte Personal einer Division wurde gleichzeitig von der Front zurückgezogen und als Einheit in der Heimat oder in der Etappe neu aufgefrischt. Die neuen Soldaten, die der Division zugeteilt wurden, hatten so in der Etappe die Gelegenheit, sich an die alten Gruppenmitglieder anzugleichen. Schließlich kam die ganze Division als geschlossene Gruppe wieder an die Front. Dieses System wurde bis kurz vor Kriegsende aufrechterhalten und erklärt weithin die Widerstandskraft der deutschen Armee angesichts der überwältigenden numerischen und materiellen Überlegenheit der alliierten Streitkräfte.

Eine verhältnismäßig schlechte Gruppenmoral, die gegen Ende das Krieges festgestellt werden konnte, trat meistens bei Einheiten auf, die schnell zusammengestellt worden waren. In diesen Einheiten kamen alle möglichen Typen zusammen: weniger Taugliche, Verwaltungsleute, Soldaten aus der Marine oder aus der Luftwaffe und Panzerleute wurden zur Infanterie versetzt (sie fühlten dadurch einen Statusverlust!). Auch ältere Fabriksarbeiter, sogar Mitglieder aus Konzentrationslagern usw. wurden diesen Einheiten zugeteilt. Aus diesem Grund scheint es einsichtig zu sein, daß solche Zusammensetzungen (schwach-kohärente-Gruppe!) nicht mehr so schnell zu Kampfeinheiten zusammenwachsen konnten. Die Gruppenmitglieder hatten keine Gelegenheit, sich gegenseitig kennenzulernen, und sie konnten nicht jene Primärbeziehungen der Freundschaft und der Loyalität entwickeln, wie wir sie bereits geschildert haben.

3. Familienbande: Korrespondenz zwischen den Soldaten und ihren Familien wurde im allgemeinen gefördert. Aber die Familien deutscher

Soldaten wurden angehalten, die Beschwernisse (Bombardierung der Städte, Lebensmittelknappheit!) an der sogenannten Heimatfront nicht in den Frontbriefen auszudrücken. Der starke Druck ziviler primärer Gruppen wurde deutlicher, als der Zusammenhalt der militärischen Gruppe aufgrund des Druckes der Alliiertensiege mehr auf die Probe gestellt wurde. Die Stärke der Familienbande mußte dann dazu herhalten, die Soldaten in ihren kämpfenden Einheiten festzuhalten. In dieser Hinsicht müssen die Warnungen verstanden werden, daß eine Desertation eine Familien- oder Sippenhaftung nach sich ziehen würde. Darum dachten viele, daß der kürzeste Weg, nach Hause zu kommen, der war, die Gruppe intakt zu halten, um eine Niederlage und eine lange Periode der Gefangenschaft zu vermeiden. So ist auch der Glaube erklärlich, daß zwar besiegte, aber insgesamt noch intakte Armeeinheiten nur eine kurze Frist bis zu ihrer Demobilisierung auszuhalten hätten.

4. Räumliche Nähe kann zur Aufrechterhaltung von Solidarität militärischer Gruppen als sehr wichtig angesehen werden. Im Februar und im März 1945 übergaben sich im verstärkten Maße Abgesprengte von Kompanien und Bataillonen. Die taktische Situation zwang die Soldaten, in Kellern und anderen Unterständen in kleinen Gruppen von 3 und 4 Mann zusammenzuhalten. Die Isolierung vom Kern (Offiziere und ideologische Elemente) der Primärgruppe verstärkte die Furcht des Auseinanderfallens und trug dazu bei, die Primärgruppenbeziehungen zum Erliegen zu bringen.

8 Primärgruppen in Industrieunternehmungen: *Elton Mayo* und seine Mitarbeiter studierten Primärgruppen bei der südkalifornischen Flugzeugindustrie während des 2. Weltkrieges. Dort wurde ein hoher Grad von Absentismus (Fehlzeiten) festgestellt, und ein geringer Arbeitsausstoß gab zur Klage Anlaß. Drei vorhandene kleinere Flugzeugfabriken weiteten sich zu Großproduktionsstätten aus. Tausende neue Arbeitskräfte wurden dadurch angezogen. Unter diesen Umständen war es nicht überraschend, daß besondere Probleme auftraten. Jeden Monat im Jahre 1943 wurden etwa 14 bis 15.000 neue Arbeiter in die neue Produktionsstätte eingestellt; aber ungefähr dieselbe Zahl verließ wieder die Fabriken. Mit riesigen Verteidigungsaufträgen konfrontiert, fühlte sich die Luftfahrtindustrie in ihren Verteidigungsanstrengungen bedroht. Es wurden deshalb Untersuchungen begonnen, um die Ursachen des Arbeitsausfalls und des Absentismus herauszubekommen. Bei einem Vergleich der verschiedenen Betriebsabteilungen, jede davon umfaßte mehrere 100 Arbeiter, zeigte es sich, daß irgendwelche signifikante Unterschiede im Absentismus im Vergleich untereinander nicht vorkamen. Eine Arbeitsabteilung zeigte also nicht einen höheren Grad von Absentismus als die andere. Man mußte also zu kleineren Einheiten übergehen und dort die Ursachen suchen. So wurden 71 Arbeitszentren in zwei Flugzeugfabriken ausgewählt. Sie mußten

folgenden Anforderungen entsprechen: Zusammensetzung von Arbeitern, die täglich zusammen waren, die einander kannten und die die Abstimmung und den Zusammenhang ihrer verschiedenen Arbeitsvorgänge vor Augen hatten. Es stellte sich dabei heraus, daß unter diesen Gruppen signifikante Unterschiede bestanden. Einige hatten einen hohen Anwesenheitsgrad, andere wiederum einen hohen Abwesenheitsgrad im Sinne des Wegbleibens von der Arbeit unter allen möglichen Entschuldigungen. Eine Gruppe mit einem überragenden Anwesenheitsgrad wurde wiederum für eine spezielle Beobachtung weiter ausgesucht. Diese Gruppe von 19 Arbeitern hatte einen Arbeitsanfall pro Stunde, der beträchtlich über dem Betriebsdurchschnitt lag. Die einzelnen Mitglieder dieses Teams betrachteten sich alle als eine Gruppe. Die Teambeziehungen in dieser Gruppe kamen zufällig zustande. Es gab dort zwei verantwortliche Personen: den Führer X und den Vormann, der X unterstützte. Obwohl X nun in vielen Aspekten gleichsam wie ein anderer Arbeiter war, tat er doch einige Dinge, die die Arbeiterbeziehungen beeinflußten, nämlich:

1. Die Hauptaufmerksamkeit von X galt den persönlichen Bedürfnissen seiner Arbeiter. Er führte einen neuen Arbeiter in seine Gruppe ein und versuchte, ihm kongeniale Mitarbeiter zu geben. Nachdem ein Neuzugang einige Tage gearbeitet hatte, zeigte ihm X, wie der Teil, den er angefertigt hatte, zur Gesamtmaschine (Flugzeug) paßte und wie er dort eingebaut wurde. Darüber hinaus hatte X auch noch etwas übrig für die persönlichen Probleme seiner Arbeiter.

2. X versuchte, Materialengpässe zu antizipieren und war bestrebt, solche zu eliminieren, wenn sie tatsächlich vorkamen.

3. Reklamationen kamen über X zum Vormann. X verhandelte mit übergeordneten Leuten, er war für seine Gruppe sowohl ein Puffer gegen übergeordnete Instanzen, wie auch ein wirksames Glied von diesen Instanzen her zu seinem Team. Bei der Befragung von X und dem Vormann brachten diese ihre feste Überzeugung zum Ausdruck, daß das Vorhandensein oder die Erreichung einer Gruppensolidarität für eine fortlaufend gute Produktion notwendig sei.

Die in dem vorgetragenen Fall vorkommenden Gruppenführer haben sich selbst die Aufgabe gestellt, zufriedenstellende und wirksame Beziehungen unter den Arbeitern herzustellen. Das Ergebnis war eine wohlgeformte Primärgruppe, die den anderen Gruppen in moralischer Haltung und im Arbeitsergebnis überlegen war. Dazu kommt noch, daß durch diesen Prozeß von Interaktionen durch X Bedingungen geschaffen wurden, die sowohl den Anfordernissen der industriellen Organisation als auch den Bedürfnissen der Arbeiter entsprachen. Wenn nämlich ein Gruppenmitglied die Arbeitsanforderungen nicht erfüllte, wie z.B. die regulär erwartete Genauigkeit und Zuverlässigkeit, enttäuschte es dadurch die Gruppenerwartungen seiner Gruppenmitglieder und brachte so Mißgunst und Mißstimmung auf. Da nun aber die Befriedigung individueller Bedürfnisse zum großen Teil auch von der Befriedigung seiner Mitarbeiter abhängt, konstituiert die Primärgruppe einen machtvollen Mechanismus sozialer Kontrolle, indem sie zwar auch die Ziele und Bestrebungen industrieller Organisationen fördert, aber insbesondere auch zur „Selbstschätzung" der einzelnen Gruppenmitglieder wie der Gesamtgruppe beiträgt. Wiederum wird also deutlich, wie wir das schon verschiedene Male hervorheben konnten, daß die Primärgruppe ein wichtiger „Austausch- (Exchange-) Mechanismus" für persönliche Bedürfnisse, Gruppenziele und formale Struktur- und Organisationszwecke ist.

Z u s a m m e n f a s s e n d kann gesagt werden, daß unter nichtorganisierten Bedingungen primäre Gruppenbeziehungen nicht leicht einzurichten sind. Wenn aber kooperative, soziale Organisationen entstehen, so ist es nicht nur eine Zufallssache, sondern mehr oder weniger ein Erfordernis konkreter Zusammenarbeitsbedingungen, daß primäre Gruppen entstehen. Es muß jedoch beachtet werden, daß die Existenz von Primärgruppen in einer Fabrik oder in einer Organisation nicht notwendig zu dem Ergebnis eines geringeren Absentismus oder eines Leistungsoptimums führt. Es kann auch geradezu umgekehrt sein: daß nämlich Absentismus oder Leistungsminderung das Ziel primärer Gruppennormen wird und durch primäre Gruppenbeziehungen geradezu erzwungen wird; das kann dann erwartet werden, wenn das innere Betriebsklima solchen primären Gruppen nicht gefällt und sie deshalb sozusagen in einen inneren Streik eintreten als Folge einer Nichtidentifizierung mit Betriebs- oder Organisationszielen, mit bestimmten Führungsstilen usw.

Sowohl die positive als auch die negative Funktion primärer Gruppen innerhalb sozialer Großorganisationen machte uns also darauf aufmerksam, daß primäre und informale Beziehungen einen entscheidenden Einfluß auf die Haltungen der Systemmitglieder wie auch auf ihr Handeln haben. Die Richtung dieses Einflusses hängt vom spezifischen Inhalt der Gruppennormen ab, und diese entstehen wiederum in konkreten Verhaltenssituationen. Sowohl Integration wie Konflikt im sozialen Zusammenleben können daraus resultieren.

L i t e r a t u r

1. *Lippitt R. - Whyte R. R.*, An Experimental Study of Leadership and Group Life. In: Swanson - Newcomb - Hartley, Reading in Social Psychology. New York 1952.

2. *Sherif M. und M. O.*, Group in Harmony and Tension. New York 1953.

3. *Schachter S.*, Deviation, Rejection and Communication. In : J. abn. soc. Psychology, 46, 1951.

4. *Emerson R. M.*, Deviation and Rejection. In: American Sociolog. Rev. 19, 1954.

5. *Stouffer S.A.* (Hrsg.), The American Soldier. Studies in social Psychology in World War II. Bd. 3, Princeton 1949/50.

SOZIALES HANDELN UND GRUPPEN

Punkt 1 — 5 sind zum Teil verarbeitet in:
6. *Hofstätter D. R.*, Gruppendynamik, 1957
   (S. 71—73; 96—98; 121—122).
7. *Broom L. — Selznick P.*, Sociology, 1965
   (1. The Bank Wiring, S. 147—150; 2. Primary Groups in the German Army, S. 149—163;
   3. Primary Groups in Industrial Efficiency, S. 163—165).

Prüfungsfragen

1. Kennen Sie Experimente, die das Konvergenztheorem („Wir-Erlebnis" und gemeinsames Normensystem) bestätigen?
2. Was wissen Sie über die Untersuchungen betreffs Primärgruppen in der deutschen Armee und in Industriebetrieben?
3. Was ist zu der Rangdifferenzierung innerhalb von Gruppen zu sagen?
4. Was ist unter Führungs-Dual zu verstehen?
5. Unter welchen Gesichtspunkten strukturieren sich Gruppen?
6. Welche Bedingungen begünstigen die Herausbildung von Stereotypen bei Gruppenmeinungen?
7. Kennen Sie verschiedene Führungsstile und deren Wirkweise?
8. Warum können Primärgruppen bzw. Primärbeziehungen als „Austausch-(Exchange-) Mechanismus" bezeichnet werden?

10. Kapitel

Klassische Gruppentheorien

Im folgenden soll an einigen Beispielen aus der Gruppenforschung (*A. Homans; B. Moreno; C. Bales*) gezeigt werden, wie durch verschiedene theoretische Bezugsrahmen versucht werden kann, das komplexe Phänomen „Gruppe" auf verschiedenen Gebieten in den Griff zu bekommen.

A. DIE GRUPPENTHEORIE VON C. G. HOMANS[58]

In der Theorie von *C. G. Homans* sind viele Gesichtspunkte enthalten, die teils zum ältesten Gedankengut der Gruppentheorie überhaupt gehören, teils aber eine ganze Reihe neuerer Forschungsergebnisse verarbeiten. Insbesondere taucht der von *F. Tönnies* formulierte Gegensatz von „Gemeinschaft" und „Gesellschaft", freilich in veränderter Terminologie, wieder auf. Dabei kommt es *Homans* nicht so sehr darauf an, dieses Gegensatzpaar systematisch zu entwickeln, sondern die g e n e t i s c h e B e z i e h u n g dieses Begriffspaares aufzuweisen. Die Frage, die sich daraus ergibt, heißt: wie entwickelt sich aus der Gesellschaftsseite sozialer Beziehungen die Gemeinschaftsseite?

1 Um diese Frage beantworten zu können, legt *Homans* ein Modell zugrunde, mit dem er menschliches Handeln zu deuten versucht. Dabei werden fünf Schichten unterschieden[59]:
1. G e f ü h l e (sentiments: teils mit Motivation gleichgesetzt. Wenn etwa ein Mensch arbeitet, so liegt seiner Tätigkeit die Motivation zugrunde, den Lebensunterhalt zu verdienen. Unter sentiments wird aber auch die gegenseitige Zu- und Abneigung verstanden, die selbstverständlich wieder in Motivation gründet).

2. **A k t i v i t ä t e n** (dieser Begriff ist bei *Homans* weiter als der der sozialen Handlung bei *Max Weber*[60]. Es wird eine Tätigkeit im weitesten Sinne verstanden, wie z.b. ein Buch lesen, einen Graben ausheben usw.).
3. **I n t e r a k t i o n e n** (sie bilden das eigentliche Element sozialen Verhaltens. Dieser Begriff von *Homans* deckt sich weitgehend mit dem Begriff des sozialen Handelns bei *Max Weber*).
4. **N o r m e n** (Erwartungen, die von der Gruppe an ihre Mitglieder zur Verhaltenssteuerung herangetragen werden und auf deren Einhaltung mit Hilfe von Sanktionen geachtet wird).
5. **W e r t e** (Obwohl dieser Begriff kaum von Normen unterschieden ist, werden darunter Vorstellungen verstanden, die einer Gesellschaft im Ganzen oder einer Gruppe eigen sind und die das Verhalten dadurch, daß sie den Normen zugrunde liegen, in eine bestimmte Richtung lenken).

2 Mit Hilfe dieser Variablen formuliert *Homans* eine Reihe von Aussagen, die wir im folgenden stark zusammengefaßt referieren wollen. *Homans* dienen dabei zur Veranschaulichung seiner Hypothesen die bereits genannten Untersuchungen in den Hawthorne-Werken[61]. Als G r u p p e wird ein bestimmtes Ausmaß von Interaktionen zwischen Individuen A, B, C, D ... verstanden. Das setzt voraus, daß innerhalb eines gewissen Zeitraumes A häufiger mit B, C, D (B mit A, C, D etc.) in Interaktion steht als etwa mit M, L ..., die als außenstehend gelten. „Gruppe" ist demnach ein dichtes Interaktionsgefüge mehrerer Personen. Dabei muß das Verhalten der Gruppenmitglieder durch die Erwartens-Definitionen so sein, daß die Gruppe als solche in der Umwelt überleben kann. Umwelt ist alles, was über die Grenze des Interaktionsgefüges hinausgeht. Soweit das Verhalten der Mitglieder dazu beiträgt, das Problem der Anpassung an die Umwelt zu lösen, also das Überleben in der die Gruppe umgebenden Welt zu garantieren, spricht *Homans* vom ä u ß e r e n S y s t e m [62].
Um in einer vorgegebenen Umwelt zu überleben, gibt es natürlich mehrere Möglichkeiten. Man kann z. B. sich der Umwelt anpassen im Sinne eines totalen Eingehens auf die Bedingungen dieser Umwelt; oder man kann versuchen, die Umwelt zu verändern, also die Umwelt an die Bedingungen der Gruppe anzupassen. Jedenfalls muß das Verhalten der Gruppenmitglieder so definiert und handlungsaktiv sein, daß sich die Gruppe erfolgreich (belohnend für die Gruppenmitglieder) mit der Umwelt auseinandersetzt. Verhaltenselemente, die das Überleben der Gruppe in der Umwelt sichern, gehören zum äußeren System der Gruppe. Das äußere System impliziert aber eine Reihe von Beziehungen zwischen den Gruppenmitgliedern. Diese Beziehungen werden sich, wie wir noch sehen werden, modifizieren und ein i n n e r e s S y s t e m ausbilden, das mit der „Gemeinschaftsseite" identisch ist, während das äußere System der „Gesellschaftsseite" gleichgestellt wird. Auf beide Systeme werden die Verhaltenselemente in dem weiter oben genannten *Homansschen* Schichtmodell (5 Schichten) verteilt.

KLASSISCHE GRUPPENTHEORIEN

3 Äußeres System und seine Verhaltenselemente: Mitglieder etwa einer Arbeitsgruppe bringen gewisse Einstellungen bzw. Motive (Bedürfnisse, J.W.) in die Gruppe ein: Die Männer arbeiten, um ihren Lebensunterhalt zu verdienen, eine Familie ernähren zu können, um ein Auto anzuschaffen, ein Haus zu kaufen usw. . . . Diese Motive (Bedürfnisse) sind außerhalb des Interaktionssystems (= Gruppe) entstanden. Sie werden gewissermaßen in das System eingebracht; sie gehören dem äußeren System an. Aber auch innerhalb des Systems entstehen Gefühle (Bedürfnisse, Sentiments), wie etwa Zuneigung und Abneigung, und wir können nach dem, was wir bereits über die primären Gruppenbeziehungen wissen, vermuten, daß es gerade diese Gefühle sind, die auf das Arbeitsverhalten der Gruppenmitglieder einen großen Einfluß haben werden.
Die das äußere System motivierenden Gefühle (Sentiments) führen zu Handlungen (Aktivitäten). Diese Handlungen sind, wenn wir beim Industriebetrieb bleiben, etwa die Aktivitäten einer Arbeitsgruppe beim Schweißen oder das Zusammensetzen von Einzelteilen usw. Die Arbeiter vollziehen dabei jedoch nicht je für sich isoliert Tätigkeiten, sondern kommen auch miteinander in Interaktion, d.h. sie arbeiten zusammen. Auch dieses Verhaltenselement ergibt sich aus der Logik des Arbeitsprozesses.
Homans weist auf die Verbundenheit von Gefühlen (Motiven, Bedürfnissen) einerseits, Aktivitäten und Interaktionen andererseits hin. In der einfachsten Form ruft ein Gefühl bzw. ein Motiv oder ein Bedürfnis eine Aktivität hervor, die bei erfolgreichem Ablauf (Belohnung) das Motiv (Gefühl, Bedürfnis) wieder zum Verschwinden (Löschen) bringt. Der Mensch ist hungrig; wenn er etwas zum Essen bekommt, dann hört sein Hunger auf. Komplizierter wird die Verlaufsphase erst dann, wenn es sich bei dem Motiv nicht um die Stillung eines unmittelbaren Hungergefühls handelt, sondern um solche Sachverhalte, wie etwa die Sorge, daß auch in der Zukunft Hunger auftreten wird. Derartige vorsorgende Motive kommen aber für unsere Arbeitsgruppe in Frage: Vergleichsweise bleibt der zukünftige „Hunger" oder, anders ausgedrückt: die Befriedigung künftiger Bedürfnisse, nach wie vor als Drohung bestehen. Unter solchen Umständen dauern dann auch die Motive und die damit verbundenen Aktivitäten weiter an und konstituieren das über eine längere Zeitphase hinweg konzipierte äußere System (Bedürfnisse und entsprechende Aktivitäten werden zur Erlangung von Mitteln, um Bedürfnisse befriedigen zu können, in dauerhafte Interaktionsketten organisiert).

4 Inneres System und seine Verhaltenselemente[63]: Soziales Verhalten entfaltet sich über die Ausgangssituation (äußeres System) hinaus. Diese Entfaltung führt zu Modifikationen in den Motivationen.
Während das äußere System das Verhalten einer Gruppe bestimmt, soweit es eine mögliche Antwort auf die Frage erteilt: Wie überlebt die Gruppe in

ihrer Umwelt?, zeigt das innere System die Entfaltung des Gruppenverhaltens, d.h. aus dem äußeren System geht das innere gleichzeitig mit hervor und wirkt auf dieses zurück (R ü c k k o p p e l u n g) .
Homans nennt dieses System das innere, weil es nicht direkt von der Umwelt bedingt ist. Er spricht von einer Entfaltung, weil damit Verhaltensformen gegeben sind, die nicht in die äußere Anpassung hineingehören. Der Gegensatz von innerem und äußerem System wird folgendermaßen beschrieben: „Man wird keinen großen Fehler begehen, wenn man sich für den Augenblick das äußere System als ein Gruppenverhalten vorstellt, das der Gruppe das Überleben in ihrer Umwelt ermöglicht, dagegen das innere System als das Gruppenverhalten ansieht, welches einen Ausdruck der füreinander gehegten Gefühle darstellt, die von den Gruppenangehörigen im Laufe ihres Zusammenlebens entwickelt werden."
Wie man sieht, betrachtet hier *Homans* Gefühle, Aktivitäten und Interaktionen als konstitutive Elemente des inneren Systems. Während jedoch im äußeren System die Gefühle (Bedürfnisse) zur Aufnahme von Arbeit geführt haben, sind wir im inneren System mit Gefühlen befaßt, die gewissermaßen sich spontan entwickelt haben und vor allem Zu- und Abneigung zwischen Personen bedeuten. Es handelt sich hier im Grunde um das, was *Moreno* (wie wir noch sehen werden) als s o z i o m e t r i s c h e S t r u k t u r einer Gruppe anspricht und was wir in Anlehnung an *Th. Geiger* und *F. Tönnies* als die G e m e i n s c h a f t s s e i t e der Gruppe bezeichnen können.

5 Gefühle, die das innere System produziert, sind also nicht (wie im äußeren System) e i n g e b r a c h t , sondern sind durch das Leben der Gruppe initiiert. Diesen Gedanken formuliert *Homans* so: Wenn die Interaktionen zwischen den Mitgliedern einer Gruppe im äußeren System häufig sind (etwa aufgrund der festgelegten Tätigkeiten und Interaktionen im Arbeitsprozeß einer Gruppe im Betrieb), dann werden emotionale Einstellungen (Zuneigung, Abneigung) zwischen ihnen entstehen; und diese Gefühle führen ihrerseits wiederum zu Interaktionen, die über die Interaktionen des äußeren Systems hinausreichen.
In diesem Transzendieren über das äußere System hinaus liegt der Umfang des inneren Systems. Veranschaulicht wird dieser Gedanke am Beispiel einer Gruppe von Drahtarbeitern (die Relais für Telephonanlagen herstellten): Die Verrichtung gemeinsamer Arbeit führt zu emotionalen Beziehungen zwischen den Arbeitern. Diese „Tiefenbeziehungen" bringen ihrerseits wiederum eine Verstärkung der Interaktionen hervor, die sich nicht nur auf die Interaktionen im äußeren System beschränken, sondern dieses transzendieren und zu Interaktionen mit neuen (persönlich-zwischenmenschlichen Inhalten) führen. Eine Abnahme von Interaktionen im äußeren System hat weniger intensive Gefühle im inneren System zur Folge und führt mithin zu einer Abnahme der Interaktionen überhaupt.

KLASSISCHE GRUPPENTHEORIEN

6 Wie wir bereits sagten, produzieren Aktivitäten und Interaktionen im äußeren System Gefühle, die das innere System erst ermöglichen und dann zu weiteren Interaktionen führen. Das zeigt sich darin, daß etwa Mitglieder von Arbeitsgruppen einander Hilfestellungen geben. *Homans* bezeichnet dies als den M o d u s   d e r   E n t f a l t u n g und stellt diesem Modus einen M o d u s   d e r   S t a n d a r d i s i e r u n g zur Seite: Je häufiger Personen miteinander in Interaktionen stehen, desto mehr tendieren ihre Aktivitäten und Gefühle dazu, sich in mancher Hinsicht anzugleichen. Wobei einem Modus der Standardisierung immer auch ein Modus d e r   D i f f e r e n z i e r u n g folgt [64].

Wenn wir uns dabei an das erinnern, was wir bereits früher über das K o n v e r g e n z - bzw. P o l a r i s a t i o n s - T h e o r e m gesagt haben (vgl. S. 123), so sehen wir, daß das von *Homans* vorgelegte Konzept in Einzelheiten bereits früher bekannt war, ihm es jedoch darum geht, diese einzelnen Aspekte in eine Theorie der Gruppe zu integrieren. Der von ihm als Standardisierung bezeichnete Modus bzw. das, was wir als Konvergenzverhalten kennengelernt haben, ist, wie wir ebenfalls bereits wissen, mit der N o r m b i l d u n g verbunden. Wir können deshalb sagen: N o r m b i l d u n g   b e s t e h t   i n   e i n e r   V e r m i n d e r u n g   d e r   S t r e u u n g   v o n   M e i n u n g e n   h i n s i c h t l i c h   b e s t i m m t e r   Z i e l -   u n d / o d e r   Z w e c k v o r s t e l l u n g e n und der Mittel zu deren Durchsetzung (Realisierung); oder mit *Homans* gesprochen: Normenbildung kann als gegenseitiger Annäherungsprozeß von Einzelmeinungen verstanden werden [65].

Den Tatbestand, daß in einer bestimmten Gruppe unter den und den Umständen das und das Verhalten erwartet wird, bezeichnet *Homans* als Normen (oder wie wir sagen können: Rollenerwartungen sind „gerichtete", genormte Handlungsweisen). Solche Normen werden durch S a n k t i o n e n garantiert. *Homans* konnte in dieser Beziehung zeigen, daß in der Drahtarbeitergruppe die von ihr selbst bestimmte Norm bestand, und zwar ungeachtet von formal (vom Betrieb) vorgeschriebenen Leistungs-Soll-Erwartungen, nur eine b e s t i m m t e (durch die Gruppenkonvention festgelegte) Anzahl von Relais zu verdrahten (die Arbeiter arbeiteten im Gruppenakkord).

7 S t r u k t u r   d e s   i n n e r e n   S y s t e m s : Verfolgen wir noch die von *Homans* seinen Überlegungen zugrunde gelegten Untersuchungen über eine Drahtarbeitergruppe in dem genannten Industriewerk etwas weiter. Die Arbeiter waren zu Untersuchungszwecken aus einer größeren Abteilung ausgegliedert und in einem gesonderten Raum untergebracht worden. Hier wurden sie einer Beobachtung unterzogen, ohne daß aber die Forscher aktiv in den Arbeitsprozeß eingriffen. Dabei zeigte sich bald, daß die Gruppe sich in zwei U n t e r g r u p p e n aufzuspalten begann. Und zwar setzte sich die Untergruppe A aus Leuten zusammen, die nahe einander im vorderen Teil

des Raumes arbeiteten, während bei den Angehörigen der Untergruppe B dasselbe für den hinteren Teil des Raumes zutraf. Zudem waren die Angehörigen beider Untergruppen mit unterschiedlichen Arbeiten betraut. Was sich aus dieser Anordnung entwickelte, scheint dies zu sein, daß die vorgeschriebenen Interaktionen im äußeren System Gefühle (Einstellungen) im inneren System hervorriefen, und zwar dergestalt, daß sowohl die räumliche Anordnung als auch die unterschiedliche Arbeit die Aufspaltung der Gesamtgruppe förderten. Wiederum wird also die Abhängigkeit des inneren vom äußeren System deutlich (Interaktionen im äußeren System erzeugen Gefühle [Einstellungen] im inneren System und führen zu weiteren Interaktionen): Die Männer, welche im äußeren System häufig miteinander in Interaktion standen, weil sie in einem gemeinsamen Teil des Raumes oder an demselben Arbeitsprozeß beteiligt waren, standen auch im inneren System häufig in Interaktionen; deutlich zeigt sich das z.B. darin, daß beide Untergruppen eigene Gewohnheiten (gleiche Spiele während der Pause, spezifische Gesprächsthemen, Verzehr unterschiedlicher Süßigkeiten während der Pause usw.) entwickelten. Dem Prozeß der Standardisierung in den Untergruppen ging ein Prozeß der Differenzierung parallel.

Auch im Arbeitsverhalten selbst ergab sich eine Differenzierung. Die Angehörigen der Gruppe B stellten am Tage weniger Verdrahtungen her, als die Gruppe A. Dieser Leistungsunterschied war keineswegs die Folge von Differenzen in der Intelligenz (das wurde mittels Intelligenztests geprüft). Vielmehr war der Leistungsunterschied sozialstrukturell bedingt. Gruppe B wollte sich von A absetzen. Die Mitglieder von B hofften, die Angehörigen von A dadurch ärgern zu können, daß sie weniger arbeiteten. Die beiden Untergruppen arbeiteten ja zusammengenommen im Gruppenakkord mit der Folge, daß die Minderarbeit eines jeden Einzelnen eine gewisse Lohneinbuße für alle bedeutete. Natürlich fanden die Unterschiede in den Aktivitäten der Untergruppen aber ihre Grenze in der Kontrolle, die durch die gesamte Arbeitsgruppe gesetzt wurde, zu der alle Untergruppen gehörten. Ein allzu tiefes Absinken der Arbeitsleistung von B hätte nämlich einmal die Entlohnung der Gesamtgruppe beeinträchtigt, darüber hinaus aber zum anderen den Bestand der Gruppe überhaupt gefährdet. So lag zwar die Arbeitsleistung von B niedriger als von A, indes war die Differenz nicht so gravierend, daß eine allzu starke Beeinträchtigung des Lohnes hervorgerufen worden wäre. Es zeigte sich also auch hier im Arbeitsverhalten eine gewisse Angleichung der Meinungen in den Untergruppen. Beide Untergruppen waren demnach in gewissem Sinne n o r m a t i v s t r u k t u r i e r t . Aber diese normative Strukturierung ließ doch noch eine weitere Differenzierung zu.

Hier soll nun nicht im einzelnen auf das P r o b l e m d e r F ü h r u n g , wie es sich bei *Homans* findet, eingegangen werden. Insbesondere nicht auf die These, daß der Führer dadurch Macht erwerbe, daß er die Normen der Gruppe genauer erfülle als die anderen [66]. Trotzdem sei aber auf folgende

Sachverhalte hingewiesen: In der Drahtarbeitergruppe hatte sich von allem Anfang an die Vorstellung durchgesetzt, an einem Tag nicht mehr als zwei Wählergeräte herzustellen. Diese Anzahl lag unter dem Niveau, das maximal möglich gewesen wäre. Den Forschern war es nicht möglich, exakt zu ergründen, warum diese Vorstellung Platz gegriffen hatte. Zum Teil wurde den Männern gesagt, daß bei Mehrarbeit Entlassungen vorgenommen würden, die Arbeitszeit gekürzt würde usw. Kurzum: die Norm – zwei Wählergeräte (das entsprach einer bestimmten Anzahl von Verdrahtungen) pro Tag – , hatte sich in der Gruppe institutionalisiert.
Allerdings wurde diese Norm, wie wir sahen, von den Drahtarbeitern unterschiedlich erfüllt. Die Untergruppe B erbrachte eine etwas geringere Leistung als A. Dies hatte seinen Grund in einem etwas geringeren Lohnniveau der Arbeiter von B. Da aber allgemein die Vorstellung verbreitet ist, daß die Höhe des Lohnes auch über den „Wert" der Arbeit entscheidet, betrachteten sich die Mitglieder von A als die besseren und ließen dies die Mitglieder von B merken. Die Angehörigen von B, ihrerseits darüber verärgert, versuchten sich damit zu revanchieren, daß sie weniger arbeiteten. Allerdings erkannten sie die Vorrangstellung von A insofern an, als sie ihre Leistung nicht zu weit absinken ließen. *Homans* zieht aus dieser Situation den Schluß, daß korrektere Normerfüllung einen höheren Status vermittle.

8   Rückwirkungen des inneren Systems auf das äußere: Aus den Anfangsbedingungen (äußeres System) entwickelt sich ein inneres System. Das innere System vermittelt neue Interaktionen und etabliert Rangstufungen, die nicht mit dem äußeren System übereinstimmen müssen. Das innere System geht zwar aus dem äußeren hervor, wirkt indes seinerseits wiederum auf dieses zurück. Wenn die Leistung völlig vom äußeren System abhängig gewesen wäre, so hätte sie größer sein müssen, als dies tatsächlich der Fall war. Aber die Leistung war eben nicht nur vom äußeren System abhängig, sondern auch vom inneren System bestimmt; insbesondere durch die Normen der Gruppe (nicht mehr als 2 Wählergeräte pro Tag, obschon mehr hätten erzeugt werden können) und von den mit diesen in Verbindung stehenden Beziehungen des sozialen Ranges. Der Unterschied der Leistung spiegelte den sozialen Rang wider. Das innere System modifiziert das äußere. Aus den bisherigen Darlegungen ergeben sich folgende Hypothesen, die die wichtigsten verallgemeinerten Aussagen der *Homansschen* Gruppentheorie enthalten:

1. Die Beziehungen zwischen Tätigkeit (Aktivität) und Interaktion sind eine Folge der Arbeitsteilung: wenn das Schema der Tätigkeit (Aktivität) sich ändert, ändert sich auch das Schema der Interaktion und umgekehrt.

2. Beziehungen zwischen Interaktion und Gefühl (Sentiment): Wenn die Häufigkeit der Interaktion anwächst, wächst auch der Grad der Zuneigung und umgekehrt.

3. Beziehungen zwischen Tätigkeit (Aktivität) und Gefühl: Das Gefühl der Zuneigung drückt sich aus in Handlungen, die über- und oberhalb der Anforderungen der externen Umgebung stehen. „Freundliche" Handlungen verursachen ihrerseits wiederum Zuneigung usw.

4. Standardisierung: Häufige Interaktion im internen System führt zu einer Vereinheitlichung der Tätigkeit sowohl im internen wie im externen System. Auch die Gefühle haben die Tendenz, sich anzugleichen.

5. Standardisierte Gefühle und Tätigkeiten werden zu Normen (Erwartungen), aus denen sich Phänomene der sozialen Einstufung (Rang) und Führung entwickeln:

a) Je höher der soziale Rang des einzelnen in der Gruppe, desto größer ist seine Übereinstimmung mit den Gruppennormen und umgekehrt.

b) Je höher der Rang, desto größer ist die Reichweite der Interaktion; und häufiger als umgekehrt wird die Interaktion mit anderen vom höheren Rang veranlaßt.

c) Bei der Festlegung der sozialen Rangordnung sind die Gefühle (Einstellungen) derjenigen, die einen höheren Rang einnehmen (der Führenden), von größerem Gewicht als die Gefühle derjenigen, die einen niedrigeren Rang einnehmen (der Geführten).

d) Je höher der Rang, desto größer ist die Anzahl der Personen, mit denen ein Netzwerk von Verbindungen aufrechterhalten wird, entweder direkt oder durch Verbindungsmänner.

e) Je ähnlicher eine Anzahl von Personen ihrem sozialen Rang nach sind, desto häufiger treten sie in Interaktion zueinander.

f) Je höher der Rang des Individuums ist, desto häufiger kommt es zu Beziehungen mit Personen außerhalb der Eigengruppe.

6. Kontrolle: Abweichungen von der Gruppennorm verursachen in jedem der angegebenen Elemente Veränderungen, die das Individuum, das eine solche Abweichung hervorrief, schmerzen oder bestrafen (sanktionieren) mit der Tendenz, den früheren Grad der Übereinstimmung wiederherzustellen.

7. Rückwirkungen: Das externe System bringt interne Beziehungen hervor, die ihrerseits wiederum auf das externe System zurückwirken. Ein Überschuß an Gefühl und organisatorischer Stärke wird eventuell dazu benützt, die Kraft und Tüchtigkeit der Gruppe bei ihren Bemühungen zu steigern, Forderungen aus der Umwelt zu manipulieren. Dadurch wird die soziale Entwicklung gefördert.

B. DIE SOZIOMETRISCHE ANALYSE VON J. MORENO

1 Das soziometrische System [67]: *Moreno* versteht das von ihm konzipierte soziometrische Verfahren als ein therapeutisches Verfahren. Jedoch soll nicht der Einzelmensch, wie in der Psychotherapie, verändert werden, sondern das Individuum soll unverändert bleiben, l e d i g l i c h

KLASSISCHE GRUPPENTHEORIEN

seine Stellung in der Gruppe soll möglichst vorteilhaft gestaltet werden (kollektive Therapie).
Die Soziometrie ist ein Teil der Sozionomie, wobei der soziometrische Test das Mittel ist, um die Organisation (Struktur) sozialer Gruppen zu messen[68]. Im soziometrischen Test werden die Individuen einer Gruppe aufgefordert, andere Individuen der eigenen Gruppe oder einer anderen Gruppe zu wählen, wobei man davon ausgeht, daß die Wahl ohne Hemmungen durchgeführt und keine Rücksicht darauf genommen wird, ob die gewählten Personen zur eigenen Gruppe gehören oder nicht. Im soziometrischen Test werden soziale Strukturen durch Messung der Anziehung und Abstoßung, wie sie zwischen Mitgliedern einer Gruppe vermutet werden, zu ermitteln versucht. Diese Ermittlung kann natürlich sowohl durch einfache Beobachtung, als auch durch teilnehmende Beobachtung geschehen. Mit Hilfe eines soziometrischen Testes (durch Wahlen) ergibt sich jedoch meist ein sehr viel deutlicheres Bild.
Moreno glaubt mit Hilfe der soziometrischen Methode drei fundamentale Gesetze des Gruppenlebens entdeckt zu haben:

das soziogenetische Gesetz

das Gesetz des soziodynamischen Effektes

das Gesetz der sozialen Gravitation.

1. Das soziogenetische Gesetz

Das soziogenetische Gesetz befaßt sich mit den Entwicklungsstadien der Gruppe[69]. Bei Tests mit Kleinkindern konnte festgestellt werden, daß von der Geburt an bis etwa zur 20. bis 28. Woche nach der Geburt noch keine Gruppenbildungen zu verzeichnen sind. Die Kleinkinder befinden sich im Stadium der organischen Isolation. Hierauf kann ein Stadium der horizontalen Differenzierung festgestellt werden (etwa von der 20. bis 28. Woche an). Der gegenseitige Bekanntschaftsgrad der Kinder ist eine Folge der psychischen Nähe, wobei psychische Nähe bzw. Ferne der physischen Nähe bzw. Ferne entspricht. Erst in der dritten Phase (vertikale Differenzierung etwa ab der 40. bis 42.Woche) kommt es dazu, daß das eine oder andere Kind mehr Aufmerksamkeit auf sich zieht. Die Verhaltensstruktur wird dadurch aus der Horizontalen in die Vertikale verschoben. Die jetzt aufkommende Gruppenstruktur weist ein Oben und Unten auf.
Bei soziometrischen Tests in Kindergärten und Volksschulen zeigten sich interessante Ergebnisse (es wurde von den Kindern verlangt, diejenigen unter den Schülern der verschiedenen Klassen eines Schuljahres zu wählen, mit denen sie in einem Klassenzimmer zusammensein wollten. Für Kinder früherer Altersstufen, wie im Kindergarten, wurden „Handlungskriterien" benutzt. Anstatt befragt zu werden, wurden die Kinder angeregt,

ein Mädchen oder einen Knaben an der Hand zu nehmen und mit ihm in ein Spielzimmer zu gehen).

Die quantitative Analyse der so vorgenommenen „Wahlen" ergab, daß die Anziehung zwischen den beiden Geschlechtern (Buben, die Mädchen wählten, und Mädchen, die Buben wählten) im Kindergarten und in der ersten Klasse am höchsten war (etwa 35% aller Wahlen). Dieser Anteil der Anziehung fiel jedoch bereits in der zweiten Klasse auf 8,5%, in der dritten Klasse auf 4,7% zurück und lag schließlich in den Klassen 4 bis 6 fast bei 0. Erst in der 8. Klasse stieg dieser Anteil der Anziehung wieder auf 10% an.

Es zeigt sich demnach als a l l g e m e i n e T e n d e n z , daß im Kindergarten und in den ersten beiden Klassen der Volksschule die Anziehung zwischen den beiden Geschlechtern am höchsten zu sein scheint. Sie nimmt aber nach der dritten Klasse auffallend stark ab und weist bis zur achten Klasse keine bemerkenswerte Zunahme mehr auf. Ferner kann gesagt werden, daß die niedrigste Anzahl gegenseitiger Paare und die meisten isolierten Kinder im Kindergarten und in der ersten und zweiten Klasse gefunden wurden. Der Grund hierfür wird in dem Umstand zu sehen sein, daß Kinder dieses Alters nicht sicher wissen, was sie wählen wollen. Wichtig dabei ist auch, daß auftretende Isolation an Kindern nicht auf emotionaler Abstoßung beruht, sondern einfach darin ihre Ursache hat, daß Kinder „übersehen" werden. Erst in der vierten Klasse kommt es dann zu komplexeren Strukturen (Paaren, Dreiecken usw.). Kinder dieser Altersstufe sind schon fähig, einander Gefühle zu übermitteln und Cliquen zu bilden. Die so sich bildenden Interaktionskreise nehmen die Form wachsender innerer Kohäsion an, die dann als Gruppen befähigt sind, sich auch innerhalb komplexer Strukturen zu behaupten.

Nach der Interpretation von *Moreno* können demnach in der Entwicklung von Gruppen drei Phasen unterschieden werden:
V o r s t u f e der sozialen Reifung oder Vorstufe der Gesellung (4. bis 9. Lebensjahr): Gruppenstruktur ist einfach. E r s t e S t u f e der sozialen Reifung oder erste Stufe der Gesellung (7/9. bis 13/14. Lebensjahr): Es werden bereits Gruppen mit sozialen Normen gebildet. Kinder übernehmen Funktionen innerhalb der Gruppe. Z w e i t e S t u f e der sozialen Reifung oder zweite Stufe der Gesellung (13/14. Lebensjahr und aufwärts): Es kommt zu komplexen Strukturen innerhalb der Gruppe.

Aus diesen Stadien leitet *Moreno* sein soziogenetisches Gesetz ab, welches mit zunehmendem Alter der Gruppenmitglieder einen Fortgang von einfachen zu komplexen Gruppenstrukturen behauptet. Charakteristisch dabei ist, daß die Strukturen der vorangegangenen Phase in der komplexeren enthalten sind.

3 D i e s o z i o m e t r i s c h e S t r u k t u r v o n G r u p p e n [70]: Es dürfte nach den vorangegangenen Ausführungen schon klargeworden sein, daß die soziometrische Analyse vor allem eine Untersuchung der emotionalen

Struktur (Gemeinschaftsseite) der Gruppe darstellt. Wir wollen uns daher im folgenden etwas näher mit den einzelnen Methoden dieser strukturellen Analyse vertraut machen. Als Anschauungsmaterial beziehen wir uns dabei auf eine Schulklasse.

Weiter oben wurde schon hervorgehoben, daß die soziometrische Analyse auf Wahlentscheidungen beruht, die durch spezifische Fragestellungen provoziert werden. Man kann in diesem Zusammenhang zwischen mehr allgemeinen und mehr speziellen Fragen unterscheiden. Allerdings rät bereits *Moreno* zu ganz konkreten Fragen, da Fragen nach Sympathie oder Antipathie nicht sehr erfolgreich seien. So gesehen, kann man in einer Volksschulklasse von einer spannenden Geschichte ausgehen, etwa von Robinson und seiner Insel. Im Anschluß danach wird dann gefragt, wen jeder von seinen Mitschülern auf eine solche Insel mitnehmen würde. Aber auch die Mitteilung des Lehrers, daß neue Arbeitsgruppen gebildet würden und er nun wissen wolle, mit wem jeder einzelne zusammenarbeiten wolle, ist sehr realistisch. Wichtig dabei ist, daß der Schüler den Eindruck gewinnt, er könne bei der Gestaltung der sozialen Beziehung mitwirken. Die häufigste Frage in der Schulsoziologie ist jedoch wohl die nach dem Banknachbarn. Die Zahl der positiven Nennungen sollte der jeweiligen Situation angepaßt sein (in einer Schulklasse scheint die untere Grenze mit drei, die obere Grenze mit fünf Nennungen zu sein). Die Zahl der negativen Nennungen sollte auf alle Fälle freigestellt werden.

Bei der Darstellung der Wahlentscheidungen wird als Grundtabelle die S o z i o m a t r i x verwendet. Sowohl in der Vertikalen als auch in der Horizontalen erscheinen die Namen aller Schüler der Klasse; am Anfang jeder Zeile steht der Wählende (aktive Wahl) und am Kopf jeder Spalte der, der gewählt wird (passive Wahl). In dem folgenden Beispiel werden zunächst nur Wahlen und Ablehnungen berücksichtigt. Demnach steht Alfred im Mittelpunkt dieser kleinen Gruppe, wobei Franz unbeachtet bleibt, Gregor ausgeschlossen und Christians Stellung umstritten ist.

E i n f a c h e S o z i o m a t r i x

aktive Wahl Namen	passive Wahl							abgegebene negative Wahlen
	A	B	C	D	E	F	G	
Alfred		+	−		+		−	2
Bruno	+		+					0
Christian	+	+					−	1
Daniel	+		−		+		−	2
Edgar	+		−	+			−	2
Franz		+	+					0
Gregor	+	+			−			1
erhaltene Wahlen	5	3	3	1	2	0	0	
erhaltene Ablehnungen	0	0	3	0	1	0	4	

+ = Wahl   **−** = Ablehnung

Durch Addition der Spalten der Soziomatrix lassen sich verschiedene Rangordnungen feststellen. Rangordnungen wären denkbar nach Beliebtheit, nach Unbeliebtheit und nach der Beachtung. Als Beachtung gilt sowohl eine Wahl als auch eine Ablehnung.

Aus der einfachen Soziomatrix ist aber ein anschauliches Bild über die gegenseitige Stellung der Schüler zueinander nicht zu gewinnen. Es wurde daher eine r e z i p r o k e S o z i o m a t r i x entwickelt [71]. Auch hier sind in der Vertikalen die passiven, in der Horizontalen die aktiven Wahlen abgetragen. In dieser Matrix tritt jedoch jede Beziehung zweimal auf. Die beiden, durch die Diagonale geteilten Hälften der Matrix sind reziprok zueinander. Die vier gegenseitigen Wahlen zwischen Bruno-Alfred, Bruno-Christian, Alfred-Edgar und Daniel-Edgar fallen sofort auf (+). Die ambivalenten Beziehungen zwischen Gregor-Alfred, Christian-Alfred und Gregor-Christian erscheinen mit den Zeichen ⟋ und ⟍.

R e z i p r o k e   S o z i o m a t r i x

	A	B	C	D	E	F	G	
Alfred		+	⟋	−	+		⟋	2
Bruno	+		+		−			0
Christian	⟍	+		\	\	−	⟋	1
Daniel			⟋		+		⟋	2
Edgar	+	⟋	+				×	2
Franz								0
Gregor	⟍		⟍	\	×			1
erhaltene Wahl	5	3	3	1	2	0	0	
erhaltene Ablehnung	0	0	3	0	1	0	4	
Beachtungen	5	3	6	1	3	0	4	

a k t i v   p a s s i v
| = er wählt   − = er wird gewählt
/ = er lehnt ab   \ = er wird abgelehnt

Die verschiedenen Rangordnungen lassen sich auch mit Hilfe von Säulendiagrammen veranschaulichen. Die Schüler werden nach Anzahl der erhaltenen positiven Stimmen geordnet. Von einer waagrechten Grundlinie ausgehend, trägt man für jede erhaltene positive Stimme eine bestimmte Länge nach oben ein, während man negative Stimmen von der Grundlinie nach unten abträgt. Hier wird ersichtlich, daß die stärkste Beachtung Christian erhält. Die Meinung seiner Kameraden über ihn ist jedoch geteilt. Am beliebtesten ist Alfred, am unbeliebtesten Gregor. Die Steilheit der Verbindungslinie zwischen den Endpunkten der Säulen gibt Aufschluß über den Grad der Spannungen in einer Gruppe.

KLASSISCHE GRUPPENTHEORIEN

Säulendiagramm

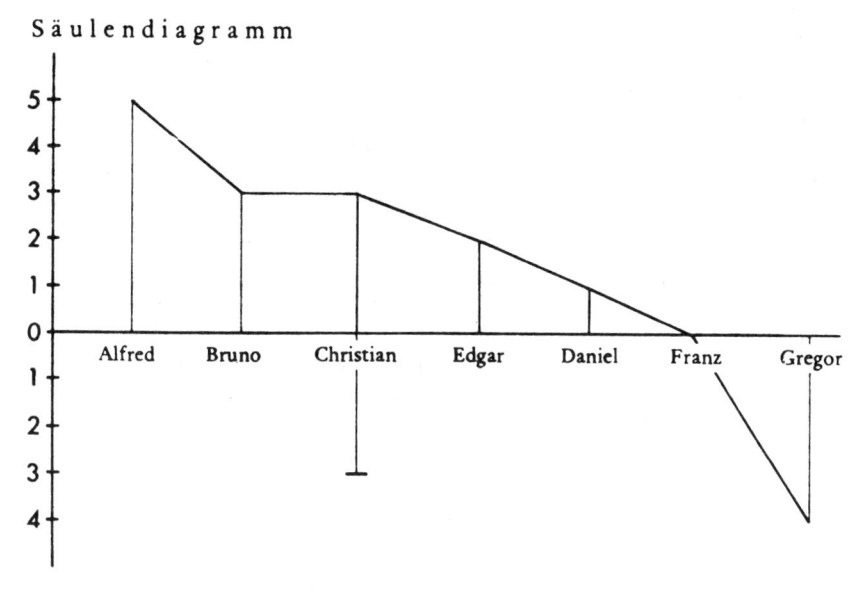

```
5 │
4 │
3 │
2 │
1 │
0 ┼────────────────────────────────────────────
  │ Alfred  Bruno  Christian  Edgar  Daniel  Franz  Gregor
1 │
2 │
3 │
4 │
```

Die auf *Moreno* zurückgehende Darstellung des Soziogrammes verwendet Zeichen. Hier haben sich vor allem zwei Verfahren herauskristallisiert:
1. Darstellung in einem Koordinatensystem
2. Anordnung in konzentrischen Kreisen

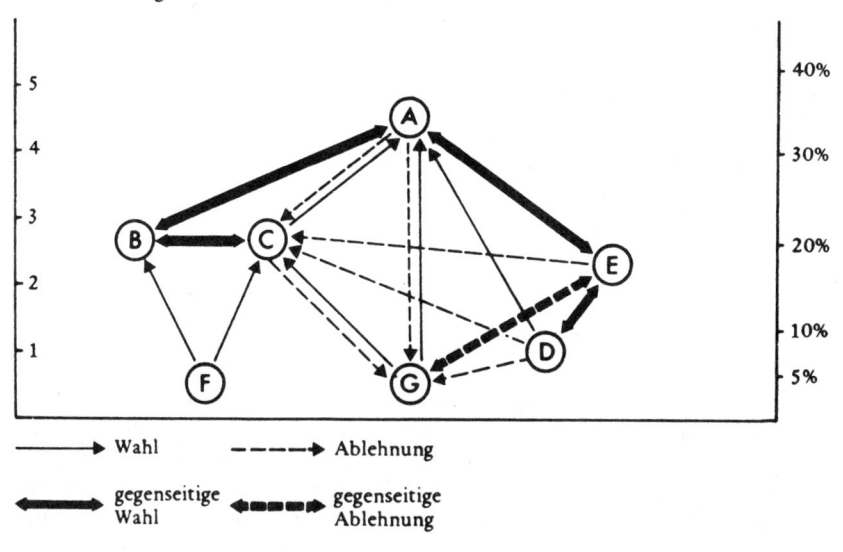

⟶ Wahl   ----⟶ Ablehnung

⬅━━➡ gegenseitige Wahl   ⬅━ ━ ━➡ gegenseitige Ablehnung

SOZIALES HANDELN UND GRUPPEN

Zu 1: Auf der Ordinate wird nach *H. Dirks* die Zahl der positiven Wahlen aufgetragen[72]. Es wird jedoch auch darauf hingewiesen, daß eine Vergleichbarkeit verschieden starker Gruppen nur dann gewährleistet ist, wenn man auf der Ordinate anstelle der erhaltenen absoluten Stimmenzahlen relative Werte (in % der Gesamtstimmenzahl) angibt.
Die Anordnung des Soziogrammes ist durch den Maßstab auf der Ordinate festgelegt. Diese Art der Darstellung eignet sich jedoch nur für kleine Gruppen.

Zu 2: In vier konzentrischen Kreisen, die gleiche Abstände voneinander haben, wird jeweils ein Viertel der Schüler so eingetragen, daß die Beliebtheit nach außenhin abnimmt. Innerhalb des inneren, ersten Kreises stehen daher die meistgewählten Schüler (25%), während zwischen dem dritten und vierten Rang die Schüler erscheinen (ebenfalls jeweils 25%), die am wenigsten gewählt werden.

Z a h l   d e r   e r h a l t e n e n   p o s i t i v e n   W a h l e n

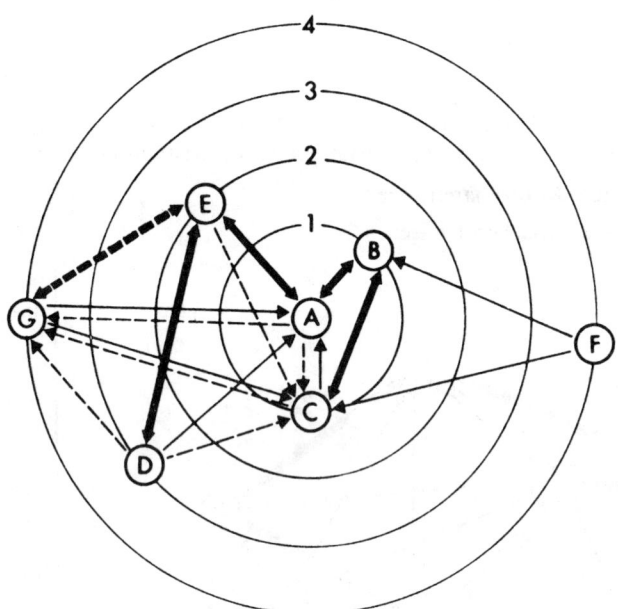

Durch die genannten Darstellungsmethoden wird zwar die Struktur der Gruppe deutlich, jedoch nicht die Rangordnung. Die Rangordnung kann man dadurch in der Darstellung im Koordinationssystem veranschaulichen, daß unterschiedlich große Kreise gewählt werden und man die Größe des Kreises mit den positiv erhaltenen Wahlen wachsen läßt (Rangsoziogramm).

4 In diesem Zusammenhang sind noch zwei weitere Begriffe zu erwähnen: das Anspruchsniveau und die Selbsteinschätzung. Bei dem s o z i a l e n A n s p r u c h s n i v e a u geht es um den, der wählt. Er bezieht sich auf Ziele, deren Erreichung die Überwindung von Unterschieden (Barrieren) kostet. Zielen seine Wahlen und damit seine sozialen Wünsche auf Gruppenmitglieder, die in der Rangordnung über ihm stehen, wählt er also sozusagen nach oben, so sprechen wir von einem hohen, und wenn die Wahlen überwiegend nicht erwidert werden, von einem überhöhten Anspruchsniveau. Unter Heranziehung des Rangordnungssoziogrammes kann das soziale Anspruchsniveau ermittelt werden. Im obigen Beispiel hat Gregor ein überhöhtes soziales Anspruchsniveau. Er wählt einerseits zwei weit über ihm stehende Mitglieder seiner Gruppe, andererseits werden seine Wahlen von diesen nicht erwidert.
Die s o z i a l e S e l b s t e i n s c h ä t z u n g wird zur Beurteilung der Gruppenstruktur herangezogen. Durch einen Vergleich der sozialen Selbsteinschätzung mit den tatsächlichen im soziometrischen Test sich ergebenden Wahlstrukturen kann die wirkliche Gruppenstruktur ermittelt werden. In unserem Beispiel wird man die Schüler bitten, diejenigen Namen von Mitschülern zu notieren, von denen sie erwarten, ,,daß sie dich gewählt haben".

2. D a s G e s e t z d e s s o z i o d y n a m i s c h e n E f f e k t e s [73]
(Grenze des emotionalen Ausdehnungsvermögens von Gruppenstrukturen)

5 Die aufgezeigten Methoden des soziometrischen Testes sollten möglichst durch eine Analyse der Motivationen ergänzt werden. So wird etwa die durch einen soziometrischen Test festgestellte Isolation eines Gruppenmitgliedes von anderen Gruppenmitgliedern erst durch die Untersuchung von Motiven verständlich. Das gleiche gilt natürlich auch für eine aufgewiesene Paarformation oder für eine deutlich gewordene Abstoßungsstruktur einem Gruppenmitglied gegenüber (,,er ist feig"; ,,sie lügt"; ,,er ist schmutzig"; ,,sie stiehlt").
Gewissermaßen als eine noch weiter ausgreifende Verdeutlichung der Absichten von *Moreno* sollen noch einige zusätzliche Probleme diskutiert werden. *Moreno* entwickelte seine aus den soziometrischen Tests gezogenen Folgerungen anhand einer in Hudson (N.Y.) in einem Erziehungsheim für Mädchen durchgeführten Untersuchung. Die Mädchen dieses Erziehungsheimes, die in mehrere Hausgruppen aufgespalten waren, wurden zunächst einem soziometrischen Test unterworfen (Frage: Wen würdest du wählen, wenn Du die Mitglieder deiner Hausgruppe bestimmen könntest?). Die Mädchen hatten fünf Wahlmöglichkeiten. Es zeigte sich zunächst, daß von 10% der Wahlmöglichkeiten kein Gebrauch gemacht wurde. *Moreno* führt dies auf die G r e n z e d e s e m o t i o n a l e n A u s d e h n u n g s v e r m ö g e n s zurück, die bei den einzelnen Menschen ganz unterschiedlich anzusetzen (u. evtl. durch den Intelligenzgrad bedingt) ist[74]. Die unvoll-

ständige Ausnützung der zur Verfügung stehenden fünf Wahlmöglichkeiten wird als eine Folge der begrenzten Möglichkeit, Objekte emotional zu besetzen, betrachtet. So kann etwa eine Mutter nur eine bestimmte Anzahl von Kindern mit ihrem gegebenen emotionalen Potential umfassen. Sobald die Zahl der ihr anvertrauten Kinder eine bestimmte Grenze überschreitet, setzt ein Prozeß der Auslese ein. Sie wird vielleicht ein einseitiges Interesse denjenigen Kindern entgegenbringen, zu denen sie sich spontan hingezogen fühlt oder zu jenen, die mehr Aufmerksamkeit erfordern; die übrigen „erreicht" sie nicht mit derselben Gefühlsintensität. Sie bleiben mehr oder weniger unbeachtet. Die Grenze des emotionalen Ausdehnungsvermögens ist daher von großem Einfluß auf die Gruppenorganisation. Das Problem der unbeachteten Personen ist eine Folge dieses Phänomens.
Der Bekanntschaftstest geht durch Messung des emotionalen Ausdehnungsvermögens diesem Problem nach. *Moreno* versuchte dies durch folgende Frage: Schreibe die Namen aller Mädchen auf, mit denen du − soweit du dich im Augenblick erinnern kannst − seit deinem Eintritt in die Hudsongemeinschaft gesprochen hast oder denen du begegnet bist. Es ist gleichgültig, wann du die Bekanntschaft gemacht hast. Falls du dich nicht an den vollen Namen einer Bekanntschaft erinnern kannst, schreibe ihren Vor- oder Nachnamen auf, oder beschreibe sie auf andere Weise. Da du die Mitglieder deiner eigenen Hausgruppe selbstverständlich kennst, brauchst du diese nicht anzugeben[75].
Neben diesem Phänomen begrenzter emotionaler Tiefe zwischenmenschlicher Beziehungen konnte noch ein anderes Phänomen beobachtet werden, das mit Regelmäßigkeit auftrat. Die Anzahl der Wahlen (im Gegensatz zu den Wahlmöglichkeiten) war nicht gleichmäßig unter den Mädchen verteilt. Manche zogen stärkere Aufmerksamkeit auf sich, sie erhielten mehr Wahlen; anderen wurde weniger Aufmerksamkeit geschenkt, sie erhielten weniger Wahlen oder blieben ungewählt. Wie *Moreno* hervorhebt, sprachen alle Anzeichen bei der Untersuchung dafür, daß auch bei mehr als fünf Wahlmöglichkeiten noch mehr Wahlen auf die Stars der früheren Wahlen fallen würden und daß die Ungewählten auch weiterhin hartnäckig vernachlässigt blieben. *Moreno* bezeichnet dieses konstante Auslassen etlicher Personen vom produktiven Sozialkontakt mit anderen Angehörigen der Gruppen als s o z i o d y n a m i s c h e n E f f e k t [76].
Auf unsere Schulklasse bezogen, würde das heißen, daß bestimmte Kinder zu schüchtern sind, um Anschluß zu finden, oder aber wiederum zu selbständig, um diesen Anschluß zu benötigen.

6 Bevor wir nun zu einer weiteren Analyse der uns interessierenden Gruppenstruktur übergehen, sei im Anschluß an die Ergebnisse von *Moreno* auf folgende Organisationstypen von Gruppen aufmerksam gemacht: Richtet sich die Mehrzahl der Wahlen auf Personen der eigenen Gruppe und fallen weniger Wahlen auf Personen außerhalb der Gruppe, so kann von einer

introvertierten Organisation gesprochen werden[77]. Fallen diese Wahlen jedoch in der Hauptsache auf außerhalb der Gruppe stehende Personen (im Hudson-Beispiel auf andere Hausgruppen), so wird dies als eine extravertierte Organisation charakterisiert[78]. Ist keine bestimmte Tendenz zu erkennen, d.h. sind die Wahlen für Personen außerhalb und innerhalb der Gruppe ausgeglichen, so haben wir es mit einer ausgeglichenen Organisation zu tun[79].

7 Der soziometrische Test bietet auch gute Möglichkeiten, die beiden schon an anderer Stelle herausgearbeiteten Gruppendimensionen, Beliebtheit und Tüchtigkeit, näher zu prüfen.
In einer Schulklasse ließen sich diese beiden Dimensionen etwa durch die Frage nach dem Geburtstagsgast (Wer lädt wen nachhause zu einer Geburtstagsfeier ein?) und durch die Frage nach dem Klassensprecher (oder besser nach dem gewünschten Mitglied in einer Arbeitsgruppe) isolieren.

8 Was nun die soziometrische Struktur der Gruppe selbst anlangt, so kann gesagt werden, „daß je höher die Zahl der Isolationsstrukturen in einer Gruppenorganisation ist, desto niedriger wird ihr Integrationsgrad sein; daß je höher der Grad der gegenseitigen Anziehung ist, desto höher der Integrationsgrad der Gruppe sein wird. Die Kohäsion einer Gruppe kommt auch trotz vieler Paarformen zu einem kritischen Punkt, wenn jedes Paar von den anderen Paaren isoliert bleibt. Eine große Zahl gegenseitiger Anziehungen ist der Boden für eine Harmonie, die sich in komplexen Strukturen in Ketten, Dreiecken, Vierecken usw. ausdrückt.
Disharmonien und Desorganisationen werden andererseits durch viele gegenseitige Abstoßungen und abgestoßene Anziehungen begünstigt" [80].

9 Es lassen sich schließlich noch „Virulenzgruppen" und „Außenseitergruppen" unterscheiden. In unserem Schulklassenbeispiel wäre unter Virulenzgruppe eine Gruppe zu verstehen, die im Zentrum der Klasse steht und auf die Mitschüler eine besonders starke Ausstrahlungskraft ausübt. Diese Aufgabe kann sie jedoch nur dann übernehmen, wenn neben einer hohen Zahl an Binnenkontakten eine in der gleichen Größenordnung liegende Zahl von Außenkontakten besteht (Wahlen innerhalb der Virulenzgruppe: Binnenkontakte; Wahlen nach außen: Außenkontakte). Der Virulenzgruppe kommt insofern eine große Bedeutung zu, als sie das soziale Klima der Klasse nachhaltig zu beeinflussen in der Lage ist.
Bei Außenseitergruppen handelt es sich meistens um den Zusammenschluß von Personen zu Oppositionsgruppen, die an Personen mit höherem Rang keinen Anschluß gefunden haben.

3. Das Gesetz der sozialen Gravitation [81]

10 *Moreno* weist noch darauf hin, daß Gruppen dazu neigen, sich von anderen Gruppen abzuheben, um im Rahmen dieses Abhebungsprozesses eine zentripetalintrovertierte Organisation zu entwickeln. Andererseits würden sich aber zwischen einzelnen Individuen und Gruppen sogenannte Netzwerke herausbilden, die diesem Differenzierungsprozeß entgegenwirken. Dieses Kräftespiel von Differenzierung und Zusammenziehung nennt *Moreno* das Gesetz der sozialen Gravitation und spricht damit einen auch unter anderen Gesichtspunkten bekannten Sachverhalt an, wonach zunehmende Differenzierung auch zunehmende Möglichkeiten zur Isolation (und Abkapselung) bietet.

C. DIE INTERAKTIONSANALYSE VON R. F. BALES [82]

1 Das Balessche Kategoriensystem: Neben dem soziometrischen Test hat die auf *R.F. Bales* zurückgehende Interaktionsanalyse zur Erforschung von Gruppen besonderes Interesse gefunden. Es handelt sich hier um eine Methode zur Aufzeichnung und Analyse sozialer Interaktionen, wobei *Bales* unter Interaktionen ein Gespräch oder ein Verhalten versteht, durch das zwei oder mehr Personen unmittelbar miteinander verkehren. Die beobachteten Interaktionen werden dann unter ein zu diesem Zweck entwickeltes Kategoriensystem gebracht. Auf diese Weise wird eine gewisse Vergleichbarkeit von Gruppenanalysen erreicht; darüber hinaus kann ermittelt werden – und das ist das eigentliche Ziel der Balesschen Interaktionsanalyse –, unter welchen Bedingungen die eine oder andere Verhaltensweise auftritt, wobei sich das Hauptinteresse von *Bales* auf sogenannte beschlußfassende und problemlösende Konferenzgruppen richtet. Solche Gruppen werden in Beobachtungsräumen zusammengezogen und von geschulten Beobachtern mit Hilfe der Interaktionsmethode analysiert. Das dabei verwendete Kategoriensystem umfaßt im einzelnen folgende Klassen von Interaktionen[83] (vgl. das Schema auf S. 153).

Diese Beobachtungskategorien bezeichnen Klassen von Interaktionen, in die der Beobachter Verhaltensweisen einzuordnen hat. *Bales* ordnet dann die genannten Kategorien nochmals in das im nachstehenden „Schlüssel" aufgestellte Schema ein. Dadurch sollen die „funktionellen Probleme" des Interaktionssystems verdeutlicht werden.

So fallen die Kategorien

6 und 7 unter das Problem der Orientierung   (a)
5 und 8 unter das Problem der Bewertung   (b)
4 und 9 unter das Problem der Kontrolle   (c)
3 und 10 unter das Problem der Entscheidung   (d)
2 und 11 unter das Problem der Spannungsbewältigung (e)
1 und 12 unter das Problem der Integration   (f)

KLASSISCHE GRUPPENTHEORIEN

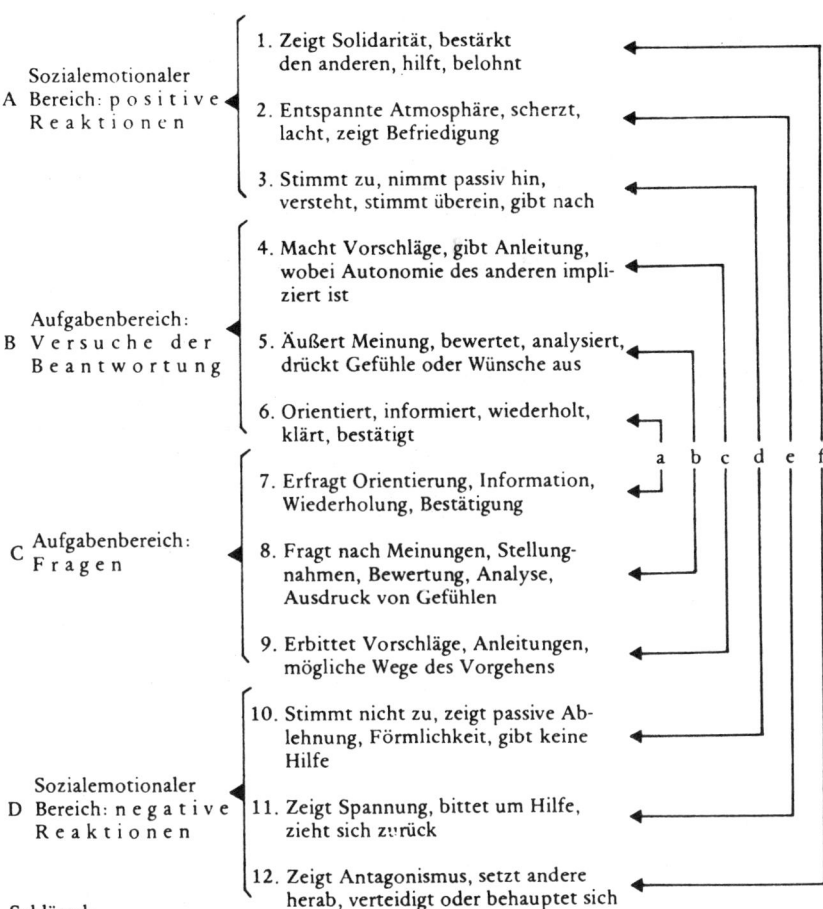

A Sozialemotionaler Bereich: p o s i t i v e Reaktionen
- 1. Zeigt Solidarität, bestärkt den anderen, hilft, belohnt
- 2. Entspannte Atmosphäre, scherzt, lacht, zeigt Befriedigung
- 3. Stimmt zu, nimmt passiv hin, versteht, stimmt überein, gibt nach

B Aufgabenbereich: Versuche der Beantwortung
- 4. Macht Vorschläge, gibt Anleitung, wobei Autonomie des anderen impliziert ist
- 5. Äußert Meinung, bewertet, analysiert, drückt Gefühle oder Wünsche aus
- 6. Orientiert, informiert, wiederholt, klärt, bestätigt

a b c d e f

C Aufgabenbereich: Fragen
- 7. Erfragt Orientierung, Information, Wiederholung, Bestätigung
- 8. Fragt nach Meinungen, Stellungnahmen, Bewertung, Analyse, Ausdruck von Gefühlen
- 9. Erbittet Vorschläge, Anleitungen, mögliche Wege des Vorgehens

D Sozialemotionaler Bereich: n e g a t i v e Reaktionen
- 10. Stimmt nicht zu, zeigt passive Ablehnung, Förmlichkeit, gibt keine Hilfe
- 11. Zeigt Spannung, bittet um Hilfe, zieht sich zurück
- 12. Zeigt Antagonismus, setzt andere herab, verteidigt oder behauptet sich

Schlüssel:
a - Probleme der Orientierung
b - Probleme der Bewertung
c - Probleme der Kontrolle
d - Probleme der Entscheidung
e - Probleme der Spannungsbewältigung
f - Probleme der Integration

Bei einer konkreten Untersuchung mit Hilfe dieser Kategorien wird das Verhalten der Teilnehmer beobachtet, und ihre Gespräche werden registriert. Das so ermittelte Material kann dann im Hinblick auf die Verteilung sämtlicher Handlungen auf die 12 Kategorien durchleuchtet werden. Eine derartige Verteilung, die in numerischer Form erfolgt, nennt Bales ein P r o f i l [84]

Unterschiedliche Gruppen werden bei unterschiedlichen Bedingungen verschiedene Typen von Profilen erzeugen. So neigt eine Gruppe z.B. mehr zu Unstimmigkeit als eine andere usw. Die folgenden Ausführungen sollen diese Zusammenhänge weiter verdeutlichen.

2 Das Gleichgewichtsproblem in Gruppen : Nehmen wir an, wir beobachten eine Gruppe, die über eine Person diskutiert, die mit ihren Untergebenen gewisse Schwierigkeiten hat. Die Diskussionsunterlagen werden den Versuchspersonen einzeln ausgehändigt. Nachdem jeder Teilnehmer die bereitgestellten Informationen zur Kenntnis genommen hat, muß er die ausgehändigten Informationsblätter wieder an den Versuchsleiter zurückgeben.
Die Unterrichtung der Versuchspersonen verläuft derart, daß ihnen eigens die Gewißheit darüber genommen wird, ob sie genau gleiche Informationen besitzen oder nicht; man versichert ihnen jedoch, daß jedem von ihnen eine zutreffende, wenn auch vielleicht unvollständige Zusammenstellung des Falles mitgeteilt worden sei. Die Versuchspersonen werden nun aufgefordert, Stellungnahme zu dem dargelegten Fall abzugeben. Der Versuchsleiter verläßt dann den Raum. Die Diskussion wird durch einen Spiegel, der Durchblick auf die Versuchspersonen gestattet, beobachtet und auf Tonband aufgenommen. Nach der Diskussion sollen dann die Versuchspersonen Fragebogen ausfüllen, wodurch ihre Reaktion, ihre Zufriedenheit, ihr Verhältnis zueinander und ihre Meinung über ihre Diskussionsgruppe getestet werden sollen.
Bei der nun folgenden Diskussion lassen sich drei Problemreihen aufzeigen[85]:

1. Orientierung (6, 7): Die Gruppenmitglieder befinden sich in mehr oder weniger großer Unkenntnis über die Tatbestände, die diskutiert werden sollen. Die Folge davon, sozusagen das Problem ist, daß eine gemeinsame Definition der Situation gefunden werden muß und daß dies nur durch Interaktionen ausgelöst werden kann.

2. Bewertung (5, 8): Hinsichtlich der Bewertung besitzen die Mitglieder unterschiedliche Wertvorstellungen und Interessen. Auch hier muß versucht werden, durch Interaktionen zu einheitlichen Werturteilen zu kommen (vgl. „Bestimmungsleistung der Gruppe", *Sherif, Asch, Hofstätter* u.a. S. 53 ff.).

3. Kontrolle (4, 9): d.h. Versuche der einzelnen Gruppenmitglieder, das Handeln des anderen direkt zu beeinflussen und zu einer konkreten Entscheidung zu kommen. Hier besteht im allgemeinen ein Drang zugunsten gemeinsamer Entscheidungen.

Tritt eines der angegebenen Probleme (1,2,3) vermindert oder gar nicht auf, dann bezeichnet *Bales* die Aufgaben bzw. Probleme der Gruppe als verkürzt. Im weiteren Fortgang versucht *Bales* typische Profile von Diskussions-

KLASSISCHE GRUPPENTHEORIEN

gruppen und typische Grundmuster von Interaktionen zu beschreiben. Die nachstehende Tabelle zeigt Profile zweier Gruppen, die an der oben bezeichneten Standardaufgabe arbeiteten:

Art des Aktes:	Profile in Prozenten			Durchschnittliche Prozentsätze, nach Problembereichen
	Zufrieden	Unzufrieden	Durchschnitt	
1. Zeigt Solidarität	0,7	0,8	0,7	
2. Zeigt Entspannung	7,9	6,8	7,3	25,0
3. Stimmt zu	24,9	9,6	17,0	
4. Gibt Empfehlungen	8,2	3,6	5,9	
5. Äußert Meinung	26,7	30,5	28,7	56,7
6. Gibt Orientierung	22,4	21,9	22,1	
7. Erfragt Orientierung	1,7	5,7	3,8	
8. Erfragt Meinung	1,7	2,2	2,0	6,9
9. Erfragt Empfehlung	0,5	1,6	1,1	
10. Stimmt nicht zu	4,0	12,4	8,3	
11. Zeigt Spannung	1,0	2,6	1,8	11,4
12. Zeigt Feindseligkeit	0,3	2,2	1,3	
Insgesamt, Prozent	100,0	100,0	100,0	100,0
Insgesamt, Aufzeichnungen	719	767	1486	

Diese beiden „Tätigkeitsprofile" wurden aus einer Untersuchung von 16 Diskussionsgruppen herausgenommen. In einer sich an das Treffen anschließenden Frage über die Zufriedenheit mit dem Ergebnis wurden Tätigkeitsprofile „zufriedener" und „unzufriedener" Gruppen ermittelt [86]. Im einzelnen ist dazu zu sagen:

1. Die beiden Gruppenprofile unterscheiden sich nicht radikal. Das Durchschnittsprofil kann als typisch für problemlösende Gruppen angesehen werden: Versuche der Beantwortung (Äußerung der Orientierung, Meinung und Empfehlung) treten häufiger auf als die ihnen entsprechenden Fragen (d.h. Fragen nach Orientierung, Meinung und Empfehlung). Ähnlich sind positive Reaktionen (Übereinstimmung usw.) häufiger als negative Reaktionen (10, 11, 12). Das liegt wohl daran, daß der Handlungsablauf gebremst würde, wenn die Zahl der Fragen die der Antworten übersteigen würde und mehr negative als positive Reaktionen zu verzeichnen wären.

2. Eine Differenzierung zwischen der zufriedenen und unzufriedenen Gruppe ergibt sich insofern, als die zufriedene Gruppe einen höheren Prozentsatz von positiven Reaktionen aufweist, mit denen Aktionen aus dem Aufgabengebiet (Beantwortung) erwidert werden.

Weiter werden wir mit dem Problem konfrontiert: Welcher Typ der Tätigkeit löst vorwiegend einen anderen Typ der Tätigkeit ab? Das ließe sich nur durch eine Matrix der „reaktiven Tendenzen" (die hier nicht aufgeführt wird) bestimmen. Hier seien lediglich einige dieser Tendenzen angedeutet: Wenn der vorangegangene Akt eines anderen Gruppenmitgliedes ein Versuch der Beantwortung (Aufgabengebiet) war, so ist die Wahrscheinlichkeit sehr groß, daß der folgende Akt eine positive bzw. negative Reaktion darstellt. Und zwar wächst die Wahrscheinlichkeit für Reaktionen von „Orientierung" über „Meinung" zu „Empfehlung". Allerdings kann auch angefügt werden, daß in dieser Linie auch die Wahrscheinlichkeit der negativen Reaktionen innerhalb des expressiv-integrativen Bereiches wächst. Quintessenz dieser Feststellung ist: Die Wahrscheinlichkeit spricht gegen einen Verbleib im Aufgabenbereich (Beantwortung), sie spricht für ein Überwechseln in den expressiv-integrativen Bereich. Diese Vorstellung gehört, wie *Bales* hervorhebt, zu den Grundlagen der Theorie des Gleichgewichts in Diskussionsgruppen: daß nämlich die Wahrscheinlichkeit der Reaktion (expressivintegrativer Bereich) steigt, wenn der Handlungsablauf von den Problemen der Orientierung zu denen der Bewertung und denen der Kontrolle fortschreitet (instrumentell-adaptiver Bereich) und daß die Reaktionen zur negativen Seite überwechseln werden, wenn die Implikationen der Akte bestimmter und zwingender werden.

Für das Gleichgewicht in Diskussionsgruppen ergibt sich hieraus die Folgerung: Ganz allgemein ist das Überwiegen von positiven gegenüber von negativen Reaktionen eine Bedingung des Gleichgewichts. Die Realisation des Gruppenzieles (Lösung eines Problems) setzt einen gewissen Output von Leistung voraus. Dieses gewisse Leistungsniveau kann nur dann gehalten werden, wenn parallel dazu ein gewisses Niveau der Zufriedenheit vorhanden ist, was von der Durchsetzung der emotional-integrativen Ziele abhängt. Mit anderen Worten: Die instrumental-adaptiven Ziele werden nur dann verfolgt, wenn damit ein f e e d b a c k (R ü c k k o p p e l u n g) positiver Sanktionen verbunden ist, so daß die instrumentelle Tätigkeiten verrichtenden Personen verstärkt werden (im Sinne der Hullschen Verstärkertheorie: J.W.: Handlung mit erprobter Erfolgserwartung). Die Verstärkung soll dazu führen, daß Personen ihre instrumentellen Tätigkeiten fortsetzen. Negative Reaktionen führen andererseits dazu, das vorangegangene Verhalten zu hemmen; sie liefern keine Grundlage für die Festlegung einer stabilen, positiven, gleichgewichtigen Verhaltensweise. Leistung und Zufriedenheit hängen also zusammen; mithin muß ein Verhaltensablauf gefunden werden, bei dem die positiven gegenüber den negativen Reaktionen überwiegen. Die Zufriedenheit hängt von dieser Bedingung ab. Die beiden tabellarisch erfaßten Profile zeigen dies. Die Zufriedenheit eines Mitgliedes ist sicherlich eine Funktion des Übergewichts positiver Reaktionen im Verhältnis zu den negativen, die sie empfangen.

Die oben als positiv definierte Verhaltensrichtung und als gleichgewichtig bezeichnete Situation wird vom Erwartungs- und Anspruchsniveau und von der Dringlichkeit des Aufforderungscharakters der Situation abhängen.

Möglicherweise muß das Anspruchsniveau gesenkt (oder gesteigert) werden, um eine solche Verhaltensrichtung ermöglichen zu können.

4. Unsere Tabelle zeigt, daß Versuche der Beantwortung, also die „ersten Schritte", etwa die Hälfte (57%) der gesamten Tätigkeit darstellen. Positive und negative Reaktionen machen fast die gesamte übrige Hälfte aus, wohingegen die Fragen in den Hintergrund treten.
Aus einer Matrix der reaktiven Tendenzen machte jedoch *Bales* ersichtlich, daß Aktionen aus dem Bereich „Fragen" einen ergänzenden oder sachlich verwandten Versuch der Beantwortung auslösen. Das System b l e i b t i n i n s t r u m e n t e l l - a d a p t i v e r R i c h t u n g i n B e w e g u n g (im Gegensatz zu 3., wo ein Überwechseln vom instrumentell-adaptiven Bereich zum expressiv-integrativen Bereich konstatiert wurde). Fragen sind offenbar geeignet, den Handlungsablauf in die instrumentell-adaptive Richtung zu lenken, ohne daß eine besondere Gefahr bestünde, emotionale Reaktionen auszulösen. Sie sind ein wirksames Mittel, die Initiative in die Hände eines anderen übergehen zu lassen.
Fragen, die bewußt versuchen, den Prozeß in diesem Sinne zu lenken, scheinen jedoch gering zu sein. Eher scheint es so zu sein, daß Fragen benützt werden, um sich einen „neutralen Ausweg" zu schaffen, wenn etwa aus einem voreiligen Versuch der autoritären Beeinflussung mit negativen Reaktionen zu rechnen ist. Hier liegt wohl auch der Grund, warum Fragen so selten auftreten. Sie werden vor allem dann gestellt, wenn Versuche der Kontrolle (Beeinflussung) nicht mehr zum Gleichgewicht führen; sie bieten darüber hinaus ein geringes Feedback (oder gar keines). Bei starkem Wettbewerb dürften daher Fragen als letzte Rettung benützt werden. Wer schon in der Gruppe einen festen und gehobenen Status hat oder wer seinen niedrigen Status akzeptiert, der kann sich Fragen „leisten"; das gilt jedoch nicht für diejenigen, die sich noch im Wettbewerb befinden und um Status noch kämpfen müssen.

5. Schließlich sei noch darauf hingewiesen, daß Reaktionen, die stark emotional aufgeladen sind, ebenfalls emotionale Reaktionen provozieren. Zeigt ein vorausgehender Akt Feindseligkeit, so neigt das folgende Handeln mit großer Wahrscheinlichkeit ebenfalls zur Feindseligkeit; es sei denn, es geht über in Entspannung. Eine Rückkehr in den Aufgabenbereich ist jedenfalls weniger häufig.
Der Prozeß läßt sich vielleicht so vorstellen: Die instrumentell-adaptive Tätigkeit kann beim Partner tendentiell Spannungen erzeugen, so daß er nun selbst in den expressiven Bereich eintritt. Das System wechselt seinen Charakter. Die Spannung wird nun so weit „zur Ader gelassen", bis der Betreffende wieder zu seiner instrumentell-adaptiven Tätigkeit zurückgehen kann. Das Problem des Gleichgewichts liegt darin, daß Vorkehrungen getroffen werden, die das System in einem sich wiederholenden Zyklus von Störungen befreien (Sündenbock-Problem).

3 Expressiver und instrumentaler Pol in Gruppen:
Ohne daß wir bisher eigens darauf aufmerksam gemacht haben, dürfte ersichtlich geworden sein, daß der von *Bales* als expressiv-integrativ angesehene Bereich mit der „Gemeinschaft" etwa bei *Tönnies* in Zusammenhang gebracht werden kann, wie auch das Gleiche für den instrumentell-adaptiven Bereich hinsichtlich der „Gesellschaft" bzw. der Gesellschaftsseite gilt. Hier sind im übrigen auch die bereits an anderer Stelle aufgezeigten „pattern variables" *(T. Parsons)* verankert. Wir haben diese alternativen Orientierungsweisen im Zusammenhang mit der Unterscheidung von Primär- und Sekundärgruppen vorgetragen (vgl. S. 106). Schließlich zielt auch das sogenannte Divergenztheorem (Tüchtigkeits- und Beliebtheitsordnung) auf dieselbe Problematik. Dieser Problemzusammenhang soll nun noch in einigen Punkten — im Anschluß an die Balessche Darstellung — vertieft werden.

Die Rollen, die im instrumentell-adaptiven Bereich gespielt werden, lassen sich etwa durch die Frage operationalisieren: „Wer hat die besten Ideen zur Lösung des Problems beigetragen? Bitte bewerten Sie die Gruppenmitglieder nach einer Skala ...". Anderseits kann der integrativ-expressive Bereich durch die Frage merkmalisiert werden: „Wen mögen Sie am meisten, wen am wenigsten? Geben Sie eine Reihenfolge an."

Bales kam zu Ergebnissen, die wir schon früher angesprochen haben: Divergenz zwischen dem „Tüchtigsten" einerseits und dem „Beliebtesten" anderseits. Derjenige, der als bester Ideenspender bzw. Diskussionslenker die meisten Stimmen auf sich vereinigte, zog die meisten Antipathien auf sich. Wohingegen derjenige, der die meisten Sympathiestimmen auf sich vereinigen konnte, auf der Kurve, die die Diskussionslenkung bzw. die „besten Ideen" repräsentierte, merkwürdig niedrig stand[87)].

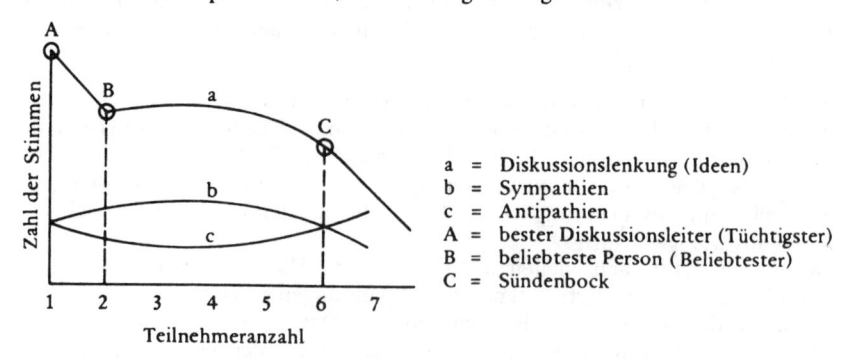

a = Diskussionslenkung (Ideen)
b = Sympathien
c = Antipathien
A = bester Diskussionsleiter (Tüchtigster)
B = beliebteste Person (Beliebtester)
C = Sündenbock

Wahrscheinlich verliert das Gruppenmitglied, das sich am stärksten beteiligt und als Diskussionslenker und Ideenspender die meisten Stimmen auf sich zieht, Sympathie und ruft Antipathie hervor. Dabei muß die Kurve der Antipathie besonders beachtet werden: Die meisten Antipathien richten sich auf den Mann an der Spitze, und sie vermindern sich stetig, je tiefer die Wertung für Diskussionslenkung fällt, bis wir zu dem untersten Gruppenmitglied kommen; hier zeigt die Kurve eine Steigung. Die Begründung scheint im folgenden zu liegen: In der Kombination von hoher Beteiligung und Spezialisierung (instrumentell-adaptiver Bereich) liegt etwas, was zur Feindseligkeit herausfordert (emotional-expressiver Bereich). Diese Störung des Gleichgewichtes kann durch „Erholungsmechanismen" beseitigt werden. Wenn ein Teilnehmer sich merklich zu spezialisieren beginnt, dann beginnen auch die negativen Reaktionen sich auf ihn zu konzentrieren. Diese Feindseligkeit kann jedoch auf einen zuunterst in der Statusstruktur stehenden S ü n d e n b o c k abgelenkt werden. Wir haben hier einen Mechanismus vor uns, durch den die ambivalenten Einstellungen zum instrumental-adaptiven Spezialisten — der Spitzenfigur — vorbeigelenkt und entschärft werden können.

Die Konzentration positiver Stimmen auf den zweiten Mann bildet einen weiteren Mechanismus, durch den der Gruppenzusammenhalt wiederhergestellt werden kann. Diese integrative Funktion kann der Beliebteste übernehmen, weil er keine Verantwortung für die Systembewegung trägt. Diese obliegt vielmehr dem „technischen Führer".

Freilich kann sich der „Beliebteste" mit dieser Funktion nicht abfinden. Er kann versuchen, in den Bereich des Spezialisten einzudringen, und bei diesem Statuskampf hat er viel Unterstützung durch die Sympathien anderer. Das ist ein wesentliches Unsicherheitsmoment für die Gruppe. Sowohl die integrative als auch die instrumentelle Leistung können darunter leiden.

Eine Koalition zwischen dem Tüchtigsten und dem Beliebtesten kann die Struktur stabilisieren. Solche Koalitionen haben sich, wie manche Theoretiker meinen, als dauerhafte Lösungen in kulturellen Ordnungen geradezu institutionalisiert. So entsteht z.B., wie *Bales* hervorhebt, das Inzesttabu als eine solche Koalition zwischen Vater und Mutter (der Vater als instrumenteller Führer, die Mutter als expressive Führerin). Auch Sündenbockmuster haben sich institutionalisiert, z.B. in Totemritualen: Wenn das Totem bei gewissen rituellen Gelegenheiten getötet wird, so legt das den Gedanken sehr nahe, daß es sich hier um eine rituelle Demonstration von Aggression gegen die hauptsächlichen Autoritätsfiguren handelt. In vielen anderen Fällen können ganze Gruppen oder Personen mit niedrigem Status geopfert werden (Opfer- und Erlösungsrituale!).

L i t e r a t u r

1. *Homans* C. G., The Human Group, New York 1951
   (Theorie der sozialen Gruppe. Köln und Opladen 1966).

2. *Bales* R. F., Interaction Process Analysis. London/NewYork 1957.

   Bales R. F., Probleme des Gleichgewichtes in kleinen Gruppen. In: Moderne amerikanische Soziologie. Herausgegeben von H. Hartmann. Stuttgart 1967.

3. *Moreno* J. L., Who shall survive? New York 1953
   (Die Grundlagen der Soziometrie. Köln 1954).

SOZIALES HANDELN UND GRUPPEN

Prüfungsfragen

1. Welches sind die Grundelemente in der Homansschen Gruppentheorie?
2. Was ist „äußeres" und „inneres System" bei Homans?
3. Können Sie etwas über „Homanssche Regeln" sagen?
4. Was ist das Anliegen des soziometrischen Verfahrens?
5. Welche Gesetze des Gruppenlebens glaubt Moreno untersucht zu haben?
6. Was ist eine Soziomatrix?
7. Was ist ein soziales Anspruchsniveau?
8. Was ist unter emotionalem Ausdehnungsvermögen und soziodynamischem Effekt zu verstehen?
9. Was ist das Ziel der Balesschen Interaktionsanalyse?
10. Was ist nach Bales ein Profil?
11. Wann sind nach Bales Aufgaben bzw. Probleme einer Gruppensituation „verkürzt"?

11. Kapitel

Die Gesellschaft

Wir haben bereits früher „Gesellschaft" und „Kultur" als zwei verschiedene Begriffe und damit auch als differenzierte Wirklichkeiten unterschieden. Gesellschaft wurde als eine Gruppe von Menschen bezeichnet, die sich mehr oder weniger dauerhaft zur Erreichung bestimmter Ziele und Zwecke organisiert. Jetzt kommt es darauf an, die Inhalte des Begriffes deutlicher herauszuarbeiten. Im Anschluß an die Definition, die wir von der Soziologie gegeben haben (S. 27), bezeichnen wir als Gesellschaft eine Mehrzahl (Kollektiv) von Gruppen und Institutionen, die fähig und in der Lage ist (Kriterium der „Selbstgenügsamkeit")[88], mit Hilfe sozialer Prozesse, entsprechend einer zeitlichen und geographischen Situation, bestimmte Ziele zur Erhaltung und Entfaltung des Menschen zu realisieren. Gesellschaft kann, so gesehen, ein Gruppenintegrat zu kontinuierlicher Erreichung institutionell festgestellter Ziele heißen. Wobei allerdings aufgrund der Nicht-Identität von Mensch und Gesellschaft, von Gruppen und Instituionen, Zielkonflikte nicht nur möglich, sondern zur Entfaltung (sozialer Wandel!) des Menschen und damit auch der Gesellschaft notwendig sind.

Gesellschaft ist also zunächst einmal alles, was das rein „Private" und was gleichzeitig auch die „Gesellschaft" im Sinne einer bestimmten höheren Gesellschaftschicht, etwa im Sinne der Aussage, daß jemand zur „höheren Gesellschaft" gehört, übersteigt.

Gesellschaft meint ein Kollektiv (Mehrzahl) von Menschen, gegliedert in verschiedene Gruppen, die alle zusammengenommen bestimmte Erfordernisse und Herausforderungen des menschlichen Zusammenlebens in unterschiedlicher Weise vollbringen. Wenn von einer Gesellschaft in soziologischem Sinn gesprochen werden soll, so müssen zunächst „funktionale

Erfordernisse" erfüllt sein. Erst wenn diese Erfordernisse vorhanden sind, kann von einer Gesellschaft als einem **sich selbst genügenden (self-sufficing) Handlungssystem** gesprochen werden[89]. Die konkrete Gestalt (**Struktur**) **dieser Erfordernisse** macht dann eine typische Gesellschaft aus.

Zur Illustration des Begriffes „Selbstgenügsamkeit der Gesellschaft" sei folgendes Beispiel angeführt: Eine Gesellschaft braucht hinsichtlich ihrer wirtschaftlichen Bedürfnisse nicht alle Hilfsquellen und alle Produktionsstätten im eigenen Land zu haben und sich insofern „sich selbst genügsam", etwa im Sinne einer wirtschaftlichen Autarkie, zu erweisen. Das ist nicht gemeint, wenn von der Gesellschaft als einem sich selbstgenügenden Handlungssystem gesprochen wird. Österreich oder die Bundesrepublik Deutschland oder irgendein anderes Land sind nicht autark und in diesem Sinne selbstgenügsam, sondern sie sind vielmehr auf Importe und Exporte zur Aufrechterhaltung ihrer Existenz angewiesen. Doch das „Handlungssystem" dieser Gesellschaft als solches ist so strukturiert, daß durch einen in der Gesellschaft vorhandenen bürokratischen und politischen (Handlungs-) Apparat entsprechende Handelsvereinbarungen mit anderen Staaten getroffen werden können, wodurch die genannten sozialen Systeme voll funktionsfähig und in dem von uns gemeinten Sinn wirtschaftlich selbstgenügsam werden.

Worauf es also ankommt, ist dies: Das Handlungssystem einer Gesellschaft als solches muß alle jene Leistungen und sozialen Prozesse ermöglichen, damit die Gesellschaft als kulturelles Bedürfnis- und Gruppensystem existieren kann. **Das Kriterium der Selbstgenügsamkeit bringt also zum Ausdruck, daß ein soziales Aggregat fähig ist, eine Struktur (ein Handlungssystem) auszubilden, das sich zwar als ein Gefüge von Funktionen (und auch von Dysfunktionen) darstellt, aber insgesamt fähig ist, den Bestand und die Fortentwicklung der jeweilig bestehenden Gesellschaft zu sichern.**

Damit ist nicht gesagt, daß alle konkreten Verhaltensformen einer Gesellschaft zu deren Erhaltung funktional zugeordnet sind (Postulat der funktionalen Einheit)[90]. Es ist nämlich durchaus möglich, daß eine Reihe von Elementen in einer Gesellschaft dysfunktional wirken. Obwohl solche dysfunktionalen Elemente in der Struktur einer Gesellschaft nicht übersehen werden dürfen, muß doch davon ausgegangen werden, daß jede erfolgreiche (funktionierende) Gesellschaft über Institutionen verfügen muß, die gewisse Grunderfordernisse, vor die sich jede Gesellschaft gestellt sieht, erfüllen.

Was muß nun in einer Gesellschaft vorhanden sein und getan werden, damit sie als „selbstgenügsam" bezeichnet werden kann? Welche sind die notwendigen Mittel zu ihrer Selbsterhaltung und damit auch zur Möglichkeit ihrer Entfaltung?

DIE GESELLSCHAFT

Vor allem müssen folgende Probleme, die jede Gesellschaft je nach Größe und Komplexität mehr oder weniger dringend bewältigen muß, gelöst werden:
1 Biologische Reproduktion
2 Produktions-(Wirtschafts-)System und Technologie
3 Rollendifferential
4 Statusdifferenzierung (Schichtung)
5 Legitimation
6 Kommunikation
7 Orientierungs-, Zielsystem
8 Affektregulierung
9 Sozialisierung
10 Kontrolle abweichenden Verhaltens
11 Politische Integration

Alle diese funktionalen Erfordernisse stellen Elemente einer m a k r o - s o z i o l o g i s c h e n Betrachtung dar. Im Gegensatz und in Ergänzung zu den vorausgegangenen Kapiteln über die Gruppensoziologie, wo wir verschiedene Elemente des sozialen Handelns bei interpersonalen Beziehungen (mikrosoziologisch) dargestellt haben, kommt es uns jetzt nicht so sehr darauf an, zu zeigen, wie einzelne Handlungen motiviert und strukturiert sind, sondern welche Handlungssysteme insgesamt für eine Gesellschaft notwendig sind. Von dem Gesichtspunkt der „quantitativen Bestimmtheit der Gruppe" (G.Simmel) her wissen wir, daß bei entsprechenden Gruppengrößen (Volumen und Dichte) gewisse qualitative Elemente sozialen Handelns im obigen Sinne notwendig werden. Ohne das Vorhandensein solcher qualitativer (struktureller) Elemente auf makrosoziologischer Ebene bricht das Gruppenintegrat auseinander und hört zu existieren auf.

Bevor wir jedoch im einzelnen die funktionalen Erfordernisse einer Gesellschaft aufzählen, ist noch darauf hinzuweisen, daß es sich dabei um das handelt, w a s (welche Bedingungen) eine Gesellschaft braucht, um ein sich selbst erhaltendes System genannt zu werden. W i e diese Bedingungen jeweils in einer konkret existierenden (historischen) Gesellschaft aussehen, d.h. wie die Struktur dieser einzelnen funktionalen Erfordernisse insgesamt tatsächlich ist, das wird die S o z i a l s t r u k t u r einer Gesellschaft genannt. Sozialstruktur meint also Art und Umfang, wie die wichtigsten sozialen (funktionalen) Erfordernisse zum Überleben einer konkreten Gesellschaft organisiert (institutionalisiert) sind.

1 Jede Gesellschaft braucht zu ihrer Erhaltung ein Menschenreservoir (Personal der Gesellschaft). Die Voraussetzung dafür ist ein bestimmtes Maß heterosexuellen Verhaltens. Wenn auch der biologische Zirkel von Geburt, Fortpflanzung und Tod ein dynamischer Prozeß mit einem gewissen Eigengewicht ist, so eignet sich doch jede Gesellschaft diesen Prozeß spezifisch an und modifiziert ihn auf vielfältige Weise.

SOZIALES HANDELN UND GRUPPEN

In dieser Sicht ist in jeder Gesellschaft nicht nur an ein bestimmtes Familien- und Verwandtschaftssystem zu denken, sondern ganz ebenso auch an die Steuergesetzgebung, an sozialpolitische Maßnahmen, an das Interesse an einer bestimmten „Moral" usw.
Durch alle diese Aspekte wird hetero-sexuelles Verhalten beeinflußt und ein Druck auf die b i o l o g i s c h e R e p r o d u k t i o n der Gesellschaft ausgeübt. Die dabei entstehenden Altersphasen (Kindheit, Jugend, Reife, Alter) entwickeln je nach der Struktur der Gesellschaft besondere soziale Problematiken, die von jeder Gesellschaft mit besonderen Rollenerwartungen strukturiert werden.

2 Die Entwicklung von Bedingungen des menschlichen Überlebens in Gesellschaften und damit die Etablierung eines kulturellen Bedürfnissystems, wie auch die Mittel zu dessen Befriedigung, haben als funktionales Erfordernis ein bestimmtes P r o d u k t i o n s - (W i r t s c h a f t s -) S y s t e m und eine damit im Zusammenhang stehende T e c h n o l o g i e zur Voraussetzung. Je nach der geographischen und geschichtlichen Situation einer Gesellschaft wird sich dieses Erfordernis verschieden aktualisieren. Agrarische, handwerkliche oder industrielle Gesellschaften entwickeln jeweils typische ökonomische Produktions-, Distributions- und Konsumtionsstrukturen, um das kulturell (historisch) entwickelte (und manipulierte) Bedürfnissystem des Menschen und die damit zusammenhängenden Befriedigungsmittel zu entfalten.
Zu diesen physischen Erfordernissen der Reproduktion und der wirtschaftlichen Erhaltung kommt dann noch die Anpassung an die Herausforderungen der umgebenden Gesellschaften. Solche Herausforderungen können sein: aggressive Einstellung und militärischer Eroberungswille, Gebietsansprüche, wirtschaftliche Expansion (Exportmärkte), höheres kulturelles und soziales Niveau usw. Auswanderungen, Kapitalflucht, ein Bündnissystem, militärische Aufrüstung usw. können soziale (politische) Mechanismen darstellen, um solchen Herausforderungen und ihrem Anpassungsdruck zu begegnen (vgl. auch das Erfordernis der politischen Integration, S. 173).

3 Wenn eine Gesellschaft existieren will, dann gehören dazu auf der Seite der Gesellschaftsmitglieder und deren Integrierung in Gruppen eine Summe von gezielten und anerkannten Erwartungen und Handlungsaktivitäten, eine bestimmte Summe von differenzierten und komplementären sozialen Beziehungen im Sinne von gegenseitigen Orientierungen und Erwartungen. Mit anderen Worten: es gehört eine bestimmte Rollenstruktur, ein bestimmtes R o l l e n d i f f e r e n t i a l zu einer Gesellschaft.
Zur Etablierung eines solchen Rollendifferentials muß eine bestimmte Anzahl von Individuen entsprechend trainiert und motiviert werden (vgl. Sozialisierung). Ist dies nicht der Fall, dann tut jeder, was ihm gefällt. Ein Zustand von Unbestimmtheit würde die Folge sein. Rollendifferenzierung

DIE GESELLSCHAFT

und Rollenaneignung sind nicht nur davon abhängig, daß ein einzelner Mensch nicht alle in einer Gesellschaft notwendigen Rollen übernehmen kann, ebenso erlaubt die Gesellschaft auch nicht eine grundsätzlich willkürliche Kombination von Rollenaneignung. Verschiedene Altersphasen, sexuelle Differenzierung, Klassenlagen, rationale Kompetenzbarrieren, ideologische (weltanschauliche) Stereotypen usw. stellen solche Kriterien der Rollendifferenzierung und -aneignung dar.
Jede Gesellschaft muß die notwendigen inneren und äußeren Verhaltensschemata und deren Kombination zu sozialen Rollen ausarbeiten (z.b. durch „Berufsbilder"), damit dem Kriterium der Selbstgenügsamkeit Rechnung getragen werden kann. Bestimmte Wege der Rollenaneignung müssen aufgezeigt werden. Ohne Vorsorge z.B. für die Erziehung der Kinder, d.h. ohne ein bestimmtes Erziehungssystem und ohne die Bestimmung spezifischer Rollen für diese Funktionen, setzt sich jede Gesellschaft, da Kinder z.B. von Geburt an hilflos sind, ernsten Spannungen aus.
Das Nichtvorhandensein von Rollendifferenzierungen und vorgeschriebenen Rollenaneignungskriterien hat Apathie und soziale Desintegration zur Folge. Niemand weiß dann, wer, wann, wo und warum zuständig ist. Es fehlen dann in einer Gesellschaft „Signale für Kompetenz". Der Aufforderungscharakter zum „Rollenspiel" in einer Gesellschaft hängt von der Transparenz, der Bewertung (ökonomisch und moralisch) und dem Schwierigkeitsgrad der Erreichung von „Kompetenz" für Rollen ab.

4 Statusdifferenzierung (Schichtung): Ein anderes wichtiges Erfordernis für eine Gesellschaft hängt damit zusammen, daß jede Gesellschaft ein System zur selektiven Aneignung von sozialen Rollen braucht. Der Grund dafür ist die relative Knappheit von Gütern, Dienstleistungen, Bildungspatenten usw., aber auch der relative Mangel an Begabungen und an entsprechenden individuellen und sozialen Antrieben. Folge dieser individuellen Unterschiedlichkeiten (Ungleichheiten) und der objektiven Knappheit sind Präferenzen in Bildung, Einkommen, Sachverstand, Macht und Kompetenz.
Aus diesen Präferenzfaktoren oder aus einer Kombination derselben entsteht der soziale Rang. Sozialer Rang ist also die Bewertung einer Position in einer Gesellschaft mit einem oder mehreren Bewertungskriterien (vgl. S. 83 ff.).
Die hierarchische Ordnung solcher Ränge samt den dazugehörigen Verhaltensschemata wird soziale Schichtung genannt. Dabei wird zwischen höheren und niedrigeren Rängen auf der Grundlage von einem oder mehreren Rangkriterien unterschieden. Der Konflikt über das Prestige und die Ranghöhe von Gütern, Dienstleistungen und Werten kann eine Gesellschaft zerstören und ist oft Ursache eines Überganges von einer Gesellschaftsstruktur in eine andere. Man denke etwa an eine Kasten-, Klassen-, Stände-, Schicht-Gesellschaft, an eine Feudalgesellschaft, an eine Leistungs-

gesellschaft usw. Steht eine solche Konfliktsituation zur Diskussion, dann hat sich das Bewertungssystem einer Gesellschaft für soziale Kompetenz und Prestige geändert und damit auch die Zuweisungskriterien vom Status (Änderung der Legitimationsgrundlage einer Gesellschaft!).

5 Die Status-Rangordnung einer Gesellschaft muß legitimiert sein. L e g i t i ‑ m a t i o n meint inhaltliche Bestimmtheit dessen, worüber in den einzelnen Gruppen in einer Gesellschaft ein Konsensus oder eine Überzeugung dahingehend besteht, daß die vorhandenen sozialen und politischen Institutionen für die betreffende Gesellschaft zur Lösung ihrer Probleme geeignet (optimal) sind.

Legitimität enthält ein w e r t e n d e s   E l e m e n t. In der Auffassung (Bewertung, Ideologie) der einzelnen Gruppen erscheint ein gesellschaftliches Funktionssystem dann als legitim (bzw. als illegitim), wenn der Glaube besteht, daß die eigenen Gruppenwerte mit denjenigen der gesellschaftlichen Öffentlichkeit in Übereinstimmung gebracht werden können (bzw. in grundsätzlichem Widerspruch stehen). Immer handelt es sich also darum, zu wissen, was in einer Gesellschaft der von allen anerkannte rechte Weg zur Erreichung von Zielen ist. Legitimität ist so gesehen die Bereitschaft, Gruppenziele innerhalb einer anerkannten Regelkonvention realisieren zu wollen; sie umfaßt gleichfalls auch das Wissen, welche Mittel man anwenden muß (und darf), um bestimmte, von der umgreifenden Gesellschaft anerkannte Ziele und Zwecke zu erreichen.

Mit andern Worten: Über die Grundnormen der gesellschaftlichen „Ordnung" muß ein Konsensus (Konvention) bestehen. Dieser kann aufgrund von eingelebter Gewöhnung und Sitte (Tradition), aufgrund von rationalen Übereinkünften und Überlegungen (Verfassung, Gesetzen, Satzungen) oder auch aufgrund geltender Ideologien und Religionen (Charisma) erfolgen. Die tatsächliche Legitimationsgrundlage einer Gesellschaft wird eine Kombination und Mischung dieser (analytisch) verschiedenen Legitimitätstypen sein. Daß dieser Konsensus nicht total sein muß, ist selbstverständlich; in jeder Gesellschaft ist ein bestimmtes Maß an Opposition vorhanden. Denn weder das Individuum, noch einzelne soziale Gruppen sind mit der Gesellschaft identisch. In einer dem sozialen Wandel offenen Gesellschaft müssen immer kritische Distanzen (Freiheit!) zu den Vorschriften eben dieser Gesellschaft bestehen.

6 K o m m u n i k a t i o n ist für jede Gesellschaft ein weiteres notwendiges funktionales Erfordernis. Man könnte auch von einem kybernetischen System sprechen, durch das die Steuerung von Informationen, Nachrichten, Motiven, Einstellungen, Gefühlslagen und Sanktionen zwischen Einzelindividuum und Gruppen erfolgt und diese wiederum an sozial bedeutsame Verhaltensweisen rückkoppelt. Wichtige Instrumente, durch die Informationen, kognitive Lerninhalte, emotionale Zustände, Aufforderungen

DIE GESELLSCHAFT

(Reize) und Bestätigungen (Belohnungen) usw. in einer Gesellschaft transportiert werden, sind nicht nur die Sprache, sondern auch abstrakte Zeichen und Symbole.
Wenn soziale Beziehungen großteils von Angesicht zu Angesicht stattfinden, wie etwa in einfachen Gesellschaften, so mag das Medium der Sprache und die Vermittlung bestimmter Symbole im direkten, interpersonalen Verkehr genügen; aber in komplexen und komplizierten Gesellschaften werden die sogenannten Massenmedien zu wichtigen indirekten und überpersonalen Transportträgern und Vermittlungsinstanzen sozialer Kommunikation.
Wie wichtig dieses Erfordernis in der konkreten Ausprägung für ganze Gruppen, aber auch für die Entwicklung der Einzelpersönlichkeit in der Gesellschaft ist, zeigen z.B. die Forschungen über schichtspezifische Sprachformen[91].

7   In allen Gesellschaften müssen die Mitglieder auch über ein bestimmtes Maß von rationalen Orientierungen verfügen. Ein bestimmtes O r i e n t i e - r u n g s - u n d Z i e l s y s t e m ist Voraussetzung, um eine Anpassung an die Umwelt und die Manipulation der Situation, in der gehandelt werden soll, zu ermöglichen. Anpassung und Manipulation erfordern innerhalb einer Gesellschaft eine für a l l e verständliche Orientierung und Sinndeutung, um die Situation, in der gehandelt werden soll, verständlich, sinnvoll und voraussagbar zu machen. Da soziales Handeln, wie wir bereits gesehen haben, als Orientierungshandeln im Zusammenhang mit anderen verstanden werden kann, so ist das Wissen und damit die Voraussage und die Erwartung darüber, wie der andere oder andere Gruppen handeln werden, ein funktionales Erfordernis der Gesellschaft.
Die Orientierungen in der Gesellschaft müssen a l l g e m e i n sein. Dies aber nur insoweit, als das handelnde Individuum in derselben Handlungssituation mit anderen steht. So braucht eine Hausfrau nicht den militärischen Rang eines Majors von einem Korporal unterscheiden zu können, aber sie muß z.B. wissen, was ein Meter ist oder daß dieser oder jener Mann ein Polizist ist und als solcher bestimmte Funktionen hat. Weiter: Ein Bauer kann z.B. um Regen beten und ein anderer um Sonnenschein, ohne daß zwischen den beiden Schwierigkeiten entstehen werden; beide müssen aber als allgemeine und rationale Orientierung etwa die Straßenverkehrsordnung oder den Wert einer Hundertschillingnote, eines Hundertmarkscheines oder einer Dollarnote anerkennen.
Wie wir bereits weiter oben gesagt haben, gibt es in jeder Gesellschaft ein Rollendifferential und damit für jedes Rollenverhalten ein bestimmtes erreichbares Ziel. Sowohl die Tatsache der Beschränktheit der verfügbaren sozialen Positionen einer Gesellschaft wie auch die Differenziertheit der Veranlagungen einzelner Menschen machen es nötig, von einer Vielzahl von Zielen und „Rollenmoralen" und damit von Orientierungssystemen einer Gesellschaft zu sprechen. Die Folge davon ist:

1. Daß aufgrund einer Skala und der Breite von möglichen Zielen die Chance besteht, daß das einzelne Individuum zwischen A l t e r n a t i v e n wählen kann. Hier liegt die Möglichkeit, (soziale) F r e i h e i t realistisch zu erfahren. Soziale Konflikte und ein zu starker Anpassungsdruck können auf diese Weise gemildert werden. (Die weiter oben festgehaltene Bedingung von bestimmten universalen Zielen, die in jeder Gesellschaft von allen anerkannt werden müssen, bleibt davon unberührt.)

2. Diese Vielzahl oder die Skala von Zielen muß durch das Kommunikationssystem der Gesellschaft genügend veröffentlicht werden; es muß also bekannt (transparent) sein, um für soziale Aktivitäten (Mobilität) zur Verfügung zu stehen.

3. Andererseits dürfen aber die Ziele oder die Rollenmoralen vom Durchschnittsmitglied einer Gesellschaft keine außerordentlichen Fähigkeiten verlangen. So würde etwa die Forderung nach übertriebener Armut oder sexueller Abstinenz, wenn sie universal wäre, eine Gesellschaft aufzulösen drohen.

4. Die Gesellschaft muß auch dafür Sorge tragen, daß durch ihr Kommunikationssystem keine dysfunktionalen Orientierungs- und Zielsperren für bestimmte Gesellschaftsmitglieder oder für bestimmte soziale Gruppen auftreten. (Es gibt aber auch funktionale Kommunikationssperren, z.B. Amtsverschwiegenheit, vertrauliche Informationen usw.)

5. Schließlich müssen auch die Ziele einzelner sozialer Rollen anerkannt und legitimiert sein, insofern alle an einer gemeinsamen Handlungsstruktur (Rollendifferential) teilnehmen und darum auf die Kooperation angewiesen sind.

6. Wenn Ziel-, Rollen- und Orientierungskonflikte in einer Gesellschaft auftreten, muß innerhalb der Legitimitätsgrundlage einer Gesellschaft ein Mechanismus vorhanden sein, nach dessen Regeln solche Konflikte zu lösen sind (z.B. etwa Schlichtungskommissionen, Streikrecht, Ehrengerichte, Betriebsrat usw.).

Im Rahmen der Orientierungs- und Zieldimension einer Gesellschaft muß auch erwähnt werden, daß es neben rationalen Orientierungen und (empirischen) Zielen auch irrationale Orientierungen und metaphysische Ziele/Werte gibt. In diesem Sinne spricht man auch von Religion, Weltanschauung und Ideologie. Diese richten sich auf nichtknappe Ziele, Werte und Mittel und sind deshalb grundsätzlich jedem Gesellschaftsmitglied ohne Ansehen der sozialen Position zugänglich. Insofern stellen solche irrationale Gebilde einen Korrekturmechanismus zu den Knappheitsphänomenen und damit zum Status- und Herrschaftssystem innerhalb von Gesellschaften dar. Soziale Konflikte können dadurch gemildert oder niedergehalten werden.
Das macht jedoch gleichzeitig deutlich, wie solche irrationale Orientierungs-, Wert- und Zielsysteme zur Zementierung von konkreten

gesellschaftlichen Machtverhältnissen gebraucht werden können und so für sozialen Wandel und für die Änderung gesellschaftlicher (Klassen-) Machtverhältnisse einen entscheidenden Barriere- und Hemmungsfaktor darstellen können. Die Auflösung und Transparentmachung solcher Verschränkungen ist Aufgabe der Wissenssoziologie und der Ideologiekritik.
Andererseits sind aber solche nichtempirische Systeme oft auch oder gerade wegen der Transzendenz über die empirische, materielle Welt Quelle und Ursache (Innovationsträger) revolutionärer Bewegungen im Sinne neuer Bedeutungsgehalte innerhalb der empirischen Welt.
Zum Bereich des Orientierungs- und Zielsystems gehört auch das Erfordernis einer normativen Regulierung der Mittel zur Erreichung von Zielen. Wenn eine Gesellschaft zur Erreichung bestimmter Ziele keine allgemein anerkannten Mittel vorschreibt, kommt es zu Verhaltensunsicherheiten. Zumeist ist die Wahl der Mittel durch institutionalisierte Normen begrenzt. Der Erwerb von Eigentum durch Raub, Betrug, Erpressung usw. ist illegitim; legitim aber ist Eigentumserwerb durch Arbeit, Glück (Lotterie, Toto), Vererbung, Schenkung. Die Verbindung von Zielen und Mitteln und die damit zusammenhängenden Wertorientierungen sind von Gesellschaft zu Gesellschaft verschieden. Die Grenze ist jedenfalls dort, wo etwa nur technisch effiziente Mittel als ausreichend erklärt werden, um bestimmte Ziele zu realisieren. In der Tat wären dann für jeden alle Mittel erlaubt, wenn sie nur effizient zum erstrebten Ziel führen, was aber den Zerfall der Gesellschaft (Krieg aller gegen alle!) mit sich brächte.
Wenn in einer Gesellschaft nicht nur Unklarheit über Fragen hinsichtlich der Wertorientierungen besteht, sondern auch keine klaren Normen vorhanden sind, mit welchen Mitteln bestimmte Werte realisiert werden dürfen, so nähert sich eine solche Gesellschaft dem Zustand der „Anomie". Es handelt sich dabei um den Zustand einer Gesellschaft, wo weder ein Konsensus über die Ziele und über die Werte einer Gesellschaft noch über die Mittel zu deren Verwirklichung bei den Gesellschaftsmitgliedern vorhanden ist. Man kann in dieser Hinsicht von einer Normschwäche einer Gesellschaft sprechen, von einer Unsicherheit über das, was richtig ist und was (öffentlich, und damit verbindlich, „vorgeschrieben") gelten soll.

Typologie der Ziel-Mittel-Beziehung[92]

Arten der Anpassung	Kulturelle Ziele	Institutionalisierte Mittel
I. Konformität	+	+
II. Innovation	+	−
III. Ritualismus	−	+
IV. Desinteresse/Rückzugsverhalten	−	−
V. Rebellion/Revolution	−+	−+

+ = Anerkennung der in einer bestimmten Gesellschaft und Kultur vorhandenen Ziele und der Mittel zu deren Erreichung.
− = Ablehnung.
−+ = Ablehnung der alten, unter gleichzeitiger Setzung neuer Werte/Ziele und Mittel.

Der dargestellte Ziel-Mittel-Zusammenhang zwischen kulturellen Zielen einerseits und den in einer Gesellschaft vorgeschriebenen (institutionalisierten) Mitteln zur Realisierung derselben andererseits kann auch gut verdeutlichen, an welchen Stellen sozialer Wandel ansetzen kann.

8 Eine Gesellschaft braucht auch die R e g u l i e r u n g a f f e k t i v e n A u s d r u c k s . Der Mensch ist keine Maschine, kein Automat. Er ist nicht nur rational, sondern auch stark emotional konstituiert. Die emotionale Basis des Menschen läßt aber eine Vielzahl von affektiven Zuständen zu. Dazu kann ganz allgemein gesagt werden,

1. daß affektive Zustände kommunikabel und verständlich sein müssen;
2. nicht jeder Affekt darf in jeder Situation zum Ausdruck gebracht werden;
3. Emotionen, Gefühle und Affekte müssen zeitlich begrenzt sein;
4. Gefühle sind von den Gesellschaftsmitgliedern zu produzieren, damit die Sozialstruktur überleben kann.

Alle diese vier Aspekte sind als Erfordernis der Gesellschaft nach Regulation des affektiven Ausdrucks zu verstehen. Wenn das funktionale Erfordernis der Regulierung des affektiven Ausdrucks nicht vorhanden ist, muß die Stabilität von Erwartungen und gegenseitigen Orientierungen unter den Gesellschaftsmitgliedern sehr bezweifelt werden. Apathie, destruktive Reaktionen, Aggressivität, Frustrationen usw. sind die Folgen. Denken wir z.B. an Zustände wie Ärger, Zorn, Anerkennungsstreben, Mißachtung, Lustempfinden, Liebeserleben usw. Ohne Verständnis und Mitteilbarkeit, ohne Zucht und Mäßigung solcher Affekte ist Gesellschaft nicht möglich. Einander nicht entsprechende „Antworten" in solch affektiv geladenen Situationen können zur Destruktion der sozialen Bezogenheit führen. Andererseits muß jede Gesellschaft auch emotionalen Ausdruck fördern. Würde dies nicht betont, so käme man zu der Ansicht, daß alle sozialen Beziehungen einer Gesellschaft rational (kognitiv-gedanklich) wären. So wäre z.B. der Bestand der Familie gefährdet, wenn es zu keinem emotionalen Ausdruck kommen würde. Die Frage aber, welche Affekte und Gefühle gefördert und produziert und welche unterdrückt oder doch gemäßigt werden sollen, hängt eng mit anderen funktionalen Erfordernissen (z.B. mit der Wert- und Zielsetzung) zusammen und ist von Gesellschaft zu Gesellschaft verschieden. Wenn z.B. in einer Gesellschaft hohe soziale Mobilität nötig ist, so muß die Familie in ihrem emotionalen System ihre Mitglieder zu dieser Mobilität stimulieren. Andererseits muß ein Gesellschaftsmitglied so trainiert sein, daß es seine Gefühlsspannungen, die etwa von der Ehe- und Familiensituation herrühren, nicht in der Öffentlichkeit und im Berufsleben zum Tragen kommen. Wiederum anders kann ein besonders emotionalisierter Mensch etwa seinen Flitterwochenzustand nicht unbegrenzt ausdehnen.

DIE GESELLSCHAFT

9 Das funktionale Erfordernis der S o z i a l i s i e r u n g (vgl. auch später die Behandlung sozialer Prozesse) beruht auf dem Umstand, daß soziales Handeln gelernt werden muß. Daraus folgt:

1. daß dem Individuum beigebracht werden muß, wie es sich in sozialen Situationen verhalten muß. Die Arten der Kommunikation, das allgemein anerkannte Zielsystem und die Anforderungen an konkrete Rollenmoralen, die vorgeschriebenen Mittel zur Erreichung sozial anerkannter Ziele, die Zulässigkeit affektiven Ausdrucks, rationale Orientierungen, metaempirische Werte, usw. — dies alles muß gelernt werden.

2. Sozialisierung in diesem Sinne besagt aber nicht nur die Aufzucht und Entwicklung neu geborener Menschen in eine konkrete Gesellschaft hinein, sondern auch die Adaptierung erwachsener Mitglieder an den sozialen Wandel.

`3. Ein universaler Fehlschlag der Sozialisierung, sowohl in bezug auf die Heranführung neuer Gesellschaftsmitglieder als auch hinsichtlich der Adaptierung der Erwachsenen an Erwartungen, die der soziale Wandel mit sich bringt, bedeutet nichts weniger als die Auflösung einer bestimmten Gesellschaftsstruktur im Sinne eines Gruppenintegrates mit bestimmten äußeren und inneren Verhaltensschemata.
Natürlich kann ein Gesellschaftsmitglied nicht gleich vertraut sein ...t allen Aspekten der Gesellschaft. Es mag z.B. völlig unwissend sein hinsichtlich einiger Rollenmoralen oder einiger Zielaspekte der Gesellschaft. Aber es muß in bezug auf sein eigenes Verhalten und auf die Haltungen, die seinen eigenen Rollen entsprechen, eine ausreichende Kenntnis (Sozialisation) besitzen.

4. Man spricht auch von der Sozialisierung, die nicht Bezug nimmt auf die Einzelperson, sondern auf ganze Gruppen und die Gesellschaft insgesamt. So ist etwa die Gesellschaft (adäquat) sozialisiert, wenn nicht nur die bereits genannten funktionalen Erfordernisse alle vorhanden sind, sondern wenn diese auch so strukturiert und institutionalisiert sind, daß sie sich gegenseitig ergänzen. Andererseits können aber etwa das Bildungswesen einer Gesellschaft oder das moralische, rechtliche oder religiöse System so strukturiert sein, daß es gegenüber dem „Bewußtsein" der an einer technologisch hochentwickelten Sozialstruktur gebildeten Bevölkerung nachhinkt (vgl. „Cultural lag", S. 95).
So muß etwa ein Arzt, ein Richter usw. einige Eigenschaften und Haltungen lernen, die anderen Gesellschaftsmitgliedern mehr oder weniger unbekannt sind und unbekannt bleiben. Alle aber müssen lernen, wie wir bereits weiter oben betont haben, daß eine von solchen Differenzierungen konstituierte Gesellschaft darüber hinausgehende, übergreifende und von allen allgemein anerkannte Wertorientierungen und daher ein diesbezügliches normatives Verhältnis von Zielen und Mitteln haben muß.

10 Mit den genannten funktionalen Erfordernissen hängt eng die K o n t r o l l e a b w e i c h e n d e n V e r h a l t e n s zusammen. Alle bis jetzt genannten funktionalen Erfordernisse tendieren dahin, die einzelnen Gesellschaftsmitglieder so zu motivieren, daß die Gesellschaft als ein sich selbst genügsames Handlungssystem aufrechterhalten werden kann. Dahin verstärkend wirken Sanktionen. Beim Fehlen solcher spezifischer Verhaltenskontrollen wäre die Gesellschaft in ihrem Bestand gefährdet. Zwei Bedingungen können dies besonders verdeutlichen:

1. die Beschränktheit in der Befriedigung von Erwartungen;

2. mangelhafte Sozialisierung und die Sozialisierung nach abweichenden Normen (z.B. nach Normen von Verbrecherbanden, Revolutionsgruppen etc.).

Was die Beschränktheit in der Befriedigung von Erwartungen anbetrifft, so kann jeder die Erfahrung machen, daß viele Wünsche letztlich unbefriedigt bleiben. Reichtum, aber auch teilweise Eigentum ist z.B. für die Masse der Gesellschaftsmitglieder schwer zugänglich. Manche Gesellschaftsmitglieder greifen daher nach unerlaubten Mitteln (Gewalt, Betrug usw.), um solche beschränkte Güter zu erwerben. Ähnlich ist es in bezug auf soziales Prestige, Macht, sexuelle Lust usw. Im Sinne von S. *Freud* muß hier das „Lustprinzip" vom „Realitätsprinzip" (Gesellschaft) kontrolliert werden. Die Gesellschaft kann nicht jede Methode und jedes Mittel erlauben, um bestimmte Ziele und Wünsche erreichen zu können. Hier liegt auch die Problematik einer notwendigen kultur- und gesellschaftsspezifischen „Repression".

Auch die mangelhafte Sozialisierung führt oft zu abweichendem Verhalten. Bei mangelhafter Sozialisierung kommt es zur Realisation persönlicher Wünsche ohne Rücksicht darauf, ob die Mittel und Wege der Wunscherfüllung von der Gesellschaft erlaubt sind.

Im Gegensatz zur Sozialisierung nach abweichenden Normen, bei der es zu abweichendem Verhalten kommt, weil die geltenden sozialen Normen unter Berufung auf die eigenen Gruppennormen als Unrecht (Repression!) empfunden werden, kommt es bei der mangelhaften Sozialisierung zu abweichendem Verhalten einer Person, weil diese trotz der Einsicht, daß ihr Verhalten „Unrecht", „Sünde" usw. ist, zu schwach ist, um auf Wünsche, deren Erfüllung mit sozial erlaubten Mitteln nicht möglich ist, zu verzichten.

Mehr aber als auf die Kontrolle abweichenden Verhaltens muß die Gesellschaft Wert darauf legen, dem einzelnen Gesellschaftsmitglied, wie auch sozialen Gruppen, Mittel und Spielraum zur Sozialisation zu bieten und entsprechende Hilfestellung zu leisten. Welcher Typ von Handlungen für eine Gesellschaft besonders destruktiv ist, hängt von der Struktur und der jeweiligen historischen Situation einer Gesellschaft ab. Es können z.B. Eigentumsdelikte sein, wo das Eigentum besonders betont wird.

11 Politische Integration und Organisation oder ein politisches Führungssystem sind für jede Gesellschaft notwendig[93]. In diesem Punkt laufen alle anderen funktionalen Erfordernisse zusammen. Letztlich ist es die Frage nach der „Ordnung" der Gesellschaft. So verlangt schon der Vorrang verschiedener sozialer Rollen vor anderen bis zu einem gewissen Grad Koordination und eine Rangordnung (Statusordnung). Entsprechende Sanktionen (positive und negative) müssen mit spezifischen Statuskonzessionen verbunden sein. Eine solche Statusordnung beansprucht einige Individuen stärker als andere. Die so entstehenden Statuskonzessionen (Privilegien) sind gewöhnlich auch dem einfachen Manne insofern einsichtig, als größere Rechte auch mit einer größeren Verantwortlichkeit verbunden sind.
Zur Organisation und Integration einer Gesellschaft trägt wesentlich das Wertsystem (Ideologie) und damit auch das Moralsystem einer Gesellschaft bei. Davon hängt aber auch wiederum stark das Führungssystem einer Gesellschaft ab. Damit ist nun seinerseits wieder die Frage nach dem gesellschaftlichen und politischen Entscheidungsprozeß verbunden. Wie entschieden wird, wo und was entschieden wird, wer entscheiden soll, das alles hängt sowohl von der Interdependenz der funktionalen Erfordernisse ab, die wir aufgezählt haben, wie auch von der Legitimationsbasis der Gesellschaft, also von den Wertorientierungen und ganz besonders in den industriellen Gesellschaften von den durch die empirischen und theoretischen Wissenschaften informierten technologischen Prozessen, durch die die moderne Gesellschaft in ihren sozialen Strukturen zu entsprechenden Anpassungsleistungen gezwungen wird. Man spricht in diesem Zusammenhang von „adaptiven Strukturen" (oder bei Nichtentsprechung von „cultural lag". Vgl. S. 95).
Gegenwärtige und historische Gesellschaften kann man, was ihre Sozialstruktur anbetrifft, nach dem Grad der Komplexität unterscheiden, wobei allerdings kein einheitliches Kriterium angewandt wird. So ist etwa die primitive Gesellschaft durch mangelnde Komplexität charakterisiert, eine ländliche Gesellschaft wird als weniger komplex bezeichnet als etwa eine städtische Gesellschaft oder eine industrielle Gesellschaft. Der allgemeine Trend der „entwickelten Gesellschaften" ist jedoch darin zu sehen, daß die Komplexität immer mehr zunimmt.
Verschiedentlich ist versucht worden, eine Reihe von Korrelationen zwischen dem Komplexitätsgrad und anderen Merkmalen der Gesellschaft aufzuzeigen. Die einfachste davon besteht zwischen der Komplexität einer Gesellschaft und ihrer Größe, die an der Zahl ihrer Mitglieder gemessen wird. Dabei zeigte es sich schon sehr bald (E. *Durkheim*, K. *Marx*), daß die Verwendung des Ausdrucks „Größe" sehr kritisch zu betrachten ist, indem — soziologisch gesehen — zwischen Volumen und Dichte einer Gesellschaft unterschieden werden muß.

SOZIALES HANDELN UND GRUPPEN

Das (quantitative) Volumen einer Gesellschaft kann etwa steigen, ohne daß gleichzeitig die (qualitative) soziale Dichte wachsen müßte. D.h. daß im demographischen Sinne die Zahl der Einwohner auf einem Quadratkilometer wachsen kann, ohne daß sich jedoch die innere Differenzierung und die Zahl der sozialen Kontakte erhöht, die gerade das wesentliche Merkmal der Dichte im soziologischen Sinn ausmachen. Letztere entwickelt sich aber erst mit der Differenzierung und der daraus folgenden Komplizierung der Gesellschaft, wie sie gerade in der konkretisierenden Aktualisierung der funktionalen Erfordernisse, wie wir sie beschrieben haben (und hier wiederum ganz besonders etwa in dem wirtschaftlichen Erfordernis, das in der modernen Gesellschaft durch die Industriekultur und die Arbeitsteilung befriedigt wird), auftritt.

Umgekehrt gibt es relativ (quantitativ) kleine Gesellschaften, die aber (qualitativ) industriell stark entwickelt sind (Schweden, Holland, Schweiz, Österreich). Hier hat die soziale Verflechtung und damit die Dichte bereits ein sehr hohes Maß angenommen. Natürlich muß dazu gesagt werden, daß diese Gesellschaften selbst noch im Gegensatz zu den ausgesprochen primitiven Gesellschaften ein beträchtliches Volumen besitzen.

Wenn wir von Bildungsgesellschaft, Industriegesellschaft, liberaler Gesellschaft, offener oder geschlossener Gesellschaft, Ständegesellschaft oder von Klassengesellschaft usw. sprechen, so legen wir immer einen besonderen Wert auf eines der funktionalen Erfordernisse, von denen wir gesprochen haben und meinen, daß die Struktur dieses Erfordernisses so im Mittelpunkt des Gesamtaufbaus der Gesellschaft steht, daß sie von daher charakterisiert werden kann.

Literatur

1. *Levy* M.J., The Structure of Society. New Jersey 1966.
2. *König* R. (Hrsg.), Soziologie (Artikel: Gesellschaft).

Prüfungsfragen

1. Was besagt das Kriterium der „Selbstgenügsamkeit" (Self-sufficiency) einer Gesellschaft?
2. Was ist ein „funktionales Erfordernis" der Gesellschaft?
3. Nennen Sie einige funktionale Erfordernisse der Gesellschaft!
4. Was ist eine „einfache", was ist eine „komplexe" Gesellschaft?
5. Zählen Sie von der strukturellen Lösung bestimmter funktionaler Erfordernisse her Typen von Gesellschaften auf!
6. Was ist „Sozialstruktur"?
7. Wie ist das Verhältnis von empirischen und metaempirischen Werten in einer Gesellschaft?

8. Was ist Ideologiekritik?
9. Wie kann in einer Typologie das Verhältnis von Zielen und Mitteln einer Gesellschaft bestimmt werden?
10. Was ist Legitimität? Welche Typen von Legitimität gibt es (z.B. nach M. Weber)?
11. Worin liegen Konfliktsmöglichkeiten in einer Gesellschaft?

3. Unterabschnitt

SOZIALES HANDELN UND INSTITUTIONEN

Die Soziologie wurde von uns als eine theoretische Wissenschaft definiert, die sich mit dem sozialen Handeln des Menschen beschäftigt, insofern dieses in Gruppen und Institutionen einer bestimmten Gesellschaft und Kultur durch soziale Prozesse geprägt wird. In den beiden vorausgegangenen Abschnitten haben wir uns mit dem sozialen Handeln des Menschen und mit den Gruppen beschäftigt. Aufgrund der Definition, die wir von der Soziologie gegeben haben, ist nun im weiteren Verlauf unserer Darlegungen auf Sinn und Bedeutung der „Institutionen" einzugehen. Das geschieht in insgesamt fünf Kapiteln. Im 12. Kapitel fragen wir danach, was soziologisch gesehen eine Institution ist, im 13., 14., 15. und 16. Kapitel wollen wir dann einzelne wichtige Institutionen der Reihe nach besprechen.

12. Kapitel

Sinn und Bedeutung der Institution

1 Um den soziologischen Begriff der Institution zu verstehen, gehen wir von 3 Ansätzen aus.
Arnold Gehlen (in: Urmensch und Spätkultur) entwickelt den Begriff der Institution im Zusammenhang mit der „Entlastung". Zur Befriedigung der wesentlichsten Bedürfnisse werden von einer menschlichen Gruppe dem einzelnen Menschen als Mitglied einer Kultur bestimmte Verhaltensformen zur Verfügung gestellt. Damit ist der einzelne Mensch von der jeweiligen

Suche nach der optimalsten Form der Bedürfnisbefriedigung „entlastet". Soziale Institutionen können so gesehen als organisierte, kulturell festgelegte Wege zur Befriedigung grundlegender sozialer Bedürfnisse definiert werden[94].

2 Von einem anderen Ansatzpunkt als dem der „Entlastung" gehen *Sumner* und *Cooley* aus. Bereits früher haben wir von sozialen Gewohnheiten, Gebräuchen und Sitten (vgl. S. 47) und von Primärgruppen (vgl. S. 102 ff.) gesprochen.

Sumner bezieht sich auf Gebräuche oder soziale Gewohnheiten als elementare soziale Phänomene (*Folkways*, 1907). Diese stellen das Ergebnis des vergangenen kollektiven Verhaltens dar und sind gleichzeitig Richtlinien für das gegenwärtige und zukünftige Verhalten. Das einzelne Individuum handelt unter dem Zwang dieser sozialen Gewohnheiten und ist sich dessen durchaus nicht immer bewußt. Ausgangspunkt ist also bei dieser Betrachtung der koordinierende und zwingende, aber doch mehr oder weniger unbewußt bleibende Aspekt der sozialen Verhaltensmuster.

Im Gegensatz dazu geht *Cooley* mehr vom Einzelmenschen aus. Das Individuum entwickelt in der Primärgruppe seine spezifische menschliche Verhaltensnatur. Die Primärgruppe hat aber keine ausformulierten Verhaltensregeln, dennoch orientiert sich das Gruppenmitglied nach den Erwartungen dieser Gruppe. Die Rücksichtnahme auf andere in diesen Primärgruppen ist auch hier wiederum das Ergebnis des sozialen Zwanges, den wir bereits bei den sozialen Bräuchen und Gewohnheiten als das Wesentliche festgestellt haben.

Von dieser Sicht her werden nun die Institutionen von den Gewohnheiten einerseits, von den Primärgruppen andererseits unterschieden. Ist in den Gebräuchen und sozialen Gewohnheiten zwar eine gewisse Verhaltens-Konsistenz vorhanden, so kommt bei den Institutionen nach *Sumner* ein größerer Grad von Absicht und bewußter Zweckhaftigkeit hinzu, aufgrund derer die Menschen bei bestimmten Gelegenheiten in vorgeschriebenen Bahnen zusammen handeln. Demnach unterscheiden sich Institutionen von den sozialen Gewohnheiten durch eine größere formale Kooperation und einen größeren Bewußtseinsgrad. *Cooley* andererseits sagt von den Primärgruppen, daß sie nicht nur auf das Individuum einwirken, sondern auch für „Soziale Institutionen" wichtig seien. Diese letzteren nennt er „ausgereifte, spezialisierte und verhältnismäßig starre Teile der Sozialstruktur"[95]. *Faris*, den wir schon im Zusammenhang mit der Darlegung der Primärgruppen kennengelernt haben, meint, daß das Individuum in einer Institution, im Gegensatz zur Primärgruppe, quasi aufgrund einer „Pflicht" (eines Amtes) handelt[96].

3 Br. *Malinowski* entwickelt den Institutionsbegriff vor allen Dingen aufgrund seiner anthropologischen Forschungen in primitiven Gesellschaften: Die

grundlegenden Einheiten einer Kultur, die einen beträchtlichen Grad von Dauer, Universalität und Unabhängigkeit aufweisen, sind nach Malinowski organisierte Systeme menschlichen Verhaltens, die Institutionen genannt werden. Jede Institution konzentriert sich um ein fundamentales Bedürfnis herum und führt die einzelnen Menschen dauerhaft zur Befriedigung dieser Bedürfnisse zu einem kooperativen Verhalten (Gruppe) zusammen, entwickelt dafür einen bestimmten Konsensus und arbeitet mit einer entsprechenden Technik [97].

Wenn wir die Institutionen im Zusammenhang mit dem betrachten, was wir über das Verhaltensmuster, über die sozialen Rollen und über die Gruppen gesagt haben, so können wir jetzt feststellen, daß in einer Institution folgende Elemente anzutreffen sind:

1. ein grundlegendes und wichtiges Bedürfnis in der Gesellschaft wird durch die Institution befriedigt.
2. Als Befriedigungsmittel wird durch die Institution eine bestimmte Ordnung von Verhaltensweisen vorgeschrieben.
3. Diese Verhaltensweisen sind in sozialen Rollen organisiert, und die Träger dieser Rollen empfinden ein bestimmtes Verhalten als „Pflicht" oder als „Amt".
4. Da Institutionen grundlegende menschliche Bedürfnisse zu befriedigen suchen, ergibt sich daraus ein gewisser Zusammenhang der verschiedenen Institutionen.
5. Institutionen beziehen sich zwar auf wichtige Bedürfnisse des Individuums oder sozialer Gruppen, werden aber von einem größeren Kollektiv, von der Gesellschaft, näherhin bestimmt.

4 Diese Sicht, einmal von den grundlegenden Bedürfnissen des Individuums und zum anderen von den funktionalen Erfordernissen der Gesellschaft her (vgl. S. 161f.), führt zu einigen grundlegenden oder B a s i s - I n s t i t u t i o n e n. So gibt etwa das grundlegende menschliche Bedürfnis zur Befriedigung des sexuellen Triebes, zur Fortpflanzung der menschlichen Art und zur Verbindung in primären Gruppen die Grundlage für die Familieninstitution. Die ökonomischen Institutionen haben es zu tun mit der Herstellung und Verteilung jener Mittel, die der Mensch zur Bewältigung seines physischen Daseins benötigt. Die Sinndeutung des Menschen hinsichtlich seiner eigenen Existenz wie die beabsichtigte „Erklärung" des ganzen kosmischen Daseins führen zu religiösen Institutionen.

Neben diesen drei grundlegenden Institutionen, die in allen Gesellschaften klar differenziert und erkennbar sind, ist in den anfänglichen und primitiven Gesellschaften die staatliche Institution nicht so deutlich vorhanden. Staatliche Institutionen haben es zu tun mit der Ermöglichung, Gestaltung und Kontrolle des öffentlichen Lebens. Sie haben die Gesellschaftsmitglieder vor Angriffen von innen und außen zu schützen.

INSTITUTIONEN UND GRUPPEN

Natürlich sind in den komplexen, modernen Gesellschaften neben diesen grundlegenden Institutionen noch andere wichtige Institutionen erkennbar, wie z.B. die Erziehungs- und Bildungsinstitutionen (Schule, Universität, Erwachsenenbildung, Kindergarten), Institutionen für Verkehr und Kommunikation usw. Bei der Darlegung der Institutionen in den folgenden Kapiteln wollen wir uns jedoch auf die genannten vier grundlegenden Institutionen. beschränken. Auch sei noch angeführt, daß einige Soziologen den Begriff der Institution für alle in der Gesellschaft geltenden Verhaltensmuster angewendet wissen möchten [98]. In diesem Sinne ist jedes Verhaltensmuster eine Institution. Diese Ansicht trifft sich etwa mit der eingangs erwähnten von *A. Gehlen*.

5 Was die S t r u k t u r und F u n k t i o n der Institutionen betrifft[99], so ist zu sagen, daß die Funktion einer Institution darin besteht, daß sie ein menschliches Bedürfnis zu befriedigen hat. Hingegen wird als Struktur der Institution die Ordnung oder das System von Verhaltensweisen bezeichnet, die den Trägern von Rollen innerhalb einer Institution vorgeschrieben sind. So hat etwa die Familie unter anderem die Funktion, die Gesellschaft biologisch zu reproduzieren. Wie das aber geschieht, d.h. mit welcher Struktur, ob etwa innerhalb einer „Kernfamilie" oder einer „Sippenfamilie", hängt von der kulturellen Umgebung und von der historischen Situation ab.

6 Zur Unterscheidung von Institution und formaler Gruppe ist zu sagen, daß die formale Gruppe ein organisierter Verband von Menschen ist, dessen Ziel oder Zweck darin besteht, bestimmte institutionalisierte Verhaltensmuster auszuführen. Die Institutionen sind dagegen die etablierten Formen dieser Verhaltensmuster. Formale Gruppen sind die Ausführungsorgane dieser etablierten (institutionalisierten) Verhaltensmuster. Beispielsweise sind etwa das Kreditwesen, die Familie, die Universität usw. Institutionen. Aber die Länderbank oder die Nationalbank, die konkrete Familie Schmidt oder Mayer, die konkrete Universität in Wien oder die Sorbonne in Paris werden durch konkrete Gruppen realisiert.
An diesen Beispielen wird klar, daß die Unterscheidung von Institutionen und formalen Gruppen insofern nur analytischen Charakter hat, als eine Institution immer ein Gruppenhandeln bedeutet; andererseits sucht aber eine Gruppe immer Bedürfnisse durch vorgeschriebene und „geltende" (institutionalisierte) Verhaltensmuster zu befriedigen oder schafft sich solche institutionalisierte Verhaltensmuster.

7 Was den Zusammenhang der einzelnen Institutionen betrifft, so ist zu sagen, daß die einzelnen Gesellschaften dahingehend differenziert werden können, wie sie die eine oder andere grundlegende Institution betonen. So wird etwa in manchen Gesellschaften auf die Familieninstitution besonders Nachdruck gelegt. Ihr ist die Ausführung von institutionalisierten Ver-

haltensmustern, wie etwa Schutz und Aufzucht der eigenen Mitglieder, die wirtschaftliche Versorgung derselben sowie auch die Überwachung ihres religiösen Lebens übertragen. In anderen Gesellschaften sind andere Institutionen zentraler. Im 13. Jh. hatte etwa in Europa die Kirche als grundlegende Institution viele Funktionen des Staates und der Familie inne. Auch ökonomische Institutionen wurden damals von der Kirche beherrscht. Andererseits kontrolliert in totalitären Ländern der Staat (als politische Institution) auch andere Institutionen, wie z.B. die Familie, die Religion und die Wirtschaft. Wiederum können in manchen Staaten die religiösen und politischen Institutionen eng verbunden sein, während sie anderswo streng getrennt sind.

Daraus kann ersehen werden, daß in den verschiedensten Gesellschaften die Institutionen ganz verschiedenartig miteinander koordiniert werden können. Diese Koordinierung oder das sich gegenseitig aufeinander beziehende System der Institutionen kann man auch als „gesellschaftliche Ordnung", als „Sozialstruktur" oder als institutionelle Konfiguration einer Gesellschaft bezeichnen.

8 Die institutionelle Konfiguration kann auch inkonsistent sein, so daß die Erfordernisse der einen Institution in Konflikt kommen mit anderen Institutionen. In einer solchen paradoxen Sozialstruktur (Konfiguration) kommt beim einzelnen Individuum oder bei Gruppen oft Verhaltensunsicherheit auf; oder in den Worten von *A. Gehlen* gesprochen: Das einzelne Gesellschaftsmitglied oder einzelne Gruppen werden nicht „entlastet". Die Gesellschaft ist dann im Wandel begriffen.

Wenn ein sozialer Wandel vor sich geht, kann die Übertragung von Funktionen von einer grundlegenden Institution auf eine andere beobachtet werden. So sind etwa in unserer Gesellschaft Funktionen, die früher der Familie als Institution zugekommen sind, der Schule oder dem Staat oder wirtschaftlichen Institutionen zugeordnet worden. Andererseits sind soziale Dienste, die früher mit religiösen Institutionen verbunden waren, in die Sozialpolitik des Staates eingegangen.

9 Damit taucht aber auch die Frage auf, ob nicht eine Pluralität von Institutionen in einer Gesellschaft und damit auch eine gewisse Funktionsverteilung zur Aufrechterhaltung der menschlichen F r e i h e i t notwendig ist. Dieser Hinweis muß insbesondere im Zusammenhang mit dem Anwachsen der staatlichen Funktionen in der Gegenwart kritisch vermerkt werden. Die mögliche Gleichschaltung der Basis-Institutionen (Religion, Wirtschaft, Familie) mit dem (ideologisierten) Programm staatlicher Institutionen (totalitärer Staat!) macht auf die Wichtigkeit der „Autonomie" der Basis-Institutionen aufmerksam. Nur bei Garantierung einer solchen relativen Autonomie scheint auch die Freiheit sowohl der Einzelperson wie auch einzelner Gruppen aufrechterhalten werden zu können[100].

INSTITUTIONEN UND GRUPPEN

10 Schließlich muß noch an die negativen Seiten der Institutionen erinnert werden:

1. Sie wirken auf die Erhaltung des „Status quo" hin und können so die Flexibilität der Gesellschaft hemmen [101].
2. Zur Entfaltung der menschlichen Persönlichkeit stehen die Institutionen in einer gewissen Spannung, insofern diese soziales Verhalten vorschreiben und kontrollieren müssen. Das kann persönlich zu einem Konformismus führen, andererseits aber zu einem individualistischen Aufbegehren gegen jede Art von Institution (Anarchismus).
3. Institutionen verleiten zu einer unreflektierten Übernahme „sozialer Vorschriften" im Sinne der Moral, des Rechts usw.
4. Dadurch entsteht die Gefahr der nicht mehr verantworteten Abhängigkeit und damit des Freiheitsverlustes.

Literatur

1. *Berelson* B. – G. A. *Steiner*, Human Behavior. An Inventory of Scientific Findings. New York 1964
(Kapitel 10: Institutions, S. 383 ff.).

2. *Bottomore* T. B., Sociology. A Guide to Problems and Literature. London – Englewood Cliffs, N.J. 1964^2
(Social Institutions, S. 263–289).

3. *Chinoy* E., Society. An Introduction to Sociology. New York 1963^4
(Social Institutions, S. 227–312).

4. *Goode* W. J. (Hrsg.), The Dynamics of Modern Society. New York 1966
(Teil 5: Social Institutions, S. 301–360).

5. *Gouldner* A. W. – H. P. *Gouldner*, Modern Sociology. An Introduction to the Study of Human Interaction. New York 1963
(Kapitel 2: Man's Institutions. S. 482 f.).

6. *Green* A. W., Sociology. An Analysis of Life in Modern Society. New York 1964
(Teil 3: Social Institutions, S. 328–613).

7. *Broom*, L. – P. *Selznick*, Sociology, 1965
(The Family, S. 355 ff.; Religion, S. 396 ff.).

Prüfungsfragen

1. Wie kommt es zu sozialen Institutionen?
2. Was gehört zu einer Institution im soziologischen Sinn?
3. Was versteht man unter einer „Basisinstitution"?
4. Wie unterscheiden sich Struktur und Funktion einer Institution?
5. Wie ist der Zusammenhang von Institution und Gesellschaft?
6. Was kann man über die „Freiheit" sagen im Zusammenwirken von Institutionen?
7. Gibt es negative Seiten der Institutionen?
8. Was ist über „Sozialstruktur" und institutionelle Konfiguration zu sagen?

13. Kapitel

Die Familie

In beinahe jeder Gesellschaft ist die Familie das wichtigste Lebenszentrum für das Individuum. Sie ist für gewöhnlich die wichtigste primäre Gruppe, mit welcher das Individuum in Kontakt kommt. Intimität, unmittelbare und gefühlsbetonte, dauerhafte Beziehungen charakterisieren die Institution „Familie".

1 Die Familienfunktionen: Abgesehen davon, daß die Familie als Gruppe mit starken Intimkontakten wesentlich für die emotionale Befriedigung des Menschen ist, stellt sie auch die Grundlage aller anderen Institutionen dar. In ihr wird nicht nur der sexuelle Trieb geregelt, sondern sie ist auch die einzige Gruppe, innerhalb der die biologische Reproduktion der Gesellschaft stattfindet. Weiterhin ist sie mit der Aufzucht der nachwachsenden Generation beauftragt. Da sie gerade die frühen Entwicklungsjahre des Menschen beeinflußt, ist sie für den Sozialisationsprozeß entscheidend. In ihr werden die Normen der Gesellschaft unter Vermittlung der Eltern — die Normen der Gesellschaft erreichen das Kind als Wunsch bzw. Verbot der Eltern, wobei als Sanktionsmittel Liebeszuwendungen bzw. -entzug zur Verfügung stehen — so sozialisiert, daß sie nicht nur aus Angst befolgt werden, sondern daß bei ihrer Nichtbefolgung auch ein „schlechtes Gewissen" — man schämt sich, daß man seinen geliebten Eltern weh getan hat — entsteht. Die Befolgung von Normen ist damit emotional abgesichert. In vielen Gesellschaften hat die Familie auch eine Funktion als ökonomische Produktionseinheit. Das trifft z.B. für Bauern- und Handwerkerfamilien zu, aber auch bei Familien, die sich etwa mit dem Verkauf von Waren beschäftigen (Gaststätten, Einzelhandelsgeschäfte usw.).

Oft funktioniert auch die Familie als Schutzeinheit für ihre Mitglieder gegenüber anderen Mitgliedern der Gesellschaft. Denken wir z.B. an die Institution der Blutrache. Mit dem Aufkommen des Staates wird diese Funktion der Familie fast völlig von staatlichen Einrichtungen übernommen. Eine weitere Funktion der Familie ist die Zuweisung des Status. Die Abstammung von einer Familie ist entscheidend für die gesellschaftliche Stellung des Individuums. Auch in den modernen und offenen Leistungsgesellschaften wurde in vielfacher Weise nachgewiesen, daß die Familie nach wie vor einen entscheidenden Einfluß bei der Erreichung oder auch bei der Zuschreibung des persönlichen Status ausübt.
Schließlich muß noch die wichtige Funktion der Familie bei Krankheit, Unglück und Alter ihrer Mitglieder genannt werden. Wenn es auch in den verschiedensten Gesellschaften hinsichtlich dieser Funktion sehr große Unterschiede gibt, so wird doch der Familie eine spezielle Verantwortlichkeit gegenüber ihren Mitgliedern zugesprochen, wenn diese in hilflose Situationen geraten.

2   Die Familienstruktur: Nach dem ethnologischen Material kann die Familie entweder auf der Grundlage der Blutsverwandtschaft oder auf der Basis der Ehe organisiert werden; wenigstens sollen diese beiden Haupttypen hervorgehoben werden.
Die Blutsverwandtschaftsfamilie (extended family: erweiterte Familie) setzt sich aus den Blutsverwandten verschiedener Generationen zusammen, wobei die Verwandtschaft entweder nach der männlichen Linie (patrilinear) oder nach der weiblichen (matrilinear) bestimmt wird. Ein verheiratetes Paar lebt dann entweder mit den weiblichen oder den männlichen Blutsverwandten zusammen (matri- oder patrilokal). Die Kinder gehören entweder zu der Familie der Ehefrau oder zu derjenigen des Ehemannes.
Die Ehegattenfamilie (nuclear family: Kernfamilie) macht die Beziehungen zwischen Ehemann und Ehefrau zur Grundlage der Familienorganisation, die meist neolokal ist. Die Verwandtschaft gründet sich sowohl auf die Beziehungen zur Verwandtschaft des Ehemannes wie auch auf diejenigen der Ehefrau. Die Kinder gehören weder zur Abstammungsfamilie des Ehemannes, noch zur Abstammungsfamilie der Ehefrau, sondern ausschließlich zur Zeugungsfamilie. Während die Blutsverwandtschaftsfamilie über viele Generationen hinweg ihre Kontinuität aufrechterhält, wird die Ehegattenfamilie mit jeder neuen Heirat gegründet.
In unserer modernen Gesellschaft dominiert die Ehegattenfamilie. Im alten China dagegen herrschte die patrilineare und patrilokale Verwandtschaftsfamilie vor, während etwa bei den Pueblo-Indianern die Familie matrilinear und matrilokal auf der weiblichen Blutsverwandtschaft aufgebaut war.
Zusammengefaßt kann gesagt werden: Es gibt verschiedene Systeme von Beziehungen der Familien untereinander. Einige betonen die männliche Linie, andere die weibliche; einige machen zur Grundlage der Verwandt-

schaftsbeziehungen die sozialen Bande von Ehefrau und Ehemann, einige begründen Verwandtschaft durch Heirat über mehrere Generationen hinweg, wieder andere vernachlässigen diesen Aspekt fast völlig.
Die Familienstruktur wird auch durch die Art (Typ) der Beziehungen beeinflußt, die zwischen Ehegatten in einer Ehe erlaubt sind. In diesem Sinne wird die Monogamie, die Polygamie, die Polygynie und die Polyandrie unterschieden. Die Ehe zwischen einem Mann und einer Frau wird Monogamie genannt. Polygamie läßt auf der einen Seite mehrere Männer oder mehrere Frauen zu. Wo die Ehe nur zwischen einem Mann und mehreren Frauen erlaubt ist, spricht man von Polygynie, während die Ehe zwischen nur einer Frau und mehreren Männern Polyandrie genannt wird. Wenn auch zu verschiedenen Zeiten verschiedene Typen der Ehe erlaubt (legitim) waren, so schien doch die Mehrheit der Menschen die Monogamie zu praktizieren, und sei es nur aus ökonomischen Gründen.

3 Die Organisation der verschiedenen Rollen zwischen den Familienmitgliedern wird das F a m i l i e n s y s t e m genannt. Wesentlicher Bestandteil des Familiensystems ist das Verhaltensmuster der Über- bzw. Unterordnung hinsichtlich der Ehegatten. Die Familienrollen definieren auch die Beziehungen zwischen den Eltern und ihren Kindern wie auch zur Verwandtschaft. Wenn wir bereits früher davon gesprochen haben, daß die Institutionen sich gegenseitig beeinflussen, so muß in diesem Zusammenhang darauf aufmerksam gemacht werden, daß sowohl religiöse als auch ökonomische Institutionen die Rollenbeziehungen innerhalb des Familiensystems stark beeinflussen und verändern können. Denken wir hier z.B. an den Islam oder an das Christentum einerseits, an die moderne Gesellschaft mit ihrer Industrialisierung und Verstädterung andererseits. Mit anderen Worten: Das Familiensystem wird von den Wertorientierungen und Verhaltensmustern der Kultur, von Subkulturen und Subgruppen innerhalb einer Gesellschaft stark beeinflußt.

4 T r e n d s i n d e r m o d e r n e n F a m i l i e : In der gegenwärtigen Gesellschaft ist das Familiensystem in einem Wandel begriffen. Man hat gesagt, die Familie befinde sich in einer Krise. Im Grunde genommen handelt es sich dabei um eine neue O r g a n i s a t i o n der Familienrollen (Emanzipation, Autoritätswandel in bezug auf Mann, Frau und Kinder) und um eine neue I n t e g r a t i o n der Familienfunktionen mit Bezug auf die Gesamtgesellschaft. Bei den Funktionsverlagerungen der Familie mit Bezug auf die innerfamiliäre Rollenstruktur von einer Desorganisation zu sprechen, ist ebenso wenig gerechtfertigt wie die Rede von einer Desintegration der Familie, wodurch die familiären Verhaltensweisen aus den Aufgaben der Gesellschaft fortschreitend herausgelöst würden.
Im einzelnen können folgende Tendenzen in der Familienstruktur aufgezeigt werden:

INSTITUTIONEN UND GRUPPEN

1. Nachlassen der Kontrolle, die die Familie über ihre Mitglieder ausübt.
2. Das Nachlassen, der Verlust oder die Umverteilung von Funktionen auf andere Institutionen, die früher von der Familie erfüllt wurden; so ist die Familie großteils keine ökonomische Einheit im Sinne der Güterproduktion mehr, sondern nur noch eine Konsumeinheit.
3. Wachsende Bedeutung der Familie als einem Zentrum der Bildung von „Werten" und „Gefühlen".
4. Wachsende Betonung der Sozialisationsfunktion hinsichtlich des Kindes.
5. Veränderung des Status der Ehefrau in Richtung „Gleichheit mit dem Mann".
6. Abnahme der Geburtenrate und Trend zur Kleinfamilie.
7. Außerdem kann eine Zunahme der Scheidungsrate festgestellt werden.
8. Änderung der Familiensitten. In dieser Beziehung müssen die verstärkte Betonung der Verantwortlichkeit gegenüber den Kindern und das Nachlassen der Verantwortung Erwachsener ihren eigenen Eltern gegenüber betont werden. Hierher gehört auch die Änderung der Einstellung gegenüber der Scheidung, der Geburtenkontrolle und anderen moralischen Verhaltensgeboten.
9. Wachsendes „öffentliches Interesse" an der Familie.

Literatur

1. *Bell* N. W. – E. F. *Vogel* (Hrsg.), Modern Introduction to the Family. London 1960.
2. Familie und Gesellschaft. Civitas Gentium, Schriften zur Soziologie und Kulturphilosophie, Tübingen 1966.
3. *Good* W. J., Die Struktur der Familie. Köln und Opladen 1960.
4. *König* R., Materialien zur Soziologie der Familie. Bern 1946.
5. *Mead* M., Mann und Weib. Das Verhältnis der Geschlechter in einer sich wandelnden Welt. Stuttgart und Konstanz 1955.

Prüfungsfragen

1. Welche Funktionen der Familie sind zu unterscheiden?
2. Was versteht man unter „Struktur" der Familie?
3. Was ist das Familiensystem?
4. Zählen Sie einige Trends in der Entwicklung der Familie in der modernen Gesellschaft auf.
5. Was sind Integration (Desintegration) und Organisation (Desorganisation) der Familie?

14. Kapitel

Religiöse Institutionen

Wenn auch religiöse Institutionen in den menschlichen Gesellschaften sehr variieren, so haben sie doch gemeinsam, daß es sich um innere und äußere Verhaltensmuster handelt, die eine bestimmte Weltanschauung (Glauben) und ein diesbezügliches Verhalten dem sogenannten „Übernatürlichen" gegenüber zur Grundlage haben. Dabei wird als „übernatürlich" all das verstanden, was einerseits durch empirisches Wissen nicht aufgeklärt ist und was andererseits mit dem „Sinn" oder der „Bedeutung" menschlicher und kosmischer Erscheinungen zu tun hat [102]. Kirchen (Konfessionen) definieren Religion in einer bestimmten Richtung.

1 Religiöse Funktionen: Die Hauptfunktion der Religion ist es, die Orientierung des Menschen hinsichtlich des Übernatürlichen zu definieren. Es wird also begrifflich festgelegt, was unter dem Tatbestand des „Übernatürlichen" verstanden werden soll. In Konsequenz dazu ergeben sich bestimmte soziale Verhaltensweisen und Einstellungen. Verhaltensweisen und Einstellungen werden dann in der „Mitgliedschaftsrolle" einer Religion bzw. einer Kirche beschrieben und den Mitgliedern vorgeschrieben.
In Ergänzung zu dieser Hauptfunktion der religiösen Institutionen findet man in den einzelnen Gesellschaften noch Zusatzfunktionen. Als solche können aufgezählt werden: die Stabilisierung der in einer Gesellschaft geltenden weltlichen Verhaltensregeln und Stärkung des allgemeinen Konsensus hinsichtlich zentraler Werte. Oft liefern die religiösen Institutionen auch die unmittelbare Grundlage für ethische Werte und Prinzipien und dienen somit zur Förderung oder Hemmung der Gesellschafts- und Sozialpolitik. Durch religiöse Rituale werden die Werte von Gruppen, wie auch der Gruppenzusammenhang und -zusammenhalt, repräsentiert,

dramatisiert und zu einer symbolischen Anschauung gebracht. Die „religiöse Weihe" geht bis zur Segnung von Waffen, Autos usw. Im Grunde soll durch solche Rituale der Mensch von Spannungen und Gefahren entlastet werden. Wo die Trennung vom Staat nicht besteht, sind Regierungsfunktionen oft auch durch die Vertreter der religiösen Institution ausgeübt worden. Andererseits kann wiederum das Staatsoberhaupt gleichzeitig als Oberhaupt religiöser Institutionen angetroffen werden. Sehr häufig wurde auch die Staatsgewalt durch die religiösen Institutionen verstärkt, wie das etwa in Europa im Mittelalter der Fall war oder später durch die Lehre vom Gottesgnadentum der Könige. Weltliche und politische Mächte bekamen so durch die Religion sozusagen übernatürliche Legitimation.

Religiöse Institutionen haben oft auch eine Funktion hinsichtlich des Bereiches, den man heute Freizeit bzw. Erholung nennt. In diesem Zusammenhang sei nur an die großen Feste zu Ehren der griechischen Götter erinnert oder etwa an die europäischen Passionsspiele oder an die Märkte und Messen aus religiösen Anlässen. Auch im ästhetischen und künstlerischen Bereich sind religiöse Institutionen oft von großem Einfluß, insbesondere wenn sie sich des Ausdrucksmittels der Kunst bedienen, um die übernatürliche Orientierung zu versinnbildlichen und zu verdeutlichen. Man denke etwa an die griechischen Tempel und deren Statuen oder an die mittelalterliche Architektur und Malerei in den Kirchen und Domen.

So wird deutlich, daß die religiösen Institutionen zahlreiche Funktionen ausüben. Alle hängen mit der Zentralfunktion zusammen, nämlich mit der (theoretischen) Definition und der Etablierung einer entsprechenden Praxis hinsichtlich des „Leidens", des „Übernatürlichen" und des „Kontingenten" (Grenzphänomene der menschlichen Existenz).

2 Religiöse Funktionen in der modernen Gesellschaft : Wenngleich auch die moderne Wissenschaft einen großen Einfluß auf die Funktionen der Religion (wie auch auf die anderen Institutionen) ausübt und ausgeübt hat, so ist dennoch festzustellen, daß nach wie vor die primäre Funktion der Religion darin besteht, den übernatürlichen, irrationalen und metawissenschaftlichen Gehalt des Menschen, der menschlichen Gesellschaft und des Kosmos zu definieren und die Menschen zu entsprechenden Wertorientierungen anzuhalten. Die Durchsetzung von Anerkennung, Verehrung oder Duldung des Übernatürlichen gehört zur fundamentalen Funktion der Religion. Subjektiv bedeutet das für den einzelnen Menschen oder für einzelne soziale Gruppen die Annahme eines letzten „Lebenssinnes". Dieser kann sich nicht nur auf ein metaphysisches Prinzip (Gott) beziehen, sondern ganz ebenso auch die soziale Stellung und das einzelne Lebensschicksal erklären (deuten).

Weiterhin steht in der modernen Gesellschaft die Religion im Zusammenhang mit der Sanktionierung des Sittengesetzes und des moralischen Verhaltens. Denken wir in diesem Zusammenhang nur an die Sexualmoral

RELIGIÖSE INSTITUTIONEN

oder an die Wirtschaftsethik. Bekanntlich hat *Max Weber* die These vertreten, daß der calvinistische Protestantismus wesentlich zum Aufkommen des Kapitalismus beigetragen habe. In neuester Zeit sind hier die päpstlichen Rundschreiben (Enzykliken) sowie die Stellungnahme der evangelischen Kirchen zu sozialen und moralischen Problemen zu nennen.
Eine weitere Funktion der Religion ist die Überhöhung und Sinndeutung kritischer Lebenslagen. Bei der Taufe (Beginn des Lebens) und der Firmung (Reifungsperiode), bei der Ehe und bei der Priesterweihe, bei der Krankensalbung und beim Begräbnis werden etwa von der katholischen Kirche durch Sakramente oder sakramentale Handlungen einschneidende Ereignisse des Menschen mit einem „Sinn" versehen. Ähnliches findet sich im Protestantismus, beim jüdischen Glauben und bei anderen „kirchlich" definierten Religionen. Zwar ist die Ehescheidung auch eine spezielle Krise im zwischenmenschlichen Zusammenleben, aber aufgrund einer alten sozialen Tabuierung der Scheidung ist diese Krise von keiner religiösen bzw. spirituellen Handlung begleitet.
Soziale Dienste sind eine weitere wichtige Funktion von religiösen Institutionen. Sie werden oft als Gebote der Nächstenliebe formuliert. Weiterhin ist die Bildungs- und Missionsfunktion zu nennen. Auch bei der Gestaltung der Freizeit spielen die Religionen (Kirchen) eine nicht geringe Rolle. Dazu gehören nicht allein die bereits weiter oben genannten Feste und Feierlichkeiten aus religiösen Anlässen, sondern auch Erholungszentren für Jugendliche und Familien, Sportveranstaltungen, gesellige Runden usw. In manchen Gesellschaften ist die Mitgliedschaft bei einer religiösen Institution gleichsam das Symbol für die Zugehörigkeit zu einer sozialen Klasse.

3 Religiöse Struktur: Es gibt keine Gesellschaft, die nicht entsprechende Verhaltensschemata für bestimmte religiöse Rollentypen organisiert hat. So ist etwa in den primitiven Gesellschaften der Schamane anzutreffen. Er wird als mit bestimmten Kräften oder mit besonderen Beziehungen zum Übernatürlichen ausgestattet gedacht. Häufig werden auch den Oberhäuptern von Familien oder von Sippen und Stämmen besondere religiöse Eigenschaften und Aufgaben zugesprochen. Ganz allgemein gilt jedoch das Priestertum als eine spezifische Organisationsform von religiösen Verhaltensschemata, die einer besonderen Menschengruppe, eben der Priesterschaft oder dem Klerus, zur Ausübung übertragen ist.
Wo die religiösen Institutionen in Form von Kirchen separat von den anderen Institutionen als besondere Organisationen etabliert sind, ist der Klerus meist hierarchisch gegliedert. Die Besetzung der einzelnen Ränge kann auf demokratische oder mehr auf eine autokratische Weise vorgenommen werden. Demokratische Besetzung herrscht vor, wenn die unteren Ränge die oberen wählen, autokratische Besetzung geht den umgekehrten Weg. Je nach dem Typ der religiösen Institutionen gibt es in ihnen auch

Vorrichtungen, die für die richtige Auslegung und Interpretation der Lehre und der religiösen Praxis verantwortlich sind (soziale Kontrolle durch ein „Lehramt" oder durch spezifische Gremien). Daneben findet sich die „Theologie" als ein institutionalisierter Versuch bzw. als Organisation, gegebene Glaubensinhalte rational zu erklären.
Religiöse Institutionen können Brennpunkte des gesamten institutionalisierten Lebens einer Gesellschaft sein; sie können aber auch getrennt gehalten werden von allen anderen wichtigen institutionellen Bereichen der Gesellschaft. So hatte die Kirche im 13. Jh. in Europa in ihren funktionellen Bereich weite Teile der Gesellschaft einbezogen, so daß der religiöse Einfluß überall spürbar war. Das Recht war weitgehend Kirchenrecht, das Feudalsystem war religiös legitimiert und hatte religiöse Verpflichtungen. Die Zünfte waren ebenfalls religiös orientiert, und viele ihrer Vorschriften wurden als religiöse Pflichten deklariert. Die ganze organisierte Erziehung war in den Händen der Kirche. In der Kunst waren religiöse Motive vorherrschend.
Seit dieser Zeit setzte jedoch ein Trend zur Säkularisierung, d.h. eine größere Betonung weltlicher Ziele unter Hintansetzung religiöser Inhalte und Motivationen, ein.
Religiöse Institutionen verloren dadurch viel von ihrem Einfluß auf andere Bereiche der Gesellschaft, die autonom wurden. Allerdings ist zu untersuchen, warum es gerade in der neueren Geschichte zu diesem Phänomen der Säkularisierung kommt. Ist sie Inhalt der christlichen Religion selbst oder eine Entwicklung gegen sie?

4 Religiöse Trends in der modernen Gesellschaft:
Vielleicht der wichtigste Trend in der modernen Gesellschaft ist das Nachlassen des verpflichtenden Charakters religiöser Werte. Man sieht diese im Gegensatz zu den Werten, die mit den Wertorientierungen der modernen Gesellschaft zusammenhängen. Die rapide Entwicklung der Wissenschaft im letzten Jahrhundert trug nicht unwesentlich zu dieser Entwicklung bei. Merkmale dieser Entwicklung sind nicht nur etwa das Aufgeben von Brauchtümern wie das Familien- und Tischgebet, sondern auch das Nachlassen der Bedeutung von Fragen wie etwa derjenigen nach individueller Erlösung und nach dem Inhalt einer zukünftigen Welt.
Da die Gesellschaft sich im Wandel befindet, läßt sich noch nicht eindeutig bestimmen, wie und in welcher Form das vorausgesetzte religiöse Grundbedürfnis des Menschen institutionell sich manifestieren wird. Man wird jedoch annehmen müssen, daß ein neues, von den Naturwissenschaften getragenes Weltbild und ein durch die soziale Entwicklung informiertes Bewußtsein zukünftigen religiösen Institutionen diesbezügliche „Randbedingungen" aufzwingen.
Ein weiterer Trend in den gegenwärtigen religiösen Institutionen kann als die Diffusion von religiösen Funktionen bezeichnet werden. Darunter versteht

man die starke Betonung sekundärer kirchlicher Funktionen, wie etwa Sozialarbeit, Eintritt für Menschenrechte, Entwicklungshilfe usw. Die ökumenische Bewegung ist ein weiterer wichtiger Trend. Ausgangspunkt dieses Trends war besonders der sektiererische Verfall des Protestantismus, wo neuerdings nach größerer kirchlicher Einheit und Kooperation gestrebt wird. Erst aufgrund dieser in Gang gekommenen „Sammlung" hat sich auch die katholische Kirche dem Ökumenismus gegenüber aufgeschlossener gezeigt.

Literatur

1. *Luckmann* Th., Das Problem der Religion in der modernen Gesellschaft. Freiburg 1963.
2. *Kehrer* G., Religionssoziologie (Sammlung Göschen, Bd. 1228). Berlin 1968.

Prüfungsfragen

1. Was ist Religion?
2. Wie ist das Verhältnis von Religion und Kirchen?
3. Wissen Sie etwas über die Haupt- und Zusatzfunktionen der Religion (Kirchen)?
4. Was ist zu der Struktur religiöser (kirchlicher) Institutionen zu sagen?
5. Was ist „Säkularisierung"?
6. Wie ist „Säkularisierung" zu bewerten?
7. Können Sie einige Trends namhaft machen für die Entwicklung religiöser Institutionen?

15. Kapitel

Ökonomische Institutionen

Ökonomische Institutionen befassen sich mit der Produktion, Verteilung und Konsumption von Waren und Dienstleistungen. Alle Gesellschaften haben ökonomische Institutionen, aber der Unterschied in Formung und Bedeutung der ökonomischen Institutionen ist in den verschiedensten Gesellschaften beträchtlich.

1 Funktionen der ökonomischen Institution: In allen Gesellschaften wurden bestimmte Verhaltensmuster zur Befriedigung grundlegender ökonomischer Bedürfnisse entwickelt. Nahrung, Kleidung, Wohnung und die verschiedensten Arten von Gütern und Dienstleistungen müssen hergestellt werden. Je nach dem Komplexitätsgrad der materiellen Kultur und der Organisationsdichte der Gesellschaft werden sich auch die ökonomischen Institutionen differenzieren. Einige solcher differenzierter ökonomischer Institutionen, wie z. B. das Kreditsystem, fehlen in manchen Gesellschaften ebenso wie etwa eine sehr differenzierte Form von Arbeitsteilung, das Marktsystem oder ein entsprechendes Lohn-, Gewinn- oder Rentensystem.
In einigen Gesellschaften finden sich besondere Gruppenbildungen (z. B. Gewerkschaften), die eine oder mehrere ökonomische Funktionen erfüllen, während solche Funktionen in anderen Gesellschaften durch die Familie, durch den Klan oder durch eine lokale Gruppe wahrgenommen werden.
Im allgemeinen gilt, daß in komplexeren Gesellschaften ökonomische Funktionen spezifischen Einrichtungen zugeordnet sind. Diese haben die Aufgabe, die eine oder andere Funktion oder eine Kombination von ökonomischen Funktionen zu „leisten", wie das z. B. bei einer Bank, bei einem Industriekonzern oder bei einem Verkehrsbetrieb, etwa der Eisenbahn oder einer Luftverkehrsgesellschaft, der Fall ist.

ÖKONOMISCHE INSTITUTIONEN

2 Im Kapitalismus besteht eine spezifische Form ökonomischer Institutionen, welche die grundlegenden ökonomischen Funktionen unter folgenden Bedingungen erfüllt: Privateigentum, freies Vertragswesen, privates Gewinnstreben, Kapitalansammlung und Investitionen, extensives Kreditsystem, freier Arbeitsmarkt, Lohnsystem, Marktsystem, durch das die Preise aufgrund von Angebot und Nachfrage und freiem Wettbewerb zustande kommen. Das gesamte Wirtschaftssystem des Kapitalismus wird als freie Marktwirtschaft bezeichnet.

Aber der Kapitalismus ist nicht die einzige umfassende Institution, mit Hilfe derer komplexe ökonomische Funktionen vollzogen werden können. Im Mittelalter war etwa das Zunftsystem ebenfalls eine ökonomische Institution, die sehr komplexe ökonomische Funktionen zu erfüllen imstande war, obwohl es nicht kapitalistische Züge aufwies. In manchen modernen Gesellschaften ist durch die Nationalisierung der Industrie, durch eine Regulierung des Arbeitsmarktes, der Löhne, der Preise usw. ein System entstanden, das beträchtlich vom Kapitalismus abweicht und meist als Zentralverwaltungswirtschaft verstanden wird. Ein typisches Beispiel für die Zentralverwaltungswirtschaft ist das ökonomische System Sowjetrußlands. Daran kann gesehen werden, daß industrielle Großproduktion, Arbeitsteilung, daß Industriesysteme und entsprechende ökonomische Institutionen — obwohl dies meist mit dem Kapitalismus assoziiert wird — mit diesem nicht identisch zu sein brauchen.

3 Die Struktur der ökonomischen Institutionen: Wir wollen in diesem Zusammenhang mehr einfache oder primitive Kulturen einerseits und mehr komplexe Kulturen andererseits betrachten. Bei ersteren sind die ökonomischen Institutionen verhältnismäßig einfach und nicht sehr zahlreich. Die Arbeitsteilung ist wenig entwickelt, und es bestehen nur wenige dauerhafte Organisationen, welche spezifische ökonomische Funktionen erfüllen. So wird etwa bei einer primitiven Jägerkultur die Jagd von Mitgliedern einer Familie (für gewöhnlich von den männlichen Mitgliedern) oder sogar von allen männlichen Mitgliedern der Lokalgruppe betrieben. Die Kleidung wie auch andere Gegenstände der materiellen Kultur wird ebenfalls von den Männern oder Frauen einzelner Familien für den eigenen Bedarf hergestellt. Im ganzen gesehen findet man nur einen geringen materiellen Wohlstand, meist geht er nicht über ein paar Werkzeuge, Gebrauchsgegenstände und persönliche Schmuckstücke hinaus. Dies alles wird mehr oder weniger durch die eigene Familiengruppe hergestellt: besonders ausgegliederte ökonomische Funktionsgruppen (wie etwa Arbeiter, Angestellte, Manager usw.) gibt es nicht.

Ganz anders ist das in den komplexen Kulturen. Hier findet man eine große Arbeitsteilung. Durch die Entwicklung des Handels und der Technologie entfaltet sich ein größerer kultureller Reichtum, der von jeder einzeln für sich arbeitenden Familie nicht mehr hergestellt werden kann. Darum entstehen arbeitsteilige Gruppen, die auf die eine oder andere ökonomische Funktion spezialisiert sind. So repräsentieren heute etwa die einzelne Unternehmung und der einzelne Betrieb, ein Konzern, eine Bank, ein Verkehrsbetrieb spezifische ökonomische Funktionen. Die moderne und komplexe Wirtschaft wird durch spezielle und verselbständigte Funktionsbereiche charakterisiert.

Ein weiterer Trend im Zusammenhang mit der Struktur moderner ökonomischer Institutionen besteht darin, daß auf lange Sicht gesehen ein laufend e r h ö h t e r   L e b e n s s t a n d a r d angestrebt wird, den die Gesellschaftsmitglieder ihrerseits wiederum mit Hilfe des Lohnes, den sie für „Fremdarbeit" empfangen, zu erreichen versuchen.

Weiter gewinnt der E i n f l u ß   d e s   S t a a t e s im Sinne des Interventionismus immer mehr an Bedeutung. Dieser Trend führt dann zu einer beachtlichen Modifizierung der kapitalistischen Wirtschaftsordnung. Damit steht im Zusammenhang, daß versucht wird, die für den Kapitalismus typischen W i r t s c h a f t s k r i s e n zu eliminieren. Damit soll nicht nur eine gewisse Stabilität von Produktion, Verteilung und Konsumption aufrechterhalten werden, sondern ganz ebenso auch eine V o l l b e s c h ä f t i g u n g und die Stabilität des Geldwertes.

4 Ö k o n o m i s c h e   P r o b l e m e   i n   d e r   m o d e r n e n   G e s e l l s c h a f t : Eines der entscheidendsten Probleme im Zusammenhang mit wirtschaftlichen Institutionen ist es, eine Organisation zu erreichen, welche die von der modernen Technologie gewährten Möglichkeiten auf Erhöhung des Lebensstandards auch in vollem Ausmaße der Bevölkerung und ihren verschiedenen Gruppen zukommen läßt. Mit anderen Worten: Es geht um die verhältnismäßig gleiche Verteilung des Nationaleinkommens. Damit stehen nicht nur im Zusammenhang die Hebung der Kaufkraft der Massenbevölkerung, sondern auch die bereits genannte Vermeidung von Unterbeschäftigung (Massenarbeitslosigkeit) sowie die Vermögensbildung.

Ein weiteres wichtiges Problem ist die Organisation des Interessenkonfliktes zwischen „Arbeit" und „Kapital" hinsichtlich Arbeitszeit, Arbeitsbedingungen, Löhnen, Mitbestimmung, Miteigentum usw. Vielleicht werden sich spätere Geschlechter darüber wundern, daß es in unserer Zeit zu Streiks und Arbeitsniederlegungen kommen mußte, um einen sozialen Interessenausgleich herbeizuführen.

Ein zentrales Problem innerhalb der wirtschaftlichen Institutionen ist die Anpassung der Landwirtschaft an das Industriesystem. Es geht hier nicht nur um optimale Betriebsgrößen und um die landwirtschaftliche Technologie, sondern auch um die Gewährleistung eines mit der Industrie vergleichbaren Einkommens bei den in der Landwirtschaft tätigen Gesellschaftsmitgliedern.

Weiter gehört zu einem der entscheidendsten Probleme des modernen Wirtschaftssystems, daß die zunehmende Konzentration nicht zu einer

ÖKONOMISCHE INSTITUTIONEN

völligen Ausschaltung der Konkurrenz führt, sondern unter der Leistungskontrolle des freien Wettbewerbs bleibt.
Schließlich werden die negativen Folgen der Industrialisierung und der mit ihr verbundenen Technologie zu einem ernsten Problem der Öffentlichkeit. Abgase, Lärm, Verschmutzung des Wassers, Chemikalien in den Lebensmitteln usw. werfen Fragen auf, die erkennen lassen, daß die ökonomischen Institutionen in Zusammenhang stehen mit anderen wichtigen Verhaltens- und Kontrollsystemen der Gesellschaft.

Literatur

1. *Aron* R., Die industrielle Gesellschaft. Frankfurt 1964.
2. *König* R. (Hrsg.), Soziologie (Fischer-Lexikon; Artikel: Industrie und Betrieb).
3. *Dahrendorf* R., Industrie- und Betriebssoziologie (Sammlung Göschen, Bd. 103) Berlin 1967[4].
4. *Fürstenberg* Fr., Wirtschaftssoziologie (Sammlung Göschen, Bd. 1193) Berlin 1970[2].
5. *Schelsky* H., Industrie- und Betriebssoziologie. In: Ein Lehr- und Handbuch zur modernen Gesellschaftskunde. Hrsg. von A. Gehlen und H. Schelsky. Düsseldorf-Köln 1966.
6. *Smelser* J. N., Readings on Economic Sociology. Englewood Cliffs 1965.

Prüfungsfragen

1. Was sind „Funktionen" ökonomischer Institutionen?
2. Vergleichen Sie verschiedene Wirtschaftsstrukturen bei verschiedenen Gesellschaften.
3. Was ist das „Kapitalistische System" als Struktur ökonomischer Institutionen?
4. Welche Probleme sind mit den ökonomischen Institutionen moderner Industriegesellschaften gegeben?
5. Wie hängen ökonomische Institutionen mit anderen Institutionen und mit dem Wandel einer Gesamtgesellschaft zusammen?

16. Kapitel

Politische Institutionen

Politische (staatliche) Institutionen sind jene Ordnung von Verhaltensmustern, die mit der Einrichtung und Aufrechterhaltung „öffentlicher Ordnung", mit der Rechtsprechung, mit dem „allgemeinen Wohl", d. h. mit dem Ausgleich der verschiedenen gesellschaftlichen Interessen im Inneren und mit dem Schutz der Gesellschaftsmitglieder nach außen zu tun haben. In der Theorie der politischen Institutionen hat man auch von der sogenannten G e w a l t e n t e i l u n g gesprochen. Darunter werden die „Gesetzgebende Gewalt", die „Ausführende (exekutive) Gewalt" und die „Rechtsprechende (richterliche) Gewalt" verstanden. Die Organisation dieser verschiedenen Aspekte wird gemeinhin als „Staat" bezeichnet.
Andererseits wird der Staat auch als diejenige öffentliche, d. h. für alle Gesellschaftsmitglieder geltende Organisation aufgefaßt, welche über alle Gesellschaftsmitglieder und über alle in der Gesellschaft vorhandenen Gruppen legitime „ Z w a n g s g e w a l t " ausüben kann. Bei der Darlegung der Merkmale der sozialen Verhaltensmuster haben wir zwar bereits festgestellt, daß grundsätzlich jedes soziale Verhaltensmuster je für sich zwingenden (überindividuellen) Charakter aufweist; aber diejenigen Verhaltensmuster, die die staatliche Ordnung und die politischen Institutionen vorschreiben, sind überhaupt für alle, Gesellschaftsmitglieder und gesellschaftlichen Gruppen „geltend" (zwingend) und mit der Androhung äußerer Zwangsgewalt ausgestattet.
Wenn es in einer Gesellschaft nicht zur Bildung politischer Institutionen kommt, werden die Funktionen, die den politischen Institutionen zugeschrieben sind, von kleineren Gruppen, wie z. B. der Familie, von einem Klan oder von anderen spezifischen gesellschaftlichen Gruppen ausgeübt.

POLITISCHE INSTITUTIONEN

1 **Funktionen der politischen Institutionen:** Die politischen Institutionen sind legitimiert und organisiert durch die Autorität des Staates. Autorität haben wir als Anordnungsbefugnis verstanden, die jemand aufgrund seiner Stellung im sozialen Beziehungsgefüge hat. Aufgrund dieser Befugnis kann soziales Handeln ausgelöst und erzwungen werden (vgl. S. 50). Autorität kann aber auch als eine Form von Überlegenheit über andere bezeichnet werden. Der Grund der Überlegenheit beim Staat ist die für das gesellschaftliche Zusammenleben notwendige Ordnung. Erst aufgrund dieser Notwendigkeit ist der Zwangscharakter des Staates legitimiert. Das Recht, Ordnungszwang auszuüben, und die Ausdehnung der Autorität auf alle Mitglieder, seien es Gruppen oder Individuen der Gesellschaft, zur Herstellung und Aufrechterhaltung des „Allgemeinen Wohles" muß als das entscheidende Charakteristikum und damit als die Basisfunktion des Staates betrachtet werden.

Zusätzlich zu dieser Basisfunktion und als Ausfluß derselben ergeben sich je nach der historischen und der sozialen Situation der Gesellschaft noch weitere Funktionen. So können z.B. die religiösen Institutionen unter die politische (staatliche) Funktion fallen. In diesem Fall wird etwa das Oberhaupt des Staates sozusagen ex officio zum gleichzeitigen Oberhaupt der Religion einer Gesellschaft erklärt (wie dies z. B. bei der lutherischen Staatskonzeption der Fall war und heute noch in manchen Ländern ist). Andererseits kann aber der Staat auch verhältnismäßig wenig zu tun haben wollen mit religiösen Institutionen.

Wiederum anders kann der Staat die Regulierung und sogar die Ausführung von rein wirtschaftlichen Funktionen in die Hand nehmen. So war etwa unter dem Merkantilsystem des 17. und 18. Jh. der Staat wegen nationalistischer Zielsetzungen weitgehend an einer Regulierung des Wirtschaftssystems interessiert. Andererseits kann sich auch der Staat mehr oder weniger vollkommen von der Kontrolle des Wirtschaftslebens freisetzen. In diesem Falle wird dann von dem Prinzip des sogenannten „Laisser-faire" gesprochen.

Weiterhin kann sich der Staat auch stark einmischen in die Kontrolle der Funktionen, die wir bereits bei der Familie als Institution kennengelernt haben (Aufstellung von Eheverboten usw.).

Im modernen Staat wird die extreme Ausdehnung der politischen Institutionen über alle anderen gesellschaftlichen Institutionen T o t a l i - t a r i s m u s genannt. So werden etwa in den totalitären Staaten sowjetischer Provenienz oder auch im vergangenen nationalsozialistischen Deutschland durch eine einzige politische Partei der Staat und damit alle politischen Funktionen, aber auch das ökonomische, wissenschaftliche, kulturelle, familiäre und religiöse Leben der Gesellschaft zu kontrollieren versucht. Für eine solche Struktur der politischen und staatlichen Institution ist es typisch, daß jede politische Aktivität außerhalb der allein zugelassenen Partei unterdrückt wird.

INSTITUTIONEN UND GRUPPEN

2 Obwohl in allen modernen Staaten die Regierungen eine beträchtliche Kontrolle über das wirtschaftliche Leben ausüben, muß doch der entscheidende Unterschied in den öffentlichen Ordnungen der modernen Gesellschaften darin gesehen werden, inwieweit die politische Institution alle

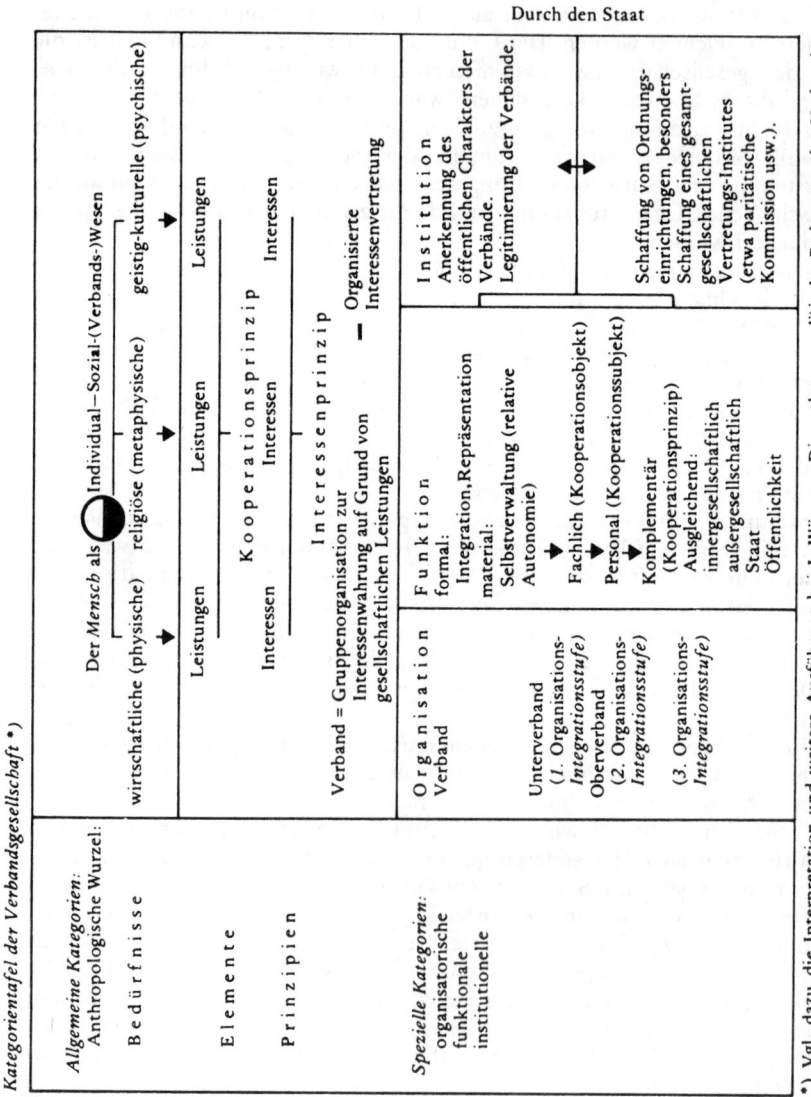

Kategorientafel der Verbandsgesellschaft*

Durch den Staat

Allgemeine Kategorien: Anthropologische Wurzel:	Der *Mensch* als Individual–Sozial-(Verbands-)Wesen			
Bedürfnisse	wirtschaftliche (physische) / religiöse (metaphysische) / geistig-kulturelle (psychische)			
Elemente	Leistungen → Leistungen → Leistungen		Organisierte Interessenvertretung	**Institution** Anerkennung des öffentlichen Charakters der Verbände. Legitimierung der Verbände. ↔ Schaffung von Ordnungseinrichtungen, besonders Schaffung eines gesamtgesellschaftlichen Vertretungs-Institutes (etwa paritätische Kommission usw.).
Prinzipien	Interessen → Kooperationsprinzip Interessen → Interessen			
	Interessenprinzip			
Spezielle Kategorien: organisatorische	Verband = Gruppenorganisation zur Interessenwahrung auf Grund von gesellschaftlichen Leistungen			
organisatorische	Organisation Verband	Funktion formal: Integration, Repräsentation material: Selbstverwaltung (relative Autonomie)		
funktionale	Unterverband (1. Organisations-*Integrationsstufe*) Oberverband (2. Organisations-*Integrationsstufe*) (3. Organisations-*Integrationsstufe*)	Fachlich (Kooperationsobjekt) Personal (Kooperationssubjekt) Komplementär (Kooperationsprinzip) Ausgleichend: innergesellschaftlich außergesellschaftlich Staat Öffentlichkeit		
institutionelle				

*) Vgl. dazu die Interpretation und weitere Ausführung bei J. Wössner, *Die ordnungspolitische Bedeutung des Verbandswesens* (Die Verbandsgesellschaft), Tübingen 1961

anderen gesellschaftlichen Institutionen kontrolliert oder auf welche Art und Weise sich die Interdependenz der verschiedenen Institutionen im Zusammenhang mit der politischen Institution arrangiert (vgl. das vorseitige Strukturbild); oder anders ausgedrückt: inwieweit Konflikte in einer Gesellschaft als „natürliche" Erscheinungen gewertet werden, für deren Austragung es legitime Formen gibt.
In diesem Zusammenhang ist zu erwähnen, daß die politische Ordnung, wie überhaupt die soziale und gesellschaftliche Ordnung, gedanklich und damit auch relevant für die gesellschaftliche Praxis unter einem „Konflikt-Modell" oder, im Gegensatz dazu, unter einem „Integrations-(harmonistischen) Modell" konzipiert werden kann. Wobei eine Betrachtungsweise nach dem „Konflikt-Modell" der Wirklichkeit und dem Grad der Komplexheit moderner Gesellschaften näherzukommen scheint (vgl. den folgenden Unterabschnitt über soziale Prozesse: Opposition S. 212 ff.).

3 Die Struktur der politischen Institution: Für die modernen Staaten läßt sich verhältnismäßig leicht eine Klassifikation derjenigen Strukturen aufzeigen, die historisch die Gesellschaften geordnet haben. Es sind dies die absolute Monarchie, die konstitutionelle Monarchie, die Republik, die Aristokratie, die Demokratie und die Autokratie.
In der absoluten Monarchie steht an der Spitze der politischen Institutionen ein Herrscher (Kaiser, König), der die oberste Gewalt über alle Untertanen ausübt und dem alle Regierungsfunktionen untergeordnet sind. In der konstitutionellen Monarchie wird die absolute Gewalt der Herrscher eingeschränkt durch gewisse Rechte, die gesellschaftliche Gruppen oder die Gesellschaft insgesamt als sogenannte „Grundrechte" beanspruchen. Diese Grundrechte können entweder in einer geschriebenen Form (Verfassung) existieren oder aufgrund einer geltenden Tradition ausgeübt werden. In der konstitutionellen Monarchie werden die gesetzgebenden Funktionen häufig durch eine gesetzgebende Körperschaft ausgeübt, deren Mitglieder sich entweder aus einem angestammten Status (Adel) oder durch bestimmte Wahlprozesse oder durch beides zusammen rekrutieren. Die gesetzgebende Körperschaft und der Monarch stehen dann in verschiedenartigen Beziehungen der Über- und Unterordnung.
Während bei der Republik als Staatsform das wichtigste strukturelle Element des Staates eine souveräne Körperschaft ist, die vom Volk gewählt wird und diesem verantwortlich ist, werden bei einer Aristokratie die grundlegenden Entscheidungen von einer verhältnismäßig kleinen elitären Klasse gefällt, die für gewöhnlich, wenn auch nicht immer, sich durch Vererbung ihrer Statusposition ergänzt.
In der Demokratie liegt die letzte Autorität über den Staat beim Volk, was in der kurzen Formel zum Ausdruck gebracht wird: „Regierung durch Konsensus der Regierten". Im Gegensatz dazu beansprucht bei der

INSTITUTIONEN UND GRUPPEN

Autokratie eine Gruppe oder eine Partei, die außer sich selbst niemandem verantwortlich ist und der gegenüber niemand eine Kontrollmöglichkeit hat, die Autorität über die politischen Institutionen. Hier gilt für die eine Gruppe oder die einzige Partei die absolutistische Formel: L'état c'est moi!

4 Trends in den modernen politischen Institutionen: In der Entwicklung der modernen Gesellschaften kann ein ständiger Trend zur Vermehrung der staatlichen Funktionen festgestellt werden. Wenn wir uns an das erinnern, was wir über die „quantitative Bestimmtheit der Gruppe" (*Simmel*) gesagt haben (vgl. S. 101f.), so wissen wir, daß bei zunehmender „quantitativer Größe" der Gesellschaft bestimmte Strukturen notwendig werden. Auch hat die zunehmende Zivilisierung der Gesellschaft durch die wirtschaftliche Technologie, den Anspruch der Massen auf Bildung usw. dem Staat zunehmende Funktionen angelastet. Parallel dazu ist festzustellen, daß die staatliche Bürokratie ständig im Wachsen und in Ausdehnung begriffen ist. Der Staat als Integrator der Gesellschaft gewinnt daher das Interesse aller. Die Form dieses Interesses ist die Demokratie, verstanden als Kontrolle und Beteiligung aller Gesellschaftsmitglieder und Gruppen an der „öffentlichen Ordnung". Nur wenn die in der modernen Gesellschaft entstandenen allseitigen Abhängigkeiten und deren Bedingungen von allen Abhängigen mitkontrolliert werden, kann von Demokratie und sozialer Freiheit (vgl. S. 168) gesprochen werden.

Ein wichtiger Trend in der Struktur der öffentlichen Ordnung ist die zunehmende Zentralisierung von öffentlichen Funktionen. Die einzelnen lokalen Einheiten, sei es ein Dorf, eine Stadt, eine Region oder ein einzelnes Land in einem Bundesstaat, sind in der Bewältigung ihrer Probleme immer mehr abhängig von der Zentralinstitution. Dadurch entsteht wiederum der Trend nach einer staatlichen Planung.

Angesichts der komplexen Probleme in den modernen Staaten ist festzustellen, daß die einzelnen politischen Kräfte, die in den verschiedenen Parteien organisiert sind, sich zur Bewältigung anstehender Probleme über die Parteischranken hinweg nicht nur zusammentun, sondern auch immer mehr sich anzugleichen gezwungen sehen (Tendenz zur Entideologisierung!). Das um so mehr, als es immer schwieriger wird, ohne wissenschaftliche Informationen die politische Ordnung aufrechtzuerhalten.

5 Probleme der politischen Institutionen: Eines der wichtigsten Probleme ist die Besetzung von Ämtern innerhalb der politischen Institutionen durch qualifizierte Kräfte. Was die staatliche Bürokratie und was die Politiker im eigentlichen Sinne anbetrifft, so ist nicht nur die verbreitet in der Öffentlichkeit anzutreffende Abwertung des politischen Amts, sondern auch die verhältnismäßig geringe Bezahlung oft Grund genug, daß sich qualifizierte Bewerber für solche Ämter und Dienste nur selten finden. Diese Statusdiskrepanz zwischen funktionaler Wichtigkeit einerseits

POLITISCHE INSTITUTIONEN

und verhältnismäßig geringer ökonomischer Ausstattung, verbunden mit einem mangelnden sozialen Prestige andererseits, ist nicht allzu selten Versuchung und Ursache zu Korruption und zur Vernachlässigung der Amtspflichten zugunsten privater Vorteile.

Zu diesen Mängeln kommt noch, daß die politischen Parteien aufgrund ihres Öffentlichkeitscharakters nicht genügend aus öffentlichen Mitteln unterstützt werden, daher auf finanzielle Unterstützung von seiten gesellschaftlicher Gruppen tendenziell angewiesen sind. Das hat aber wiederum zur Folge, daß nicht so sehr das allgemeine Wohl, sondern Gruppeninteressen mittels politischer Institutionen verfolgt werden.

Das ständige Wachsen des Wirkungsbereiches der politischen Institutionen und der damit zusammenhängenden Bürokratie führt zu dem Problem, daß eine bürokratisch-politische Eigengesetzlichkeit zum Tragen kommt, die sich nur schwerfällig auf den sozialen Wandel und auf die eigentlichen gesellschaftlichen Probleme einstellt (Establishment-Problem! Vgl. auch S. 52). Auf der anderen Seite führt der wachsende Wohlstand zu einer Entfremdung der Masse der Gesellschaftsmitglieder von eigentlich politischen Fragen. Letztere werden vielmehr jeweils am eigenen Vorteil gemessen. Es bleibt somit das entscheidende Problem, wie diejenigen, die sich für „öffentliche Dinge" verantwortlich fühlen und sich dafür einsetzen, eine entsprechende ökonomische Unabhängigkeit erlangen, so daß sie auch unangenehme Entscheidungen, die das allgemeine Wohl erfordern, wirklich zu vertreten in der Lage sind. Andererseits ist die Frage nach wie vor offen, wie die Massenbevölkerungen demokratischer Gesellschaften zu einer „Politisierung" und zu „politischer Bildung" gebracht werden können.

Literatur

1. *Bendix* R. – S. M. *Lipset*, Political Sociology – A Trend Report and Bibliography. In: Current Sociology 6 (1957), S. 79–169.

2. *Duverger* M., Die politischen Parteien. Tübingen 1959.

3. *Leibholz* G., Strukturprobleme der modernen Demokratie. Karlsruhe 1958.

4. *Lange* M. G., Politische Soziologie. Berlin 1964.

5. *Lipset* S. M., Soziologie der Demokratie. Neuwied 1962.

6. *Marx* F. M., Einführung in die Bürokratie. Darmstadt 1959.

7. *Michels* R., Zur Soziologie des Parteiwesens in der modernen Demokratie. Untersuchungen über die oligarchischen Tendenzen des Gruppenlebens. 1957^2.

8. *Stammer* O., Politische Soziologie. In: Soziologie. Ein Lehr- und Handbuch zur modernen Gesellschaftskunde. Herausgegeben von A. *Gehlen* und H. *Schelsky*, Düsseldorf 1955^2.

9. *Wössner* J., Die ordnungspolitische Bedeutung des Verbandswesens. Tübingen 1961.

INSTITUTIONEN UND GRUPPEN

Prüfungsfragen

1. Was sind Funktionen politischer Institutionen?
2. Können Sie etwas zur Struktur politischer Institutionen sagen?
3. Schildern Sie im Zusammenhang mit der modernen Sozialstruktur die Funktionen der politischen Institutionen.
4. Kennen Sie einige Hauptprobleme, die sich für politische Institutionen aus der Struktur der modernen Gesellschaft ergeben?
5. Was ist zu einem „Konflikt-Modell" und was zu einem „Integrations-Modell" hinsichtlich einer gesellschaftlichen bzw. staatlichen Ordnung zu sagen?
6. Was ist Totalitarismus?
7. Was kann zum Verhältnis zwischen „Establishment" und politischen Institutionen gesagt werden?

4. Unterabschnitt

SOZIALES HANDELN UND SOZIALE PROZESSE

In den vorausgegangenen Kapiteln war die Rede vom sozialen Handeln, von sozialen Gruppen und von Institutionen. Das Handeln des Menschen in Gruppen und aufgrund von Institutionen findet immer innerhalb einer konkreten Gesellschaft und Kultur statt. Wir haben festgestellt, daß in Gruppen und Institutionen bestimmte Verhaltensmuster, seien es nun innere Einstellungen und Haltungen oder äußere Handlungsformen, vermittelt werden. Diese Vermittlung geschieht durch soziale Prozesse.

17. Kapitel

Interaktion und sozialer Prozeß

1 Interaktionen umfassen den ganzen Bereich menschlicher Kontaktnahmen [103]. So können z. B. soziale Gruppen ohne Interaktionen nicht entstehen und existieren. Aber das Umgekehrte trifft nicht zu: Interaktionen können auch außerhalb sozialer Gruppen stattfinden. So z. B. wenn ein Bettler um Geld bittet; oder wenn ein Ober in einem Lokal einen Gast bedient; oder wenn ein Schaffner den Fahrausweis kontrolliert; oder wenn zwei Personen sich auf der Straße treffen und in ein Gespräch kommen. In all diesen Fällen wird von Interaktionen gesprochen, d. h. von einem sinnvollen Handeln, das Verhaltensmuster enthält, die die Handelnden „verstehen", an denen sich die Handelnden orientieren können und aufgrund derer sich der Ablauf der Interaktionen gestaltet.
Von einem Gruppenhandeln kann aber in den genannten Fällen nicht gesprochen werden [104]. Wohl können die Menschen miteinander handeln, insofern sie als Mitglieder einer bestimmten Gesellschaft und Kultur „sozialisiert" sind und so Handlungssituationen gemeinsam definieren können [105]. Das ist aber Voraussetzung für alles menschliche Handeln, wie wir dies bereits bei der Definition des sozialen Handelns gesagt haben [106].
Die erwähnten Beispiele zeigen, daß soziale Interaktionen ein viel häufigeres soziales Phänomen darstellen, als die Interaktion innerhalb sozialer Gruppen.

SOZIALES HANDELN UND SOZIALE PROZESSE

Letztere ist nur ein Teil des gesamten Interaktionsgefüges der Menschen. Für uns kommt es darauf an, diese umfassenden Interaktionen innerhalb des sozialen Ganzen einer Kultur und Gesellschaft zu analysieren bzw. zu typisieren.
Ausgangspunkt dieser Typisierung ist die Tatsache, daß es e i n - und m e h r p h a s i g e oder g a n z e K e t t e n v o n I n t e r a k t i o n e n gibt. Bei einer einphasigen Interaktion bezieht sich eine Handlung von A und B nur in einer Richtung: vgl. das Beispiel, wenn ein Bettler um Geld bittet; bei einer zweiphasigen Interaktion handelt es sich um eine gegenseitige (reziproke) Beziehung, wobei A und B jeweilige Handlungen setzen: vgl. das Beispiel, wenn sich zwei Personen auf der Straße treffen und ein Gespräch miteinander führen. Wenn die zweite Phase einer Interaktion durch eine dritte, vierte usw. fortgesetzt wird, und zwar immer zwischen denselben Individuen, dann sprechen wir von Interaktionsketten. Diese können dadurch noch erweitert werden, daß im vorigen Beispiel noch weitere Personen miteinbezogen werden, etwa wenn in der Interaktion von A und B auch noch C, D usw. mit ins Spiel kommen. So entstehen mehr oder weniger umfangreiche Interaktionskreise oder -felder, die, je für sich genommen, besondere Einheiten darstellen.
Wenn wir immer wiederkehrende, komplexe Typen von Interaktionen ausmachen wollen, so müssen wir von den Beziehungen zwischen den Zielen, die Menschen mit ihren Handlungen verfolgen, und sozialen Situationen, aus denen heraus sich dann im Zusammenhang mit den genannten Zielen soziale Prozesse bilden, ausgehen.
Soziale Prozesse sind ziel-(zweck-)gerichtete („sinnvolle") Ketten oder Gefüge von Interaktionen. Interaktionen haben die Befriedigung von menschlichen Bedürfnissen, Organisationszwecken oder sonstigen, vom Menschen, menschlichen Gruppen und Institutionen oder von der Umgebung gesetzten Aufgaben zum Ziel. Solche Bedürfnisse oder Aufgaben sind eng mit Werten verbunden. Werte sind Sinndeutungen von Objekten oder Sachverhalten als Ziele (Gegenstände) der Bedürfnisbefriedigung. Im Bestreben, diese Ziele (Werte) zu erreichen, kommt das einzelne Individuum in Kontakt (Interaktion) mit anderen. Je nachdem, wie die Ziele, die die einzelnen Individuen und sozialen Gruppen anstreben, zueinander stehen, kommt es zu verschiedenen Situationen, Beziehungen und sozialen Prozessen.

2 Die Art der Interaktion hängt also von der Beziehung der Handelnden untereinander in einer Situation ab. Diese wiederum wird durch die Beziehung der Ziele zueinander bestimmt. Auch der Charakter der sozialen Normen, die innerhalb einer Gesellschaft gelten, ist für soziale Prozesse maßgebend. Bei der Wahl von Handlungszielen sind die Individuen und Gruppen meistens gezwungen, ihre Wahl entsprechend den geltenden Normen einzuschränken.

INTERAKTION UND SOZIALER PROZESS

Das Ausmaß von Werten, das den interagierenden Personen und Gruppen normativ zur Verfügung steht, ist nicht immer identisch mit der Totalsumme von Werten, die tatsächlich verwirklicht wird, wenn man z. B. auch ungesetzliche Wege mit in Betracht zieht. Das heißt, daß normative Erwartungen in der Realität sich nicht immer durchsetzen. Denn soziale Normen können und werden auch zuweilen verletzt. In solchen Fällen folgt die Interaktion abweichenden Verhaltensmustern, wenngleich sie auch dann noch bestimmt bleibt einerseits von der Beziehung zwischen den Zielen der interagierenden Personen oder Gruppen und der Erreichbarkeit von Werten andererseits.

In folgender Aufstellung soll gezeigt werden, wie durch den verschiedenen Zusammenhang von Zielen (Werten) interagierender Personen oder Gruppen verschiedene soziale Situationen und typische soziale Prozesse entstehen [107].

Beziehungen zwischen den Zielen	Soziale Situationen	Soziale Prozesse	
Gemeinsame Ziele	Solidarität	Kooperation:	Handlungen: gemeinsam unterstützend konvergierend
Ähnliche, aber nicht gemeinsame oder völlig unvereinbare Ziele	Inkompatibilität (Nichtvereinbarkeit)	Opposition:	Wettbewerb Konflikt
Gemeinsame und nicht gemeinsame Ziele sind vermischt	Gleichgewicht	Anpassung: (Akkommodation)	symbiotisch (koexistent) zusammenlaufend vermittelnd (versöhnend)
Streben nach einer größeren Vereinheitlichung der Ziele. Streben nach Vergrößerung des Unterschieds in den Zielen	Neutralität Nichtaufeinander bezogene Ziele	Integrative Prozesse:	Sozialisation, öffentliche Meinung, Propaganda
		Differenzierende Prozesse:	Arbeitsteilung, Schichtung, Machtunterschiede

SOZIALES HANDELN UND SOZIALE PROZESSE

3 Wenn man nun im Zusammenhang mit den sozialen Prozessen von der Wahl von Zielen und von den Mitteln zu deren Verwirklichung spricht, so könnte man der Ansicht sein, daß es sich hier um eine psychologische Analyse handelt. Aber dem ist, wie die nachfolgende Argumentation zeigt, durchaus nicht so: Der Soziologe forscht nach den Beziehungen zwischen den Zielen mehrerer Individuen oder Gruppen, er interessiert sich nicht für die innere Wahl, die das einzelne Individuum zur Erreichung individueller Ziele trifft. Der Soziologe befaßt sich auch nicht mit dem Studium der Werte, insofern diese zur Bedürfnisbefriedigung des einzelnen Individuums notwendig sind. Seine Aufmerksamkeit richtet sich auf diejenigen Werte, die Kontakte zwischen mehreren Menschen und Gruppen wie von einzelnen Institutionen in einer sozialen Situation ermöglichen.

Soziologisch relevante Zielbeziehungen

A, B, C, D, E = Handelnde
Z_1: gemeinsame Ziele
Z_2: unvereinbare (inkompatible) Ziele
Z_3: ähnliche Ziele bei vorhandenem Mangel oder Knappheit
Z_4: ähnliche Ziele, aber kein Mangel oder Knappheit

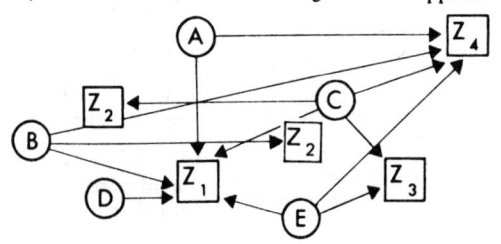

Soziale Prozesse (Kooperation, Konflikt, Wettbewerb usw.)
Bei Z_1 zwischen A, B, C, D, E;
bei Z_2 zwischen B, C;
bei Z_3 zwischen C, E;
bei Z_4 zwischen A, B, C, E.

Literatur
Vgl. die am Ende des 20. Kapitels angegebenen Titel.

Prüfungsfragen
1. Was ist Interaktion und sozialer Prozeß?
2. Welche sozialen Prozesse können aufgrund von welchen Kriterien unterschieden werden?
3. Wie ist das Verhältnis von psychologischer und soziologischer Betrachtung mit Bezug auf Ziele und Werte?
4. Wie ist das Verhältnis von Zielen und der Art der sozialen Situation?
5. Welche sozialen Prozesse ergeben sich aus der Kombination von sozialen Situationen und bestimmten Zielen?

18. Kapitel

Die sozialen Basis-Prozesse

Wir behandeln zunächst die beiden grundlegenden Prozesse der Kooperation und der Opposition. Dabei gehen wir von solchen Phänomenen aus, die jedem ohne weiteres zugänglich und auch ganz allgemein bekannt sind.

A. KOOPERATION

1 Fragen wir uns fürs erste: was ist Kooperation? Einige Beispiele mögen den Begriffsinhalt illustrieren. Bei einem Unfall helfen die Unverletzten und Hinzugekommenen den Verletzten und bringen sie in das Hospital. Bei einem Fußballspiel muß der einzelne von den 11 Mitspielern auf seinem Posten stehen. Am Fahrkartenschalter stellt sich jeder in der Reihenfolge an, wie er angekommen ist. Bei einer Bergtour tragen die Teilnehmer abwechselnd das Gepäck usw.
Was ist allen diesen Handlungen gemeinsam?

1. Jede von ihnen ist eine mehr oder weniger komplexe Kette von Interaktionen, bei der zwei oder mehr Personen beteiligt sind.
2. In jedem Fall verfolgen die daran beteiligten Personen die gleichen Ziele, d. h. der Erfolg des einen ist auch der Erfolg des andern, und der Mißerfolg des einen wird auch zum Mißerfolg des andern.

Was die Gemeinsamkeit der Ziele anbelangt, so ist das in den meisten Fällen klar. Ein Fußballspiel kann man nicht für sich allein gewinnen. Oft ist zwar die Gemeinsamkeit der Ziele nicht so deutlich, dennoch ist sie aber vorhanden. Wenn so z.B. in einer Familie ein Familienmitglied einen unmoralischen Lebenswandel führt, so leidet darunter der Ruf der ganzen Familie.

Kooperation kann also definiert werden als ein sozialer Prozeß zwischen mehreren Personen zur Erreichung gemeinsamer Ziele. Die soziale Situation, in der sich die Kooperation vollzieht, ist die Solidarität. Sie ist dadurch charakterisiert, daß gemeinsame Ziele so angestrebt werden, daß alle einander zur Befriedigung ihrer Bedürfnisse (Ziele/Zwecke) gegenseitig helfen, weil ohne kooperatives Handeln die Zielerreichung nicht oder nicht in dem Ausmaß erreicht werden könnte [108].

Von der Kooperation (als solidarische, gemeinsame Aktionen) müssen p a r a l l e l e   A k t i o n e n unterschieden werden. Solche findet man z. B. nach einem schweren Schneefall: jeder Hauseigentümer macht den Weg vor seiner Haustür frei bis zur Straße. Hier sind die Ziele ähnlich, aber individuell; kein gemeinsames Ziel ist vorhanden. Wenn der eine Hauseigentümer erst gar nicht anfängt oder beim Schneewegräumen unterbricht, so hat das keinen Einfluß auf seinen Nachbarn. Aber vorausgesetzt, alle haben bis zur Straße den Schnee geräumt, so bleibt noch übrig, daß jeder den Teil des Gehsteiges saubermacht, der vor seinem Garten liegt. Dadurch entsteht wiederum ein gemeinsames Ziel: den Gehsteig für die gemeinsame Benutzung passierbar zu machen. Wenn einer dies unterläßt, gereicht es zum Schaden aller.

Auf der anderen Seite unterscheidet sich die Kooperation von zahlreichen anderen sozialen Prozessen. Wenn z. B. Studenten sich etwa um eine nur begrenzte (knappe) Anzahl von Stipendien bewerben, wenn Arbeiter und Arbeitgeber um bessere Lohn- und Arbeitsbedingungen ringen – in diesen Fällen ist der soziale Prozeß ein anderer als derjenige der Kooperation: denn die einzelnen Teilnehmer haben nicht ein von allen gemeinsam anerkanntes und nur gemeinsam erreichbares Ziel.

2 Was die unterschiedlichen T y p e n   v o n   K o o p e r a t i o n betrifft, so kann die Verfolgung gemeinsamer Ziele mit Hilfe kooperativer Prozesse durch verschiedene Arten von Handlungen geschehen: einmal dadurch, daß die Teilnehmer am sozialen Prozeß auf die gleiche Weise handeln, und zum anderen, daß sie auf verschiedene Weise dieselben Ziele zu erreichen versuchen. Von der Art und Weise der Zielerreichung durch verschiedene Handlungen können wir drei Typen von Kooperation unterscheiden: gemeinsames Handeln – unterstützendes Handeln – zusammenhängendes Handeln [109].

Der erste Typ der Kooperation betrifft das g e m e i n s a m e   H a n d e l n . Jeder der Teilnehmer am sozialen Prozeß handelt auf gleiche (identische) Weise, z. B. bei einem Streik, oder Soldaten, die bei einem Marsch eine gemeinsame Formation bilden. Manchmal kann gemeinsames Handeln notwendig sein, manchmal wünschbar; in dem einen Fall erfordert es die Zielerreichung, im anderen Fall ist das gemeinsame Handeln angenehmer, oder es führt schneller und leichter zum Ziel.

DIE SOZIALEN BASIS-PROZESSE

Der zweite Typ von Kooperation ist das u n t e r s t ü t z e n d e H a n d e l n. Ein Freund leiht dem anderen Geld, weil dieser in einer Notlage ist. Ein mächtiger Staat unterstützt einen schwächeren, um dessen Unabhängigkeit zu erhalten. Lebensmittelpakete werden von einer Bevölkerung nach Ländern verschickt, in denen Not herrscht. Kurz: in allen diesen Fällen wird die Schwäche oder die Notlage anderer durch soziale Prozesse zu beheben versucht, wobei die Teilnehmer an solchen Prozessen entsprechende Hilfshandlungen oder unterstützende Handlungen setzen.

Das unmittelbare gemeinsame Ziel der am sozialen Prozeß Teilnehmenden ist die Beseitigung einer Notlage, sei sie nun eine physische, intellektuelle, politische, ökonomische oder moralische. Dieses unmittelbare Ziel ist meist wiederum nur ein Mittel für ein weiteres gemeinsames Ziel, das alle zu realisieren versuchen. So dienen etwa die Hilfsaktionen gegenüber unterentwickelten Ländern den Bevölkerungen dieser Länder direkt, indirekt wird dadurch aber der weiteren friedlichen Entwicklung der Gesamtmenschheit ein Dienst geleistet.

Der letzte Typ der Kooperation ist das z u s a m m e n h ä n g e n d e oder k o n v e r g i e r e n d e H a n d e l n. Diese Art von Kooperation beruht auf dem Prinzip des „Gebens und Nehmens". Die Teilnehmer führen verschiedene, aber komplementäre Handlungen aus, die ein gemeinsam anerkanntes Ziel zu verwirklichen suchen. Hierher gehören besonders diejenigen sozialen Gruppen, die zum Zwecke der Erreichung gemeinsam betreffender Fragen in soziale Prozesse eintreten und sich diesbezüglich organisiert haben. Als Beispiel können die Gewerkschaften und die Arbeitgeber angeführt werden, deren gemeinsames Ziel der Arbeitsfriede ist. Natürlich kommt konvergierendes Handeln auch außerhalb sozialer Gruppen vor; so z. B. wenn verschiedene Wissenschafter an einem Symposium partizipieren, wo jeder aus seinem Fachbereich etwas dazu beiträgt. Konvergierende oder konzertierte Aktionen oder Handlungen, bei denen die Verteilung von Aufgaben hinsichtlich gemeinsamer Ziele das wichtigste ist, haben sich als sehr fruchtbar erwiesen. Sie ermöglichen Spezialisierung und Differenzierung. Als Beispiel kann etwa die Erweiterung der wissenschaftlichen Erkenntnis angeführt werden. Hier werden verschiedene Wissensgebiete unterschieden, die je für sich von einer spezifischen Gruppe von Wissenschaftlern erforscht werden, zusammengenommen aber die wissenschaftliche Erkenntnis beträchtlich erhöhen.

Der große Wirkungsgrad von Differenzierung und Spezialisierung führt in einer Gesellschaft, die auf einer differenzierten Wirtschaft beruht, zu einer erhöhten Bedürfnisbefriedigung; gleichzeitig wird aber auch die größere Interdependenz (Solidarität) insofern deutlich, als etwa bei einem Streik auf einem Gebiet (z. B. in der Wirtschaft) auch andere Gebiete und schließlich die ganze Bevölkerung in Mitleidenschaft gezogen werden kann. Eine Wirtschaft, die auf dem sozialen Prozeß des gemeinsamen Handelns aufgebaut wäre, wäre weniger effizient, als wenn die Wirtschaft auf dem sozialen Prozeß vom Typus des konvergierenden (differenzierten) Handelns aufgebaut ist [110].

3 **Intensität (Effizienz) der Kooperation**: In allen ihren Formen verlangt die Kooperation die Vereinigung der Kräfte der Teilnehmer am sozialen Prozeß für die Erreichung gemeinsamer Ziele. Die Intensität des Prozesses hängt von dem **Grad der Koordination** ab, der durch die Teilnehmer erreicht wird. Dieser ist wiederum von verschiedenen Faktoren abhängig, einschließlich der Kenntnis der Teilnehmer, was der eine vom anderen zu erwarten hat. Denken wir z. B. an die 11 in der Mannschaft bei einem Fußballspiel. Dabei sind nicht nur die Fähigkeiten der einzelnen zu beachten, sondern auch die Art, wie die Aufgaben innerhalb des Kooperationsprozesses verteilt sind. Die eine Art der Aufgabenstellung bringt eine strengere Koordination mit sich als eine andere. So sind etwa beim Militär oder in einem Industriebetrieb die Aufgabenverteilungen zur Erreichung von Zielen streng fixiert.

Von großem Einfluß auf die Effizienz der Kooperation ist auch die **Führung**. In einfacheren Situationen, wo eine perfekte Koordination nicht so notwendig ist, kann man ohne eine Führung auskommen. Aber in komplexen Situationen, wo ein hoher Grad von Koordination notwendig ist, wird die Kooperation durch Führung und durch die Übereinstimmung der Mitglieder bei der Kooperation mit den Richtlinien des Führers wesentlich erhöht. Die Fähigkeit der Führung, eine engere Koordination und eine entsprechende Motivation zustandezubringen, erhöht die Intensität der Kooperation. Gutes Führungshandeln ist für kooperative Prozesse in komplexen Situationen (Umgebungen) oft von entscheidender Bedeutung (vgl. in diesem Zusammenhang die Schulung und Ausbildung von Führungskräften!).

Die Intensität der Kooperation hängt aber auch noch von einem anderen Faktor ab: nämlich von der **sozialen Kohäsion**, d. h. vom Charakter der Beziehungen oder der Bindung, welche die Mitglieder einer Gruppe bei einem Kooperationsprozeß bestimmen. So wird in der Familie aufgrund strengerer sozialer Bande vorausgesetzt, daß das einzelne Mitglied im Hinblick auf die gemeinsamen Ziele sogar persönliche, private und individuelle Bedürfnisse opfert. Andererseits sind bei einer ökonomischen Institution die sozialen Bande, die die einzelnen Mitglieder verbinden, nicht so stark; sie sind „vertraglich" und daher leichter aufzulösen. Hier werden auch keine größeren Opfer von den Mitgliedern gefordert. Nur die Erwartungen, die von der Betriebsgruppe her notwendig sind, müssen erfüllt werden und nicht mehr. Größere Leistungen sind innerhalb solcher Prozesse nur möglich, wenn etwa Überstunden bezahlt werden, ein besonderes Prämiensystem eingeführt wird usw. oder wenn man „primäre Beziehungen" als soziale Kohäsion in Betrieben zur Erhöhung der Betriebsziele pflegt [111].

DIE SOZIALEN BASIS-PROZESSE

Von dem einen Pol der mehr oder weniger altruistischen Orientierung, bei der das Ziel des sozialen Prozesses das Wohl einer anderen Person oder einer anderen Gruppe ist, und dem anderen Pol der rein kontraktuellen, vertraglich bestimmten, rein zweckhaften Orientierung bei einem sozialen Prozeß gibt es eine ganze Anzahl von Kooperationsmöglichkeiten, die auf einer Skala innerhalb der beiden genannten Pole angeordnet werden können.

4 Kooperation außerhalb von Gruppen: Es ist leicht zu sehen, daß die Kooperation zu einer der Basisfunktionen jeder sozialen Gruppe gehört. Aber sie ist nicht bloß auf Gruppenaktivität eingeschränkt. Sie kommt auch vor bei Interaktionen von Personen, deren Beziehungen nicht den dauernden Charakter wie bei sozialen Gruppen haben. Alle Zigaretten, die angezündet worden sind durch „Bitten um Feuer" von Fremden, jedes geordnete Anstehen am Fahrkartenschalter usw. geben Zeugnis vom Ausmaß der Kooperation. In allen diesen Fällen handeln die Menschen spontan oder mehr oder weniger in der bewußten Absicht, bestimmte gemeinsame Ziele (Werte) zu realisieren.

5 Kooperationen größeren Umfanges: Für gewöhnlich wird die Kooperation als ein fortlaufender sozialer Prozeß wenig beachtet, da er mit unserem gewöhnlichen Leben aufs engste zusammenhängt. Ab und zu kommt es jedoch zu besonders dichten kooperativen Aktionen, dann nämlich, wenn z. B. eine größere Anzahl von Menschen sich unmittelbar zur Erreichung bestimmter Ziele in der „Öffentlichkeit" zusammenschließt. In diesem Zusammenhang ist dann auch auf den Mob, auf soziale Bewegungen und auf geplante soziale Aktionen hinzuweisen. Während beim Mob das Ziel mehr oder weniger destruktiv ist, handelt es sich bei den sozialen Bewegungen um die teilweise oder vollständige Reform der bestehenden Sozialordnung. Hier sind zu nennen das Streben nach Gleichberechtigung und sozialer Anerkennung zwischen den verschiedenen Klassen, Geschlechtern, Nationalitäten, aber auch religiöse Bewegungen usw. Höhepunkt solcher sozialer Bewegungen kann eine Revolution sein, bei der die totale Änderung der bestehenden Sozialordnung angestrebt wird. Bei den geplanten sozialen Aktionen handelt es sich um die verschiedensten sozialen Prozesse auf nationaler und internationaler Ebene. Beispiele hierfür sind etwa karitative und sanitäre Unterstützungsaktionen auf den verschiedenen Feldern internationaler Konflikte, die Kooperation bei Notfällen und Naturkatastrophen, aber auch die Kooperation bei der Führung von Kriegen. Schließlich ist auf nationaler Ebene zu erwähnen, daß die Gewerkschaften, die Sparkassen, das Genossenschaftswesen usw. aus geplanten sozialen Aktionen entstanden sind.

6 Zusammenfassung: Die einzelnen sozialen Prozesse haben ihre Bedeutung darin, daß sie menschliche Bedürfnisse (Ziele/Zwecke) befrie-

digen. Durch die Kooperation vereinigen sich mehrere oder eine Vielzahl von Menschen und leisten das, was sie isoliert oder durch parallele Aktionen nicht leisten könnten; oder es würden zwar Ziele erreicht, aber nicht auf so leichte und nicht auf so effiziente Weise wie durch Kooperation. Weiterhin besteht eine Funktion der Kooperation darin, daß die Bindung der Gruppenmitglieder untereinander verstärkt wird. Kooperative Interaktionen verstärken die ursprüngliche Einheit von Menschen, indem ihnen die gemeinsamen Ziele deutlicher werden. Der Grad der Kohäsion nimmt zu mit dem Grad gemeinsamer kooperativer Handlungen. Unmittelbare Erfahrungen, die wir im täglichen Leben gewinnen können, bestätigen diese Aussagen (Freundesgruppen, Nachbarschaften, Ehe und Familie, Parteimitglieder, Militär, religiöse Gemeinschaften usw.).
So ist die Kooperation ein sozialer Basisprozeß. Damit ist gemeint, daß die Kooperation auch als ein wesentliches Element in andere, komplexere soziale Prozesse eingeht. Da die Kooperation nicht auf andere soziale Prozesse zurückgeführt werden kann, haben wir in der „Kooperation" einen der Bausteine komplexer sozialer Prozesse gefunden.

B. OPPOSITION

1 Die inkompatible Situation: Es gibt Handlungssituationen, die nicht von Kooperation bestimmt sind: Eheleute streiten miteinander, Kinder gehorchen ihren Eltern nicht und werden dafür zu Recht oder zu Unrecht bestraft; Freunde kommen in Streit wegen eines Mädchens oder sind sich über politische oder religiöse Fragen uneinig. Arbeiter und Management eines Betriebes können sich über die Frage der Entlohnung nicht einigen, es kommt zum Streik.
Die inkompatible Situation unterscheidet sich von der solidarischen Situation dadurch, daß die Ziele der Teilnehmer nicht gemeinsam sind, sondern sich ausgesprochen widersprechen, obgleich sie manchmal ähnlich sein können. Den Unterschied zwischen „gleich" (gleiche Ziele), wie bei der solidarischen Situation, und „ähnlich", wie bei der inkompatiblen Situation, hat R. MacIver folgendermaßen dargestellt: Ähnlich ist das, was wir verteilt, privat, jeder für sich besitzen, während gemeinsam das ist, was wir kollektiv besitzen, was wir miteinander haben [112]. Auf die Ebene der Ziele gehoben, kann diese Unterscheidung folgendermaßen angewandt werden: Zwei Menschen, die eine Last zu transportieren haben und dabei sich gemeinsam bemühen, haben ein gemeinsames Ziel; zwei Menschen aber, die je für sich ein bestimmtes Wertobjekt zu besitzen wünschen, haben ein ähnliches, aber ein individuelles (distributives) Ziel; oder: zwei Staaten, die ernsthaft darangehen, ihre Rüstung in gegenseitigem Verhältnis zu beschränken, haben ein gemeinsames Ziel; während zwei Staaten, die nach militärischer Überlegenheit streben, ein ähnliches Ziel haben.
Ähnliche Ziele können, müssen aber nicht inkompatibel sein. Nehmen wir an, daß 300 Menschen Karten für eine Theatervorstellung wünschen, zu der

es 500 Sitzplätze gibt. Hier sind die Ziele der Menschen ähnlich (nicht gemeinsam) und kompatibel, d. h. sie stören sich gegenseitig nicht. Im umgekehrten Fall aber, wo 500 Personen Zutritt zu einem Theater wünschen, aber nur 300 Plätze zur Verfügung stehen, sind die Ziele inkompatibel, d. h. sie sind nur von einem Teil unter Ausschluß der anderen erreichbar.

In inkompatiblen Situationen kann es einen Mangel an konkreten Gütern geben, so daß etwa bei der Konkurrenz von mehreren um einen Gegenstand (Werte, Ziele) nur einer den Gegenstand erreichen kann, z. B. wenn Arbeiter bei einer wirtschaftlichen Depression die wenig vorhandenen freien Arbeitsplätze bekommen wollen; oder wenn Arbeitgeber in einer Hochkonjunktur um die wenigen freien Arbeitskräfte konkurrieren. Andererseits kann eine inkompatible Situation auch eintreten, obwohl keine Mangelsituation herrscht, etwa wenn die Ehefrau ins Kino zu gehen wünscht, während der Ehemann zu Hause bleiben möchte, oder wenn politische Kandidaten rivalisierende Programme den Wählern anbieten.

Im Gegensatz zu der solidarischen Situation ist das Kriterium der inkompatiblen Situation darin gelegen, daß die Befriedigung des einen oder mehrerer die Befriedigung anderer ausschließt. Der Erfolg des einen ist notwendigerweise der Mißerfolg des anderen. Um bei unserem Beispiel mit den Arbeitern zu bleiben: einige bekommen die Arbeit, andere bleiben unbeschäftigt.

Es ist unmittelbar einsichtig, daß inkompatible Situationen häufig vorkommen. Es kann sich dabei um materielle Ziele oder auch um solche Ziele oder Werte wie Prestige und Macht handeln.

2 Der Prozeß der Opposition im allgemeinen: Während die solidarische Situation nur einen Prozeß, nämlich denjenigen der Kooperation zuläßt, ermöglicht die inkompatible Situation zwei Prozesse: Wettbewerb und Konflikt.

Beide Prozesse unterscheiden sich eindeutig von der Kooperation: bei der Kooperation werden die Kräfte und Energien der Teilnehmer zusammengefaßt, während bei Wettbewerben und beim Konflikt die Energien und Kräfte der einzelnen Individuen und Gruppen sich jeweils gegenüberstehen. Der Unterschied zwischen Wettbewerb und Konflikt ist reduzierbar auf den Unterschied in der Beziehung zwischen den Zielen der Teilnehmer, die im sozialen Prozeß innerhalb einer bestimmten Situation angestrebt werden. In beiden Fällen ist natürlich Inkompatibilität vorhanden. Das Bewußtsein der Unvereinbarkeit zwischen den angestrebten Zielen führt leicht einen der Handlungsteilnehmer zu einer zeitweiligen Substitution (Ergänzung, Ersatz) von Zielen. Anstelle des angestrebten ursprünglichen Zieles wird die ganze Anstrengung auf die Eliminierung oder zumindest auf die Schwächung der oder des anderen Handlungsteilnehmers gerichtet. Natürlich ist dieses unmittelbare Ziel nur instrumental, so daß, wenn es erreicht ist (nach

Eliminierung oder Schwächung der Opposition), wieder das ursprüngliche Ziel angestrebt wird.
Diese Substitution der Ziele ist jedoch keineswegs die Regel. In der Mehrheit der Fälle verfolgen die Handlungsteilnehmer ihre ursprünglichen Ziele direkt. Ist dies der Fall, dann spricht man von Wettbewerb, während bei Zielsubstitution der oppositionelle (antagonistische) Prozeß zum Konflikt führt. Analytisch kann man offensichtlich „Wettbewerb" und „Konflikt" in reiner Form unterscheiden. Einzelne Fälle sind dann leicht klassifizierbar[113].
Aber die Bemühungen, die sich in einer inkompatiblen Situation auf die Eliminierung oder auf die Schwächung des Gegners richten, sind oft nicht so eindeutig und offensichtlich. In diesem Fall wird von manchem Soziologen von einer besonderen Form eines oppositionellen Prozesses gesprochen: von der Kontravention (Widerspruch, Widerstand, Verzögerungstaktik, hinhaltende Taktiken, Verbreitung von Gerüchten usw.). Aber im Grunde genommen handelt es sich hier nur um eine Übergangsphase, entweder zu der reinen Form des Wettbewerbes einerseits oder zu der reinen Form des Konfliktes andererseits.

3 **Der Wettbewerb**: Der Wettbewerb ist, wie wir bereits gesagt haben, ein sozialer Prozeß, bei dem zwei oder mehr Personen (Gruppen) direkt gegenseitig sich ausschließende (knappe) Ziele verfolgen [114]. Dabei besteht keine Beschränkung der Personen, welche sich gleichzeitig an einem Wettbewerb beteiligen wollen. Es ist auch nicht notwendig, daß jeder Wettbewerber jeden anderen Wettbewerber kennt. Ein Arbeiter, der sich um eine ausgeschriebene Stelle bewirbt, kennt die anderen Bewerber nicht.
Da sich solche inkompatible Situationen sehr oft ereignen, ist der Wettbewerb ein ständiger Prozeß. Ähnlich wie die Kooperation ist aber das Ausmaß, das die einzelnen Gesellschaften dem Wettbewerb erlauben, nach Zeit und Ort verschieden. In einigen Fällen oder Bereichen erlauben sie Wettbewerb, in anderen wiederum beschränken sie diesen [115].
Wettbewerb ist eines der wichtigsten Instrumente, um die menschlichen Anstrengungen zu steigern und die Kräfte des einzelnen oder der Gruppe herauszufordern. Oft wird Wettbewerb durch Kooperation ersetzt oder geht in Kooperation über. Die Form dieses Übergangs ist dann die **Übereinkunft**. So schließen oft politische Parteien nach dem Wettbewerb um Wählerstimmen Koalitionen ab. Die Arbeiter haben durch Erfahrung gelernt, daß die nachteiligen Wirkungen des Wettbewerbs auf dem Arbeitsmarkt, wenn jeder den anderen unterbietet, durch die Bildung von Gewerkschaften behoben werden können.
Neben der Übereinkunft gibt es zahlreiche soziale Beschränkungen, die den Wettbewerb in manchen Situationen verbieten und Kooperation verlangen. Denken wir z. B. an das Anstehen am Fahrkartenschalter oder an das Einkaufen. Hier gelten nicht physische Stärke oder sonstige Geschicklichkeiten, sondern sozialer Druck, der gebietet, sich in die Reihe zu stellen. Das

Verbot des sogenannten „unlauteren Wettbewerbs" ist eine ähnliche soziale Beschränkung. Damit ist gesagt, daß bestimmte Praktiken durch eine einzuhaltende und damit erwartete Geschäftsmoral oder durch Gesetz verboten sind.
Da der Wettbewerb ein fortlaufender Prozeß ist, sind seine Ergebnisse relativ und nur von relativ kurzer zeitlicher Dauer. Wenn man bedenkt, daß in einer wettbewerblichen Interaktion der Erfolg des einen in dem Mißerfolg des anderen beruht, wobei dann der, der nicht erfolgreich war, sich um so mehr anstrengt, erfolgreich zu werden, dann wird ersichtlich, wie schnell hier Erfolg und Mißerfolg wechseln können.
Betrachten wir als Beispiele nur Situationen beim Sport, in der Politik oder im Geschäftsleben. Akkumuliert oder verfestigt sich jedoch nur auf einer Seite der Erfolg oder die Niederlage, so kann es zu langfristig wirksamen Ergebnissen kommen, wie etwa zur Bildung von sozialen Klassen, wie überhaupt zu jeder Art von sozialstrukturellen Monopolen. In solchen Fällen entsteht dann eine neue Situation. Der daraus resultierende soziale Prozeß kann dann nicht mehr länger in Begriffen des Wettbewerbs erklärt werden; vielmehr sind wir vor ein viel komplexeres soziales Phänomen gestellt, nämlich vor einen sekundären sozialen Prozeß, den wir den Schichtungsprozeß oder den Prozeß der sozialen Klassenbildung nennen. Weiter unten ist des näheren darauf einzugehen.

4 K o n f l i k t : Der Konflikt ist, wie wir gesehen haben, dadurch charakterisiert, daß das angestrebte Ziel durch ein anderes ersetzt wird und damit die sozialen Beziehungen sich ändern: Die allgemeine Zielbezogenheit bleibt zwar aufrechterhalten, sie wird aber zeitweise ersetzt durch Handlungen der Prozeßteilnehmer, die sich direkt gegen andere am sozialen Prozeß Beteiligte richten.
Bei der Auslösung eines Konfliktes genügt es prinzipiell, daß einer der Teilnehmer in der inkompatiblen Situation sich dafür entscheidet, anstelle des angestrebten ursprünglichen Zieles gegen den Mitbewerber vorzugehen. Aber in der Mehrheit der Fälle findet der Aggressor Widerstand. Mit anderen Worten: Das Opfer der Aggression macht eine analoge Zielsubstitution und richtet seine Anstrengungen gegen den Aggressor. Die Inkompatibilität der Ziele ist wiederum evident. Diese Situation bleibt dann so lange bestehen, bis Sieger und Besiegter feststehen; d. h. bis einer der Konfliktteilnehmer gezwungenermaßen oder freiwillig sein Ziel aufgibt.
Ähnlich wie beim Wettbewerb können an einem Konflikt beliebig viele Personen teilnehmen. Jedoch ist bei einem Konflikt der soziale Prozeß nur zweiseitig (bilateral) und nicht, wie etwa beim Wettbewerb, vielseitig. Der bilaterale Charakter des Konfliktes geht offensichtlich aus der Notwendigkeit hervor, alle Kräfte auf die Eliminierung oder die Schwächung des Gegners, der eine einzelne Person, eine Gruppe oder sogar ein ganzer Staat sein kann, zu konzentrieren.

Manchmal kommt jedoch eine „Dreieckssituation" vor; so wenn A, B, C sich einer inkompatiblen Situation gegenübersehen und der Ansicht sind, daß das jeweilige Ziel nur durch die Entfernung der zwei anderen Opponenten erreichbar ist. Meistens kommt es dann zu einer Koalition. A und B vereinigen ihre Kräfte, um C zu eliminieren; wenn jedoch einer der drei (z. B. A) der Ansicht ist, stark genug zu sein, B und C zu eliminieren, dann finden sich wiederum B und C in eine Koalition zum Schutz ihrer Existenz zusammen.

Eine der bemerkenswertesten „Dreieckssituationen" existierte kurz vor dem 2. Weltkrieg, als die großen westlichen Demokratien (A), die Berlin-Rom-Tokio-Achse (B) und die Sowjetunion (C) drei Lager darstellten, mit jeweils inkompatiblen Zielen. Alle drei möglichen Koalitionen (A, B gegen C; A, C gegen B; B, C gegen A) wurden versucht oder zumindest erwogen. Die Deutschen waren bestrebt, die westlichen Demokratien für ihren Kreuzzug gegen den Kommunismus zu gewinnen. Als dies jedoch fehlschlug, kamen sie mit den Kommunisten überein (das Molotow-Ribbentrop-Übereinkommen im August 1939). Aber als dieser Pakt wiederum durch den Angriff Hitlers auf die Sowjetunion (Juni 1941) gebrochen wurde, kam die Allianz der westlichen Demokratien mit dem Kommunismus gegen den Faschismus zustande, und zwar mehr oder weniger aus dem Zwang der Situation heraus und nicht so sehr aus dem ursprünglichen Willen der Teilnehmer. Nach der Eliminierung von B zeigte sich die Inkompatibilität zwischen A und C. Die Folge war der sogenannte kalte Krieg, der sich manchmal zu einem „heißen" lokaler Art steigerte, wie z. B. in Korea und in Vietnam. Aber auch die ungarische Revolution und die Versuche in der Tschechoslowakei können mit Hilfe des Konflikt-Modells betrachtet werden.

5 T y p e n   u n d   Z w e c k   d e s   K o n f l i k t e s : Drei Ebenen des Konfliktes sind unterscheidbar. Die e r s t e ist verbaler Art. Sie geht von Schimpfworten bis zum Austausch scharfer diplomatischer Noten. Die z w e i t e ist eine Aktion, bei der noch nicht Gewalt gebraucht wird, wie z.B. Streikandrohung oder auch Androhung sonstiger Gewaltakte. Auf der d r i t t e n Ebene wird Gewalt gebraucht: körperliche Verletzungen, Bomben und andere Formen destruktiver Aktivität. Beim Vergleich dieser drei Ebenen zeigt sich, daß die verschiedenen Möglichkeiten auf dem Kontinuum, das vom reinen Wettbewerb zum reinen Konflikt reicht, angeordnet werden können. Die erste Ebene ist noch nahe dem Wettbewerb, die dritte aber entspricht schon dem reinen Konflikt.

Konflikte entstehen häufig aus Wettbewerbssituationen heraus. In der Industrie z. B. wird um einen bestimmten Marktanteil gekämpft. Oft schließen sich dann zwei Firmen zusammen, um eine dritte durch Unterbietung der Preise aus dem Markt zu werfen.

Das Streben nach monopolistischer Marktbeherrschung ist das Ziel, das Mittel dazu ist die Eliminierung oder die Schwächung des oppositionellen, mitbewerbenden Gegners. Auch zwischen Staaten kann man oder konnte man diesen Vorgang feststellen; wenn nämlich der ökonomische Wettbewerb zur Erreichung einer bestimmten Position auf dem Weltmarkt nicht ausreichte, wurde das Mittel des Krieges angewandt.

6 Wie werden Konflikte beendet? Hierzu gibt es verschiedene Wege: Verhandlung, Schiedsgericht, gegenseitiges Messen der Kräfte. Letzteres kann zur Überlegenheit des einen über den anderen führen, oder aber bei gleichen Kräften zur Ausarbeitung eines Kompromisses, der durch Verhandlungen oder durch ein Schiedsgericht erreicht wird.
Ein dauernder Gebrauch destruktiver Methoden bei Konfliktsituationen macht schließlich „Gesellschaft" unmöglich. Im scharfen Gegensatz zu Kooperation und zu Wettbewerb, die laufende soziale Prozesse innerhalb einer Gesellschaft darstellen, sind Konfliktsituationen vorübergehend und zeitlich begrenzt; sie werden schließlich beendet, um immer wieder aufzuleben. Wegen seiner desintegrierenden Wirkungen wird und wurde der Konflikt als ein sozialer Ausgleichsmechanismus, der meist wenigstens vorübergehend mit gesellschaftlicher Unsicherheit verbunden ist, immer wieder eingeschränkt, bestraft oder überhaupt verboten. Im Grunde genommen ist aber eine dynamische Gesellschaft auf dem Wege in die jeweilige Modernität ohne Konfliktsituationen kaum einem sozialen Wandel aufgeschlossen [116].
So gibt es Situationen, in denen der Konflikt als die normale Lösung von Schwierigkeiten zwischen Menschen und sozialen Gruppen angesehen wird. Beispielsweise war oder ist in manchen Gesellschaften das Duell erlaubt, ja es wurde manchmal als die einzige Möglichkeit angesehen, seine „Ehre" zu retten. Andererseits sind in liberalen und offenen Gesellschaften etwa Streiks oder sogar ziviler Ungehorsam usw. als Konfliktmechanismen zugelassen.
Auf der Ebene internationaler Konflikte wird neuerdings bezweifelt, ob der Krieg überhaupt noch eine mögliche Form zur Lösung sozialer Konflikte sein kann. Innerhalb der Staaten sieht man jedoch den unkontrollierten, nach keinen Regeln ablaufenden Konflikt mehr und mehr als ungeeignet zur Erreichung von Zielen an. Dafür sind vor allem die Gerichte etabliert worden. Aber auch wenn der Konflikt erlaubt ist, werden Normen aufgestellt, um die Ausuferung des Konfliktes zu verhindern. Vgl. etwa die Normen des Streiks (Streikrecht) oder das Völkerrecht und die Haager Konvention auf internationaler Ebene. Streiks, ziviler Ungehorsam, Kriege und Revolutionen können als die markantesten Beispiele von Konfliktsituationen in und zwischen Gesellschaften angesehen werden.

7 Zusammenfassend kann gesagt werden:
1. Kooperation, Wettbewerb und Konflikt sind nicht reduzierbar auf andere soziale Prozesse und bilden somit Elemente in anderen, sekundären sozialen Prozessen.

2. Kooperation beinhaltet eine Gemeinsamkeit von Zielen: sie ist ein sozialer Prozeß, bei dem die Teilnehmer alle ihre Anstrengungen vereinigen, um gemeinsame Ziele zu realisieren.
3. Drei Typen von Kooperation haben wir festgestellt:
a) gemeinsames Handeln (die Teilnehmer streben zusammen dasselbe oder beinahe dasselbe Ziel an)
b) Hilfshandeln (einige der Teilnehmer versuchen anderen zu helfen, entweder aus altruistischen Motiven oder aus Motiven des aufgeklärten Selbstinteresses)
c) konvergierendes Handeln (die Teilnehmer streben verschiedene Ziele an: aus der Verwirklichung dieser Ziele ergibt sich aber zusammengenommen das gemeinsam gewünschte Ziel).
4. Kooperation unterscheidet sich nach ihrer Intensität. (Der Kooperationsgrad ist abhängig vom Grad der Koordination unter den Mithandelnden, der Kenntnis ihrer gegenseitigen Aufgaben, von der Geschicklichkeit im Ausführen entsprechender Aufgaben, von der Art und Weise, wie die Aufgaben verteilt sind und von der Art und Weise, wie die Führung die Handlungsmitglieder motiviert und ihnen Belohnung verschafft.)
5. Der Umfang der Kooperation unterscheidet sich von Gesellschaft zu Gesellschaft. Kulturelle Werte definieren den Umfang und die Bedingungen der Kooperation; ebenso die Bedeutung, die ihr in einer gegebenen Gesellschaft verliehen wird. (Vgl. etwa den aus kulturellen Wertorientierungen kommenden „Teamgeist" asiatischer Gesellschaften in der Familie und in den Fabriken.)
6. Obgleich Kooperation für soziale Gruppen grundlegend ist, ist sie dennoch nicht beschränkt auf Gruppen, sondern findet sich auch auf der interpersonalen Ebene. Kooperationen im größeren Maßstab sind etwa das Mob-Verhalten, soziale Bewegungen und geplante soziale Aktionen.
7. Kooperation hat mehrere signifikante Konsequenzen für die Gesellschaft:
a) Sie liefert die Basis für Gruppenaktionen, die zur Befriedigung von Bedürfnissen notwendig sind
b) sie hält die Solidarität unter den Handelnden aufrecht und vertieft sie
c) sie macht altruistisches Verhalten möglich
d) sie bringt Spezialisation von Funktionen und Arbeitsteilung zustande und bewirkt so eine effizientere Befriedigung einer größeren Zahl von Bedürfnissen; gleichzeitig kommt damit aber auch eine vermehrte Abhängigkeit des Menschen von der Gesellschaft zustande.
8. Der Prozeß der Opposition entsteht in Situationen von Inkompatibilität, in welchen die Zielerreichung der einen Person (Gruppe) die Zielerreichung anderer Personen (Gruppen) ausschließt. Wettbewerb und Konflikt sind die grundlegenden Prozesse der Opposition.
9. Wettbewerb ist die gemäßigte Form der Opposition, bei der zwei oder mehr Personen direkt ein Ziel verfolgen, wobei die Zielerreichung der einen Person die Zielerreichung aller anderen verhindert. Wettbewerb ist

unpersönlich: Jeder Wettbewerber konzentriert sich auf die Erreichung des Zieles und braucht die Identität der anderen Wettbewerber nicht zu kennen.
10. Die Bedeutung des Wettbewerbs ist von Gesellschaft zu Gesellschaft verschieden. Im allgemeinen dient der Wettbewerb
a) zur Motivierung der Individuen für Ziele, die nicht allen verfügbar sind (Mangelsituation)
b) zur Regelung und Verteilung von sozialen Belohnungen
c) zur Verhinderung von Monopolen
d) zur Erzeugung von Konflikten, wenn der Wettbewerb ins Persönliche absinkt.
11. Der Prozeß des Wettbewerbs wird durch kulturelle Werte reguliert, die die Objekte des Wettbewerbs bestimmen, die Normen aufzeigen, die eingehalten werden müssen, den Umfang und die Begrenzung des Wettbewerbs angeben, bestimmten Werten Prestige verleihen und das Ausmaß des Wettbewerbs innerhalb des gesamten sozialen Prozesses angeben.
12. Konflikt ist eine Form der Opposition, wobei die Handelnden danach trachten, durch Eliminierung oder durch Schwächung des oppositionellen Gegners ihr Handlungsziel zu erreichen. Drei Ebenen des Konfliktes haben wir unterschieden:
a) verbale Konflikte
b) Aktionen ohne Gewalt
c) Aktionen, die Gewalt anwenden.
Konflikte können durch verschiedene Mittel beendet werden: Verhandlung, Schiedsgericht, usw. Da unregulierter Konflikt die soziale Ordnung zerstören würde, bestimmen die Gesellschaften durch ihr kulturelles Wertsystem die Grenzen des Konfliktes und stellen auch Bedingungen auf, bei deren Einhaltung Konflikt toleriert wird. Konflikte und Konfliktsituationen sind Stimuli für den sozialen Wandel; sie führen auf gesamtgesellschaftlicher Ebene oft zu einer neuen institutionellen Konfiguration (vgl. S. 181, 215f.) und ändern zuweilen revolutionär den Typ einer Gesellschaft. Als Motor evolutionären Wandels sind Konflikte normale Erscheinungen in der Findung neuer sozialer Wertorientierungen und Verhaltensweisen.

Literatur

Vgl. die am Ende des 20. Kapitels angegebenen Titel.

Prüfungsfragen

1. Was ist Kooperation?
2. Es gibt drei Arten von Kooperation. Geben Sie davon Beispiele an und erklären Sie diese.

SOZIALES HANDELN UND SOZIALE PROZESSE

3. Kann Kooperation für eine Gesellschaft dysfunktional sein?
4. Was verstehen Sie unter „Solidarität"?
5. Wodurch wird die Intensität der Kooperation gesteigert?
6. Was sind „parallele Aktionen" im Unterschied zur Kooperation?
7. Wodurch unterscheidet sich die Kooperation innerhalb der Gruppe von derjenigen außerhalb der Gruppe?
8. Wenn man von den sogenannten 4 Wünschen (Thomas): neue Erfahrung, Sicherheit, Anerkennung und Erwiderung (Antwort) ausgeht, welche werden dann am besten befriedigt in einer Gesellschaft, wo die Kooperation vorherrscht – und welche in einer Gesellschaft, wo Wettbewerb vorherrscht? Warum ist dies so?
9. Wie ist der Zusammenhang des Wettbewerbsprozesses mit den Zielen, die in einer Interaktion gesucht werden?
10. Was trägt der Wettbewerb zu einer Gesellschaft bei?
11. Was sind die Funktionen der Kooperation?
12. Was ist die Beziehung zwischen Kultur und Wettbewerb?
13. In welchem Sinne kann der Konflikt als eine Zielsubstitution gesehen werden, die vom Wettbewerbsprozeß abgeleitet werden kann?
14. Was ist eine inkompatible Situation?
15. Was ist der grundlegende Unterschied zwischen Konflikt und Wettbewerb? Beschreiben Sie drei Typen des Konfliktes.
16. Was ist Kontravention?
17. Vorausgesetzt, daß der Konflikt ein **Basisprozeß** der Gesellschaft ist, schließt dann das ein, daß gewisse Formen, wie z. B. der Krieg, für eine Gesellschaft unvermeidlich sind?
18. In welchem Sinne ist der Konflikt ein weniger stabiler Prozeß als die Kooperation?
19. Ist jeder Konflikt abzulehnen? Gibt es auch nützliche Wirkungen des Konfliktes, so daß er für eine Gesellschaft zu begrüßen ist?
20. Wie ist der Zusammenhang von Konflikt und sozialem Wandel?

19. Kapitel

Anpassung

Beim Studium der Kooperation, des Wettbewerbs und des Konfliktes haben wir teilweise eine Antwort zu der Frage gegeben, wie und auf welche Weise Menschen zusammenwirken. Dabei haben wir gesehen, daß die grundlegenden Kombinationen des menschlichen Zusammenhandelns von der B e ziehung zwischen den Zielen der Handlungsmitglieder in einer sozialen Situation abhängen (wobei soziale Situation definiert werden kann als ein Feld menschlichen Handelns mit dem Ziel der Bedürfnisbefriedigung; oder: als Umgebung, die einen bestimmten Aufforderungscharakter [Stimulus] zur Anpassung an diejenigen signalisiert, die eben dieser Situation ausgesetzt sind); weiterhin können die Beziehungen zwischen den Zielen auch abhängig sein von dem Überfluß oder dem Mangel an konkreten Gütern, die zur Verwirklichung bestimmter Ziele notwendig sind.

Eine ganze Reihe von sozialen Prozessen ergibt sich aus der sozialen Situation des Gleichgewichtes. Hierbei sind die Ziele der Handlungsteilnehmer bis zu einem gewissen Grade einander gleich. Gleichzeitig sind sie aber aufs engste mit gegenseitig unvereinbaren (inkompatiblen) Zielen vermischt. Beide Zielvorstellungen balancieren sich gegenseitig aus. In diesem Falle entsteht eine Kombination von kooperativen und von oppositionellen Anstrengungen. Die daraus entstehenden Prozesse werden gemischte oder auch neutrale Prozesse genannt. Der Kürze halber werden wir von Anpassung (von Akkomodation) sprechen.

1 Prozesse der Koexistenz : Bei diesen symbiotischen Prozessen wird von zwei oder mehr (wirtschaftlichen, rassischen, ethnischen religiösen, politischen oder anderen) Gruppen ausgegangen. So kann man z. B. in den

USA die Situation antreffen, daß es inkompatible (unvereinbare) Ziele gibt zwischen Negern und Weißen.
Die Neger streben nach Gleichheit, während die Weißen diese verweigern. Ergibt sich nun daraus notwendigerweise eine dauernde Konfliktsituation? Keineswegs, denn beide Gruppen können sich dem gemeinsamen Ziel einer friedvollen Koexistenz unterwerfen. Um dieses Ziel zu erhalten, mäßigen sie ihre Anstrengungen in der Verfolgung ihrer sonst.divergierenden Ziele.
Ähnliche Situationen und Prozesse können wir bei ethnischen Gruppen feststellen. Vergleichen wir z. B. die Lage in Südtirol oder auch die Lage in der Schweiz, wo Deutsche, Franzosen und Italiener einerseits, Katholiken und Protestanten andererseits zusammenleben. Hier kann jeweils ein Gleichgewicht bestehen; aber es tritt auch die Möglichkeit auf, daß eine dominierende Gruppe die Minorität zu beherrschen versucht; nicht zuletzt durch die Eingliederung in die eigene Kultur. Trotz oppositioneller Prozesse aufgrund verschiedener Interessenlagen, die hier möglich sind und auch zustande kommen, besteht aber doch Kooperation hinsichtlich einer ganzen Reihe anderer Ziele, die nicht durch kulturelle oder religiöse Differenzen gekennzeichnet sind, wie z. B. im wirtschaftlichen Bereich oder in Sachen der nationalen Sicherheit.
Auch auf internationaler Ebene lassen sich leicht solche symbiotische Prozesse feststellen, wo einerseits gegenseitig sich ausschließende, aber auch gleichzeitig gemeinsame Ziele feststehen. Sowohl Elemente der Solidarität wie auch solche der Inkompatibilität lassen sich hier aufweisen.

2 Soziale Prozesse, die sich in den Mitteln der Zielerreichung gleichen (kontrahieren): Denken wir hier z. B. an den wirtschaftlichen Bereich. Die Produktion ist das gemeinsame Ziel von Arbeitnehmern und Arbeitgebern. Sie handeln aufgrund des Prinzips „Geben und Nehmen" (Austausch). Die Produktion von Gütern ist für den Arbeiter das Mittel, entsprechenden Lohn zu bekommen, für den Arbeitgeber aber das Mittel zur Erreichung eines Gewinnes. Die Arbeiter sind für höhere Löhne und geringeren Gewinn, während auf der anderen Seite die Arbeitgeber höhere Gewinne und niedrigere Löhne anstreben. Zwar ist die eine Seite auf die andere angewiesen, trotzdem besteht aber eine inkompatible Situation: der Erfolg der einen Seite bedeutet den Mißerfolg der anderen Seite und umgekehrt. Aber wenn beide Seiten nicht zusammenarbeiten, wird weder die eine Seite Löhne, noch die andere Gewinne erzielen. Jede Seite stellt Forderungen, die sich gegenseitig ausschließen, und dann macht jede Gruppe so weit von den eigenen Forderungen Abstriche, daß der soziale Prozeß, hier also der Produktionsprozeß, nicht abgestoppt werden muß. Konflikt und Kooperation sind in einer solchen Situation also untrennbar miteinander verbunden.
Alle Prozesse, die wir im ökonomischen Bereich im Zusammenhang mit dem „Markt" feststellen können, gehören zu diesem Typ des sozialen Prozesses.

3 Prozesse des Ausgleichs und der Versöhnung: Solche Prozesse stellt man im Anfangsstadium bei der Entwicklung antagonistischer Situationen ebenso fest, wie oft auch am Ende einer Konfliktsituation. Beispielsweise können über die Interpretation eines Vertrages zwischen zwei Firmen Meinungsverschiedenheiten bestehen. Sie kommen zu neuen Verhandlungen zusammen. In diesem Prozeß haben die beiden Teilnehmer verschiedene, nicht übereinstimmende Ziele. Jeder Teil versucht seiner Interpretation zum Erfolg zu verhelfen. Beide haben jedoch auch das gemeinsame Ziel einer erfolgreichen Übereinkunft.

Am Ende einer Konfliktsituation treffen wir ähnliche Mischprozesse. Nehmen wir z. B. den Fall eines Streikes oder eines Krieges an: eine Partei kommt zu der Überzeugung, daß die Nichterreichung der vorgenommenen Ziele außer Frage steht oder unverhältnismäßig hohe Kosten erfordern würde. Die Gegenpartei ist sich dieser Situation ebenso klar. Die Folge davon ist dann, daß aufgrund dieser Einsichten ein Prozeß des Kompromisses, des Ausgleiches und der möglichen Aussöhnung eingeleitet werden kann.

Anpassungsprozesse erstrecken sich über das ganze Feld sozialer Beziehungen von Einzelnen wie von Gruppen. Immer handelt es sich um Situationen des zu erreichenden Gleichgewichtes zwischen Solidarität und Antagonismus hinsichtlich bestimmter Ziele. Beispiele aus der Politik, aus dem Geschäftsleben, aus dem Bereich der Freizeit und vor allem aus dem Bereich engerer und beständiger menschlicher Beziehungen, wie z. B. aus dem Bereich der Ehe und Familie, ließen sich mühelos anführen.

4 Zusammenfassend kann gesagt werden: Bei dem Prozeß der Akkommodation ist die Beziehung zwischen den Werten, den Zielen und den Bedürfnissen der Handlungsmitglieder viel komplexer als etwa bei der Kooperation oder bei der Opposition. Konvergierende und divergierende Aspekte kann man hier nicht nur bezüglich derselben Individuen, sondern auch bezüglich derselben Handlungen feststellen. Der Interaktionsprozeß zwischen Käufern und Verkäufern macht das deutlich. Es ist dabei unmöglich, die einzelnen Handlungen als kooperativ oder als antagonistisch zu bezeichnen, vielmehr sind sich alle gleichzeitig sowohl der Gemeinsamkeit als auch der Verschiedenheit (Opposition) der Ziele bewußt. Jedes Angebot und jede Nachfrage ist nicht nur mit dem Ziele gemacht, ein Maximum von Vorteilen herauszuschlagen, sondern erfolgt auch gleichzeitig mit der Absicht, zu einem wirklichen Abschluß zu kommen. So kommt es schließlich zu einem Kompromiß zwischen den inkompatiblen Zielen jeder Partei.

Der Kompromiß, der durch die Akkommodation (Anpassung) erreicht wird, ist nicht stabil, d. h. das Ergebnis des sozialen Prozesses ist nicht ein für allemal gültig. Ein Zustand, der durch Anpassung erreicht wurde, trägt immer die Möglichkeit neuer Konflikte in sich. Denken wir z. B. an die Kündigung von Tarifverträgen und an Streikdrohungen, wenn kein erfolg-

reicher Kompromiß zustande kommt. Oder stellen wir uns rassische oder religiöse Situationen vor, wo es leicht wieder zu einem Aufstand kommen kann, nachdem für eine Zeitlang Ruhe geherrscht hat.
Prinzipiell wird die Akkommodation für eine Gesellschaft dann wichtig, wenn sie aus vielen Gruppen mit unterschiedlichen, ja einander entgegengesetzten Zielen und Werten zusammengesetzt ist. Dabei lassen sich folgende Funktionen des Akkommodationsprozesses für eine solche Gesellschaft feststellen:

1. Konfliktsituationen werden zu Ende gebracht oder verhindert (für kürzere oder längere Zeit).
2. Durch solche Prozesse wird die Möglichkeit gegeben, daß das soziale Leben in einer gewissen Ordnung abläuft, so daß nicht jede Meinungsverschiedenheit bzw. jeder Interessengegensatz sofort mit Gewalt beantwortet werden müßte.
3. Jeder Gruppe wird die Möglichkeit gegeben, ihre eigenen Werte, ihre eigene Kultur und ihren spezifischen Charakter anderen Gruppen gegenüber zu bewahren.
4. Die Akkommodation erleichtert den Assimilationsprozeß. Indem sich die Gruppen durch ihre koexistierenden Beziehungen über eine größere Zeitspanne hinweg tolerieren, wächst die Wahrscheinlichkeit der Ausbreitung und Vermischung kultureller Werte der verschiedensten Gruppen (vgl. Emigranten, Auswanderer, soziale Schichtangleichung usw.).

Kurz gesagt enthält der soziale Prozeß der Akkommodation sowohl Elemente der Kooperation und der Opposition, wobei das Gleichgewicht durch T o l e r a n z (symbiotischer Prozeß), durch K o m p r o m i ß (kontrahierender Prozeß) oder durch A u s s ö h n u n g (meist in der Form der Vermittlung) oder durch ein „Schiedsgericht" zustande kommt.

L i t e r a t u r

Vgl. die am Ende des nächsten Kapitels angegebenen Titel.

P r ü f u n g s f r a g e n

1. Warum ist der Anpassungsprozeß sekundär?
2. Geben Sie Beispiele verschiedener solcher Prozesse.
3. Warum sind die Anpassungsprozesse verhältnismäßig instabil?
4. Welche sind die Funktionen der Anpassung in der modernen Gesellschaft?
5. Wie sehen Sie „Vermittlung" und „Schiedsgericht" als soziale Mechanismen bei sozialen Prozessen?
6. Geben Sie Beispiele politischer Gesellschaften, die sich aufgrund des Vorrangs bestimmter sozialer Prozesse unterscheiden.

20. Kapitel

Integrative Prozesse

Bei den nun folgenden sozialen Prozessen ist die Ausgangssituation so, daß weder eine Gemeinsamkeit, noch eine Unvereinbarkeit der Ziele besteht. Vielmehr sind die Ziele der einzelnen Teilnehmer am sozialen Handeln noch ziemlich unverbunden. Durch den Integrationsprozeß wird eine Einheit von Zielen oder Werten geschaffen, die vorher nicht existierte.

1 S o z i a l i s a t i o n : Die Sozialisation ist eine Interaktion zwischen bestimmten Personen, für gewöhnlich innerhalb von Gruppen, mit dem Ziel/Zweck, auf das Individuum äußere und innere Verhaltensmuster zu übertragen.
Durch diese Übertragung kommt die Eingliederung des einzelnen Individuums in eine bestimmte Gesellschaft und Kultur zustande, sowohl was diese Gesellschaft und Kultur insgesamt betrifft, wie auch bezüglich der verschiedenen Gruppen, die in dieser Gesellschaft oder Kultur existieren. Es geht also darum, daß das einzelne Individuum durch die Auf- oder Übernahme von (inneren) Einstellungen und Haltungen einerseits, durch die Anerkennung äußerer Handlungsformen andererseits fähig und in der Lage ist, sich sozial zu verhalten. Weil die Interaktionen, die zu diesen Einstellungen, Haltungen und Handlungsformen führen, kontinuierlich vor sich gehen und ganze Handlungsketten und -gefüge beinhalten, sprechen wir von einem sozialen Prozeß.
Der Prozeß der Sozialisation ist ebenso umfassend wie komplex. Der u m f a s s e n d e Charakter der Sozialisation äußert sich darin, daß das einzelne Individuum von der Kindheit an bis ins hohe Alter Anpassungen an seine Umgebung ausgesetzt ist, die durch den Sozialisationsprozeß strukturiert und erzwungen werden. Bereits in der Familie wird ein enormer

Aufwand betrieben, um die nachwachsende Generation in Sitten und Gebräuche, in kulturelle Werte, in religiöse Auffassungen usw. einer bestimmten Gesellschaft einzuführen. Bei höher entwickelten Gesellschaften wird dann ein großer Teil der Sozialisation Spezialisten anvertraut: Erziehern, die ihrerseits wiederum in soziale Gruppen integriert sind, deren objektive Rollenerwartungen Institutionen darstellen, wie z. B. die Schule oder die Kirche. Außerhalb der Familie und der Schule oder der Kirche nehmen aber auch alle anderen sozialen Gruppen eine Sozialisierungsfunktion wahr, wenn auch unterschiedlichen Grades. So zwingt z. B. jede soziale Gruppe neu hinzukommende Mitglieder zu denjenigen Verhaltensmustern, die in der jeweiligen Gruppe vorherrschen.

Der k o m p l e x e Charakter der Sozialisation zeigt sich darin, daß das einzelne Individuum durch den Sozialisationsprozeß in Situationen der Kooperation, der Opposition und der Akkommodation kommt.

2 E b e n e n d e r S o z i a l i s a t i o n : Man kann drei Ebenen der Sozialisation unterscheiden. Die erste kommt dann in Frage, wenn überhaupt noch keine Sozialisierung am Individuum erfolgt ist. Es handelt sich um den neugeborenen Organismus. Diese Situation ereignet sich offensichtlich in der Familie und ist kaum anderswo anzutreffen. Auf dieser Ebene spricht man auch von p r i m ä r e r Sozialisation. Gleichsam über einer Tabula rasa werden dort Einstellungen, Haltungen und Verhaltensweisen aufgebaut. Von seiten des zu Sozialisierenden ist bei dieser Art von (primärer) Sozialisation kaum oder gar kein Widerstand festzustellen.

Die zweite Ebene der Sozialisation bezieht sich auf Gesellschaftsmitglieder, die bereits die primäre Sozialisierung hinter sich haben und nun einer weiteren Sozialisierung unterzogen werden. Diese Art von Sozialisation kann als s e k u n d ä r e Sozialisation bezeichnet werden. Hier ist etwa an die Schule, an die Kirche, auch an das Berufsleben, an die Ehe usw. zu denken. Da auf dieser Ebene Korrekturen, Erweiterungen und Beschränkungen des ersten Sozialisationsprozesses notwendig sind, kann es vorkommen, daß jetzt Schwierigkeiten auftreten, die sich zuweilen zu ernsten Konflikten steigern können. Eine dritte Ebene der Sozialisation bezieht sich auf die sogenannte R e s o z i a l i s a t i o n . Dabei wird versucht, ein bereits sozialisiertes Individuum zu neuen Einstellungen und Verhaltensweisen zu bringen, die zuweilen zu den früheren im Gegensatz stehen. Die Konversion von einem Glauben zu einem andern oder von einem sozialen Ideal zu einem andern sind gute Beispiele für eine Resozialisation. Ein spezifischer Fall ist die Resozialisation bei gewohnheitsmäßigen Rechtsbrechern, die ein Leben entsprechend den Standards der Gesellschaft nicht anerkennen wollen. Solche Abweichler einem entsprechenden Sozialisationstraining zu unterwerfen, um sie dadurch den Verhaltensnormen der Gesellschaft anzupassen, ist eine schwierige Aufgabe, aber für die neuerliche Eingliederung solcher Abweichler in die Gesellschaft entscheidend wichtig.

INTEGRATIVE PROZESSE

3 In diesem Zusammenhang muß auch die „Gehirnwäsche" erwähnt werden. Auf sie wollen wir beispielhaft eingehen, um daran sowohl für die Sozialisation als auch insbesondere für die Resozialisation einen weiteren Aufschluß zu bekommen.

Der Ausdruck „Gehirnwäsche" ist eine Übersetzung aus dem Chinesischen und wurde zuerst im kommunistischen China gebraucht bezüglich der Umerziehung des chinesischen Volkes, durch die alle Erinnerungen an das alte, vorkommunistische System „weggewaschen" werden sollten. In enger Bedeutung, wie sie bei uns mehr bekannt wurde, bezeichnet der Ausdruck Gehirnwäsche alle Anstrengungen zur Konversion von Mitgliedern westlicher Gesellschaften zu der Ideologie der Kommunisten, und zwar während der Zeit einer dortigen Gefangenschaft.

Unter dem Einfluß der Gehirnwäsche bekannten sich viele Gefangene zu dem Delikt der Spionage. Tatsächlich hatten sie diese aber nicht begangen. Sofort nach ihrer Ankunft in Hongkong, d. h. also nach ihrer Befreiung, widerriefen sie ihre „Geständnisse". Allerdings scheinen einige den Bekehrungsversuchen durch die Gehirnwäsche erlegen zu sein. Trotz der Brutalität während der Gefangenschaft und trotz ihrer offensichtlichen Unschuld bezüglich des angeklagten Deliktes machten sie Feststellungen wie die folgenden: „Im gegenwärtigen China wird eine Person, die unschuldig ist, niemals eingesperrt oder zu einer Überzeugung gezwungen. Bevor ich arretiert wurde, wußte ich, daß ich der Spionage schuldig war. Wir wurden gut behandelt. Wir wurden keinem Druck ausgesetzt. Um Selbstachtung zu erhalten, hatte man einfach diesen Fehler zu bekennen. Wir sind für die entsprechenden Aufklärungen dankbar."

Solche offensichtliche Bekehrungen führten zu dem weitverbreiteten Glauben, daß die Gehirnwäsche eine neue und große Manipulationsmöglichkeit der menschlichen Psyche eröffnen würde. Die Berichte repatriierter Gefangener zeigen jedoch, daß trotz physischer Torturen, die eine gewisse Rolle spielten, die Gehirnwäsche vor allen Dingen darin besteht, den ganzen Katalog von Resozialisierungsmitteln und -maßnahmen auf eine extreme und intensive, ja oft sogar auf eine brutale Weise anzuwenden.

Resozialisierungsversuche, seien sie nun erzwungen oder vom Individuum freiwillig aufgenommen, erfordern einige wenn nicht alle der folgenden Elemente:

1. Totale Kontrolle über das Individuum: Das Individuum wird von der Gesellschaft isoliert: von besonders wichtigen Einflüssen, von Gruppen und Institutionen und von seinem eigenen vergangenen Leben. Die Resozialisierungsinstitution hat ausschließlich Zugang zu dem zu resozialisierenden Individuum. Jeder Aspekt seines Lebens steht unter Kontrolle und Überwachung. Das Individuum wird in einer Totalabhängigkeit gehalten, bis hin zur Befriedigung primitiver physischer Bedürfnisse.

2. **Die Unterdrückung des in der Vergangenheit eingenommenen Status:** Jeder frühere Status, der dem betreffenden Individuum Anerkennung, Stolz, Vergnügen und Ansehen eingebracht hat, wird ignoriert. Innerhalb der Resozialisierungsinstitution wird das Individuum jedes Status beraubt. Allerdings kann bei entsprechendem „Wohlverhalten" ein von der Resozialisierungsinstanz geprägter neuer Status erworben werden.

3. **Verwerfung des moralischen Wertes des alten Selbst:** Nicht nur ein früherer Status wird ignoriert; auch die ehemaligen Haltungen des Individuums werden von Grund auf als falsch, als moralisch inferior und beschämend betrachtet.

4. **Partizipation des Individuums an seiner eigenen Resozialisierung:** Bezüglich dieses Punktes wird das Individuum ermutigt, aktiv am Resozialisierungsprozeß teilzunehmen, und zwar durch Selbstanalyse, Selbstkritik und durch Bekenntnis ehemaliger und gegenwärtiger Fehlleistungen.

5. **Extreme Sanktionen:** Bei der Resozialisierung werden oft extreme Sanktionen angewandt, und zwar negative wie physische Tortur und soziale Isolation sowie positive Sanktionen im Sinne von Versprechungen zeitlicher oder ewiger Güter.

6. **Intensivierung des Druckes von Primärgruppen und deren Unterstützung:** Selten wird bei der Resozialisierung eine Wandlung des Wert- und Normsystems einer Person dadurch zu erreichen versucht, daß ein Betreuer (Vorgesetzter) mit Hilfe von positiven und negativen Sanktionen die Umziehung zu bewirken hofft; vielmehr übergibt man die betreffende Person einer Primärgruppe zur Umziehung. Dadurch wird das Individuum dem viel wichtigeren und entscheidenderen Einfluß des Gruppenlebens und der persönlichen Interaktion ausgesetzt.

Der Prozeß der sogenannten Gedankenreform oder der ideologischen Umformung des Individuums beginnt mit einer totalen Isolierung. Das Individuum wird vollkommen von jedem Kontakt mit der Außenwelt abgeschnitten. Obwohl es entweder der Spionage angeklagt ist oder als Feind des chinesischen Volkes erklärt wird, erfolgt doch keine weitere spezifische und dann evtl. abstreitbare Anschuldigung. Anstelle dessen muß das Individuum sein vergangenes Leben durchforschen, um herauszufinden, was vom Standpunkt seiner Bewacher moralisch falsch war. Um aber eine wirklich ernste Beichte oder ein entsprechendes Bekenntnis abzulegen, das seine Bewacher befriedigen wird und schließlich seine Freilassung bewirken soll, hat der Gefangene nicht sein eigenes Konzept von Schuld und Unschuld an sein vergangenes Leben anzulegen, sondern er muß zunächst einmal lernen, was in der Sprache seiner Bewacher Schuld und Unschuld ist.

INTEGRATIVE PROZESSE

Aufgrund dieses Tatbestandes muß er dann einsehen, wie sein eigenes Leben zu beurteilen ist. Mit anderen Worten: Sein Bekenntnis besteht vor allen Dingen darin, sein eigenes vergangenes Selbst moralisch zu verurteilen, und zwar als das Produkt des Kapitalismus und der imperialistischen Gesellschaft. Und obgleich die Geständnisse mit Einzelheiten ausgefüllt sein sollen, tatsächlichen oder fabrizierten, kommt es doch nicht auf die Rolle bezüglich dieses oder jenes einzelnen Ereignisses an, sondern vielmehr auf die Verdammung des eigenen moralischen Selbst als verbrecherisch.
Die Gefangenen sind für gewöhnlich mit mehreren anderen Gefangenen zusammen in einer Zelle, die sich ebenfalls auf dem Weg der Resozialisierung befinden (und die ihnen auf dem Wege helfen sollen, die „kriminellen" Seiten des vergangenen Lebens zu finden). Stunde um Stunde, von der Frühe bis in die Nacht, wiederholen sie die Beschuldigungen gegen den Gefangenen und drängen ihn, zu bekennen. Sie traktieren ihn immer auf dieselbe Weise, nämlich als Kriminellen. Der Status des Gefangenen, z. B. als Arzt, Priester oder Missionar, wird ausschließlich als Verschleierung von Spionage behandelt. Jeder Versuch von seiten des Gefangenen, seine Identität zu behalten, z. B. „ich bin nicht Spion, ich bin ein Arzt", oder „das muß ein Fehler sein, ich bin ein Priester, ich erzähle die Wahrheit", wird als Schau betrachtet, als widerspenstig angesehen und bewirkt nur neue Beschuldigungen. Der Gefangene wird niemals alleingelassen, auch nicht bei seinen intimsten physischen Tätigkeiten. Oft werden Gefangenen auch Ketten angelegt. Dadurch wird erreicht, daß sie bei der Befriedigung aller ihrer Bedürfnisse auf die Hilfe der Mitgefangenen angewiesen sind: z. B. beim Essen und Trinken, beim Urinieren usw. Der Gefangene wird dadurch in die totale Abhängigkeit eines Säuglings versetzt.
Nun beginnt der so Gefangene manchmal die Haltungen derjenigen zu überdenken, die ihn auf diese Weise behandeln. Er fängt an, an seine Schuld zu glauben, seine äußerste Abhängigkeit von seinen Wächtern zu erkennen und ernstlich zu wünschen, in irgendeiner Form wieder in die menschliche Gesellschaft zurückkehren zu dürfen. Eine plötzliche Freundschaft von seiten der Bewacher ist dann oft der entscheidende Punkt: „Ein Offizieller kam zu mir und sprach zu mir in einer sehr freundlichen Weise: Die Regierung wünscht Sie nicht zu töten. Sie wünscht Sie nur zu reformieren. Wir wünschen Sie überhaupt nicht zu bestrafen; sondern wir wünschen nur, Sie umzuerziehen." Das ist der erste Hoffnungsschein. Der Gefangene fühlt, daß es einen Ausweg gibt. Er fühlt sich nicht mehr so hoffnungslos allein. Die Bewacher haben scheinbar doch irgendeine menschliche Qualität bewiesen. Auf einmal beginnt der Gefangene zu erkennen, daß er einer intensiven Umerziehung unterworfen ist: einer Art von Gruppenstudium, das 10—16 Stunden dauert, wobei nicht nur die marxistische Theorie und Praxis gelehrt werden, sondern auch zur Selbstkritik aufgefordert wird, um eine totale intellektuelle und emotionale Übereinstimmung mit der offiziellen Doktrin zu erzielen. Das sind in dieser Periode die Mittel der Umerziehung.

Selten gelang durch die Gehirnwäsche eine vollständige Umformung der Haltungen und Werte eines Individuums; wenigstens kann das von denjenigen gesagt werden, die in westliche Gesellschaften zurückgekehrt sind. Inwieweit eine volle Umerziehung bei diesen Personen gelungen wäre, wenn sie in China geblieben wären, kann allerdings nicht gesagt werden. Was kann nun aus den uns bekanntgewordenen Erfahrungen mit der „Gehirnwäsche" für die „Resozialisierung" allgemein festgestellt werden?

1. Die Resozialisierung hat keinen Erfolg, wenn sie, wie bei der Gehirnwäsche, mit Härte und gegen den Willen des Individuums durchgeführt wird.

2. Versuche zu einer Umstellung können zu einem gewissen Erfolg führen, wenn sie auf die Werte bezogen werden, die durch das Individuum bereits anerkannt werden. Berichte von „Gehirnwäsche" zeigen, daß hier oft der Versuch gemacht wurde, dem Gefangenen zu beweisen, daß er, auch an seinem eigenen Wertsystem gemessen, in der Vergangenheit schuldig geworden ist. Das geht dann etwa so vor sich, wie es sich zwischen einem gefangenen Priester und seinem „Instruktor" abgespielt hat:

Instruktor: „Glauben Sie, daß der Mensch anderen dienen sollte?"

Priester: „Ja, natürlich sollte er das."

Instruktor: „Sind Sie mit dem Bibelwort vertraut: Ich bin auf die Erde gekommen, um zu dienen, nicht, um bedient zu werden?"

Priester: „Freilich, als Priester ist es ein Teil meines eigenen Glaubens."

Instruktor: „Haben Sie einen Diener in Ihrer Mission in China?"

Priester: „Ja, ich habe einen."

Instruktor: „Wer macht morgens Ihr Bett, und wer reinigt die Wohnung?"

Priester: „Mein Diener tut das."

Instruktor: „Dann leben Sie aber nicht nach Ihrer Doktrin, oder tun Sie das?"

3. Resozialisierung scheint Erfolg zu haben, wenn sie sich einer bestimmten Haltung der Delinquenten bedient, wie in dem vorangehenden Beispiel aufgezeigt ist. Aber sie scheint wenig Erfolg zu haben, wenn sie den Gefangenen degradiert oder ihn zur Selbstbeschuldigung zwingt.

4. Die Resozialisierung scheint auch ohne Erfolg zu bleiben, wenn sie dem Gefangenen eine vollkommene Umformung ansinnt; insbesondere dann, wenn dies dadurch erreicht werden soll, daß man den Gefangenen erst völlig desorientiert und ihm dann einen für ihn völlig ungangbaren neuen Verhaltensweg aufzwingt. Wenn ein Individuum aller sozialen Bindungen und psychologischen Befriedigungen beraubt wird, neigt es mehr dazu, einen Nervenzusammenbruch zu bekommen oder bloß mechanisch zuzustimmen, als neue Überzeugungen anzunehmen [117].

INTEGRATIVE PROZESSE

4 Die Agenten der Sozialisation (Sozialisationsinstanzen): Wir haben schon erwähnt, daß bei dem Sozialisationsprozeß zwei Kategorien zu unterscheiden sind: Diejenigen, die sozialisiert werden wollen, und diejenigen, denen diese Aufgabe obliegt. Letztere können eine Minderheit darstellen, wie z. B. bei der militärischen Ausbildung. Öfter sind sie jedoch die Majorität: Das Baby wird nicht nur durch die Eltern sozialisiert, sondern auch durch ältere Geschwister und andere, die im Familienverband leben; der neu ernannte Funktionär oder der gerade an der Universität beginnende Student wird von all denjenigen sozialisiert, die schon zu der entsprechenden Institution (Gruppe) gehören. Offensichtlich zählen diejenigen, die sozialisieren, zu den älteren Gruppenmitgliedern, während die zu sozialisierenden zu den jüngeren gerechnet werden; als „jung" meint man aber hier meistens die Dauer der Gruppenmitgliedschaft. Manchmal wird bestimmten Gruppenmitgliedern spezielle Autorität oder Vollmacht zur Sozialisation anderer Gruppenmitglieder erteilt.

Gruppen formen oft auch eigene, auf ihre Situation zugeschnittene Sozialisationsmuster, so etwa, wenn z. B. spezifische informelle Gruppennormen etabliert werden, die sich gegen die offiziell geltenden Sozialisationsmuster richten. Solche informellen Praktiken werden eingeführt, um den offiziellen Anforderungen zu entgehen oder diese doch herabzumindern [118].

5 Die Techniken der Sozialisation: Die Sozialisation wird meistens mit vorgeschriebenen Mitteln durchgeführt. Niemand spricht dabei jedoch ausdrücklich von Sozialisation. Dieser Ausdruck ist ein abstrakter Begriff, der in soziologischen und psychologischen Analysen gebraucht wird. Diejenigen, die sozialisieren, setzen Handlungen, von denen sie glauben, daß sie zum Vorteil der Gruppe, zum Vorteil der zu Sozialisierenden oder zum Eigenvorteil sind. Sie denken so, weil sie selbst in vorausgegangenen Interaktionsketten entsprechend sozialisiert worden sind. Das Ziel ist nicht die Sozialisation als solche, sondern die Vermittlung von Denkformen, Verhaltensweisen, moralischen Grundsätzen usw., die zusammengenommen die Sozialisation bewirken.

Da der Sozialisationsprozeß in jeder Kultur eine zentrale Bedeutung hat und eine spezifische Aktivität von jenen Personen verlangt, die eine entsprechende Position innehaben, stellt man auch oft eine Art gegenseitiger Kontaktnahme zwischen Personen in ähnlichen Positionen fest. So tauschen etwa junge Mütter ihre Erfahrungen aus. Dasselbe gilt auf vielen anderen Gebieten. Solcher Erfahrungsaustausch erleichtert den Sozialisationsprozeß ebenso wie er ihn wirksamer macht.

Die Initiative bei der Sozialisation liegt für gewöhnlich bei den Sozialisationsagenten: Eltern, Lehrer, Ausbilder in der Industrie usw. Andererseits geht jedoch manchmal die Initiative auch von den Sozialisierenden aus. Ein Student, der sich gerade eingeschrieben hat, will möglichst schnell die

„studentische Praxis" kennenlernen. Ein neues Klubmitglied macht alle Anstrengungen, so früh wie möglich ein „volles" Mitglied der Gruppe zu werden. Das geschieht dadurch, daß solche „Neulinge" das Verhalten älterer und mit mehr Autorität ausgestatteter Mitglieder beobachten und dieses möglichst rasch nachzuahmen versuchen.

Die Techniken der Sozialisation sind sehr mannigfaltig und können kaum katalogisiert werden. Manchmal werden ausdrücklich entsprechende Normen oder Gebote des Verhaltens vorgetragen: Du sollst nicht lügen. Du sollst dein Zimmer in Ordnung halten usw. Manchmal werden dazu dann auch mehr oder weniger richtige Begründungen für das vorgeschriebene Verhalten gegeben. Schließlich wird nicht nur vorgeschrieben, wie zu handeln ist, sondern es wird auch der Glaube an die Legitimität des vorgeschriebenen Handelns gefordert. Gelingt dies, dann ist die Wirkung der Sozialisation dauerhafter und erfolgreicher, als wenn nur äußere Anpassung verlangt wird. Anstelle des Lehrens tritt auch manchmal die Mahnung, zuweilen auch der Befehl; für gewöhnlich erfolgt mehr oder weniger explizit auch die Drohung mit unangenehmen Folgen, wenn nicht in der vorgeschriebenen Form gehandelt wird. Werden jedoch die angekündigten unliebsamen Konsequenzen bei Verletzung vorgeschriebener Verhaltensformen nicht durchgeführt, folgt also bei Mißachtung von Verhaltensvorschriften keine entsprechende Sanktion, so ist das für die Wirkung der Sozialisation sehr schädlich.

Das „Beispiel" ist ebenfalls eine wichtige Sozialisationstechnik. Die Sozialisierung erfordert je nach dem Sozialisationsinhalt entsprechend Zeit und Aufwand.

In den verschiedenen „Lerntheorien", aber auch durch die Ergebnisse der Sprachforschung (*B. Bernstein* u. a.) konnte gezeigt werden, wie durch Lernprinzipien (Generalisierung, Diskriminationsfähigkeit, Verstärkung, Konditionierung, Identifikation, Nachahmung usw.) und (schichtspezifische) Sprachformen Sozialisationsinhalte „technisch" vermittelt werden[119].

6 Das Ergebnis der Sozialisation: Das Endprodukt der Sozialisation ist die „Internalisierung" und Anerkennung von Kenntnissen, Werten und Wertorientierungen, von Gefühlen, Fähigkeiten und Fertigkeiten, von Normen und Richtigkeitsmaßstäben, welche insgesamt den Inhalt der Sozialisation bilden. Dadurch wird die Persönlichkeit des sozialisierten Subjektes gebildet, verändert oder gefestigt. Kenntnisse, Glaubensvorstellungen, Verhaltensweisen und Reaktionstendenzen sind nun Teil seiner Persönlichkeit geworden. Jetzt besteht die Möglichkeit, innerhalb des Verhaltenssystems einer Gruppe bzw. einer Gesellschaft und Kultur zu handeln.

Bei der Ausgangssituation waren die Ziele des zu Sozialisierenden mit denjenigen der bereits Sozialisierten noch unverbunden, oder es fehlten überhaupt noch bestimmte Ziele hinsichtlich der Bereiche, die später von der Sozialisierung erfaßt wurden. Aber am Ende des ganzen Prozesses stehen die

INTEGRATIVE PROZESSE

Vereinheitlichung der Haltungen und Ziele oder der Erwerb von Zielen durch den Sozialisierten, die entweder mit denjenigen der Sozialisationsagenten identisch oder doch komplementär sind. Aus diesem Grunde scheint es legitim zu sein, die Sozialisation als einen Integrationsprozeß zu bezeichnen. Lerntheoretisch gesprochen kann auch gesagt werden, daß durch die Sozialisation eine kultur-, gesellschafts- und gruppenspezifische Stimulus-Response-(Reiz-Reaktions-)Struktur von seiten des zu sozialisierenden Subjektes aufgenommen worden ist[120].
Das Verhältnis von Sozialisation und Individuum muß jedoch richtig gesehen werden. Der Mensch ist nicht nur passiv, sondern eignet sich auch selbst dynamisch die Sozialisationsinhalte an. Dadurch, daß das Individuum meist gleichzeitig oder auch nacheinander Mitglied verschiedener sozialer Gruppen ist, wird es jeweils der einzelnen Gruppe oder Sozialisationsinstanz unmöglich gemacht, das einzelne Individuum ganz für sich zu vereinnahmen.

7 Z u s a m m e n f a s s e n d können wir über die Sozialisation folgendes sagen: Sie ist ein Prozeß der Integration; durch sie wird das Individuum in eine Gruppe und durch diese in eine bestimmte Gesellschaft und Kultur eingegliedert. Dies geschieht durch die Annahme ihrer Kenntnisse, Werte und Verhaltensweisen.
Wir haben drei Arten von Sozialisation unterschieden: 1. Primäre Sozialisation sowohl als Aufnahme von Basisnormen des sozialen Lebens in der Kindheit, wie auch einer entsprechenden gefühlsmäßigen Konditionierung; 2. sekundäre Sozialisation als eine Form permanenten Lernens. Diese baut auf der primären Sozialisation auf, erweitert und vertieft sie und bringt daran (mit viel Belastungen verbunden) Korrekturen an; 3. Resozialisation. Durch sie werden bereits erworbene Einstellungen und Verhaltensweisen aufgehoben und durch neue ersetzt.
Die Techniken der Sozialisation sind sehr zahlreich. Sie reichen von beabsichtigten bis zu mehr oder weniger unbewußten Aktionen. Die primäre Sozialisation vollzieht sich meistens in der Familie, aber der Sozialisationsprozeß kommt mit der Familie und in der Familie nicht zum Ende: er setzt sich vielmehr durch alle Altersphasen hindurch fort und tritt in jeder sozialen Gruppe auf, in der das Individuum eine Rolle spielen will. Wenn der Sozialisationsprozeß erfolgreich ist, dann internalisiert und anerkennt das Individuum die jeweilig abverlangten Kenntnisse, Werte, Gefühle, Normen und die damit zusammenhängenden Verhaltensweisen. Es ist so in der Lage, Interaktionen in sozialen Gruppen zu vollziehen. Da das Individuum aber immer bis zu einem gewissen Ausmaß in mehreren Gruppen partizipiert, wird es jeweils nur teilweise in eine bestimmte Gruppe integriert. Dadurch wird eine gewisse Einseitigkeit vermieden. Prestige und Selbstwert eines Individuums sind wesentlich davon abhängig, ob es gelingt, mit den sozialisierten (gelernten) inneren und äußeren Verhaltensschemata von anderen Anerkennung (Bestätigung) zu finden.

SOZIALES HANDELN UND SOZIALE PROZESSE

Literatur
(für Kapitel 17—20)

1. *Borgardus* E. S., Sociology. New York 1964[8] (Group Processes, S. 515—542).
2. *Bottomore* T. B., Sociology. A Guide to Problems and Literature. London — Englewood Cliffs, N.J. 1964[3] (Social Institutions, S. 109—208).
3. *Cuber* J. F., Sociology. A Synopsis of Principles. New York 1963[5] (Kapitel 31: Social Interaction: The Processual, S. 611—636).
4. *Fichter* J. H., Sociology. Chicago — London 1957 (Social Processes, S. 223—246). (Deutsch: Grundbegriffe der Soziologie. Wien — New York 1968, S. 135—149).
5. *Goode* W. J. (Hrsg.), The Dynamics of Modern Society. New York 1966 (Social Processes, S. 155—245).
6. *Gouldner* A. W. — H. P. *Gouldner*, Modern Sociology. An Introduction to the Study of Human Interaction. New York 1963 (Teil IV: Core Problems: Social Change and Social Tension, S. 545—663).
7. *Green* A. W., Sociology. An Analysis of Life in Modern Society. New York 1964[4] (Kapitel 4: Interaction: The Social Processes, S. 56—77).
8. *Horton* P. B. — Ch. L. *Hunt*, Sociology. New York 1964 (Social Processes, S. 321—343).
9. *Inkeles* A., What is Sociology. An Introduction to the Discipline and Profession. Englewood Cliffs, N. J. 1965[4] (Fundamental Social Processes, S. 78—91).
10. *Koller* M. R. — H. C. *Couse*, Modern Sociology. New York 1965 (Teil 4: How Society is Organized; Kapitel 9: Social Processes, S. 116—126).
11. *Landis* P. H., Introductory Sociology. New York 1958 (Kapitel 14: Adjustment Processes: Competition, Conflict, Accommodation and Assimilation S. 259—280).

Prüfungsfragen

1. Was ist „Sozialisationsprozeß"?
2. In welchem Sinne dauert der Sozialisationsprozeß das ganze Leben lang?
3. Gibt es verschiedene Arten oder Stufen der Sozialisation?
4. Kennen Sie Sozialisations-Instanzen (-Agenten)?
5. Welche Mittel können zur Sozialisation angewendet werden?
6. Wie ist das Verhältnis von Individuum und Sozialisation?
7. Welche Faktoren können für einen Fehlschlag der Sozialisation angeführt werden?
8. Was ist der Unterschied zwischen Propaganda und Sozialisation?
9. Wissen Sie etwas über „Gehirnwäsche"?
10. Was ziehen Sie aus dem Wissen über die Sozialisation für eine allgemeine Folgerung für das Verhalten des Menschen?
11. Wie hängen soziale Anerkennung und der individuelle Selbstwert mit der Sozialisation zusammen?

21. Kapitel

Prozesse der Differenzierung

Wir unterscheiden hier drei Typen: 1. Funktionale Differenzierung, 2. Klassendifferenzierung oder Schichtung, 3. die machtmäßige Differenzierung.

1 **Funktionale (insbesondere berufliche) Differenzierung**: Diese Differenzierung wird uns besonders deutlich, wenn wir die geschichtliche Entfaltung der Gesellschaften betrachten. Schon mehrmals haben wir darauf hingewiesen, daß primitive Gesellschaften noch funktional undifferenziert sind. In solchen Gesellschaften herrschen kleine multifunktionale Organisationen, wie etwa die Familie oder der Klan, vor. Diese genügen sich selbst. Das „soziale Erbe" oder die Kultur als die Summe von Verhaltensschemata hat einen relativ geringen Umfang und kann daher insgesamt fast von jedem einzelnen Individuum solcher Gesellschaften gelernt werden.
Von diesem Zusammenhang ausgehend hat ein langer Weg zu den komplexen und entwickelten Gesellschaften geführt. Letztere sind gekennzeichnet durch eine Vielzahl sozialer Gruppen, die zu bestimmten Funktionen ein spezifisch trainiertes Fachwissen verlangen. Die Gruppen selbst sind spezialisiert, ergänzen sich gegenseitig und ermöglichen so insgesamt ein hohes Zivilisationsniveau und die gesellschaftliche Komplexität.
Nach *McIver*[121] kann man in der Herausbildung komplexer Gesellschaften zwei größere Phasen unterscheiden: in der e r s t e n kommt es zur Differenzierung von bestimmten Tätigkeiten, die jede für sich eine bestimmte Geschicklichkeit und bestimmte Eigenschaften erfordern; entsprechend dazu werden dann bestimmten Mitgliedern einer Gruppe solche spezialisierenden Tätigkeiten zur ständigen Wiederholung übertragen. In der z w e i t e n Phase organisieren sich diese entstandenen „Spezialisten"

in spezifische soziale Gruppen, die für die Weiterentwicklung, die Übertragung und die Erhaltung bestimmter Fähigkeiten und Geschicklichkeiten, kurz: für ein bestimmtes „Fachwissen", sorgen. Auf solche Weise ist es nach *McIver* zu den großen sozialen Institutionen Schulen, Staaten, Kirchen, Wirtschaftsunternehmungen, Berufsgruppen usw. im Unterschied zur sonst funktional wenig differenzierten Gestalt der Gesellschaft gekommen.
Wie wir überall beobachten können, setzt sich dieser Prozeß der Differenzierung und Spezialisierung ständig weiter fort, und wir können fragen, was die Ursache dieses Prozesses ist. War es früher für eine Person noch möglich, das Wissen verschiedener Fachgebiete zu beherrschen — denken wir z. B. an Kant, der Philosophie, Mathematik und Naturwissenschaften gleichzeitig lehrte —, so ist das heute unmöglich. Auf den verschiedenen Fachgebieten hat sich so viel Wissensstoff angesammelt, daß die Lern- und Gedächtniskapazität auch hochbegabter Personen nicht mehr ausreicht, sich das entsprechende Wissen anzueignen oder gar mit ihm zu arbeiten. Einige versuchten vergebens, Schritt zu halten und die Differenzierung zu vermeiden. Andere fanden jedoch die adäquate Antwort: sie wählten die eine oder andere Beschäftigung aus, konzentrierten ihre gesamte Anstrengung darauf und vermieden es, außerhalb des Fachgebietes sich noch besonders anzustrengen. Diese anfänglichen Spezialisten fanden bald Nachahmer, bis schließlich eine größere Zahl von Personen sich ausschließlich dem neuen Fachgebiet widmete. Dieses entsprach einem sozialen Bedürfnis und war daher Grundlage für Prestige und soziale Anerkennung.
Jeder Fortschritt in der funktionalen Differenzierung wird im Prozeß der Sozialisation reflektiert. So macht man sich schon in der Familie Gedanken hinsichtlich der Anpassung der Kinder an die funktionale Differenzierung der Gesellschaft. Oft werden bewußt oder unbewußt entsprechend vorbereitende Schritte unternommen, etwa durch die Art des Spielzeugs, durch bewußte Belehrung, durch die Berufsrolle des Vaters oder durch Berufsvorbilder in der Verwandtschaft oder sonstiger Bekannter. In der Schule, besonders in den höheren Schulen, wird dann dieser Selektionsprozeß hinsichtlich der Anpassung an die in einer Gesellschaft existierende funktionale Differenzierung weiter ausgebaut. In Fach-, Berufs- und Hochschulen findet dieses Training (Sozialisierung) betreffs Übernahme einer besonderen Berufsrolle seine weitere Entfaltung und vorläufige Beendigung.
In diesem vorbereitenden Training im Sinne von Lern- und Sozialisationsprozessen spielt das Familienmilieu eine große Rolle. Darum ist es im Zusammenhang funktionaler Differenzierung und Sozialisation wichtig, von der Gesellschaft her den einzelnen Gesellschaftsmitgliedern nicht nur die Möglichkeit zu verschaffen, entsprechend ihren Fähigkeiten sich spezialisieren zu können, sondern auch die Mittel dazu zur Verfügung zu stellen, wenn das soziale Milieu der Familie, in dem die nachfolgende Generation aufwächst, hinsichtlich dieser Forderungen eher hemmend als fördernd wirkt [122].

PROZESSE DER DIFFERENZIERUNG

2 S c h i c h t u n g : Der zweite Differenzierungsprozeß ist die Schichtung. Das Ergebnis der Schichtungsprozesse sind die sogenannten „sozialen Klassen" oder „strata". Individuen, die zu derselben sozialen Klasse (Schicht) gehören, betrachten und behandeln einander als „Gleiche", während sich Angehörige anderer, höherer oder niederer sozialer Klassen (Schichten) doch mit einer sehr differenzierten Wertschätzung gegenübertreten.

1. D i e   A r t   d e r   I n t e r a k t i o n : Am besten gehen wir bei der Betrachtung der sozialen Schichtung davon aus, daß wir verschiedene Arten von Interaktionen betrachten, die mit den verschiedenen Positionen in einer Gesellschaft zusammenhängen. Der technische Ausdruck dieser Positionen ist im Zusammenhang mit der Bewertung (Ranghöhe), wie wir bereits wissen, der soziale Status. Der Beobachter des menschlichen Handelns findet leicht heraus, daß es eine Differenz im „Ton" der Interaktionen bei verschiedenen Gelegenheiten gibt. Es kommt darauf an, wer mit wem spricht, ob man das mit Gleichgestellten tut oder ob es sich um Leute handelt, die man nicht als derselben Ebene zugehörig betrachtet. „Man" ist eben zu verschiedenen Personen verschieden. Grund dafür ist die sogenannte soziale Distanz. Sie beschränkt die Interaktion sowohl dem Ton als auch dem Zweck nach. Soziale Distanzen wirken sich im Nachbarschaftsverhalten, im Freizeitverhalten, bei der Wahl der Ehepartner, in Freundeskreisen, bei der Berufswahl, im Wahlverhalten usw. aus.

2. K r i t e r i e n   d e r   K l a s s e n m i t g l i e d s c h a f t : Verschiedene Gründe für die Bewertung des sozialen Status können angeführt werden. Sie variieren von einer Geschichtsepoche zur anderen und von einer Region der Gesellschaft zur anderen. Die gebräuchlichsten Determinanten des sozialen Status sind folgende:

a) Abstammung: Die Zugehörigkeit zu dieser oder jener Familie beeinflußt den Status eines Menschen von Geburt an.

b) Wohlstand, Besitz und Eigentum oder deren Mangel sind nicht nur in sich, sondern auch in ihren Auswirkungen auf die Erziehung, auf die Befriedigung ästhetischer Bedürfnisse und auf die Möglichkeit, bestimmte Berufe ergreifen zu können, von großer Bedeutung.

c) Erziehung, Bildung, Ausbildung: Ob man Volksschule, Oberschule oder Universität besucht hat, ist für die Einschätzung einer Person oft von großer Bedeutung. Nicht nur, daß die Erreichung bestimmter Bildungs- oder Ausbildungsziele schon einen Wert an sich in einer Gesellschaft bedeutet, sondern „Bildung" in diesem Sinne korreliert meist auch mit bestimmten Beschäftigungsarten, Einstellungen und Haltungen.

d) Macht und Einfluß: Die Zugehörigkeit zu einer bestimmten sozialen Klasse kann einen größeren oder einen geringeren Einfluß auf andere mit sich bringen.

3. Die Ziele der Interaktion: Die Interaktionen, die aufgrund sozialer Klassen (Schicht-)zugehörigkeit stattfinden, haben, wie alle anderen Arten von Interaktionen, bestimmte Ziele, deren sich die Klassenmitglieder mehr oder weniger bewußt sind. Als Ziele der Interaktion der sozialen Klassen (Schicht-)mitglieder können angeführt werden:

a) die Aufrechterhaltung des sozialen Status
b) die Verbesserung des sozialen Status
c) die Verhinderung des sozialen Aufstiegs anderer.

Zu a): Die Aufrechterhaltung des eigenen sozialen Status ist das minimalste Ziel von Interaktionen von Klassenmitgliedern. Die Bestrebungen, den eigenen Status gegenüber anderen sozialen Klassen aufrechtzuerhalten, sind meistens kooperativ. Wenn A selbstverständlich die Gleichheit von B anerkennt und B dasselbe tut, werden die gemeinsamen Ziele dadurch gefördert. Interaktionen, die die Aufrechterhaltung des Status zum Ziele haben, werden von einer bestimmten Norm gesteuert: der Exklusivität, d. h. der soziale Verkehr findet ausschließlich mit Gesellschaftsmitgliedern der eigenen Klasse statt. Natürlich hat diese Norm eine strenge Klassen-(Schicht-)struktur der Gesellschaft zur Voraussetzung. Man könnte an dieser Stelle der Meinung sein, daß in der nivellierten Mittelstandsgesellschaft keine solchen Klassenstrukturen mehr existieren. Bei genauerer Hinsicht zeigt sich jedoch, daß zwar aufgrund der Angleichung von Kleidung und oft auch der Wohnung sowie durch die immer breitere Kreise ziehende Möglichkeit des Bildungsaufstieges eine Verringerung der sozialen Distanzen im vertikalen Sinne wohl zugestanden werden muß, daß aber dann sozusagen im horizontalen Sinne möglicherweise nicht mehr so sehr Einkommen und Wohlstand eine Rolle spielen, sondern die von bestimmten Gruppen vertretenen Werthaltungen.

Ob es sich nunmehr um eine Klasse im horizontalen oder im vertikalen Sinne handelt, immer tritt jedoch die Norm der Exklusivität auf. Derjenige, der sie verletzt, wird gemieden, die Interaktionen werden eingestellt, der Betreffende gilt als Outsider, als nicht mehr dazugehörig.

Zu b): Als ein weiteres Ziel der Interaktion von Mitgliedern einer schichtspezifisch differenzierten Gesellschaft kann der „soziale Aufstieg" bezeichnet werden. In dieser Hinsicht ist ein großer Unterschied zwischen einer offenen Gesellschaft und einer geschlossenen Gesellschaft festzustellen. Eine offene Gesellschaft kennt keine unübersteigbaren Barrieren zwischen den Klassen; sie ist durch einen hohen Grad von Auf- und Abwärtsmobilität im sozialen Schichtgefüge gekennzeichnet und gewährt mehr oder weniger „Gleichheit der Chancen" für alle Gesellschaftsmitglieder. Zwar ist der Anfangsstatus eines Kindes durch den Status seiner Familie bestimmt; aber ein Kind, das in eine untere Klasse hineingeboren wird, ist dadurch nicht notwendigerweise vom sozialen Aufstieg ausgeschlossen; andererseits wird

einem Kind, das in der Oberschicht geboren wird, nicht für das ganze Leben lang dieser Status ohne Eigenleistung (Statusaktivität) garantiert.
Die Summe aller Auf- und Abstiegsprozesse in einem sozialen System wird als v e r t i k a l e soziale Mobilität bezeichnet. Als solche stellt sie gleichsam den Prozeß der Verteilung (Zuweisung) der einzelnen Individuen in die sozialen Schichten dar. Die Gewinner im Wettbewerb um die sozialen Ränge klettern sozusagen in der sozialen Stufenleiter nach oben, und die Verlierer sinken nach unten.
Vertikale soziale Mobilität ist zu unterscheiden von der h o r i z o n t a l e n sozialen Mobilität, welche die Bewegung von Personen von einem Platz zum anderen meint, etwa also von Österreich nach der Bundesrepublik oder von einem Beruf zu einem anderen innerhalb derselben sozialen Klasse.
Man unterscheidet auch I n t e r - und I n t r a - G e n e r a t i o n s m o b i l i t ä t. Im ersten Fall findet vertikale bzw. horizontale Mobilität von einer Generation zur anderen statt (der Sohn steigt sozial höher als der Vater), im letzteren Fall wird innerhalb nur einer Generation der „soziale Besitzstand" verbessert bzw. der Arbeits-, Berufs-, Wohnplatz verändert.
Im Gegensatz zu einer offenen Gesellschaft sind geschlossene Gesellschaften durch ein Kasten- oder ein Ständesystem charakterisiert. Im K a s t e n s y s t e m sind die sozialen Klassen stark voneinander abgeschlossen. Die Mitgliedschaft ist erblich, Interkastenheirat ist verboten. Die Verletzung der sozialen Distanz wird nicht nur gegenüber den eigenen Klassenangehörigen, sondern auch gegenüber Nichtklassenangehörigen streng geahndet.
Das S t ä n d e s y s t e m ist keine so streng geschlossene Gesellschaft wie das Kastensystem. Zwar ist die Zugehörigkeit zu einem Stand im allgemeinen erblich, wird aber doch durch bedeutende Modifikationen gemildert. Eine solche Modifikation ist etwa die Kooptation, d. h. die Zuwahl neuer Mitglieder. Eine weitere Möglichkeit stellt die „Erhebung" in einen höheren Stand dar (z. B. Erhebung in den Adelsstand). Ein höherer Status kann auch aufgrund von Heirat erreicht werden. Das Vererbungsprinzip der Ständegesellschaft läßt also eine gewisse soziale Mobilität zu.
In Kasten- und ständischen Gesellschaften, aber auch manchmal in offenen Gesellschaften, wo die „Gleichheit der Chancen" wenigstens als Verfassungsnorm und sozialmoralisches Leitmotiv besteht, nehmen die Mitglieder der unteren Klassen die vorhandene Verteilung der Gesellschaftsmitglieder auf die einzelnen sozialen Ränge mehr oder weniger kritiklos hin. Aber das braucht nicht immer so zu sein. Soziale Bewegungen, die wir bereits bei der Erörterung des Kooperationsprozesses kennengelernt haben, können sich die kollektive Erhöhung des Status der eigenen Klasse zum Ziel setzen. Denken wir hier nur z. B. an die Arbeiterklasse. Solche Bewegungen können aber auch auf die Änderung des gesamten sozialen Rang-(Klassen-)systems hinzielen (Revolution).
Z u c) : Das dritte Ziel der Interaktion von Klassen-(Schicht-)Mitgliedern ist der Widerstand gegenüber denjenigen, die sozial aufsteigen wollen.

Dadurch, daß sozialer Verkehr zwischen den Klassen verhindert wird oder unerwünscht ist, ist es für einen möglichen Wettbewerber aus den Unterschichten schwieriger, eine höhere soziale Klassenposition zu erreichen, als für ein Mitglied der höheren Schicht; andererseits wird das Prestige der höheren Klassenmitglieder auf diese Weise stabilisiert und hoher sozialer Status tendenziell monopolisiert. Dieses Monopol muß in dem Bedürfnis nach Befriedigung einer Anerkennung der Abstammung, des Besitzes oder der eigenen Leistung gesehen werden. Die Wichtigkeit einer Befriedigung dieses Wunsches kommt in dem sogenannten „Inferioritätskomplex" von Einzelpersonen, aber auch von ganzen sozialen Gruppen zum Ausdruck, der eben einen Fehlschlag des Anerkennungsstrebens bedeutet.

Das Streben nach Status-Monopolisierung ist nicht nur auf die oberen Klassenmitglieder beschränkt, zuweilen unterstützen selbst niedere Klassenangehörige die Aufrechterhaltung der sozialen Distanz. Dies geschieht nicht nur dadurch, daß sie das existierende Klassen- und Schichtsystem als selbstverständlich anerkennen; sie untersagen auch ihren eigenen Klassenmitgliedern den Angriff auf das bestehende Klassensystem und unterstützen oft keineswegs diejenigen, die eine Egalisierung anstreben. Ein Mitglied der niederen Klasse, das „seinen Platz nicht kennt" oder „nicht weiß, wie man sich benehmen muß", wird oft von den Mitgliedern der eigenen sozialen Klasse tadelnd und somit statusverfestigend zurechtgewiesen.

4. **Die Komplexität des Schichtungsprozesses**: Interessant ist, daß der Schichtungsprozeß Elemente aller bereits erwähnten Basisprozesse ebenso enthält wie Elemente der sekundären Prozesse.

In allen Klassenlagen findet man „Solidarität" und entsprechend kooperative Interaktionen. Die soziale Mobilität ist mit Wettbewerbsprozessen um soziale Positionen verbunden. Man findet auch oft zwischen den Klassen Konfliktsituationen (Klassenkampf!).

5. **Soziale Klassen sind keine sozialen Gruppen**: Soziale Klassen oder Schichten in einer offenen Gesellschaft scheinen soziale Gruppen zu sein, zeigen jedoch keineswegs die Merkmale von solchen. Die Schichten, die durch eine Kombination der verschiedenen Kriterien des sozialen Status gebildet werden, sind nicht voneinander abgegrenzt, wie das bei sozialen Gruppen der Fall ist. Wir sprechen zwar des öfteren von der Oberklasse, der Mittel- und der Unterklasse, aber es gibt auch eine Vielfalt anderer Einteilungen. *L. Warner* und *P. S. Lunt*[123] unterscheiden z. B. 6 soziale Klassen, obere Oberklasse, untere Oberklasse, obere Mittelklasse, untere Mittelklasse, obere Unterklasse, untere Unterklasse. Tatsächlich kann aber in einer offenen Gesellschaft die Schichtung nicht in einer strengen Zahl von Klassen ausgedrückt werden. Zwischen „Oben" und „Unten" gibt es viele Abstufungen, und die Interaktionen aufgrund der Klassenzugehörigkeit spielen sich nicht nur zwischen denen ab, die im strengen Sinne zu derselben Klasse gehören, sondern auch zwischen denen, die jeweils mehr

oder weniger am oberen oder am unteren Rande der angrenzenden Klasse sich befinden.
Die Folgerungen, die sich daraus ergeben, sind klar: soziale Klassen (Schichten) sind nur darum keine sozialen Gruppen, weil nicht klar und eindeutig bestimmbar ist, wer in einer sozialen Klasse Mitglied bzw. Nichtmitglied ist, wie das z. B. bei Familienmitgliedern, bei Mitgliedern ethnischer Gruppen, oder etwa bei Mitgliedern eines Industriebetriebes möglich ist. Soziale Klassen (Schichten) sind soziale Strukturelemente, da sie durch bestimmte Interaktionsmuster (ähnliche Handlungsziele, ähnliche innere und äußere Verhaltensmuster) gekennzeichnet sind; und weil soziale Klassenbeziehungen interdependent sind und zusammengenommen ein sinnvolles Ganzes bilden, kann man die sozialen Strukturen einer Klasse auch als soziale Systeme bezeichnen.
Natürlich können soziale Klassen auch soziale Gruppen werden. Voraussetzung dafür ist, daß ein g e m e i n s a m e s   K l a s s e n b e w u ß t s e i n entsteht. In diesem Falle entsteht ein gemeinsames „Wir"; das einzelne Mitglied identifiziert sich mit dem „Ganzen". Kommt noch eine bestimmte Organisationsform dazu, dann kann sogar von einem „Verband" (Interessengruppe), einer „Partei" usw. gesprochen werden.

6. Anzufügen ist hier, daß die Begriffe von S t a n d ,   K l a s s e und S c h i c h t nicht immer einheitlich gebraucht werden. Allgemein kann festgehalten werden, daß als Stand eine soziale Großgruppe verstanden wird, der

a) eine wirtschaftliche Basis zugeordnet ist, die
b) in einem hierarchischen Gefüge eine verhältnismäßig stabile Position einnimmt, und die
c) rechtlich und ideologisch durch ein bestimmtes Ordnungsbild legitimiert ist.

Wenn wir uns an das erinnern, was wir über den Status gesagt haben (vgl. S. 83 ff.), so handelt es sich bei der Zugehörigkeit zu einem Stand meist um einen (durch die Geburt) zugeschriebenen Status.
Der K l a s s e n b e g r i f f wird meist nicht so verstanden, wie wir es in den vorausgegangenen Überlegungen getan haben. Historisch ist er weitestgehend von der marxistischen Konzeption beeinflußt, wonach die Gesellschaft in Gruppen eingeteilt wird, deren unterscheidendes Kriterium ihr Verhältnis zu den Produktionsmitteln ist. Dieses Verhältnis bestimmt dann auch rechtliche, moralische, ästhetische, religiöse, machtmäßige Verhaltensmuster der Gesellschaftsmitglieder.
Zutreffender wird jedoch in modernen, offenen Gesellschaften von Schichten geredet. Der Schichtbegriff ist ein entideologisierter, klassifikatorischer Ordnungsbegriff, mit Hilfe dessen man auf einem Kontinuum von unten nach oben jeweils Kategorien von Menschen anordnen kann, die sich nach bestimmten Merkmalen (Einkommen, Bildung, Beruf, Eigentum usw.) unterscheiden.

7. Empirische Berichte

Th. Geiger[124] stellt aufgrund des Ergebnisses der Volkszählung von 1925 in Deutschland folgende Schichtenskala auf:

1%	Kapitalisten (Besitzer von größeren Produktionsmitteln)
18%	Alter Mittelstand (Geschäftsleute usw.)
18%	Neuer Mittelstand (Angestelltenschaft)
12%	Proletaroide (kleine selbständige Existenzen)
51%	Proletariat (Lohnarbeiter usw.)
100%	

Für Österreich läßt sich folgendes feststellen:

Januschka-Untersuchung 1934[125]	Volkszählung 1951
1,6% Oberschicht	10% Oberschicht
12,6% Mittelschicht	30% Mittelschicht
85,8% Unterschicht	60% Unterschicht
100,0%	100%

Durch eine Reihe weiterer Untersuchungen kann belegt werden, daß die Bevölkerungsgruppen der untersten sozialen Lage zahlenmäßig abgenommen haben.
Für die Bundesrepublik Deutschland seien 2 Untersuchungen herangezogen: *E. K. Scheuch* analysierte 1960 aufgrund von Interviews in bestimmten repräsentativen Gemeinden die deutsche Bevölkerung. Mit Hilfe einer Kombination der drei Variablen Beruf, Einkommen und Schulbildung wurden 7 typische Schichten festgestellt. Eine ähnliche Untersuchung wurde von *Moore/Kleining* durchgeführt, wobei als unterscheidendes Kriterium der Beruf gewählt wurde.

Verteilung der Bevölkerung der BRD im Statusaufbau

Scheuch (1961[126])		Moore/Kleining (1960[127])	
Untergliederung des Statusaufbaues	in v.H. der Eingeordneten	in v.H. der Eingeordneten	Untergliederung des Statusaufbaues
Oberschicht (50 u. mehr Punkte)	2,5	1	z. B. Großunternehmer Spitzenfinanz Hochadel Spitzenpolitiker

PROZESSE DER DIFFERENZIERUNG

Scheuch (1961[126])		Moore/Kleining (1960[127])	
Untergliederung des Statusaufbaues	in v.H. der Eingeordneten	in v.H. der Eingeordneten	Untergliederung des Statusaufbaues
Obere Mittelschicht (40-49 Punkte)	6,1	5	z. B. leit. Angest. u. Beamte, Professoren Ärzte, Richter Rechtsanwälte
Mittlere Mittelschicht (30-39 Punkte)	14,6	15	z. B. mittl. Angest. u. Beamte, Elektroing., Fachschullehrer, mittl. Geschäftsinh., Apotheker
Untere Mittelschicht (23-29 Punkte)	20,7	17 13[127a] (30)	z. B. unt. Angest. u. Beamte, Malermeister Friseurmeister Kleinhändler Werkmeister höchstqual. Arbeiter
Obere Unterschicht (15-22 Punkte)	36,6	10 18[127a] (28)	z. B. unterste Angest. und Beamte, Kellner, Fleischergesellen, Kleinsthändler, qualifiz. Industriearbeiter (auch qualifiz. angelernte)
Untere Unterschicht (0-14 Punkte)	19,5	17	z. B. Straßenarbeiter Landarbeiter Matrosen harte Arbeit, z. T. im Freien
Sozial Verachtete	–	4	z. B. Handlanger

Hauptgruppen im Statusaufbau der ländlichen Feudalgesellschaft

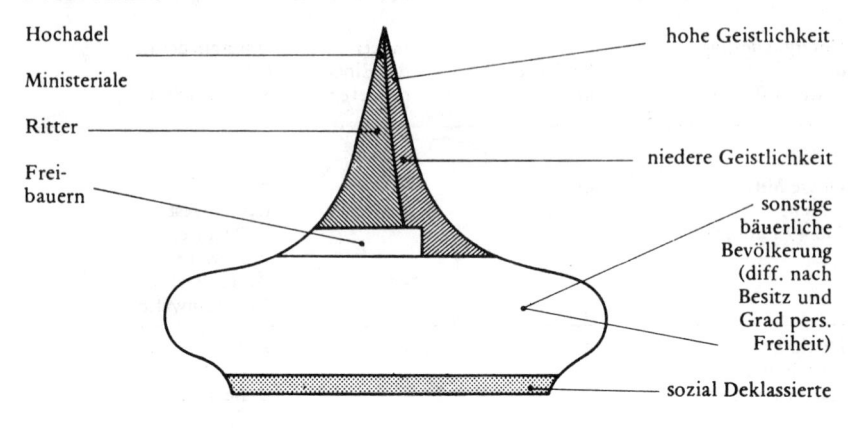

Hochadel — hohe Geistlichkeit
Ministeriale
Ritter — niedere Geistlichkeit
Freibauern — sonstige bäuerliche Bevölkerung (diff. nach Besitz und Grad pers. Freiheit)
— sozial Deklassierte

Hauptgruppen im Statusaufbau der mittelalterlichen Stadt

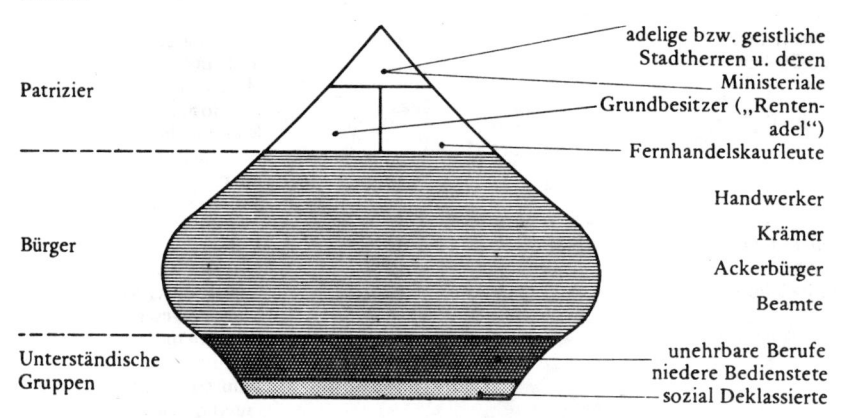

Patrizier — adelige bzw. geistliche Stadtherren u. deren Ministeriale
Grundbesitzer („Rentenadel")
Fernhandelskaufleute

Bürger — Handwerker, Krämer, Ackerbürger, Beamte

Unterständische Gruppen — unehrbare Berufe, niedere Bedienstete, sozial Deklassierte

K. M. Bolte[128] gibt obenstehendes und nachfolgendes Schichtenschema einer traditionellen bzw. einer industriellen Gesellschaft.

H. Schelsky hat besonders die These von der nivellierten Mittelstandsgesellschaft vertreten [129]. Eine solche Gesellschaft ist nicht mehr von ihrer Struktur, sondern vielmehr von ihrer Mobilität her zu verstehen. Dabei ist es für den einzelnen schwierig, ständig in ein und derselben sozialen Position zu verbleiben. Es besteht Chancengleichheit hinsichtlich politischer Rechte, Berufswahl, Bildungsqualifikation usw.

Statusaufbau und Schichtungen der Bevölkerung der BRD

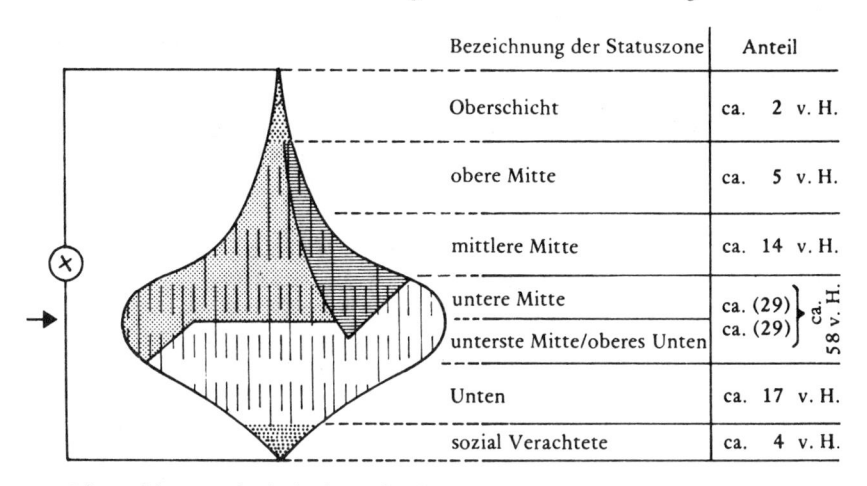

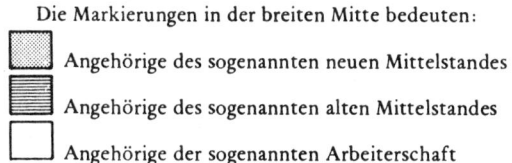

Bezeichnung der Statuszone	Anteil
Oberschicht	ca. 2 v. H.
obere Mitte	ca. 5 v. H.
mittlere Mitte	ca. 14 v. H.
untere Mitte	ca. (29) } ca. 58 v. H.
unterste Mitte/oberes Unten	ca. (29)
Unten	ca. 17 v. H.
sozial Verachtete	ca. 4 v. H.

Die Markierungen in der breiten Mitte bedeuten:

▨ Angehörige des sogenannten neuen Mittelstandes

▤ Angehörige des sogenannten alten Mittelstandes

☐ Angehörige der sogenannten Arbeiterschaft

ⓧ Mittlere Mitte nach den Vorstellungen der Bevölkerung

→ Mitte nach der Verteilung der Bevölkerung
50 v. H. liegen oberhalb bzw. unterhalb im Statusaufbau

P u n k t e zeigen an, daß ein bestimmter gesellschaftlicher Status fixiert werden kann.
S e n k r e c h t e S t r i c h e weisen darauf hin, daß nur eine Zone bezeichnet werden kann, innerhalb derer jemand etwa im Statusaufbau liegt.

Keiner dieser Aufstiegsmechanismen ist von einer bestimmten Gruppe monopolisierbar. Die staatliche Sozialpolitik trägt zu dieser Nivellierung bei (progressive Steuerpolitik, Subventionen, Stipendien, Sozialversicherung usw.). Dazu kommt noch die Vereinheitlichung der Verhaltensmuster im Konsum, in der Freizeit, in den Wohnverhältnissen. Andererseits gibt aber *Schelsky* selbst zu, daß es nach wie vor ebenso Meinungsstereotypen wie auch einen gewissen Klassenkampf gibt. Daß in der modernen Gesellschaft nach wie vor Klassen — Befehlende und Gehorchende, die sich antagonistisch gegenüberstehen — vorhanden sind, versuchte *R. Dahrendorf* nachzuweisen [130].

SOZIALES HANDELN UND SOZIALE PROZESSE

8. Bei der Feststellung von Klassen oder Schichten in einer Gesellschaft kann man methodisch auf dreifache Weise vorgehen: F r e m d e i n - s c h ä t z u n g (man fordert bestimmte Personen auf, andere Personen rangmäßig einzuschätzen), S e l b s t e i n s c h ä t z u n g (die Interviewten werden gebeten, sich selbst auf einer vorgegebenen Skala zu placieren), o b j e k t i v e M e t h o d e (unabhängig von dem Urteil der einzelnen wird nach objektiven Kriterien, Einkommen, Bildung usw. eine Rangordnung gebildet).

3 S o z i a l e P r o z e s s e d e r M a c h t d i f f e r e n z i e r u n g : Wir haben bereits früher von Macht und Autorität gesprochen (vgl. S. 49 ff.). Macht bezeichnen wir als eine soziale Beziehung, in der aufgrund von Abhängigkeit ein bestimmtes Verhalten erzwungen werden kann, während Autorität Überlegenheit einer Person oder einer Personengruppe sein soll, aufgrund derer Menschen gehorchen oder Nachfolge leisten. Die „Überlegenheit" kann vielfältiger Natur sein. Macht- und Autoritätsbeziehungen sind nicht nur innerhalb von Gruppen feststellbar, sondern breiten sich über das gesamte Beziehungsfeld einer Gesellschaft aus. Machtentstehung und Machtausübung können wir deshalb als einen wichtigen sozialen Prozeß ansprechen.
Soziale Interaktionsmuster, die menschliche Verhaltensweisen aufgrund von Überlegenheit und Anordnungsbefugnissen einerseits, andererseits aufgrund von Abhängigkeit und Gehorsam postulieren, nennen wir die Machtstruktur einer Gesellschaft. Diejenigen aber, die für gewöhnlich Überlegenheit, Macht und Anordnungsbefugnis in einer Gesellschaft haben, werden, wenn man ihre Gesamtheit betrachtet, als Machtzentrum oder Machtzentren bezeichnet.

1. W i e e n t s t e h e n s o z i a l e M a c h t u n d A u t o r i t ä t ? Nehmen wir folgendes Beispiel: Ein paar Kinder spielen miteinander. Nach einer Weile kann beobachtet werden, daß eine Machtdifferenzierung stattgefunden hat. Eines oder mehrere der beobachteten Kinder entscheiden, was für Spiele gemacht werden sollen und welche Aufgabe die einzelnen dabei zu übernehmen haben. Oder: Aus irgendeinem Anlaß hat sich eine Menschenmenge gebildet. Die einzelnen Teilnehmer entwickeln aufgrund der Situation gewisse Gefühle und Haltungen, sie setzen diese aber nicht in Aktionen um. Schließlich nimmt einer der Teilnehmer die Führung in die Hand und ordnet an, was geschehen soll. Oder: Bei einem Unfall entsteht oft spontane Führerschaft, indem ein oder mehrere Individuen das, was getan werden muß, organisieren und dabei bei allen anderen Gehorsam finden.
Bei diesen einzelnen Fällen, wo s p o n t a n Macht und Führung aufkommen, ist unmittelbar einsichtig, daß der Grund für deren Entstehen in besonderen individuellen Eigenschaften von Personen zu suchen ist. Trotzdem sind aber diese Eigenschaften nicht allein ausreichend. Zwei weitere Bedingungen müssen hinzukommen (die wir auch bei den angeführten Beispielen beobachten können). Erstens: Die beteiligten Personen stehen

anfänglich nicht in einer machtmäßigen Beziehung; oder mit anderen Worten: Am Beginn des gemeinsamen Handelns hat zunächst niemand Macht über die anderen; zweitens: Es besteht objektiv eine Notwendigkeit zur Koordinierung der beteiligten Personen. Irgend jemand muß entscheiden, was für ein Spiel gespielt werden soll; irgend jemand muß bei einem Unfall das Notwendige veranlassen usw.
Alle drei Bedingungen kennzeichnen eine soziale Situation, aus der heraus spontan die Machtdifferenzierung möglich ist.
Wie bei den integrativen Prozessen sind die ursprünglichen Ziele der Beteiligten zunächst einmal miteinander unverbunden, aber dann beginnen einige die Situation von ihren persönlichen Zielen her zu beeinflussen und damit zu strukturieren. Dann kommt es dazu, daß die anderen ihre eigenen Ziele den Zielen der Machtausübenden unterordnen müssen. Mit anderen Worten: es hat sich eine Machtdifferenzierung bzw. -strukturierung ergeben.
Die Machtstruktur kann natürlich auf verschiedene Art und Weise entstehen. Manchmal wird sie nach einem kurzen Kampf eingeführt. Auch das kann bei Spielgruppen beobachtet werden. Diejenigen oder derjenige, der gewinnt, ist dann Träger von Autorität. Natürlich kann er von anderen herausgefordert werden, wodurch seine Position gefestigt werden oder verlorengehen kann. In anderen Fällen wiederum ist Gewaltandrohung ausreichend. In wiederum anderen Fällen schafft allein bessere Information Autorität und Macht usw. Spontane Macht, Autorität und Führung können aber zuweilen auch das Ergebnis eines sehr komplizierten Vorganges sein. So werden etwa im politischen Bereich jene Personen „Führer", die sich im Wettbewerb der Bewerber um politische Spitzenpositionen durchzusetzen vermögen, indem sie sich Gefolgschaft durch Überredung, Intrige, Koalitionsbildung, Versprechungen usw. verschaffen.

2. Von spontaner Macht ist die i n s t i t u t i o n e l l e M a c h t zu unterscheiden. Erstere existiert nur aufgrund von Beziehungen zwischen den Führern und der Gefolgschaft; letztere basiert nicht so sehr auf persönlichen Eigenschaften als vielmehr auf einem System von sozialen Normen, die gegenüber denjenigen, die spezifische soziale Positionen einnehmen, eine Pflicht zum Gehorsam erzwingen.
Institutionelle Macht kann entweder durch die Transformation von spontaner Macht oder durch Maßnahmen einer bereits etablierten institutionellen Macht entstehen.
Eine spontane Machtstruktur wird schrittweise institutionalisiert. E r s t e r S c h r i t t : Situationen, in denen Macht, Führung und Autorität spontan entstanden sind, wiederholen sich immer wieder mit denselben Individuen. Wiederholte Situationen mit denselben Handlungen oder den gleichen Bedingungen tendieren dazu, sich zu verfestigen. Nach solchen sich wiederholenden Situationen wird dann die anfängliche Machtstruktur, Überordnung und Unterordnung, als selbstverständlich angesehen. Ist dies

der Fall, dann ist eine institutionelle Machtstruktur entstanden, d. h.: eine Anzahl von Personen steht jetzt in einer objektiven und stabilen Beziehung der Unter- und Überordnung, der Anerkennung von Überlegenheit einer oder mehrerer Personen und des Gehorsams von seiten anderer.
Der z w e i t e S c h r i t t ist das Hinzukommen des Pflichtgefühls zu dem Faktum des Gehorsams. Meist geht dies langsam vor sich: Je mehr Menschen sich daran gewöhnen, bestimmte Dinge so und nicht anders zu tun, um so mehr sind sie geneigt zu glauben, daß es so auch getan werden muß (normative Kraft des Faktischen). Andererseits verlangen diejenigen, die dann Autorität beanspruchen, die notwendige Unterordnung: als Folgerung der Akzeptierung von bestimmten Werten, Interessenlagen, Vorteilssituationen usw.
Natürlich gibt es auch institutionelle Machtstrukturen, die nicht auf ursprünglichem Wege, sondern durch die bereits bestehende Machtstruktur entstanden sind. Auf der staatlichen Ebene ist dies am leichtesten einzusehen. Aufgrund von Gesetzen entstehen etwa neue Behörden oder Machtzentren, denen man gehorchen muß.

3. D e r U n t e r s c h i e d z w i s c h e n d e r s p o n t a n e n u n d d e r i n s t i t u t i o n e l l e n M a c h t : Die Institutionalisierung von Machtstrukturen hat wichtige Konsequenzen. Eine institutionalisierte Machtstruktur ist genau festgelegt (durch Satzung und Verfassung). Sie funktioniert ohne Ansehen der Person. Sie ist nicht an persönliche, sondern an fachliche Eigenschaften gebunden und wird daher auch aufrechterhalten, wenn eine bestimmte Person, die eine Position der institutionalisierten Machtstruktur innehat, aus dem „Dienst" ausscheidet. „Der König ist tot, lang lebe der König" drückt diesen Tatbestand für ein bestimmtes Herrschaftssystem aus. Die Institutionalisierung gibt der Machtstruktur eine verhältnismäßige Dauer und Beständigkeit, die spontanen Machtstrukturen fehlen [131].
Natürlich können innerhalb der institutionalisierten Machtpositionen auch unfähige Personen auftreten. So sind Königsthrone mit Schwächlingen besetzt worden, mittelmäßige Menschen wurden Präsidenten von Republiken, Inhaber von mächtigen Wirtschaftspositionen wurden von ihren Sekretären beherrscht. Machtstrukturen sind am stärksten, wo die institutionelle Stabilität und die persönlichen Eigenschaften spontaner Führerschaft kombiniert werden können. Diese Kombination kann durch ein Reglement wenigstens annäherungsweise erreicht werden, insofern dieses bei der Wahl von Personen, mit denen Positionen innerhalb von Machtstrukturen besetzt werden sollen, diejenigen begünstigt, die über spontane Autorität verfügen. Negative Konsequenzen institutionalisierter Macht können Nepotismus, Korruption usw. sein.

4. D e r E r w e r b v o n P o s i t i o n e n i n n e r h a l b v o n M a c h t s t r u k t u r e n : Der Prozeß der Machtdifferenzierung umgreift nicht nur

das Aufkommen von Machtstrukturen, sondern er bezieht sich auch auf Tätigkeiten, die der Besetzung von bereits bestehenden Machtpositionen dienen. Folgende Prozeduren können dabei aufgezählt werden:

a) Die Besetzung von Machtpositionen aufgrund von Vererbung;
b) aufgrund des Prinzips der Seniorität;
c) aufgrund einfacher Bestellung (Ernennung) und aufgrund von Kooptation;
d) aufgrund von Wahlen.

Bei der ersten und zweiten Prozedur geschieht die Nachfolge fast automatisch, da der Nachfolger bereits im voraus festgelegt ist. Bei der dritten und vierten Art der Besetzung von Machtpositionen ist die Nachfolge manchmal das Ergebnis eines langen und komplexen Prozesses, der meist Wettbewerbs- und Anpassungscharakter trägt, wie wir ihn bei der Darlegung der Haupttypen der sozialen Prozesse kennengelernt haben.

5. Zerfall und Desintegration von Machtstrukturen: Manche Machtstrukturen sind vorübergehend; aber die Mehrheit, also besonders die institutionalisierten Machtstrukturen, sind konstant und von verhältnismäßiger Dauer, da sie von den geltenden Normen gestützt und durch den staatlichen Machtapparat geschützt werden.
Insgesamt sind aber Machtstrukturen nicht unverwundbar: ähnlich wie soziale Gruppen können sie zerfallen und desintegrieren. Dabei sind persönliche oder spontane Machtstrukturen besonders labil. Der Tod oder das Nachlassen der physischen und moralischen Kräfte der Führer sind oft Ursache von Desintegration der Machtstruktur. Bei institutionalisierten Machtstrukturen kann es insofern zu Desorganisationserscheinungen kommen, falls z. B. die Regeln, die die Nachfolge bestimmen, oder die vorhandenen Wahlgesetze nicht die geeigneten Personen an die Zentren der Macht bringen oder aber Führerpersönlichkeiten Ziele verfolgen, die innerhalb der gegebenen Machtstrukturen nicht legitim sind. So kann es zu revolutionären Bewegungen und zum neuerlichen Entstehen von spontanen Machtstrukturen kommen.
Der Kampf potentieller Führer gegen aktuelle ist ein ganz normales Phänomen, das zum Prozeß der Machtdifferenzierung gehört. Die Initiative kommt von den Herausforderern, und ihre Aktionen finden den Widerstand derjenigen, die an der Macht sind. Letztere sind dann nur so lange erfolgreich, als die Zustimmung oder der Gehorsam der Geführten stark genug ist. Diejenigen, die an der Macht sind, haben meistens den Vorteil, daß sie über den Apparat der vorhandenen Institutionen und Organisationen verfügen und gelegentlich auch das Monopol der Anwendung von Zwang haben. Natürlich kann auch das etablierte Machtzentrum die Initiative in sozialen Auseinandersetzungen ergreifen und die Bildung neuer Machtzentren verhindern. Unter diesen Umständen nähert sich der soziale Prozeß der Machtdifferenzierung demjenigen des Konflikttyps [132].

6. Alle Machtstrukturen, seien sie nun spontan oder institutionell, haben zum G e g e n s t a n d :
a) Die Führung, Leitung und Überwachung des sozialen Lebens durch ein aktives Zentrum,
b) die autoritative Festlegung von Zielen und deren Realisierung durch eine bestimmte Form von Politik,
c) die Anpassung an sich verändernde Situationen und
d) die Auferlegung von Sanktionen als Verhaltenskontrolle.

4 Z u s a m m e n f a s s u n g : Über die differenzierenden sozialen Prozesse kann abschließend gesagt werden, daß mit ihrer Hilfe Individuen verschiedene, wenngleich nicht notwendig unvereinbare Ziele zu erreichen suchen. Haupttypen solcher Prozesse sind:

1. funktionale Differenzierung oder Beschäftigungs- und berufliche Differenzierung
2. soziale Klassendifferenzierung oder Schichtung
3. Machtdifferenzierung.

Die f u n k t i o n a l e D i f f e r e n z i e r u n g von einfachen Gesellschaften nimmt fortschreitend zu, die funktional wenig differenziert sind und aus sich selbst genügenden Familien oder Sippschaften bestehen, bis zu den modernen komplexen, industrialisierten Gesellschaften, die durch verschieden spezialisierte Gruppen charakterisiert sind. Im Prozeß der funktionalen Differenzierung kann man zwei Phasen unterscheiden: in der ersten Phase werden zunächst einmal Tätigkeitsbereiche, die spezifische Geschicklichkeiten, Fähigkeiten und Anlagen erfordern, von anderen Tätigkeiten abgetrennt; in einer zweiten Phase monopolisieren dann Gruppen von Personen diese neuen spezialisierten Verhaltensweisen und stellen Zuweisungskriterien und Qualifikationsmerkmale auf, ohne deren Vorhandensein es nicht mehr möglich ist, bestimmte Tätigkeiten in der Gesellschaft auszuüben.

Die funktionale Differenzierung ist ein kontinuierlicher Prozeß, der eine Gesellschaft zu immer höheren Graden der Entwicklung führt.

Der S c h i c h t u n g s p r o z e ß differenziert die Gesellschaft in verschiedene Klassen oder Strata von Individuen und Gruppen. Diese behandeln sich gegenseitig jeweils als „gleich" und verkehren mit anderen auf der Basis sozialer Distanz. Kriterien der Statusdifferenzierung sind insbesondere die Abstammung, die Macht, der Wohlstand, Bildung, Eigentum, Einkommen. Die Wohngegend ist mehr Ausdruck der Zugehörigkeit zu einer bestimmten sozialen Schicht als Kriterium des sozialen Status. Ziel des schichtspezifischen Handelns ist a) die Aufrechterhaltung des Status, b) die Verbesserung des Status und c) Verhinderung oder Kontrolle von Neuzugängen.

Weiterhin können signifikante Unterschiede im Ausmaß der vertikalen Mobilität zwischen offenen Gesellschaften und Klassen- oder Stände-

PROZESSE DER DIFFERENZIERUNG

gesellschaften festgestellt werden. Soziale Schichten oder Klassen sind keine Gruppen, vielmehr soziale Kategorien und Systeme. Soziale Klassen können jedoch zu Gruppen werden, wenn ihre Mitglieder ein gemeinsames Bewußtsein zur Erreichung bestimmter Ziele entwickeln. Jede Einteilung einer offenen Gesellschaft in eine bestimmte Anzahl von Schichten oder Klassen ist immer irgendwie willkürlich.

Beim Prozeß der M a c h t d i f f e r e n z i e r u n g haben wir spontane Machtstrukturen und institutionalisierte Machtstrukturen unterschieden. Spontane Machtstrukturen wurzeln mehr in den persönlichen Eigenschaften derjenigen, die Macht und Autorität beanspruchen; sie gründen in unmittelbaren sozialen Beziehungen, wo aus der Situation heraus die Art des Handelns bestimmt werden muß. Es bestehen weder Normen, die die Art der Machtausübung bestimmen, noch ist das Verhalten bereits im voraus bestimmt.

Im Gegensatz dazu ist bei institutionellen Machtstrukturen das Verhalten durch Normen vorherbestimmt und hängt nicht an bloß persönlichen Eigenschaften von Individuen. Solche Machtstrukturen haben eine längere Dauer als die spontanen und überdauern auch Fehlbesetzungen durch schwache, führungsimmobile Persönlichkeiten. Machtpositionen innerhalb der institutionalisierten Machtstruktur können aufgrund des Prinzips der Erbschaft, der Seniorität, der einfachen Bestellung, Kooptation oder aufgrund von Wahlen besetzt werden.

L i t e r a t u r

1. *Bolte* K. M., Deutsche Gesellschaft im Wandel. Köln 1967.
2. *Dahrendorf* R., Soziale Klassen und Klassenkonflikte in der industriellen Gesellschaft. Stuttgart 1957.
3. *Geiger* Th., Die soziale Schichtung des deutschen Volkes, 1932.
4. *Glass* D. V. – R. *König* (Hrsg.), Soziale Schichtung und soziale Mobilität. Sonderheft 5 der Kölner Zeitschrift f. Soziologie und Sozialpsychologie. Köln 1965.
5. *Hartmann* H., Funktionale Autorität. Stuttgart 1964.
6. *Lange* M., Politische Soziologie. Frankfurt 1964.
7. *Lipset* S. M., Soziologie der Demokratie. Berlin 1962.
8. *Moore* H. – G. *Kleining*, Das soziale Selbstbild der Gesellschaftsschichten. In: Kölner Zeitschrift f. Soziologie und Sozialpsychologie, Jg. 12 (1961) S. 91.
9. *Schelsky* H., Auf der Suche nach Wirklichkeit. Köln 1965.
10. *Scheuch* E. K., Sozialprestige und soziale Schichtung. In: Glass-König, Soziale Schichtung und soziale Mobilität (s. oben).

P r ü f u n g s f r a g e n

1. Welches sind die Haupttypen sozialer Prozesse der Differenzierung?
2. Was verursacht die funktionale Differenzierung der Gesellschaft, und wie schreitet sie voran?

SOZIALES HANDELN UND SOZIALE PROZESSE

3. Was ist die Beziehung zwischen funktionaler Differenzierung und Sozialisation?
4. Wie kann die „soziale Klasse" oder die „soziale Schicht" definiert werden?
5. Nennen Sie einige Untersuchungen über das Schichtgefüge einer Gesellschaft.
6. Erklären Sie die Begriffe: Soziale Distanz, vertikale Mobilität, Ständegesellschaft, Kastengesellschaft, offene Gesellschaft.
7. Was ist egalisierte Mittelstandsgesellschaft?
8. Wie entstehen Machtstrukturen?
9. Welche Mechanismen bestehen, um Machtpositionen zu besetzen?
10. Unterscheiden Sie „Gruppe" und „Schicht".

ZWEITER TEIL
Wissenschaftstheorie und Methode

1. Unterabschnitt [133]

WISSENSCHAFTSTHEORETISCHE ÜBERLEGUNGEN

22. Kapitel

Wissenschaftsbegriff

1 Wir haben Wissenschaft als **das von einer Gruppe von Menschen (Wissenschaftlern) nach anerkannten Regeln methodisch gewonnene und systematisch geordnete Wissen** bezeichnet. Es muß nun darauf ankommen, die im ersten Hauptteil erarbeiteten Begriffsinhalte ihrem methodischen Charakter nach darzustellen. D. h., wir haben zu zeigen, mit welchen Methoden innerhalb der Soziologie gearbeitet wird und wie wir den Wissenschaftsbegriff bezüglich der Soziologie verstehen. Wissenschaftliches Erkennen ist unter den verschiedensten Formen des Erkennens ein **von bestimmten Kriterien (Regeln) abgeleitetes Wissen** Wenn wir von einem empirischen Wissen sprechen, so meinen wir damit ein Erkenntnisgehalt, das keine bloße Produktion des Subjektes ist, also kein subjekt-immanenter Vorgang, sondern immer eine Beziehung oder eine Relation zwischen dem erkennenden Subjekt und dem erkannten Objekt impliziert. Sowohl dem wissenschaftlich erkennenden Subjekt wie auch dem alltäglichen unreflektierten Erkenntnisvorgang steht die Wirklichkeit als die „unübersehbare Mannigfaltigkeit" (H. Rickert), als das diffuse Kontinuum, von dem wir eingangs gesprochen haben (vgl. das Schema auf S.19), gegenüber. Dieses „diffuse Kontinuum" ist irrational, d. h. die Wirklichkeit in ihrer Mannigfaltigkeit bietet sich nicht von vornherein in ihrem „Sinncharakter" offen dar, sondern sie muß erst im Erkenntnisvorgang „rational" („sinnvoll") gemacht werden. Das „Subjekt" ist beim Erkenntnisvorgang nicht passiv, sondern immer aktiv tätig, insofern es seine Aufmerksamkeit danach richtet, was es erkennen will.

WISSENSCHAFTSTHEORETISCHE ÜBERLEGUNGEN

2 Die volle Wirklichkeit (das M a t e r i a l möglicher Erkenntnis) wird nie erfaßt. Aus der unübersehbaren Wirklichkeit wird schon beim alltäglichen Erkenntnisprozeß immer nur ein Ausschnitt (F o r m) herausgenommen (abstrahiert). Wenn ich Auto fahre, einen Stadtbummel mache, die Natur betrachte usw., so werde ich feststellen, daß meine Aufmerksamkeit immer nur auf bestimmte Merkmale gerichtet ist. Aus der unübersehbaren Wirklichkeit (materialer Aspekt der Erkenntnis) wird ein Denkobjekt durch meine Aufmerksamkeit (formaler Aspekt der Erkenntnis) sozusagen herausgeschnitten. Das, was grundsätzlich meiner Erfahrung zugänglich ist, wird unter einer bestimmten Rücksicht zu einem „Denkobjekt" eingegrenzt.
Diese S e l e k t i o n ist die Konstitution eines besonderen Denkobjektes. Sie ist besonders charakteristisch für das wissenschaftliche Erkennen. Der Wissenschaftler legt ganz bewußt ein bestimmtes Auswahlprinzip seiner Erkenntnisabsicht zugrunde. Er hebt sein Denkobjekt nach bestimmten Merkmalskomplexen einheitlich aus dem Erfahrungsobjekt heraus. Wenn z. B. das Erfahrungsobjekt „Mensch" m a t e r i e l l für alle Wissenschaften, die sich mit dem Menschen beschäftigen, gleich ist, so werden doch f o r m e l l die unterschiedlichsten Denkobjekte durch bestimmte wissenschaftliche Aspekte über den Menschen konstituiert. Die Chemie etwa interessiert sich für die Veränderung molekularer Strukturen beim menschlichen Stoffwechsel, die Biologie für die Funktion der Niere, die Psychologie für die seelischen Prozesse, etwa für das Zustandekommen bestimmter Komplexe oder wie nicht in Erfüllung gegangene Wünsche (Frustrationen) zu Aggressionen führen. Ähnlich befaßt sich auch die Soziologie mit dem sozialen Verhalten des Menschen, insofern dieses in Gruppen und Institutionen innerhalb einer bestimmten Kultur und Gesellschaft durch soziale Prozesse geprägt wird.
Wichtig ist also, festzuhalten, daß das durch die Wissenschaft systematisch geordnete und methodisch gewonnene Wissen je nach dem Wissenschaftsaspekt durch ein bestimmtes Auswahlprinzip gewonnen wird. Dieses Prinzip zeigt dem Inhalt der Wirklichkeit gegenüber einen apriorischen Charakter. Der Unterschied des alltäglichen Erkennens im Gegensatz zum wissenschaftlichen Erkennen besteht demnach darin, daß im wissenschaftlichen Erkenntnisvorgang b e w u ß t ein solches Auswahlprinzip an die Wirklichkeit herangetragen wird. Dadurch wird die Wirklichkeit rational gemacht. Je eindeutiger und verhältnismäßig unkompliziert uns die Wirklichkeit erscheint, um so leichter gelingt uns die Rationalisierung der Wirklichkeit. Insofern bereitet der Naturwissenschaft die Erkenntnis der Wirklichkeit weniger Mühe als den Sozialwissenschaften. Letztere haben es mit einer viel irrationaleren Welt zu tun als die Naturwissenschaften.

(Literatur und Prüfungsfragen am Schluß des 25. Kapitels.)

23. Kapitel

Die Formulierung von Hypothesen

1 Jede Wissenschaft tritt mit einer Frage bzw. mit einer Problemstellung an die Wirklichkeit heran. Diese Frage bzw. Problemstellung im Sinne eines Auswahlprinzips hat die Funktion, ein Erkenntnisobjekt aus dem Kontinuum der ständig ablaufenden Wirklichkeit herauszuheben. Eine bestimmte Wissenschaft ist dann konstituiert, wenn es ihr gelingt, bestimmte von anderen Wissenschaften unterscheidbare Fragestellungen (P r o - b l e m b e w u ß t s e i n) zu formulieren und ein i h r e m G e g e n - s t a n d e n t s p r e c h e n d e s B e g r i f f s s y s t e m zu entwickeln. Dadurch erreicht sie nicht nur die Abgrenzung von anderen Wissenschaften, sondern auch die Möglichkeit, mit diesem neuen Begriffssystem die (rational) erfahrbare Wirklichkeit zu systematisieren. Durch die Tatsache, daß die Soziologie behauptet, sie betrachte den Menschen nur insoweit, als dieser innerhalb von Gruppen und Institutionen mit Hilfe sozialer Prozesse im Rahmen einer Kultur und Gesellschaft sozial handle, wird ermöglicht, alle diejenigen Verhaltensweisen des Menschen herauszuheben, die von dieser Zielsetzung her geprägt sind und die unter ein solches (abstraktes) Programm fallen. Die Soziologie wird so in die Lage versetzt, den Menschen auf sozial geprägte Verhaltensweisen zu reduzieren und somit von anderen Fragestellungen, wie sie z. B. die Wirtschaftswissenschaften, die Psychologie, die Philosophie usw. charakterisieren, abzusehen.

2 Unter der Herrschaft eines Auswahlprinzips (soziales Handeln des Menschen, insoweit dies in Gruppen und Institutionen einer bestimmten Gesellschaft und Kultur durch soziale Prozesse geprägt wird) wird also ein Denk- und Erkenntnisobjekt aus der Wirklichkeit herausgehoben. Die Geschichte einer

bestimmten Wissenschaft ist die Abklärung dessen, was als Denk- und Erkenntnisobjekt und damit als Gegenstand eben jener Wissenschaft gelten soll. Natürlich bedeutet die (formale) Einheitlichkeit der Hervorhebung eines Erkenntnisobjektes aus der Wirklichkeit durch eine bestimmte Wissenschaft eine erhebliche Vereinfachung dieser Wirklichkeit selbst. Insofern ist dann erst (unter Berücksichtigung des Prozeßobligates, vgl. S.16) die **Einheit aller Wissenschaften** die mögliche Reproduktion der **Einheit der Wirklichkeit** selbst. Nur wenn wir unter einem bestimmten Gesichtspunkt an die Wirklichkeit und damit auch an den Menschen herantreten, können wir hoffen, diese Wirklichkeit zu begreifen (erklären, verstehen). Die Konstituierung eines Auswahlprinzips bzw. eines einheitlichen Gegenstandes einer Wissenschaft, hier also der Soziologie, bedeutet, an die Wirklichkeit einen ganz spezifischen Interessenstandpunkt heranzutragen. Mit anderen Worten: Der Wissenschaftler trägt an die Wirklichkeit bestimmte Erwartungen hinsichtlich des Verhaltens (des Seins) dieser Wirklichkeit heran. Diese von einem Auswahlprinzip gestützten und in einer bestimmten Erkenntnisabsicht formulierten Erwartungen über die Wirklichkeit werden **Hypothesen** genannt.

Wenn wir uns die Frage stellen, wie diese Hypothesen im Sinne von antizipierten Erwartungen an die Wirklichkeit zustande kommen, so muß gesagt werden, daß sie weder ein Produkt der Erfahrung (naiver Empirismus), noch im Sinne *Kants* ein „transzendentales Apriori" sind. Sie sind zwar vor der (wissenschaftlichen) Erfahrung da, aber weder als Folge „induktiver Generalisierung" im Sinne von *Hume,* noch haben sie eine unbedingte apriorische Geltung im Sinne *Kants.* Sie unterliegen vielmehr der Erfüllung (Bewährung) oder Enttäuschung (Verwerfung).

3 Wenn wir Hypothesen als Erwartungen bezeichnet haben, durch die wir in der Wirklichkeit gewisse Regelmäßigkeiten vermuten, so muß gesagt werden, daß solche Hypothesen nicht, wie wir bereits erwähnt haben, ausschließlich das Produkt einer induktiven Generalisierung sind. Es kann nämlich schon **eine** Beobachtung genügen, um eine solche generelle Erwartung (Hypothese) zu formulieren. So wird jemand, der an eine elektrische Leitung geraten ist, für die Zukunft die Hypothese (generelle Erwartung/ Vermutung) aufstellen (formulieren), daß jeder Kontakt mit einer elektrischen Leitung zu einem schockartigen Effekt führt. Diese verallgemeinerte, über den einzelnen Fall hinausreichende Vermutung läßt aber die vereinzelte (induktive) Erfahrung hinter sich und enthält grundsätzlich ein apriorisches Element — ein methodologisches Apriori —, durch das etwas **Allgemeines** dem **einzelnen** Fall der Erfahrung hinzugefügt wird. Dieses „Allgemeine" sind die vermuteten (angenommenen) Erwartungen, daß in der Wirklichkeit regelmäßiges Verhalten auftritt. Bevor wir wissenschaftliche Erfahrungen machen, gehen wir mit dieser methodischen Voraussetzung (apriori) an die Wirklichkeit heran. Allerdings mit der Offenheit, daß durch

DIE FORMULIERUNG VON HYPOTHESEN

„Versuch und Irrtum" *(Popper)* die jeweils behauptete Regelmäßigkeit bestätigt oder verworfen werden kann.
Vor der Erfahrung, vor der in Angriff zu nehmenden Beobachtung, kommt also die Hypothesenbildung (Theorie). Der Vorrang von Hypothese (und Theorie) gegenüber der Beobachtung ist daraus abzuleiten, daß letztere immer schon durch bestimmte Erwartungen (Hypothesen) vermittelt ist. Protokollsätze oder singulare Sätze im Sinne von Tatsachenfeststellungen wie: „Heute ist schönes Wetter", oder: „Dieses Pferd ist schön" usw., können daher nicht, wie der Positivismus behauptet, das letzte Fundament für die Wissenschaft abgeben. Vielmehr muß Wissenschaft im Sinne von Hypothesen- und Theoriebildung einzelne Fakten von allgemeinen Sätzen her (durch Oberbegriffe und Obersätze) erklären (deduzieren) können.

4 So gesehen geht also eine Hypothese (Theorie) nicht nur insofern der „Erfahrung" voraus, als die Hypothese (Theorie) sagt, was beobachtet (erkannt) werden soll, sondern daß auch angenommen bzw. vermutet wird, in den zu beobachtenden (erkennenden) Fakten liege ein konkreter Fall oder konkrete Fälle eines allgemeinen Prinzips vor. Es muß also gesagt werden, daß eine Hypothese oder Theorie, die nicht nur zeitlich, sondern auch logisch der Erfahrung (Beobachtung) vorausgeht, den Status eines Selektions- und Erklärungsprinzips hat. Freilich wird dabei keine absolute Geltung in Anspruch genommen. Vielmehr wird die Hypothese (Theorie) durch das Prozeßobligat der Wissenschaft beständig korrigiert. Mit anderen Worten: Die Erwartungen, die in einer Hypothese oder Theorie formuliert sind, unterliegen selbst wiederum der empirischen Nachprüfung, wobei die Möglichkeit (Offenheit) für eine Verwerfung eingeschlossen ist. Damit wird nun aber keineswegs behauptet, daß das methodologische Apriori letzten Endes doch auf die Empirie zurückzuführen sei. Es unterliegt zwar der empirischen Überprüfung, ist aber logisch gegenüber der Erfahrung primär und stellt so eine Bedingung von Möglichkeit für wissenschaftliche Erkenntnis dar.

5 Wie geschieht nun diese Überprüfung?
Das hängt mit der Struktur einer Hypothese zusammen. Eine Hypothese (Theorie) muß so formuliert sein, daß sie jederzeit überprüfbar ist. Das setzt aber eine bestimmte Modalität der Hypothesenbildung voraus. Die einzelnen Schritte dazuhin können folgendermaßen aneinandergereiht werden: Aufspaltung eines Begriffes in verschiedene Merkmale, Aufstellung von Vermutungen eines Zusammenhanges zwischen den so gebildeten Merkmalen, und schließlich Angabe von Instrumenten, wie dieser vermutete Zusammenhang durch Erhebung von Daten (die den begrifflichen Merkmalen entsprechen) und durch Korrelation der Daten bestätigt werden kann.
Ü b e r p r ü f b a r k e i t kann in einem doppelten Sinne verstanden werden. Einmal müssen die in einer Hypothese (Theorie) verwendeten

WISSENSCHAFTSTHEORETISCHE ÜBERLEGUNGEN

Begriffe so in Merkmale aufgespalten sein, daß die einzelnen Merkmale nicht nur in sich logisch zusammenhängen (logische Konsistenz, Sinnadäquanz), sondern daß auch jedes einzelne Merkmal von einem Dritten verstanden werden kann (objektive Konsistenz). Man nennt diesen Vorgang der „Merkmalisierung" eines Begriffes, seine logische und objektive Konsistenz, auch O p e r a t i o n a l i s i e r u n g. Eine Hypothese (ein Begriff, eine Theorie) ist also dann operational, wenn sie grundsätzlich von jedermann in ihrem logischen Gehalt nachgeprüft und wenn ihre Merkmale intersubjektiv (objektiv) eingesehen werden. In diesem Sinne ist gesagt worden, daß die Objektivität (Operationalität) wissenschaftlicher Sätze darin liegt, daß sie intersubjektiv nachprüfbar sein müssen *(Popper)*.

Operationalität (Objektivität) hängt aufs engste mit der Aufstellung von allgemeinen Sätzen bzw. Hypothesen zusammen. Nur dort, wo sich ein bestimmter Vorgang, ein bestimmtes Verhalten in einer beständigen, identischen Weise reproduziert, können Beobachtungen, die wir selbst gemacht haben, auch von anderen wiederholt (nachgeprüft) werden. Kein ernst zu nehmender Wissenschaftler wird Verhaltensweisen oder Wirkungen, die sich zwar einige Male reproduzieren, um dann schließlich spurlos zu verschwinden, der wissenschaftlichen Öffentlichkeit als Entdeckung unterbreiten.

6 Wenn wir also unsere Begriffe, die wir in den Hypothesen verwenden, in klare und deutliche Merkmale aufspalten, die jedem verständlich und die in sich logisch konsistent sind (operational heißt also in diesem Sinn objektiv), so müssen wir noch angeben, m i t w e l c h e n M e t h o d e n w i r d i e i n d e r T h e o r i e b z w. i n d e r H y p o t h e s e d e n B e - g r i f f e n z u g e s c h r i e b e n e n M e r k m a l e (I t e m s) i n d e r W i r k l i c h k e i t n a c h w e i s e n („ m e s s e n ") w o l l e n. Die Angabe dieser Methoden bezeichnen wir im Gegensatz zur Operationalisierung als operativen Vorgang.

Die intersubjektive Nachprüfbarkeit von Hypothesen (Theorien) muß also einem doppelten Kriterium genügen: operativ und operational zu sein. Nur wenn nicht nur ein bestimmtes Problembewußtsein und ein spezifischer Forschungsgegenstand konstituiert sind, sondern wenn dazu noch dem Gegenstand entsprechende Methoden kommen, ist eine bestimmte Wissenschaft selbständig von anderen wissenschaftlichen Disziplinen abgrenzbar (vgl. für den Zusammenhang auch S.15 ff.).

(Literatur und Prüfungsfragen am Schluß des 25. Kapitels.)

24. Kapitel

Verifizierung und Falsifizierung

1 Mit den dargelegten methodologischen Auffassungen wird deutlich, daß mit der Aufstellung einer Hypothese bzw. einer Theorie an das wissenschaftliche bzw. an das wissenschaftlich interessierte Publikum die Aufforderung gerichtet wird, die in den Hypothesen bzw. Theorien enthaltenen Aussagen „empirisch" (durch eigene, methodisch gesteuerte Erfahrung) zu überprüfen. Aus diesem Grunde werden auch die Methoden offengelegt und angegeben, mit denen gearbeitet worden ist. Dieser „empirischen Nachprüfung", so ist gesagt worden, sei Genüge getan, wenn aufgrund von Einzelbeobachtungen der in einer Theorie oder in einer Hypothese zum Ausdruck gebrachte allgemeine Satz bestätigt werden kann.
Diese Art von Bestätigung ist mit der Forderung der Verifizierbarkeit eines allgemeines Satzes identisch. Man kann aber leicht einsehen, daß ein allgemeiner Satz nicht verifizierbar ist, d. h. es können nicht alle mit einer Theorie oder mit einer Hypothese angesprochenen Einzelfälle beobachtet und auf diese Weise zu einer Bestätigung der Theorie bzw. der Hypothese verwendet werden. Infolgedessen muß sich der Aufforderungscharakter nach empirischer Überprüfung nicht auf Verifizierung richten, sondern auf das (von K. *Popper* vorgeschlagene) Kriterium der Falsifizierbarkeit. Allgemeine Sätze können zwar nicht aus singulären Sätzen abgeleitet werden, sie können jedoch mit diesen in Widerspruch stehen. Um diesen Widerspruch zu ermöglichen, müssen wenigstens einige in einer Hypothese (Theorie) enthaltene allgemeine Sätze so formuliert sein, daß sie in ihrem Aussagegehalt die Möglichkeit der Falsifizierung zulassen. Damit ist gesagt, daß theoretische Sätze dem Kriterium der durchgängigen e m p i r i s c h e n Falsifizierung nicht unterliegen können, eine partielle Falsifizierbarkeit jedoch gegeben sein muß.

So ist es möglich, zunächst einmal empirische Sätze von metaphysischen abzugrenzen. Mit anderen Worten: Empirische Sätze dürfen nicht so allgemein gehalten werden, daß sie nicht eine Reihe von Möglichkeiten, die in singulären Sätzen (Basissätzen) enthalten sein können, ausschließen. Der Satz: An Montagen regnet es oder regnet es nicht, ist in diesem Sinne inoperativ, weil er nichts verbietet, vielmehr jede Wetterkonstellation zuläßt. Der Satz indessen: An allen Montagen regnet es in Strömen, verbietet sehr viel, insbesondere, daß es nicht regnet oder daß schönes Wetter ist, d. h. es werden eine Reihe von empirisch möglichen Ereignissen ausgeschlossen. Es gibt eine ganze Reihe (Klassen) von Basissätzen (singulären Sätzen), die der Theorie widersprechen. Der allgemeine Satz: An allen Montagen regnet es in Strömen, sagt nur etwas über die verbotenen (möglichen) Basissätze aus, jedoch nichts über die zugelassenen. Es wird also in der Theorie nicht gesagt, ob es vormittags oder nachmittags oder den ganzen Montag in Strömen regnet oder an den übrigen Wochentagen regnet, schönes Wetter ist oder eine andere Wetterkonstellation gegeben ist. Aus einer solchen Analyse heraus ist daher gesagt worden, daß eine Theorie um so gehaltvoller sei, je mehr sie verbiete, je größer die Klasse der widersprechenden Basissätze (der Falsifikationsmöglichkeiten) ist.

2 Der I n f o r m a t i o n s w e r t einer Hypothese/Theorie ist durch das Falsifizierbarkeitskriterium vergleichbar geworden. Diejenige Hypothese/Theorie ist die beste, die die höhere Falsifizierbarkeit aufweist, die also mehr verbietet. Oder anders ausgedrückt, deren Wahrscheinlichkeit durch zurechenbare und vorkommende Fakten (Faktenkongruenz) am höchsten ist. Von den beiden Sätzen: Mit steigendem Einkommen nimmt der Konsum zu − und: Mit steigendem Einkommen nimmt der Konsum unterproportional zu, ist letzterer besser, weil er mehr verbietet. Es soll nämlich nicht nur eine Konsumabnahme (wie beim ersten Satz) verboten sein, sondern auch jegliche Zunahme, die nicht unterproportional ist (z. B. linear-überproportional), untersagt sein. Die Falsifizierbarkeit ist beim zweiten Satz höher. Wir können auch sagen, der erste Satz ist weniger exakt, weil mit ihm alle möglichen Konsumverläufe vereinbar sind, soweit sie keine absolute Abnahme aufweisen.
Zur Falsifizierbarkeit von Hypothesen läßt sich noch das Folgende hinzufügen: Jede Hypothese kann in der Form: wenn . . . , dann . . . , formuliert werden. W e n n eine Einkommenszunahme gegeben ist, d a n n erfolgt eine Zunahme des Konsums. Durch Manipulation der W e n n - u n d D a n n - K o m p o n e n t e kann ebenfalls der Falsifizierbarkeitsgrad einer Hypothese beeinflußt werden. Wird etwa die Wenn-Komponente dadurch verändert, daß das obige Konsumgesetz nur für Einkommensbezieher höherer sozialer Schichten Gültigkeit besitzt, so ist damit eine Abnahme des Falsifizierbarkeitsgrades verbunden. Denn nun verbietet das Konsumgesetz nur eine relative Konsumabnahme bei Einkommenserhöhung

in höheren sozialen Schichten, steht aber nicht mit irgendwelchen andersartigen Verläufen in übrigen Schichten in Widerspruch. Wir können daher ganz allgemein sagen: Eine k o n j u n k t i v e E r w e i t e r u n g der Wenn-Komponente führt zu einer Minderung des Informationsgehaltes einer Hypothese. Dieser Fall ist sehr häufig in der Nationalökonomie zu beobachten, wenn angegeben wird, unter welchen Prämissen (Wenn-Komponente) die Hypothese Gültigkeit hat. So gilt das Nachfragegesetz nur bei Konstanz aller übrigen Preise (ceteris-paribus-Klausel). Diese Konstantsetzung impliziert eine konjunktive Erweiterung der Wenn-Komponente und kann im Extremfall zur totalen Immunisierung der Hypothese gegenüber der Wirklichkeit führen. In solchen Fällen verbietet die Hypothese nur dann etwas, wenn die und die Prämisse („unter der Annahme von ..."; „unter sonst gleichen Umständen"; „insoweit dies" usw.) gegeben sind. Da aber selten alle Prämissen realisiert sind, steht die Hypothese nur noch mit ganz wenigen Ereignissen in Widerspruch; die Theorie verbietet nahezu gar nichts und hat deshalb auch nur eine kleine Klasse von Basissätzen (Fakten), die sie ausschließt. Da aber eine Theorie nur etwas über die ausgeschlossenen Ereignisse aussagt, nichts aber über die zugelassenen, ist der Falsifizierbarkeitsgrad bzw. der Informationswert denkbar gering. Eine konjunktive Erweiterung der D a n n - K o m p o n e n t e zeitigt, wie *H. Albert* nachgewiesen hat, den gegenteiligen Effekt. Um beim obigen Beispiel zu bleiben: Die Erweiterung der Dann-Komponente von: „Zunahme der Konsumausgaben" auf „unterproportionale Zunahme der Konsumausgaben" führt zu einer Erhöhung des Falsifizierbarkeitsgrades.

3 F a l s i f i k a t i o n : Die Falsifizierbarkeit ist streng von der Falsifikation zu trennen. Die Falsifizierbarkeit ist, was regelmäßig übersehen wird, lediglich ein Abgrenzungskriterium zwischen wissenschaftlichen Hypothesen (empirischen Hypothesen) und metaphysischen Hypothesen (z. B. Hegels Hypothese: daß der Objektive Geist die Weltgeschichte regiert). Der Falsifizierbarkeitsgrad letzterer Aussagen ist gleich Null. Dagegen muß eine empirische Hypothese etwas verbieten, also falsifizierbar sein. Es müssen potentiell Ereignisse denkbar sein, die dieser Theorie widersprechen. Treten dann solche Ereignisse a k t u e l l auf, dann gilt die Theorie als falsifiziert. Die Theorie unterliegt also der Falsifikation. Solange falsifizierende Beobachtungen nicht gemacht werden, gilt die Theorie als v o r l ä u f i g b e w ä h r t. Natürlich darf eine Theorie nicht alles verbieten. Der Satz etwa: „An allen Montagen ist weder schönes, noch schlechtes Wetter, noch eine andere Wetterkonstellation", verbietet alles und würde mit jeglicher möglichen Wetterlage in Widerspruch stehen. Ebenso ist ein Satz unsinnig, der alles erlaubt (An allen Montagen ist schönes oder schlechtes Wetter oder irgendeine andere Wetterlage).
Was den Vergleich verschiedener Theorien hinsichtlich ihres empirischen Gehaltes anbetrifft, so ist von zwei Theorien diejenige die bessere, die die

größere Klasse von Falsifikationsmöglichkeiten hat. Der Satz: An allen Montagen regnet es (1), hat eine kleinere Klasse von Falsifikationsmöglichkeiten als der Satz: An allen Montagen regnet es in Strömen (2). Mit (1) ist evtl. auch schönes Wetter vereinbar mit gelegentlichem leichtem Regen. Der Satz (2) hingegen verbietet sehr viel, denn hier ist sowohl schönes Wetter ausgeschlossen, als auch jede andere Art von leichtem Regen.
Grundsätzlich ist festzuhalten, daß die Größe der Klasse der Falsifikationsmöglichkeiten einer Theorie mit ihrem empirischen Gehalt identisch ist.

4 Mit der Steigerung des empirischen Gehaltes steigt auch die Möglichkeit, bessere P r o g n o s e n aus der Theorie abzuleiten. Nur in dieser prognostischen Funktion einer Theorie liegt ihr empirischer Gehalt.
Wie wird eine solche P r o g n o s e deduziert? Zu der Tatsache, daß eine generelle Hypothese existieren muß, muß noch der Sachverhalt kommen, daß die Ausgangssituation mit der Wenn-Komponente der Theorie äquivalent ist. Mit anderen Worten: Es muß erst geprüft werden, ob eine Situation existiert, die der Wenn-Komponente der Theorie entspricht. Angenommen, wir haben folgenden Satz gefunden: Wenn Angehörige der Unterschicht in die Mittelschicht aufsteigen, dann neigen sie dazu, bürgerliche Parteien zu wählen (ein Theorem aus der Referenzgruppentheorie). Wenn wir aus dieser Hypothese eine Prognose hinsichtlich eines bestimmten Falles deduzieren wollen, so müssen wir erst beschreiben, ob überhaupt der Tatbestand des „Aufsteigens von der Unterschicht in die Mittelschicht" gegeben ist, ob also eine mit der Wenn-Komponente des Gesetzes übereinstimmende singuläre Situation vorliegt. Erst aus dieser Beschreibung der Ausgangssituation im Zusammenhang mit der Hypothese kann eine Prognose über das Wahlverhalten abgeleitet werden.
Anstatt von Ausgangssituation spricht man hier auch gern von R a n d - b e d i n g u n g e n . So gesehen kann gesagt werden: Eine Prognose wird aus dem Zusammenwirken von Theorie und Randbedingungen deduziert.
Die deduktive Überprüfung von Theorien (auch Hypothesen) geht so vor sich, daß aus der Theorie und den Randbedingungen Prognosen deduziert werden. Treten diese Prognosen als tatsächliche Folgerungen ein, so hat das System (Theorie, Randbedingungen, Prognose) v o r l ä u f i g seine Prüfung bestanden. Muß eine negative Entscheidung gefällt werden, so ist das System falsifiziert. Eine solche Überprüfung geschieht etwa durch Experimente, oder durch Beobachtungen, oder durch eine der Methoden, die wir im folgenden Unterabschnitt weiter darlegen werden. Hier ist jedoch wichtig festzuhalten: „Die positive Entscheidung kann das System immer nur vorläufig stützen. Es kann durch spätere negative Entscheidungen immer wieder umgestoßen werden. Solange ein System eingehenden und strengen deduktiven Nachprüfungen standhält und durch die fortschreitende Entwicklung der Wissenschaft nicht überholt wird, sagen wir, daß es sich bewährt."[134]
(Literatur und Prüfungsfragen am Schluß des nächsten Kapitels.)

25. Kapitel

Ontologische Struktur, soziologische Gesetze

1 Bisher haben wir lediglich etwas über die l o g i s c h e S t r u k t u r der sprachlichen Formulierung von Hypothesen gesagt. Damit ist noch nichts über die ontologische Struktur, also über das, was den Theorien bzw. Hypothesen in der Wirklichkeit entspricht, ausgesagt.
Dem „Wenn..., Dann...", entspricht in der realen Außenwelt „Grund (Ursache) ..., Folge (Wirkung) ....", also das, was als K a u s a l - v e r h ä l t n i s bezeichnet wird: Eine bestimmte Wirkung wird auf eine bestimmte Ursache zurückgeführt. Auf die Soziologie bzw. auf die Sozialwissenschaften übertragen, führt die Annahme einer einfachen Kausalität zu einer inadäquaten Beschreibung der sozialen Verhältnisse. Der Mensch ist nicht in eine Kausalkette eingefügt, sondern ist potentiell in der Lage, seine Geschicke selbst zu bestimmen. Er hat die Wahlmöglichkeit zwischen Alternativen. Die Frage ist dann, wie es zu wiederholten (gleichförmigen) Wirkungen kommen kann (denn diese sind ja die Voraussetzung für ein Gesetz, das durch eine Hypothese bzw. Theorie ausgesagt werden soll).
Die Handlungssituation kann dabei für unseren Zweck so dargestellt werden:

Orientierung (und Konstituierung) ——1——→ an Zielen
des Handelnden   ╱2╱

Mittelwahl   ←——3——→ Zielrealisation

Prinzipiell besitzt der Mensch zwar die Freiheit, welches Ziel er ansteuern will. Der Prozeß 3 (der eigentlich empirisch beobachtbare Prozeß dieses finalen Verhältnisses) ist von der Willkür der jeweiligen Wahl abhängig und wird, so gesehen, kaum zu sich wiederholenden Wirkungen führen.

Tatsächlich ist diese freie Wahl zwar potentiell vorhanden, jedoch aktuell stark eingeschränkt. Diese Einschränkung kommt dadurch zustande, daß sowohl Zielorientierung wie auch Mittelauswahl von der Gesellschaft und Kultur dem Einzelmenschen vorgegeben werden, durch dessen Eingliederung in soziale Gruppen und durch dessen Anpassung an konkrete Institutionen und Situationen. Mit anderen Worten: Der Prozeß 3, auf den sich letztlich die Formulierung von Hypothesen und Theorien richtet, ist Ergebnis von Wirkungen innerhalb eines s o z i a l e n F e l d e s, in dem die personalen Motivationen des Individuums (Persönlichkeitsfaktoren), die Einflüsse interpersonaler Beziehungen (Gruppenfaktor) und die Wirkungen transpersonaler Faktoren, wie etwa bestimmte Organisationen, Institutionen, soziale Schichten, Wertorientierungen usw. (struktureller Faktor), zusammenwirken und in dieser Interdependenz einer theoretischen bzw. hypothetischen Erklärung (Interpretation) zugänglich sind[135]. Prozeß 3 ist dem Kausalverhältnis der Naturwissenschaften analog.

2 Da jedoch soziales Handeln nicht eindeutig einem der drei genannten Faktoren zurechenbar ist, so sprechen wir lieber von Interdependenz oder Kovarianz der genannten Faktoren und nicht so sehr von Kausalität. So kann zwar von einem bestimmten wissenschaftstheoretischen Standpunkt her behauptet werden, daß die Gesetzesstrukturen (Theorien, Hypothesen) in den Naturwissenschaften und Geisteswissenschaften identisch seien. Indes handelt es sich aber hier um eine l o g i s c h e Identität, nicht aber um eine o n t o l o g i s c h e, da der „Sinnzusammenhang" in den Geistes- bzw. Sozialwissenschaften etwas anderes ist als der vom Menschen unabhängige Ursache-Wirkungs-Zusammenhang der Naturwissenschaften.

3 In der Soziologie findet sich die Unterscheidung zwischen „soziologischen Theorien" und „Theorien der Gesellschaft". Theorien der Gesellschaft sind Denkmodelle, die über umfassende Totalitäten etwas aussagen wollen, wie etwa über die Industriegesellschaft, den Sozialismus usw. Theorien, wie wir sie hier im Zusammenhang mit dem Kriterium der Falsifizierbarkeit charakterisiert haben, sind solche Theorien der Gesellschaft nicht. Soziologische Theorien werden (nach *R. König*) auf der Grundlage der Allgemeingültigkeit und des Abstraktionsgrades unterteilt in: 1) a d h o c T h e o r i e n (sie versuchen eine allgemeine Erklärung begrenzter Erscheinungen zu geben), 2) T h e o r i e n m i t t l e r e r R e i c h w e i t e (*R. Merton*); hierher gehört etwa die Theorie über die moderne Familie, die Gruppentheorie oder etwa die Theorie der Bürokratie; 3) T h e o r i e k o m p l e x e r Z u s a m m e n h ä n g e (wie hängt z. B. der Bildungsprozeß mit der Industrialisierung, mit der Religion, mit der Technologie usw. zusammen).

Literatur

1. *Adorno* Th. W. u. a., Der Positivismusstreit in der deutschen Soziologie. Neuwied 1969.

ONTOLOGISCHE STRUKTUR, SOZIOLOGISCHE GESETZE

2. *Adorno* Th. W., Soziologie und empirische Forschung. In: Logik der Sozialwissenschaften. Herausgegeben von E. Topitsch. Berlin 1965.

3. *Adorno* Th. W., Zur Logik der Sozialwissenschaften. In: Kölner Zeitschrift für Soziologie und Sozialpsychologie XIV/249.

4. *Albert* H., Theorie und Prognose in den Sozialwissenschaften. In: Logik der Sozialwissenschaften. Herausgegeben von E. Topitsch. Berlin 1965.

5. *Albert* H., Wertfreiheit als methodisches Prinzip. In: Logik der Sozialwissenschaften. Herausgegeben von E. Topitsch. Berlin 1965.

6. *Albert* H., Probleme der Wissenschaftslehre in der Sozialforschung. In: Handbuch der empirischen Sozialforschung. Herausgegeben von R. König. I. Band. Stuttgart 1967.

7. *Albert* H., Theorie und Realität. Tübingen 1964.

8. *Habermas* J., Analytische Wissenschaftstheorie und Dialektik. In: Logik der Sozialwissenschaften. Herausgegeben von E. Topitsch. Berlin 1965.

9. *Habermas* J., Gegen einen positivistisch halbierten Rationalismus. Erwiderung eines Pamphlets. In: Kölner Zeitschrift für Soziologie u. Sozialpsychologie XVI/635–659.

10. *Hempel* C. G., Typologische Methoden in den Sozialwissenschaften. In: Logik der Sozialwissenschaften. Herausgegeben von E. Topitsch. Berlin 1965.

11. *Hempel* C. G., Aspects of Sientific Explanation. New York 1965.

12. *Philipps* E., Empirische Sozialforschung. Wien – New York 1970.

13. *Popper* K., Logik der Forschung. Tübingen 1966.

14. *Popper* K., Die Logik der Sozialwissenschaften. In: Kölner Zeitschrift für Soziologie und Sozialpsychologie XIV/233–248.

15. *Topitsch* E. (Hrsg.), Logik der Sozialwissenschaften. Köln 1966.

16. *Topitsch* E. (Hrsg.), Probleme der Wissenschaftstheorie. Wien 1960.

17. *Weber* M., Gesammelte Aufsätze zur Wissenschaftslehre. Tübingen 1951^2.

18. *Zetterberg* H. L., On Theory and Verification in Sociology. Stockholm – New York 1954.

19. *Zetterberg* H. L., Theorie, Forschung und Praxis in der Soziologie. In: Handbuch der empirischen Sozialforschung. Herausgegeben von R. König. I. Band. Stuttgart 1967.

20. *Wössner* J., Das soziale Feld. In: Kölner Zeitschrift für Soziologie und Sozialpsychologie (1969), H. 1, S. 16ff.

Prüfungsfragen

1. Was ist eine Hypothese/Theorie?

2. Unterscheiden Sie Material- und Formal-Objekt einer Wissenschaft.

3. Erklären Sie Falsifikation und Falsifizierbarkeit.

4. Was wird unter „Verifizierung" verstanden?

5. Was ist zum Informationsgehalt einer Theorie zu sagen?

6. Was ist Operationalisierung und was ist operativer Vorgang bei der Hypothesen- bzw. bei der Theorie-Bildung?

7. Unterscheiden Sie „Theorie der Gesellschaft" und „Soziologische Theorie".

8. Wie ist das Verhältnis von Naturwissenschaft und Geisteswissenschaft?

2. Unterabschnitt

DATENERHEBUNG UND METHODEN

26. Kapitel

Meßtechnische Überlegungen

1 Die Bedeutung des Messens für die Soziologie: Wenn man davon ausgeht, daß die Soziologie eine Erfahrungswissenschaft ist und das Ziel hat, empirisch bewährte Theorien zu entwickeln, dann ist es erforderlich, die Hypothesen zu überprüfen. Dies bedingt wiederum eine exakte und präzise Messung der Variablen (Merkmale), die Bestandteile der Hypothesen sind. Messen ist die mit einem theoretisch konstruierten Maßstab (Meßinstrumente) mögliche Zuordnung von Symbolen zu beobachtbaren sozialen Phänomenen. Messen ist in der Soziologie funktional für die empirische Bewährung von Hypothesen und für eine möglichst vollständige, eindeutige und klassifizierte Beschreibung sozialer Phänomene. Ferner ermöglicht die klassifikatorische Erfassung sozialer Phänomene durch Meßprozesse die mathematische Manipulierung von Daten. Dadurch wird es aber auch möglich, soziale Daten mit Hilfe moderner Rechenmaschinen zu verarbeiten.

2 Dabei taucht die Frage auf, ob die Meßinstrumente, mit Hilfe derer wir Material/Daten sammeln, auch „gültig" und „zuverlässig" sind.
Die Frage nach der G ü l t i g k e i t (Validität) der mit einem bestimmten Meßinstrument erhobenen Daten kann auch so ausgedrückt werden: Mißt das Meßinstrument auch tatsächlich das, was gemessen werden soll? (Etwa Intelligenz, Religiosität, Arbeitsplatzzufriedenheit usw.) Man kann drei Arten von Gültigkeitsprüfung (Validierung) unterscheiden:
a) I n h a l t l i c h e G ü l t i g k e i t (Inhaltsvalidität): ein Verfahren mißt, was es messen soll. Aus einem gut konstruierten Schulleistungstest kann geschlossen werden, daß Schüler Aufgaben der gleichen Art unter vergleichbaren Bedingungen in demselben Ausmaß lösen werden wie bei der Testuntersuchung.

DATENERHEBUNG UND METHODEN

b) Empirische Gültigkeit liegt vor, wenn nachgewiesen werden kann, daß zwischen den Reaktionen auf das zu validierende Ermittlungsinstrument und dem Verhalten der mit ihm untersuchten Person in einer anderen (vergangenen, jetzigen und zukünftigen) Situation eine hohe Übereinstimmung besteht. Bei einer Befragung etwa über Sparformen wird festgestellt, wieviel analog zu den Befragungsergebnissen tatsächlich sparen.

c) Aussagegültigkeit (Konstruktvalidität): hierunter werden Überlegungen verstanden, die sich auf das zugrunde liegende theoretische Bezugssystem beziehen. Man fragt etwa, wie Leistungsorientierung durch verschiedene Items gemessen werden kann und ob dann die Items tatsächlich das audrücken, was unter Leistungsorientierung gemeint ist. Wenn man etwa sagt, Intelligenz ist das, was dieser Test mißt, so haben wir zwar instrumentell (operational) eine Aussage getroffen, aber über die Konstruktvalidität, d. h. über die Geltung von Merkmalen oder Eigenschaften zur Bestimmung der Intelligenz, nichts ausgesagt.

3 Neben der „Gültigkeit" spielt bei der Beurteilung der Genauigkeit empirischer Methoden noch ein zweiter Begriff eine wichtige Rolle: der der „Zuverlässigkeit" oder Reliabilität (engl. reliability). Wenn Gültigkeit die Genauigkeit ist, mit der ein Ermittlungsinstrument mißt, was es messen soll, so ist Zuverlässigkeit die Genauigkeit, mit der ein Instrument mißt, ohne Rücksicht darauf, was dieses inhaltlich messen soll. Bei einer Wiederholung unter den gleichen Bedingungen muß man bei Anwendung desselben Instrumentes zu demselben Ergebnis kommen. Man kann auch von einer formalen Genauigkeit sprechen. Die Wichtigkeit (Gültigkeit) der Überprüfung der Zuverlässigkeit eines Meßinstrumentes ergibt sich aus der einfachen Überlegung, daß ein Meßinstrument unter sonst gleichen Umständen immer die gleichen Resultate liefern muß, sollen z. B. mit dem gleichen Instrument gemessene Unterschiede als Unterschiede in der Sache (als unterschiedliche Einstellungen verschiedener Personen oder Gruppen) und nicht als Ausdruck von Veränderungen des Meßinstrumentes gedeutet werden (ein Gummiband z. B. eignet sich schlecht als Maßstab für die Messung von Entfernungen).

Bei der Datenerhebung muß man sich meist mit einer bestimmten Auswahl von Personen oder Personengruppen begnügen, an denen die in Frage stehenden Merkmale der Begriffe, die für eine Hypothesen- oder Theoriebildung verwendet werden, nachgewiesen werden sollen. Dabei taucht das Problem auf, wie diese begrenzte Auswahl für alle Personen oder Personengruppen, über die eine Theorie etwas aussagen will, Gültigkeit haben soll. Es geht also um die statistische Repräsentanz von Forschungsergebnissen. Dabei müssen wahrscheinlichkeitstheoretische Überlegungen als Anwendung zufallsgesteuerter Auswahlverfahren berücksichtigt werden. Das Grundprinzip solcher Verfahren (random-sampling) besteht in der Herstellung von Auswahlbedingungen, die

MESSTECHNISCHE ÜBERLEGUNGEN

jedem Element in einer zu untersuchenden Grundgesamtheit (Universum, Population) die gleiche Chance geben, in die Untersuchung einbezogen zu werden. Ist diese Grundvoraussetzung erfüllt, dann ist es auf der Grundlage wahrscheinlichkeitstheoretischer Überlegungen möglich, systematische, kontrollierte Schlüsse von der Stichprobe (Sample) auf die entsprechende Grundgesamtheit zu ziehen.

In der Praxis werden dabei verschiedene Techniken verwendet, um dem Urnenmodell zu entsprechen. So verwendet man z. B. Zufallsziffern, indem jede n-te Karte aus einer Adressenkartei gezogen wird, oder man bezieht alle Personen in die Untersuchung ein, die an einem bestimmten Tag eines Jahres geboren sind oder deren Familienname mit einem bestimmten Anfangsbuchstaben beginnt.

Neben diesem „R a n d o m - V e r f a h r e n" muß das bei der Umfrageforschung häufig angewendete „Q u o t e n - V e r f a h r e n" erwähnt werden. Die Bezeichnung „Quoten-Verfahren" stammt daher, daß jeder an einer Untersuchung beteiligte Interviewer vorgeschrieben bekommt, wieviel Personen mit bestimmten Merkmalen: z. B. bestimmten Alters, bestimmten Berufs, verschiedenen Geschlechts, verschiedener Wohnorte usw. er befragen soll. Werden bei der reinen „Zufallsauswahl" b e s t i m m t e Personen dem Interviewer vorgegeben, so ist es ihm bei der Quotenauswahl selbst überlassen, innerhalb der vorgegebenen Zahl von Personen mit bestimmten Merkmalen die einzelnen Personen auszuwählen.

4 Für die Schaffung von Meßinstrumenten kann man sich einfacher Indikatoren bedienen, indem man z. B. die Identifikation eines Soldaten mit der Armee mit der Frage erfaßt: Sind Sie bereit, auch außerhalb der Kaserne die Uniform zu tragen? Man kann aber auch durch die Kombination von Indikatoren nach einem formalen Modell ein Meßinstrument konstruieren. Dann spricht man von Skalierungsverfahren.

Skalen sind standardisierte Meßinstrumente, durch welche die relative Position einer Einheit auf einem Kontinuum (graduelle Abstufung) möglichst in numerischer Form wiedergegeben wird. Die Skalierung stellt den Versuch dar, nach einem Modell ein in den Beobachtungsdaten latent vorhandenes Kontinuum aufzudecken (z. B. Sterne 1. 2. 3. 4. ... .n-ter Größe).

Dabei sind verschiedene Meßebenen zu unterscheiden. Wenn Messen die nach bestimmten Regeln vorgehende Zuordnung von Symbolen (auch von mathematischen Symbolen) zu beobachteten sozialen Phänomenen ist, so lassen sich entsprechend diesen Regeln vier verschiedene M e ß n i v e a u s unterscheiden:
1. Nominalskala
2. Ordinalskala
3. Intervallskala
4. Ratioskala

DATENERHEBUNG UND METHODEN

Nominalskala: Sie besteht aus zwei oder mehreren benannten Kategorien, nach denen die Objekte, Ereignisse oder Reaktionen je nach den Testfragen klassifiziert und mit Zahlen benannt werden (z. B. nominale Kategorie „naß − trocken": an 200 [beobachteten] Tagen des Jahres ist es trocken, die restlichen Tage sind naß; oder nominale Kategorie „liberal − konservativ": 60% der [befragten] Wahlteilnehmer wählen „liberal", 40% „konservativ".)

Ordinalskala: Sie gibt innerhalb einer angenommenen Ordnung die relative Position eines Objektes, eines Ereignisses oder einer Reaktion der Testperson im Hinblick auf das Merkmal oder den Begriff an, ohne Implikationen über die Distanz zwischen den Positionen. Wesentlich ist dabei die Feststellung, daß das Meßobjekt mehr oder weniger von den in Frage stehenden Merkmalen besitzt als ein anderes Meßobjekt (wärmer − kälter, Härtegrad bei den Mineralien).

Intervallskala: Gegenüber der Ordinalskala weist die Intervallskala gleiche Abstände zwischen den Positionen auf. Der Nullpunkt wird willkürlich festgelegt (z. B. bei 0° friert das Wasser, die Celsiusdimension hat aber keinen absoluten Nullpunkt).

Ratioskala: Sie hat den Vorteil, daß sie einen absoluten Nullpunkt besitzt, so daß Verhältniszahlen sinnvoll sind (z. B. die Temperaturskala nach Kelvin).
In Abhängigkeit von dem Meß-(Skalen-)Niveau der Daten ergeben sich unterschiedliche Möglichkeiten der mathematischen Manipulierung (z. B. ist es erst mit Intervalldaten möglich, den Produkt-Moment-Korrelationskoeffizienten zu berechnen. Vgl. weiter unten). Mit der Höhe des Meßniveaus nimmt die Präzision der Messung einer Variablen zu.

5 Ein besonders wichtiges Problem bei der Behandlung von Daten ist die Untersuchung von quantitativen Zusammenhängen zwischen zwei oder mehreren Merkmalen. Es handelt sich dabei um die sogenannte Korrelationsanalyse. Ausgangspunkt einer solchen Analyse ist die Herstellung einer Tabelle, in der dargestellt wird, wie zwei oder mehr Gruppen von Untersuchungseinheiten (Personen, Familien, Haushalte, Arbeitsgruppen usw.), die nach einem Merkmal unterschieden wurden, hinsichtlich der Verteilung eines zweiten Merkmals sich unterscheiden. Soll beispielsweise untersucht werden, welcher Zusammenhang zwischen der sozialen Herkunft von Schülern des 4. Volksschuljahres und ihrem Übergang auf die weiterführenden Schulen besteht, so würde man zunächst die Schüler nach den über sie zur Verfügung stehenden Unterlagen in mehrere Gruppen (soziale Schichten) aufgliedern und dann für jede Teilgruppe auszählen, wie viele von den zu ihr gehörenden Schülern für weiterführende Schulen

MESSTECHNISCHE ÜBERLEGUNGEN

gemeldet sind. Die einfachste Ausführung einer solchen Tabelle hat etwa folgende Form:

Von der jeweiligen Gesamtheit der Kinder von

	Arbeitern	Nichtarbeitern
sind für den Übergang an weiterführende Schulen:	(2410)	(1850)
gemeldet	27%	61%
nicht gemeldet	73%	39%
	100%	100%

Es kann also festgestellt werden, ob zwischen den im Kopf der Tabelle unterschiedenen Gruppen ein signifikanter Unterschied hinsichtlich eines weiteren Merkmals besteht: Von allen in der Untersuchung erfaßten Arbeiterkindern im 4. Schuljahr wurden nur 27% für das Gymnasium oder die Realschule gemeldet, von allen Nichtarbeiterkindern dagegen jedoch 61%. Die Differenz von 34% ist sehr s i g n i f i k a n t .
Ob Unterschiede zwischen zwei Vergleichsgruppen signifikant sind oder nicht, ist oft schwer zu sagen. In der empirischen Sozialforschung begnügt man sich mit der Feststellung, ob ein Unterschied zwischen zwei Prozentsätzen s t a t i s t i s c h signifikant ist, d. h. ob mit hinreichender Sicherheit angenommen werden kann, daß die Unterschiede auf tatsächliche Unterschiede in der Grundgesamtheit zurückgehen, aus der die beiden verglichenen Gruppen (als Stichproben) entstammen, oder ob sie auch durch Auswahlfehler erklärt werden können.
Was die Enge des Zusammenhanges zwischen zwei Faktoren anbetrifft, so kann dies durch eine besondere Maßzahl ausgedrückt werden. Der bekannteste Korrelationskoeffizient, das *Pearson*sche r (=Produkt-Moment-Koeffizient), wird in der empirischen Soziologie relativ selten errechnet, da die Voraussetzung für seine Anwendung häufig nicht vorliegt. Häufiger wird dagegen der Rangordnungskoeffizient r von *Spearman,* der keine Normalverteilung voraussetzt, verwendet. Für die Errechnung der statistischen Signifikanz von Differenzen zwischen zwei Prozentsätzen oder den Mittelwerten zweier Vergleichsgruppen wird gewöhnlich die beobachtete Differenz der Meßzahlen zum Standardfehler der Differenz in Beziehung gesetzt (kritischer Quotient; critical ratio) oder der Chi-Quadrat-Test angewendet, durch den die beobachteten tatsächlich ermittelten Häufigkeiten in den einzelnen Feldern einer Korrelationstabelle zu den rein zufällig bei Nichtkorrelation zu erwartenden Häufigkeiten (Null-Hypothese) in Beziehung gesetzt werden. Für die näheren Einzelheiten muß auf die statistischen Lehrbücher verwiesen werden.

L i t e r a t u r

1. *Atteslander* P., Methoden der empirischen Sozialforschung (Sammlung Göschen Bd. 1229a) 1969.

DATENERHEBUNG UND METHODEN

2. *Hartmann* H., Empirische Sozialforschung. Probleme und Entwicklungen. München 1970. S. 103–176.
3. *Noelle* E., Umfragen in der Massengesellschaft. Einführung in die Methoden der Demoskopie. Hamburg 1963 (1965).
4. *Mangold* W., Empirische Sozialforschung. Grundlagen und Methoden. Heidelberg 1967.
5. *Haseloff* O. W. – H. J. *Hoffmann*, Kleines Lehrbuch der Statistik für Naturwissenschaft und Technik, Psychologie, Sozialforschung und Wirtschaft. 3. neubearbeitete und erweiterte Auflage, Berlin 1968.
6. *Mayntz* R. – H. *Holm* – P. *Hübner*, Einführung in die Methoden der empirischen Sozialforschung. Köln und Opladen 1969.
7. *Siebel* W., Werturteil und Messung. In: Jahrbuch für Sozialwissenschaften, 17. Jg., Göttingen 1966.

Prüfungsfragen

1. Was ist in der soziologischen Forschung „Messen"?
2. Was ist die „Gültigkeit" und „Verläßlichkeit" eines Meßinstrumentes?
3. Welche Ausleseverfahren gibt es in der Datenerhebung?
4. Was ist ein Meßniveau?
5. Wie hängt das Meßniveau mit einer Korrelationsanalyse zusammen?
6. Was ist „Signifikanz"?
7. Was ist statistische Repräsentanz?

27. Kapitel

Verschiedene Methoden

1 E i n z e l f a l l s t u d i e : Bei der Einzelfallstudie (case-study) wird jede soziale Einheit als ein „Ganzes" angesehen, wobei diese Einheit eine Person, eine Familie oder eine andere soziale Gruppe, eine Reihe zusammenhängender Beziehungen und sozialer Prozesse (z. B. Industrialisierung, Selbstmorde, Jugendkriminalität usw.) oder sogar eine ganze Kultur sein kann.
Nach dieser Auffassung ist es nicht entscheidend, ob qualitative oder quantitative Forschungstechniken angewendet werden oder wie viele Fälle untersucht werden, sondern einzig und allein, ob der einheitliche Charakter des untersuchten sozialen Gegenstandes erhalten bleibt [136]. Traditionell wird jedoch oft unter der Einzelfallstudie die Anwendung primär qualitativer Methoden der Datensammlung und Interpretation verstanden, die den individuellen Charakter des Untersuchungsgegenstandes postulieren. In diesem Sinne ist die „case-study" eine „biographische Methode", wobei die Monographie der Spezialfall ist. Hier werden persönliche Dokumente, wie etwa Briefwechsel und Tagebücher, zur Auswertung herangezogen. Von *Thomas* und *Znaniecki* wurde diese Art von Forschung besonders in deren mehrbändigem Werk über den polnischen Bauern („The Polish Peasant") angewendet, worin festgestellt werden sollte, welche Verhaltensweisen und Einstellungen beim Übergang von einem Kulturkreis in einen anderen sich dabei ändern (Problem der sozialen Desintegration bzw. Integration).

D a s E x p e r i m e n t : Hier werden das direkte und das indirekte Experiment unterschieden. Als weitere Unterformen des direkten Experimentes sind wiederum das Feldexperiment und das Laboratoriumsexperiment zu nennen.

DATENERHEBUNG UND METHODEN

Schon A. *Comte* kannte neben dem direkten „künstlichen" Experiment auch das indirekte „natürliche" Experiment, d. h. die vergleichende Analyse von in der sozialen Realität vorgefundenen Fällen nach logischen Regeln, die denen des direkten Experimentes entsprechen. Insbesondere E. *Durkheim* kannte der Methode des indirekten Experimentes, die er der vergleichenden Methode gleichsetzte, für die empirische Überprüfung von Hypothesen entscheidende Bedeutung zu [137].

Im direkten Experiment wird die unabhängige Variable (die hypothetische Ursache) eines sozialen Phänomens vom Experimentator willkürlich ins Spiel gebracht, nachdem vorher Bedingungen geschaffen wurden (Experimentanordnung), die nach allen bzw. allen wesentlichen Merkmalen einer vergleichbaren sozialen Situation ausgesucht bzw. hergestellt wurden. Beim indirekten Experiment geht der Forscher davon aus, daß die Ursache bereits wirksam gewesen ist. Seine Hauptaufgabe besteht darin, vorgefundene soziale Situationen so zu gruppieren, daß sie sich hinsichtlich aller für eine bestimmte Erscheinung für relevant gehaltenen Faktoren gleichen, außer dem einen, dessen Wirkung geprüft werden soll.

Der praktische Vorteil des direkten Experimentes besteht darin, daß sich in ihm die Bedingungen von vornherein aussuchen bzw. willkürlich produzieren lassen, unter denen die unabhängige Variable ins Spiel gebracht und ihre Wirkungen auf die abhängige Variable beobachtet werden können. Voraussetzung freilich ist, daß sich die interessierenden sozialen Phänomene im Feldexperiment tatsächlich manipulieren bzw. im Laboratoriumsexperiment durch entsprechende Versuchsanordnungen künstlich herstellen lassen. Untersuchungen vom Typ des Feldexperimentes sind beispielsweise solche, die sich auf die Beeinflussung des Bewußtseins und des Verhaltens von Einzelpersonen in sozialen Situationen beziehen (z. B. auf den Einfluß von Gruppennormen, die in alltäglichen informellen Gesprächen zwischen Arbeitskollegen, Bekannten und Nachbarn oder durch Massenmedien, wie Zeitung, Radio und Fernsehen vermittelt werden).

Mikrosoziologische Experimente untersuchen dagegen Kausalreaktionen zwischen bestimmten Strukturmerkmalen kleiner Gruppen (z. B. deren Größe und Zusammensetzung, Art der formellen Organisation der Beziehungen zwischen den Mitgliedern u. a.) und bestimmten anderen „Eigenschaften" der Gruppe (z. B. dem Gruppenklima, qualitativen und quantitativen Aspekten der Gruppenleistung usw.)[138]

3 Beobachtungsverfahren: Bei der „teilnehmenden Beobachtung" nimmt der Beobachter am Leben der von ihm untersuchten Gruppe in der Weise teil, daß er eine soziale Rolle übernimmt, die sich in das Erwartungssystem der betreffenden Gruppenmitglieder möglichst reibungslos einfügt und in der er sich entsprechend „ungezwungen" bewegen und Beobachtungen sammeln kann, ohne „aufzufallen"[139].

Bei der „nicht teilnehmenden Beobachtung" bleibt der Beobachter bzw. Forscher außerhalb der Gruppe, wie etwa beim Laboratoriumsexperiment. Im letzteren Fall werden insbesondere auch standardisierte Systeme von Beobachtungskategorien verwendet, die eine systematische und intersubjektiv überprüfbare Beobachtung zulassen. So ist die Balessche Interaktionsanalyse, von der wir früher gesprochen haben (vgl. S. 152ff.), ein Beobachtungsverfahren, das den Kriterien der systematischen Beobachtung auf der Basis einer expliziten Theorie über das Verhalten genügt. Seine Laboratoriumsexperimente dienen der Analyse von Interaktionsprozessen in problemlösenden Kleingruppen.

Bei der Beobachtung spielt sich ein Prozeß der Wahrnehmung ab, wobei die Wahrnehmung verbunden ist mit einer Registrierung der beobachteten Handlungen. Die Schwierigkeit liegt jedoch darin, die Handlungsabläufe zu erfassen und das beobachtete Handeln entsprechend dem vorliegenden Beobachtungsschema zu klassifizieren und zu interpretieren. Es bedarf daher eines langen Trainings der Beobachter, damit es möglich ist, mit Hilfe ihrer Beobachtungen Daten zu sammeln, die eine statistische Behandlung zulassen.

4 Soziometrie: In Anlehnung an Begriffe wie Geometrie und Psychometrie wird der Ausdruck Soziometrie gelegentlich auch in weiterem Sinn als Oberbegriff für die Verwendung aller Verfahren zur quantitativen Beschreibung sozialer Beziehungen verwendet. Im engeren Sinne versteht man jedoch darunter spezielle Methoden für die Erhebung, Beschreibung und Analyse der Richtung und Intensität „zwischenmenschlicher Präferenzen", die sich in Gruppen verschiedenster formaler Zusammensetzung, Funktion und Größe als Zuneigungen und Abneigungen, Freundschaften und Feindschaften, Beliebtheit oder Isoliertheit einzelner Mitglieder äußern. International bekannt geworden ist der von *Moreno* entwickelte soziometrische Test. *Moreno* geht dabei von der Annahme aus, daß sozialen Konflikten tiefe, in der menschlichen Natur verwurzelte sozio-emotionale Anziehungs- und Abstoßungskräfte zugrunde liegen, die zum Vorteil sowohl des einzelnen Menschen wie auch der Gesellschaft bei der Planung jeglicher Art sozialer Beziehungen berücksichtigt werden müßten. Der soziometrische Test soll Mitglieder einer Gruppe zur Explikation tieferliegender, oft wenig bewußter Sympathien und Antipathien veranlassen, so daß die Anpassung formeller Gruppenstrukturen an die Neigungen und Strebungen der Gruppenmitglieder möglich wird. *Moreno* arbeitete bereits während des Ersten Weltkrieges in einem Flüchtlingslager Südtiroler Bauern in der Nähe Wiens. Er setzte dann seine Studien in den Vereinigten Staaten fort. Bei Siedlungsprojekten der amerikanischen Regierung wurden z. B. in einigen Siedlungen die Bewerber unter Berücksichtigung ihrer im soziometrischen Test geäußerten Präferenzen und Antipathien auf die einzelnen Siedlungshäuser verteilt.

DATENERHEBUNG UND METHODEN

Für die Auswertung soziometrischer Daten wird in der Regel eine Grundtabelle (Matrix) verwendet, in der die positiven und negativen Wahlen der einzelnen Gruppenmitglieder festgehalten werden. Auf diese Weise lassen sich ohne Schwierigkeiten soziometrische Führer (Stars) und Außenseiter (Isolierte) ermitteln. Für die graphische Darstellung soziometrischer Beziehungen wird das bereits von *Moreno* schon verwendete Soziogramm gebraucht[140].

5 **Indirekte Datengewinnung und Sekundärerhebung**: Nicht immer ist es möglich, die Daten direkt zu gewinnen. Manche Fragestellungen lassen sich nicht durch Primärerhebungen beantworten, z. B. Daten der Vergangenheit. Der Forscher ist dann auf die Sammlung, Aufbereitung und Auswertung bereits vorliegender Dokumente angewiesen, die direkt oder indirekt über die ihn interessierenden sozialen Verhaltensweisen Aufschluß geben. Die Methoden der indirekten Datengewinnung haben, wie bereits erwähnt, *Thomas* und *Znaniecki* verwendet, indem sie Briefe und andere persönliche Dokumente von polnischen Auswanderern auswerteten.

Als Sekundärmaterial werden von Soziologen statistische Aufzeichnungen, historische Schilderungen, persönliche Dokumente und in einer speziellen Methode gespeicherte Informationen der Massenkommunikation herangezogen. Mit Hilfe einer solchen **Inhaltsanalyse** als einer Untersuchungstechnik für die objektive, systematische und quantitative Beschreibung des Inhalts von Kommunikationen ist es möglich, eine Klassifikation der Informationen vorzunehmen, Zusammenhänge von Informationen darzustellen, aber auch auf der Basis projektiver Tests bestimmte Variablen, wie z. B. das „Leistungsstreben", zu messen. So hat etwa *McClelland* mit Hilfe der Inhaltsanalyse von Kinderbüchern versucht, das Niveau des Leistungsstrebens in verschiedenen Gesellschaften zu erfassen[141].

6 **Das Panel**: Beim Panel wird zumindest zu zwei verschiedenen Zeitpunkten eine Erhebung bei einer Anzahl von Personen oder sonstigen Einheiten (z. B. bei Haushalten) hinsichtlich derselben Merkmale vorgenommen. Die Paneluntersuchung ist eine Form der zeitlichen Längsschnittanalyse oder ein Experiment, womit Veränderungen erfaßt werden, indem man vorher und nachher, nach bestimmten Ereignissen oder nach einem geplanten Zeitablauf, über denselben Forschungsgegenstand Daten erhebt. So überprüfte *P. Sorokin* den Wohlstand verschiedener Länder über mehrere Jahrhunderte hinweg und untergliederte die festgestellten Trends in die Prosperitätsraten der Hauptklassen (z. B. Aristokratie, Klerus, Intelligenz, Bauern) eines jeden Landes.

Mit Hilfe der Panelanalyse ist es möglich, Trends, also Veränderungen insgesamt in einer sozialen Struktur, festzustellen oder einen Wandel, der sich auf die Veränderungen von spezifischen Einheiten bezieht, wie z. B.

Veränderungen im Konsumverhalten oder Wählerverhalten, zu registrieren. So erfaßte man in der Wahlsoziologie vor allem die Wählerfluktuation. Dabei wird die Umschichtung von Wählern von einer Partei zu einer anderen innerhalb eines bestimmten Zeitraums festzustellen versucht, und zwar aufgrund der Erhebung der politischen Präferenzen zu verschiedenen Zeitpunkten.

Beim Panel bedient man sich sowohl des mündlichen als auch des schriftlichen Interviews; zuweilen findet aber auch die Beobachtung Anwendung. In der Konsumforschung wird z. B. das sogenannte „Haushaltspanel" verwendet. Hierbei haben Hausfrauen die Aufgabe, in das vorgegebene Schema wöchentlich die getätigten Einkäufe bzw. die Anschaffungen einzutragen.

7 Das Interview: Das Interview ist als ein sozialwissenschaftlicher Meßprozeß zu verstehen und muß daher den Kriterien des Messens genügen. Das Interview als ein Instrument der Datenerhebung beruht auf einer verbalen Stimulus-Response-Beziehung, also auf einer Reiz-Reaktionskonstellation zwischen zwei Kommunikanten, nämlich dem aktiv sich verhaltenden Interviewer und dem passiv reagierenden Interviewten oder Befragten. Damit unterscheidet sich das Interview deutlich von dem Beobachtungsverfahren. Man kann auch sagen, daß die Daten von Befragungen das subjektive Netzwerk von Vorstellungen, Einstellungen und interpersonalen Beziehungen widerspiegeln, während Beobachtungsdaten sich direkt auf offensichtliche Handlungen einzelner Individuen oder Mitglieder von Gruppen beziehen.

Allgemein wird das sozialwissenschaftliche, mündliche Forschungsinterview als das gegenwärtig wichtigste Instrument der Sozialforschung angesehen. Daneben werden natürlich auch verschiedene Methoden der schriftlichen Befragung angewendet. Das Forschungsinterview kann als ein planmäßiges Vorgehen mit wissenschaftlicher Zielsetzung verstanden werden, bei dem die Versuchsperson durch eine Reihe gezielter Fragen oder mitgeteilter Reize zu einer unmittelbaren Reaktion veranlaßt werden soll.

Das unstrukturierte oder Tiefeninterview ist typisch für die Motivforschung oder für eine Vorerhebung. Es hat den Charakter des informellen Gespräches. Anhand eines Interviewleitfadens wird ein Frage-Antworte-Prozeß in Form einer Diskussion abgewickelt.

Beim halbstandardisierten oder halbstrukturierten Interview liegt dem Frage-Antworte-Prozeß bereits ein begriffliches Instrument in Form eines Schemas von Fragen zugrunde. Es überwiegen aber offene und weitgefaßte Fragen.

Für den Meßprozeß und der entsprechenden statistischen Behandlung von Daten ist aber ein strukturiertes oder standardisiertes Interview erforderlich. Bei diesem besteht eine festgelegte Fragenformulierung; der Ablauf der Fragen ist vorgegeben, und die verbalen Reaktionen der Befragten werden jedenfalls schriftlich festgehalten.

DATENERHEBUNG UND METHODEN

Die behandelten Methoden der Soziologie sind noch relativ jung. Sie bedürfen einer laufenden Verbesserung, damit sie der Überprüfung von Hypothesen, der Entwicklung von Theorien und der Beschaffung von präzisen Informationen dienen können.

Literatur

1. *König* R. (Hrsg.), Handbuch der empirischen Sozialforschung. Bd. I. 2. verb. Aufl. Stuttgart 1967.
2. *König* R. (Hrsg.), Praktische Sozialforschung I. Das Interview. Formen, Technik, Auswertung. Köln und Berlin 1966[5].
3. *König* R. (Hrsg.), Praktische Sozialforschung II. Beobachtung und Experiment in der Sozialforschung. Köln und Berlin 1966[3].
4. *Moreno* J. L., Grundlagen der Soziometrie. Köln und Opladen 1967[2].
5. *Philipps* B., Empirische Sozialforschung: Strategie und Taktik. New York–Wien 1970.

Prüfungsfragen

1. Was ist eine „Einzelfall-Studie"?
2. Nennen Sie ein klassisches Beispiel einer Einzelfall-Studie.
3. Was ist zum „Experiment" als soziologische Methode zu sagen?
4. Geben Sie Beispiele von „teilnehmender" und „nicht teilnehmender Beobachtung".
5. Was ist „Soziometrie"?
6. Was ist eine „Inhaltsanalyse"?
7. Wissen Sie etwas über das „Panel"? (Geben Sie Beispiele.)
8. Welche Arten von Interviews gibt es?

Anmerkungen

1) Im Rahmen einer Einführung kann nicht auf die unterschiedlichen wissenschaftstheoretischen Auffassungen, insbesondere der gegenwärtigen Soziologie, wie sie zumindest im deutschen Sprachraum zum Ausdruck kommen, eingegangen werden. Interessenten für diese Problematik seien hingewiesen auf Th. W. *Adorno* (u. a.), Der Positivismusstreit in der deutschen Soziologie. Neuwied 1969.

2) Für die „kritische Funktion" der Soziologie möge der Hinweis genügen, daß z. B. gegenüber den von kulturkritischen Positionen ausgehenden, auch in der Öffentlichkeit zirkulierenden Thesen von der „Auflösung der Familie", einer „Familienkrise" oder einem „Zerfall der Familie" durch soziologische Forschung gesichert nachgewiesen werden konnte, daß es sich hier vielmehr um eine Restabilisierung der Familie unter veränderten sozialstrukturellen Bedingungen handelt. Oder, um ein anderes Beispiel zu nennen: der Nachweis und die Erklärung der verschiedenen Bildungshindernisse in den Unterschichten durch die Soziologie und damit die Aufdeckung (Enthüllung) des Widerspruches zwischen normativer „Chancengleichheit" und tatsächlicher Verfassungswirklichkeit.

3) Wissen, Werte (Bewertung) und sanktionierende Verhaltensregel sind in jeder Gesellschaft vorhanden und müssen vom Einzelmenschen bzw. von Gruppen „verarbeitet" werden. Das Instrument dieser Verarbeitung ist die „Einstellung" (oder mit einem terminus technicus: die „Kathexis"). Vgl. S. 60f.

4) Vgl. hierzu A. *Inkeles*, What is Sociology, 1965, S. 8ff.

5) H. *Hart*, Comparative Coverage on Agreed on Sociological Topics. Third Report for the Project for Comparative Analysis of Introductory Sociological Textbooks, 1959, S. 10; zit. bei A. *Inkeles* (s. Anm. 4) S. 9.

6) Vgl. auch das Inhaltsverzeichnis dieses Buches.

7) Das Material der Untersuchung ist im Institut für Soziologie und Sozialphilosophie an der Universität Linz deponiert und noch nicht veröffentlicht.

8) Unter „Soziologie-Frequenz" soll die nach dem Grade der Häufigkeit ihres Angebotes sich ergebende Reihung von soziologischen Veranstaltungen an deutschen Hochschulen verstanden werden, und zwar in der Zeit vom Wintersemester 1965/66 bis Sommersemester 1968. Das Soziologie-Angebot der folgenden

ANMERKUNGEN

Hochschulen gibt zusammengenommen obige Reihung (die erste Zahl bezieht sich auf die „Wichtigkeit" der Veranstaltung, wenn man diese nach der Häufigkeit ihres Angebots beurteilt, die zweite Zahl nennt die Anzahl der Veranstaltungen, bezogen auf die Summe der Hochschulen insgesamt). Es wurden einbezogen: Frankfurt, Berlin, Bochum, Hannover, Konstanz, Freiburg i. Br., München, Nürnberg-Erlangen, Würzburg, Dillingen a. d. Donau, Wilhelmshaven, Passau, Tübingen, Marburg, Darmstadt, Stuttgart, Mannheim, Köln, Speyer, Bamberg, Saarbrücken, Braunschweig, Aachen, Hamburg, Mainz, Bonn, Giessen, Karlsruhe, Göttingen, Münster, Kiel, Heidelberg.
Die Verschlüsselung erfolgte nach dem Sachverzeichnis der Kölner Zeitschrift für Soziologie und Sozialpsychologie, Gesamtregister der Jahrgänge I-XIX, und der Sonderhefte 1-11. Köln und Oplanden 1967, S. 19-43.

[9] Für Österreich sei das Soziologie-Profil von Linz angeführt. Dort ist seit 1966 „Soziologie" als Hauptfachstudium eingeführt und durch 3 soziologische Ordinariate vertreten. Neben zusätzlichen Fächern (Recht, Volkswirtschaft, Betriebswirtschaft, Psychologie, Statistik usw.) wurden dem Soziologiestudenten von Oktober 1966 bis Juni 1970 folgende Lehrveranstaltungen, jeweils 2stündig, angeboten:
26 Soziologisches Proseminar
14 Allgemeine Soziologie (und Sozialforschung)
12 Soziologisches Praktikum (4stündig)
6 Methoden und Techniken der (empirischen) Sozialforschung
6 Industriesoziologie (Betriebssoziologie)
5 Hauptgebiete der Soziologie
5 Soziologische Theorie
4 Bildungssoziologie
4 Theorie der Gesellschaft
4 Landsoziologie
3 Agrarsoziologie
3 Wirtschaftssoziologie
3 Geschichte der Soziologie
3 Struktur und Probleme der Gegenwartsgesellschaft
3 Soziale Schichtung
3 Religionssoziologie
3 Stadtsoziologie
2 Sozialphilosophie
2 Gemeindesoziologie
2 Soziologisches Oberseminar
2 Jugendsoziologie
1 Stadt-Landsoziologie
2 Verbandssoziologie
1 Sozialstruktur und Mobilität
1 Wissenschaftstheorie

[10] Vgl. *Himes* J. S., The Study of Sociology. Glencoe, Ill. 1967. S. 33.

[11] Die Häufigkeit der Abhandlungen in den Zeitschriften: Die neue Gesellschaft (1956 – 1966), Jahrbuch für Sozialwissenschaften (1950 – 1967), Kölner Zeitschrift für Soziologie und Sozialpsychologie (1948/49 – 1967), Sociologia internationalis (1963 – 1967) und Soziale Welt (1949 – 1967) zeigten zusammengenommen folgende Schwerpunkte:
125 Politische Soziologie
 94 Soziologische Hypothesen, Theorien, Begriffe
 81 Stand und Entwicklung der Soziologie in einzelnen Ländern

ANMERKUNGEN

75 Erziehungs- und Bildungssoziologie
74 Industrie- und Betriebssoziologie
74 Schichtung und Mobilität
66 Kultur- und Kunstsoziologie
58 Religionssoziologie
55 Sozialpsychologie, Kleingruppenforschung
49 Geschichts- und Sozialphilosophie
48 Wissenschaftstheorie
45 Rechtssoziologie
43 Wirtschaftssoziologie
42 Sozialer Wandel, Entwicklungssoziologie
38 Familie, Ehe
38 Vorurteile, Minoritäten
37 Gemeindesoziologie
36 Jugend- und Kindheitssoziologie
34 Allgemeine Geschichte der Soziologie
32 Forschungstechniken, Methoden
28 Massenkommunikation
26 Abweichendes Verhalten
24 Medizinsoziologie
24 Wissen, Ideologie
24 Verbandssoziologie
23 Organisationssoziologie
20 Wissenschaftssoziologie
20 Militärsoziologie
19 Stadtsoziologie
15 Migration
14 Land- und Agrarsoziologie
9 Freizeit- und Sportsoziologie
8 Allgemeine Sozialforschung
6 Soziologie des Alters
6 Sozialprobleme
6 Öffentliche Meinung
3 Literatursoziologie
3 Soziologie der Angestellten

12) Vgl. dazu *Allport* G. W., Personality. New York 1937, S. 48. – *Parsons* T. – *Shils* E., A., Toward a General Theory of Action. Cambridge, Mass. 1951, S. 55.
13) Vgl. *Cuber* J. F., Sociology. New York 1963, S. 90 ff.
14) Vgl. *Weber* M., Rechtssoziologie, Neuwied 1966, S. 57.
15) Vgl. *Merton* R. K., Social Theory and Social Structure. Glencoe 1957, S. 51.
16) Vgl. *Lenski* G., The Religious Factor. New York 1963, S. 220 ff.
17) Mitglieder verschiedener Klassen sehen die Welt verschieden, denn sie leben in unterschiedlichen Umständen. Sie lernen verschiedene Einstellungen und „Konzeptionen des Wünschenswerten". Eltern verschiedener sozialer Klassen stimmen in vielen Werten überein. Für ihre Kinder werden etwa Standards wie Ehrlichkeit, Rücksicht, Anhänglichkeit, Manieren und Selbstkontrolle betont. Trotzdem wird von den verschiedenen sozialen Klassen ein signifikanter Unterschied in der Betonung dieser Werte gemacht. Eltern der Arbeiterklasse bewerten Gehorsam, Ordentlichkeit und Sauberkeit höher als Eltern der Mittelklasse, die ihrerseits wiederum Wißbegierde und Neugierverhalten, Rücksicht und vor allem Selbstkontrolle höher bewerten. Werte der Arbeitereltern kreisen um Konformität gegenüber externen Vorschriften, Werte der Mittelklasse um Selbstleistung. Für

ANMERKUNGEN

Eltern der Arbeiterklasse ist die beobachtbare, äußere Handlung wichtig: das Kind darf keine extern aufgestellten Regeln übertreten. Für die Eltern der Mittelklasse sind die Motive und Gefühle des Kindes wichtiger: das Kind soll sich selbst leiten und kontrollieren. Vgl. für diese Zusammenhänge z. B. *Kohn* M. L., Social Class and Parent-Child Relationships: An Interpretation. In: The American Journal of Sociology. Vol. 68 (1963), S. 471 – 480.

18) T. *Parsons* versteht vom Standpunkt eines Handelnden gesehen unter Kathexis diejenige Kategorie, „welche die Bedeutung seiner tatsächlichen und möglichen Beziehungen zu einem Objekt seiner Umwelt für seinen Innenzustand beschreibt". Kathexis ist der Prozeß, durch den der i n p u t von „Befriedigung" (gratification) oder „Zielverwirklichung" (goal attainment) in das Verhaltenssystem des Handelnden beschrieben werden kann. Kathexis ist also die Einwirkung des Objektsystems bzw. der Umgebung auf den betreffenden Handelnden im Sinne einer Einzelperson oder von Gruppen. Vgl. *Parsons* T., Einige Grundzüge der allgemeinen Theorie des Handelns. In: Moderne amerikanische Soziologie. Herausgegeben von H. Hartmann. Stuttgart 1967, S. 155.

19) Vgl. auch *Dahrendorf* R., Homo sociologicus. Köln 1968, S. 24 f.

20) Vgl. *Claessens* D., Rolle und Macht. In: Grundfragen der Soziologie, Bd. 6. Herausgegeben von D. Claessens. München 1968, S. 17.

21) *Linton* R., The Study of men, 1936.

22) Vgl. hierzu *Wössner* J., Mensch und Gesellschaft. Berlin 1963, S. 549 ff.

23) *Merton* R. K., Der Rollen-Set: Probleme der soziologischen Theorie. In: Hartmann (s. Anm. 18), S. 263.

24) Vgl. *Merton* R. K., Theorie der Rollenverschränkung. In: Hartmann (s. Anm. 18) S. 267.

25) Vgl. *Wissler* Cl., Man and Culture. New York 1923, S. 74.

26) *Woodard* J. W., A New Classification of Cultures. In: American Sociological Review, 1936, S. 84 – 102.

27) Es gibt allerdings auch sehr viel umfassendere Definitionen des Begriffs Gruppe. So definiert z. B. Cuber: „Eine Gruppe ist jede Anzahl von Personen, die in gegenseitiger Kommunikation stehen (*Cuber* J. F., Sociology, 1963, S. 311; vgl. auch *Bogardus* E. S., Sociology, 1954, S. 5).

28) Vergleiche dazu auch R. Bierstedt, The Social Order, 1963, S. 294. Dort werden folgende Unterscheidungen getroffen:
1. statistische Gruppen (werden von Soziologen und Statistikern gebildet)
2. gesellschaftliche Gruppen (besitzen Sozialbewußtsein)
3. soziale Gruppen (besitzen soziale Kontakte und Interaktionen)
4. organisierte Gruppen (besitzen formale Struktur).
Gruppen bilden eine Art von logischem Kontinuum, abhängig vom Vorhandensein gewisser sozialer Eigenschaften wie:
1. Bewußtsein der gleichen Lage (consciousness of kind)
2. Soziale Interaktion
3. Soziale Organisation

29) Vgl. über die sozialen Prozesse S. 203 ff. und hinsichtlich der Faktoren des sozialen Feldes S. 266.

30) *Simmel* G., Soziologie, 1923, S. 32.

31) ebenda, S. 40.

32) *Cooley* C. H., Social Organisation, 1963, S. 23.

33) ebenda S. 316: „Unter Primärgruppen werden jene Gruppen verstanden, die durch intime face-to-face Assoziation und Kooperation gekennzeichnet sind. Sie sind

ANMERKUNGEN

hinsichtlich vieler Aspekte primär, aber vor allem deshalb, weil sie einen fundamentalen Beitrag zur Formung des sozialen Status und der Werte eines Individuums liefern."

34) *Cuber* J. F. (s. Anm. 27) S. 317: „Sekundärgruppen unterscheiden sich von Primärgruppen klar durch die Art der Teilnahme – durch Unbeständigkeit, Zufälligkeit des Kontaktes und weniger gefühlsmäßigen Bindungen unter den Mitgliedern. Primär- und Sekundärgruppen können nicht als zwei scharf zu trennende Kategorien gesehen werden; wir haben es mit einem Kontinuum zu tun."

35) Vgl. z. B. *Olmstedt* M. E., The small group, 1959, S. 23 f.

36) *Faris*, E. The Primary Group: Essence and Accident. In: American Journal of Sociology, Bd. 38, 1932.

37) *Davis* K., Human Society, 1937, S. 294–298.

38) ebenda S. 303.

39) Vgl. *Parsons* T. – *Shils* E. A., Toward a General Theory of Action, 1951 – *Parsons* T., – *Bales* R. F. und *Shils* E. A., Working Papers in the Theory of Action, 1953.

40) *Timasheff* N. S., General Sociology. Milwaukee 1959, S. 157.

41) *Gurvitch* G., La vocation actuelle de la sociologie 1957.

42) *Hyman* H., The Psychology of Status. In: Archives of Psychology 269, 1942, S. 80.

43) *Merton* R. K. – A. *Kitt*, Contributions of the Theory of Reference Group Behavior. In: Continuities in Social Research: Studies in the Scope and Method of „The American Soldier". Herausgegeben von *Merton* R. K. und *Lazarsfeld* P., Glencoe, Ill., 1950, S. 50 ff. – *Kemper* Th. D. (Reference Groups, Socialisation and Achievment. In: Americ. Soc. Rev. 1968, S. 33 definiert Bezugsgruppe als „eine Gruppe, die der Handelnde auf irgendeine Weise in Betracht zieht, wenn er ein Verhalten unter verschiedenen Alternativen auswählt oder wenn er ein Urteil über ein problematisches Thema abgibt".

44) Vgl. *Lewin* K., Feldtheorie in den Sozialwissenschaften, 1963, S. 100: „Eine Randpersönlichkeit ist jemand, der auf der Grenze zwischen zwei Gruppen, A und B, steht. Sie gehört zu keiner von beiden, oder mindestens ist sie über ihre Zugehörigkeit unsicher. Charakteristische Verhaltenssymptome der Randpersönlichkeit sind die affektive Instabilität und die Empfindlichkeit."

45) *Goode* W. J., Die Struktur der Familie, 1966, S. 32.

46) Vgl. dazu *Fend* H., Sozialisierung und Erziehung, 1969, S. 188: „Internalisierung ist ein Prozeß, der zu einem bestimmten Ergebnis, zur Innenleitung des Verhaltens führt. Internalisierung sagt jedoch nicht mehr, als daß jemand, der zum Zeitpunkt ti von außen durch Belohnung und Strafe kontrolliert worden ist, sich zum Zeitpunkt tz auf ähnliche Weise selber kontrolliert."

47) Vgl. den Bericht über die Untersuchungsergebnisse bei *Roethlisberger* J. (jetzt deutsch), Betriebsführung und Arbeitsmoral. Köln/Opladen 1954.

48) *Mayntz* R., Die soziale Organisation des Industriebetriebes, 1968, S. 43 ff.

49) Vgl. auch Anmerkung 47 auf S. 285.

50) *Parson* T. zählt unter den vier Funktionen sozialer Systeme neben Integration, Adaption, Goal attainment auch „tension management"(Spannungsausgleich!) auf, was im Zusammenhang zwischen Primär- und Sekundär-Gruppen der Gruppenfunktionen besonders einleuchtend ist.

51) Vgl. etwa Handbook of Organization, 1965, S. 87 f.

52) *Luhman* N., Funktion und Folge formaler Organisation, 1964, S. 305.

53) *Broom* L. – P. *Selznick*, Sociology. New York-London-Tokio, 1965, S. 155 f. Viele

ANMERKUNGEN

Autoren haben gemeint, daß sich die primären Beziehungen und Gruppen in der modernen Industriegesellschaft verschlechtert haben. Manchmal wird die Ansicht geäußert, daß darin die Wurzel vieler Symptome sozialer und persönlicher Desorganisation liege. Möglicherweise haben steigende Mobilität und Urbanisation persönliche Bindungen zur Verwandtschaft, zum Heimatort und zu den kleinen Kreisen lebenslanger Freundschaften gelockert. Wenn solche Bindungen gelockert werden, können soziale Disziplinen und Bestrebungen weniger wirksam überliefert werden. Es kann dann zu neuen und manchmal von den Normen der Gesellschaft abweichenden Anstrengungen kommen (vgl. etwa Phänomene wie die Gammler, Hippies usw.), die nützlichen Wirkungen von Primärbeziehungen wiederzuerlangen. Aber es ist nicht sicher festgestellt, wie sehr die Bindungen gelockert worden sind, in wie großem Ausmaß sich soziale Disziplinen und Bestrebungen verändert haben oder wie „abweichend" (pathologisch) die neuen Formen sind. Der Soziologe untersucht die Lockerung von Primärbeziehungen und deren Folgen als einen möglichen Faktor einer spezifischen Form sozialer Desorganisation ebenso wie er den Einfluß von Primärgruppen auf Fehlzeiten in einer Fabrik untersucht. Wenn in großem Ausmaß Geisteskrankheiten, Selbstmord, Delinquenz oder andere Arten sozialer Desorganisation auftreten, wird der Soziologe feststellen wollen, ob die Betroffenen nicht Mitglieder einer üblichen Primärgruppe sind. In bezug auf die Primärgruppen signifikante Unterschiede führen dann zur Formulierung von Hypothesen, die in empirischen Untersuchungen überprüft werden müssen.

54) Vgl. S. 53 ff.
55) Vgl. die Literaturangaben am Schluß des Kapitels.
56) Vgl. auch Nr. 8 dieses Kapitels.
57) Dabei wurden folgende Methoden angewandt: unmittelbare Befragung von Gefangenen an der Front, intensive psychologische Interviews in zurückgelegenen Gebieten und eine monatliche Meinungsumfrage bei Kriegsgefangenen. Auch in die Hand gekommene Dokumente, Aussagen befreiter alliierter Soldaten und die Berichte von Kriegsberichterstattern wurden ebenfalls analysiert.
58) *Homans* G. C., The Human Group, 1951 (Deutsch: Theorie der sozialen Gruppe. Köln 1965).
59) ebenda S. 59–60.
60) *Weber* M., Soziologische Grundbegriffe. Tübingen 1966, S. 5 und 18 ff.
61) Vgl. *Homans* (s. Anm. 58) S. 72 ff. Folgende Untersuchungsberichte werden verwendet: Mayo E., Human Problems of Industrial Civilisation, 1933; *Whitehead* T. N., The Industrial Worker, 1938; *Roethlisberger* F. J. – *Dickson* W. J., Management and the Worker, 1939; *Homans* C. G., Fatigue of Workers. 1941.
62) Vgl. *Homans* C. G. (s. Anm. 58) S. 100 ff.
63) ebenda S. 108–111; 123–125.
64) ebenda S. 132.
65) ebenda S. 134.
66) ebenda S. 156.
67) Vgl. *Moreno* J., Sociometric Base of Groups Psychotherapy. In: The Sociometry Reader. Herausgegeben von J. Moreno. Glencoe, Ill., 1960, S. 113 ff. – Derselbe, Die Grundlagen der Soziometrie. Köln 1967. – Eine gute Einführung in die Soziometrie bietet *Bastian* G., Die soziometrische Methode. Berlin und Stuttgart 1969.
68) *Moreno* unterscheidet in der Soziomomie drei Teilgebiete:
Soziodynamik, Soziometrie, Soziatrie
Die Soziodynamik definiert er als „A science of the structure of social aggregates, of single groups and of group clusters"; Soziometrie „is the science of social

ANMERKUNGEN

measurement, an architectonically structured system of social measurements with sociometric tests as its lease . . . ; Soziatrie definiert er schließlich als Wissenschaft „of social healing" (a.a.O., S. 127).
[69] Vgl. Die Grundlagen der Soziometrie (s. Anm. 67) S. 73 ff.
[70] ebenda S. 95 ff.
[71] Vgl. *Chappel* P. S., Das Kind in der Schulklasse. Weinheim und Berlin 1965.
[72] *Dirks* S., Über die Bedeutung strukturpsychologischer Erkenntnisse für die Probleme der Gruppenpsychologie. In: Psychologische Rundschau, 10. Jg. 59/4 S. 251 ff.
[73] ebenda S. 354 ff.
[74] Die Grundlagen der Soziometrie S. 153 ff.
[75] ebenda S. 308 und S. 155.
[76] ebenda S. 103.
[77] ebenda S. 104.
[78] ebenda.
[79] ebenda. Diese drei Organisationstypen lassen sich auch gut mit dem von *Merton* aufgestellten Schema der positiven und negativen Referenzgruppe interpretieren (vgl. S. 109 f.).
[80] *Moreno* J., Die Grundlagen der Soziometrie (s. Anm. 67) S. 138 f. Vgl. auch *Merton* R. K., Social Theory and Social Structure, N. Y. 1968, S. 300.
[81] Vgl. *Moreno* J., Die Grundlagen der Soziometrie (s. Anm. 67) S. 276.
[82] *Bales* R. F., Interaction Process Analysis. New York 1957.
[83] Vgl. *Bales* R. F., Das Problem des Gleichgewichts in kleinen Gruppen. In: Moderne Amerikanische Soziologie. Herausgegeben von H. Hartmann. Stuttgart 1967, S. 312.
[84] ebenda S. 315.
[85] ebenda S. 313.
[86] ebenda S. 315.
[87] ebenda S. 326.
[88] Vgl. *Parsons* T., Societies. Prentice Hall 1966, S. 9.
[89] ebenda S. 17 ff.: T. Parsons bezeichnet ein soziales System dann als selbstgenügsam, wenn folgende Bedingungen erfüllt sind:
1. „A society must constitute a societal community that has an adequate level of integration or solidarity and a distinctive membership status".
2. „This community must be the 'bearer' of cultural system sufficiently generalized and integrated to legitimate normative order."
3. „. . . a society does have to provide a repertoire of role-opportunities sufficient for individuals to meet their fundamental personal exigencies . . ."
4. „. . . . adequate control over the economic-technological complex. . . "
5. „. . . control over territorial area . . ."
6. „. . . adequate control of motivational commitments."
7. „. . . that membership be recruited by birth and socialisation."
[90] Vgl. R. K. *Mertons* Kritik am Funktionalismus (*Merton* R. K., Social Theory and Social Structure. N. Y. 1968, S. 78 — 91).
[91] Vgl. u. a. *Bernstein*, B. Social Class and Linguistic Development. A Theory of Social Learning. In: Halsey, A. H. − Floud, J. − Anderson, C. A. (Hrsg.), Education, Economy and Society, New York 1961, S. 288−314.
[92] *Merton* R. K.. (s. Anm. 90) S. 194. Vgl. auch Soziologie (Fischer-Lexikon). Herausgegeben von R. König, Frankfurt 1967, S. 26.

ANMERKUNGEN

93) Vgl. *Parsons* T., Some Highlights of the General Theory of Action, 1958, S. 282 – 301; zit. nach H. Hartmann, a. a. O. S. 152 ff.
94) Andere Auffassungen vertreten z. B. *Broom* L. – P. *Selznick* Sociology. New York 1965. S. 32: „An Institution, therefore, may be a type of group or it may be a formalized practice or procedure". *Green* W. A., Sociology. New York 1952, S. 94: „An institution is the organization of several folkways and mores (and most often, but not necessarily, laws) into a unit which serves a number of social functions". Demnach ist ein Verhaltensschema „institutionalisiert", wenn es im zwischenmenschlichen Verkehr als gemeinsam anerkannte Handlungsform, gleichgültig worauf sich diese richtet, Verwendung findet. Dieser umfassenden Bedeutung von „Institutionalisierung" steht die mehr engere Auffassung, wie wir sie im Text verwenden, gegenüber. Wenn wir in obiger Definition das Wort „grundlegend" weglassen und einfach von Institutionen im Sinne von formalisierten Verhaltensschemata sprechen, so können wir dennoch von besonders wichtigen und in ganzen Bündeln von Verhaltensmustern auftretenden Verhaltensschemata sprechen. In diesem Sinne wird dann in den folgenden Kapiteln von Institutionen gesprochen werden.
95) *Cooley* C. H., Social Organization. 1909, S. 28.
96) *Faris* E., The Primary Group: Essence and Accident. In: American Journal of Sociology, 38. Jg., 1932, S. 41 – 50.
97) *Malinowski* W., Culture. In: Encyclopaedia of the Social Sciences, 4. Bd., 1931.
98) Vgl. Anmerkung 94.
99) Zu „Struktur" und „Funktion" vgl. S. 126 und 111 ff.
100) In diesem Zusammenhang ist für die moderne Entwicklung der Institutionen sowohl auf das „Gesetz der zunehmenden Staatstätigkeiten" wie auch auf das „Subsidiaritätsprinzip" hinzuweisen.
101) Vgl. auch die Ausführungen über das „Establishment" S. 51, 201.
102) Vgl. dazu folgende Definitionen von „Religion": *Broom* L. – P. *Selznick*, Sociology. New York 1965, S. 400: „Following Emile Durkheim, a ,religion' may be defined as a unified system of beliefs and practices relative to sacred things, united into a single moral community all those who adhere to those beliefs and practices". – *Green* W. A., Sociology. New York 1952, S. 408: „Sociologically defined, a religion is a system of beliefs and symbolic practices and objects, governed by faith rather than by knowledge, which relates man to an unseen supernatural realm beyond the known and beyond the controllable." – *Yinger* J. M., Religion, Society and the Individual. New York 1957, S. 70 (Die Integrationsfunktion ist für Yinger die wichtigste Funktion der Religion): „Eine soziale Ordnung erfordert ein einheitliches Wertschema. Die Religion vermag unter gewissen Umständen dazu verhelfen, das Problem der Ordnung zu lösen; sie kann dabei sowohl Ziele aufweisen, als die Wege zu ihrem Erreichen herausstellen. Durch Riten, Symbole, durch ein System von Glaubenswahrheiten, durch die Lehren über Lohn und Strafe, kann die Religion helfen, die sozialisierten Individuen hervorzubringen, die die dominierenden Werte als legitime Mittel und Ziele annehmen."
103) Vgl. *Homans* G., Elementarformen sozialen Verhaltens. Köln 1968, S. 30: „Wenn . . . eine Aktivität (oder ein Gefühl) von einer anderen Person erwidert (belohnt oder bestraft) wird, gleichgültig um was für Aktivitäten es sich dabei handelt, pflegen wir zu sagen, daß beide interagiert haben."
104) Vgl. die Merkmale einer Gruppe, S. 98 ff.
105) Vgl. über „Sozialisierung" das 19. Kapitel.
106) Vgl. S. 44 ff.

ANMERKUNGEN

107) *Timasheff* N. S. – P. W. *Facey* – J. C. *Schlereth*, General Sociology, S. 185.
108) Vgl. *Homans* G. (s. Anm. 103) S. 110: „Kooperation erfolgt, wenn mindestens zwei Personen, indem sie Aktivitäten wechselseitig auf sich oder gemeinsam auf die Umwelt richten, eine größere Gesamtbelohnung erzielen, als jeder einzelne erhielte, würde er allein arbeiten."
109) Vgl. eine andere Typisierung bei *Green* A. W., Sociology (s. Anm. 102) S. 71: „Primary Cooperation. In primary cooperation, the group and the individual virtually fuse. The group contains all, or nearly all, of each individual's life... An example of primary cooperation is the daily routine of life in an monastery.
Secondary Cooperation, or Accomodation... The attitudes of the cooperating parties are purley opportunistic; the organization of their cooperation is both loose and fragile ... labor-management relations."
110) Vgl. das Kapitel über die ökonomischen Institutionen hinsichtlich der Struktur ökonomischer Institutionen S. 193 ff.
111) Vgl. unsere Ausführungen über die Primärgruppe S. 102 ff.
112) *MacIver* R., Society: Its Structure and Changes. New York, S. 8.
113) Eine andere Auffassung vertritt z. B. *Homans* G. C. (s. Anm. 103) S. 111, wonach Wettbewerb (Konkurrenz) nur eine Sonderform des Konfliktes ist.
114) Vgl. *Broom* L. – *Selznick* P. (s. Anm. 102), S. 33: „Competition is mutually opposed effort to secure the same scarce objektives."
115) Vgl. *Cuber* J. F. (s. Anm. 27) S. 616: Die Kultur bestimmt die Formen des Wettbewerbs:
a) The values of the culture determine the basic items which are regarded as desirable...
b) Culture moreover defines the propriety or impropriety of attempting to attain given values by competetive effort...
c) The culture of a people defines who may and who may not compete for a given item of value...
d) Finally, culture formulates and enforces more or less recognized rules for competive effort."
116) Vgl. dazu die Einschätzung des sozialen Konfliktes bei: *Dahrendorf* R., Gesellschaft und Freiheit, 1965, S. 124 f.: „... die permanente Aufgabe, der Sinn und die Konsequenz sozialer Konflikte liegt darin, den Wandel globaler Gesellschaften und ihrer Teile aufrechtzuerhalten und zu fördern. Als ein Faktor im allgegenwärtigen Prozeß des sozialen Wandels sind Konflikte zutiefst notwendig. Wo sie fehlen, auch unterdrückt oder scheinbar gelöst werden, wird der Wandel verlangsamt und aufgehalten. Wo Konflikte anerkannt und geregelt werden, bleibt der Prozeß des Wandels als allmähliche Entwicklung erhalten. Immer aber liegt in sozialen Konflikten eine hervorragende schöpferische Kraft von Gesellschaften."
Auch *Coser* L. A., Theorie sozialer Konflikte, 1967, S. 183, kommt zu einer ähnlichen Feststellung: „Eine flexible Gesellschaft profitiert vom Konflikt, weil solches Verhalten, indem es Normen schaffen und modifizieren hilft, ihre Kontinuität unter veränderten Bedingungen garantiert. Ein solcher Mechanismus zur Wiederanpassung von Normen steht starren Systemen kaum zur Verfügung: indem sie den Konflikt unterdrücken, verdecken sie ein nützliches Warnsignal und erhöhen so die Gefahr eines katastrophalen Zusammenbruchs aufs Äußerste."
117) Vgl. für dieses Kapitel insgesamt *Broom* L. – Ph. *Selznick*, Sociology. New York 1965, Kap. IV: Socialization, S. 93 ff; für die „Gehirnwäsche" („Brainwashing") S. 121 ff.
118) Vgl. die Primärgruppe als Sozialisationsinstanz (Agent) S. 231.

ANMERKUNGEN

119) Vgl. hierzu etwa *Stendenbach* Fr. J., Soziale Interaktion und Lernprozesse. Köln–Berlin 1967². *Bernstein* B., Soziokulturelle Determinanten des Lernens. In: Soziologie der Schule. Herausgegeben von P. Heintz. Köln und Opladen 1969².

120) Im Anschluß an bereits früher Gesagtes könnte an dieser Stelle auch darauf hingewiesen werden, daß durch die Sozialisation ein Aufbau, eine Verstärkung und gegebenenfalls eine Veränderung der „Kathexis" (Einstellung/Haltung) erfolge. Vgl. S. 67.

121) *MacIver* R., Society, its Structure and Change. New York 1934, S. 404f.

122) Vgl. in diesem Zusammenhang u. a.: *Hitpass* J., Einstellung der Industriearbeiterschaft zur höheren Bildung. Ratingen 1965. *Kürthy* T., Die Milieusperre. In: Pädagogische Rundschau. 23. Jg., H. 4, S. 254 ff. *Henting*, H. v., Systemzwang und Selbstbestimmung. Über die Bedingungen der Gesamtschule in der Industriegesellschaft. Stuttgart 1968.

123) *Warner* L. – *Lunt* P. S., The Social Life on a Modern Community. New Haven 1941.

124) *Geiger* Th., Die soziale Schichtung des deutschen Volkes, 1932.

125) *Januschka* E., Die soziale Schichtung der Bevölkerung Österreichs, Wien 1938.

126) *Scheuch* E. K., Sozialprestige und soziale Schichtung. In: Soziale Schichtung und soziale Mobilität, Sonderheft 5 d. Kölner Zeitschrift für Soziologie und Sozialpsychologie. Herausgegeben von D. V. *Glass* und R. *König*. Köln 1965. S. 103.

127) *Moore* H. – G. *Kleining*, Das soziale Selbstbild der Gesellschaftsschichten. In: Kölner Zeitschrift für Soziologie und Sozialpsychologie Jg. 12 (1961), S. 91.

127a) Die erste der beiden Prozentzahlen bezieht sich jeweils auf den nichtindustriellen Bereich, die zweite auf den industriellen (in Klammer: Gesamtprozentsatz).

128) *Bolte* K. M., Deutsche Gesellschaft im Wandel. Köln 1967, S. 270, 316.

129) *Schelsky* H., Auf der Suche nach der Wirklichkeit. Köln 1965, S. 332, 340.

130) *Dahrendorf* R., Soziale Klassen und Klassenkonflikt in der industriellen Gesellschaft. Stuttgart 1957.

131) Vgl. zum Unterschied von Macht und Herrschaft S. 49 ff.

132) Vgl. in diesem Zusammenhang auch die Ausführung über das Establishment S. 51, 201.

133) Literaturangaben und Prüfungsfragen dieses Unterabschnittes befinden sich am Ende des 25. Kapitels.

134) *Popper* K., Logik der Forschung, S. 8.

135) Vgl. *Wössner* J., Das soziale Feld. In: Kölner Zeitschrift für Soziologie und Sozialpsychologie, 21. Jg., 1969, Heft 1, S. 16 ff.

136) Vgl. *Goode* W. J. – P. K. *Hatt*, Die Einzelfallstudie. In: Praktische Sozialforschung. Herausgegeben von R. *König*. Bd. 2: Beobachtung und Experiment in der Sozialforschung. Köln und Berlin 1966³.

137) Vgl. etwa sein Buch über den Selbstmord („Le suicide". Paris 1897, S. 205).

138) In unserem Kapitel über die Gruppenforschung haben wir in diesem Zusammenhang insbesondere auf *Lewin, Lippitt* und *Whyte* hingewiesen (vgl. S. 125 ff.).

139) Vgl. *Whyte* W. H., Street Corner Society (Chicago 1943), worin er seine dreijährigen Beobachtungen in einem Einwandererviertel einer amerikanischen Großstadt darlegt.

140) Vgl. über *Moreno* unser Kapitel über die Gruppenforschung S. 126.

141) Vgl. *McClelland* A. C., Die Leistungsgesellschaft. Stuttgart 1966.

Personenverzeichnis

Adorno Th. W. 266f., 281
Albert H. 263, 267
Allport F. H. 75f., 283
Aron R. 195
Asch S. E. 68, 72f., 87, 154
Atteslander P. 273

Bales R. F. 125f., 135, 152ff., 159, 277, 285, 287
Ballachey E. L. 68
Barley D. 43, 73, 88, 96, 110
Bell N. W. 186
Bendix R. 201
Berelson B. 182
Bernstein B. 232, 290
Bierstedt R. 284
Bolte K. M. 244, 251, 290
Borgardus E. S. 234, 284
Bottomore T. B. 182, 234
Bouman P. J. 73
Brehm J. W. 65
Broom L. 31, 43, 81, 96, 134, 182, 285, 288f.

Chappel P. S. 287
Chinoy E. 182
Claessens D. 284
Comte A. 15, 28, 276
Cooley Ch. H. 102ff., 107, 178, 284, 288
Coser L. A. 289
Couse H. C. 234

Crutchfield R. S. 68
Cuber J. F. 234, 283ff., 289

Dahrendorf R. 86, 88, 195, 245, 251, 284, 289f.
Davis K. 104ff., 285
Dickson W. J. 286
Dirks H. 148, 287
Durkheim E. 45, 52, 173, 276
Duverger M. 201

Ehrlich E. 66
Emerson R. M. 121, 133

Facey W. 289
Faris E. 104, 178, 285, 288
Fend H. 285
Festinger L. 64, 73
Fichter J. H. 31, 43, 52, 73, 79, 81, 88, 234
Freud S. 172
Fürstenberg F. 195

Geck L. H. A. 44, 52
Gehlen A. 177, 180f., 201
Geiger Th. 138, 242, 251, 290
Gibbs J. P. 73
Glass D. V. 251, 290
Goode W. J. 182, 186, 234, 285, 290
Gould J. 43
Gouldner A. W. u. H. P. 31, 88, 182, 234

291

PERSONENVERZEICHNIS

Green A. W.   182, 234, 288 f.
Gurvitch G.   107, 285
Habermas J.   267
Hart H.   20, 281
Hartmann H.   52, 88, 251, 274, 287
Haseloff O. W.   274
Hatt P. K.   290
Hempel C. G.   267
Henting H. v.   290
Himes J. S.   31, 282
Hitpass J.   290
Hoefnagels H.   52
Hoffmann J.   274
Hofstätter P. R.   54, 73, 110, 125, 134, 154
Holm H.   274
Homans C. G.   135 ff., 159, 286, 288 f.
Horton P. B.   234
Hübner P.   274
Hull J. W.   156
Hume D.   258
Humboldt W. v.   90
Hunt Ch. L.   234
Hyman H.   108, 285

Inkeles A.   31, 234, 281

Januschka E.   242, 290

Kant I.   258
Kehrer G.   191
Kemper Th. D.   285
Kitt A.   285
Kleining G.   242 f., 251, 290
Kohn M. L.   284
Kolb W. L.   43
Koller M. R.   234
König R.   28, 43, 52, 174, 186, 195, 251, 266, 280, 290
Kriech D.   68
Kürthy T.   290

Landis P. H.   234
Lange M. G.   201, 251
Lazarsfeld P.   42, 285
Leibholz G.   201
Lenski G.   283
Levy M. J.   174
Lewin K.   61, 285, 290
Lindzey G.   77
Linton R.   86, 284
Lippit R.   126, 133, 290

Lipset S. M.   201, 251
Luckmann Th.   191
Luhmann N.   119, 285
Lunt P. S.   240, 290

MacIver R. M.   212, 235 f., 289
Maine H. S.   101
Malinowski B.   178, 288
Mangold W.   274
Marx F. M.   201
Marx K.   15, 173
Mayntz R.   274, 285
Mayo E.   113, 131, 286
Mc Clelland D. C.   278, 290
Mead G. H.   107
Mead M.   186
Merton R. K.   42, 49, 87, 107, 108 f., 266, 283 ff., 287
Michels R.   201
Moore B. H.   242 f., 251, 290
Moreno J. L.   126, 135, 138, 142 ff., 149, 152, 159, 277 f., 286 f., 290

Nimkoff M. F.   96
Noelle E.   274

Ogburn W. F.   95 f
Olmsted M. E.   285

Park R. E.   42
Parsons T.   106, 126, 158, 283 ff.
Pearson K.   273
Pennok G. A.   113
Philipps E.   267, 280
Popitz H.   73
Popper K.   259 ff., 267, 290

Rickert H.   255
Riesmann D.   42
Roethlisberger J.   285 f.
Roncek J. S.   96

Saint-Simon C. H. de   28
Sarbin Th.   77
Schachter S.   121, 133
Schelsky H.   195, 201, 244 f., 251, 290
Scheuch E. K.   242 f., 251, 290
Schlereth J. C.   289
Schramm W.   73
Selznick Ph.   31, 43, 96, 134, 182, 285, 288 f.
Sherif M.   53, 55 ff., 72, 121, 124, 133, 154

PERSONENVERZEICHNIS

Shils E. A. 283, 285
Siebel W. 274
Simmel G. 101f., 110, 163, 200, 284
Smelser J. N. 195
Sombart W. 99
Sorokin P. A. 278f.
Spearman C. 273
Stammer O. 201
Steiner G. A. 182
Stendenbach F. J. 290
Stonequist E. V. 42
Stouffer S. A. 133
Sullivan H. S. 107
Sumner W. G. 178

Thomas W. J. 42, 220, 275, 278
Timasheff N. S. 106, 285
Tönnies F. 100ff., 135, 138, 158
Topitsch E. 267

Vogel E. F. 186

Warner W. L. 240, 290
Warren R. L. 96
Weber M. 44f., 49f., 52, 95f., 136, 175, 189, 267, 283
Whitehead T. N. 286
Whyte W. F. 42, 125f., 133, 290
Wissler C.' 93, 284
Woodard J. W. 284
Woods F. J. 31, 81, 96
Wössner J. 52, 73, 156, 198, 201, 267, 284, 290
Wurzbacher G. 73, 110

Yinger J. 288

Zetterberg H. L. 267
Znaniecki F. 42, 275, 278

Sachverzeichnis

A

Absentismus 131, 133
Abstammung 237
Adaption 49, 118
Aggregate 75–81, 97, 99, 162
—, Hauptarten 79 f.
—, funktionelle 79 f.
Aggression 67, 85, 256
Akkomodation 205, 221 ff., 226
—, Funktionen der 224
Aktion, parallele 208, 212
Aktivität 126, 136 ff.
—, instrumentale 126, 158
—, expressive 126, 158
Altruismus 106
Analyse, soziometrische 124 f., 142 ff.
Anarchismus 182
Anomie 48, 169
Anpassung 49, 71, 85, 94, 112, 173, 205, 221 ff., 250
Anspruchsniveau 149, 157
antisozial 44, 80
Aristokratie 199
Asch-Experiment 68–73
asozial 44
Ästethik 93
Attitüde 57
Ausgleich 223
Auslöserfunktion 48
Außengruppe 63, 108
Außenseitergruppen 151
Außensystem 60
Auswahlprinzip 257
Autokratie 199 f.
Autonomie 58, 181
Autorität 50 f., 58, 84, 93, 185, 197, 246 ff.
—, formale (Amtsautorität) 51
—, personale (Personautorität) 51, 100
—, funktionale (Sachautorität) 51, 100
Autoritätsstruktur 100, 117 f., 124
Autostereotyp 124

B

Basis-Institution 179, 181
—, Familien-I. 179
—, ökonomische I. 179
—, religiöse I. 179
—, staatliche I. 179
Basis-Prozesse 207–220
Basissatz 262 f.
Bedürfnis 60, 137 ff., 164, 178 f., 198, 204, 209 ff.
Bekanntschaftstest 150
Beobachtung 143, 259, 264
Beobachtungsverfahren 276 f.
—, teilnehmende Beobachtung 276
—, nicht teilnehmende Beobachtung 277
Bewährung 258, 263 f.
Bewertung 19 f., 60, 154

SACHVERZEICHNIS

Beziehung, soziale 45 f., 97
Bezugsgruppe 28, 107, 109, 285
Bildung 60, 179, 201, 237
Bräuche 28, 47, 64

C

case-study 275
charisma 166
Chi-Quadrat-Test 273
Cultural Lag 95, 171, 173

D

Datenerhebung 269−280
Demokratie 199 f.
Demonstration 79 f.
Desintegration 185, 249
Desorientierung 41
Dichte der Gesellschaft 173 f.
Differenzierung 124, 143, 235−252
−, funktionale 235 f., 250
−, Klassendifferenzierung (Schichtung) 237−246, 250
−, machtmäßige 250 f.
−, horizontale 143
−, vertikale 143
Diffusion 94, 190 f.
Disharmonie 151
Diskriminierung 64
Disorganisation 151
Disposition 62
Dissonanzminderung 65 ff.
Distanzkontakte 101, 116
Divergenztheorem 125 f., 158
Druck, sozialer 47, 68
Dysfunktion 49, 59, 162

E

Effekt 121, 149 f.
−, autokinetischer 121
−, soziodynamischer 149 f.
Egozentrismus 64
Eigengruppe 99, 107, 109, 142
Eigennutz 106
Einstellungen 19, 45, 53−75, 97
Einzelfallstudie 275
Emanzipation 185
Emigranten 94
Enkulturation 28, 92
Entdeckung 94
Enthüllungsfunktion der Soziologie 17 f.
Entideologisierung 200

Entlastung 177, 181
Enzyklika 189
Erfindung 94
Erfordernis, funktionales 163 ff.
Erklärung 19
Erziehung 60, 179, 237
Establishment 51, 201
Ethik 15 f.
Ethnozentrismus 60, 64, 108
Evolution 94
Experiment 264, 275 f.
−, direktes 275 f.
−, indirektes 275 f.
Extended Groups 103

F

Faktenkongruenz 262
Faktor 100, 266
−, personaler 100, 266
−, interpersonaler 100, 266
−, transpersonaler 100, 266
−, struktureller 266
Falsifikation 263 f.
Falsifizierung 261 ff.
Familie 28, 183 ff., 197, 281
−, Funktionen der 112, 180, 183
−, Blutverwandtschaftsfamilie 184
−, Ehegattenfamilie 184
Familiensystem 185
feedback 156
Feld, soziales 82 f., 266, 284
Feldexperiment 275 f.
Formalobjekt 256
Freiheit, soziale 168, 181, 200
Freizeitgruppe 115
Fremdeinschätzung 246
Fremdgruppe 99, 107, 109
Frustration 67, 113, 170, 256
Führer 80, 114, 126
−, instrumentaler 126
−, expressiver 126
Führung 51, 140, 142, 210
−, demokratisch-permissive 126 f.
Führungsstil 126 f.
−, autoritär 126 f.
−, demokratisch 126 f.
−, Laisser-faire 126 f., 197
Funktion, soziale 49, 51, 59, 111−120, 162
−, manifeste 49
−, latente 49
−, formale 198
−, materiale 198

295

SACHVERZEICHNIS

Funktion der Soziologie 17 f.
—, kritische, der Soziologie 17 f, 281
funktional 49, 59, 161 f.

G

Geburtenkontrolle 186
Gefühl 135
Gehirnwäsche 227 ff.
Gemeinschaft 100 ff., 135
Gemeinschaftsseite 124, 136, 138, 145, 158
Gesellschaft 28, 83, 90 ff., 100 f., 103, 107, 135, 161—175, 217
—, primitive 173 f., 178 f., 193
—, ständische 83, 174
—, ländliche 173
—, städtische 173
—, industrielle 173
—, offene 84, 174, 238
—, geschlossene 174, 238
—, pluralistische 73
Gesellschaftskritik 15
Gesellschaftsseite 136, 158
Gesetz 143 ff.
—, des soziodynamischen Effektes 143
—, der sozialen Gravitation 143, 152
—, soziogenetisches 143 ff.
Gewaltenteilung 196
—, gesetzgebende Gewalt 196
—, ausführende Gewalt 196
—, richterliche Gewalt 196
Gewohnheiten 47, 64, 178
Gruppe 28, 58 f., 77, 79, 97—160, 177—202, 284
—, Merkmale der 79, 98 f.
—, Definition der 100
—, Großgruppe 101, 103
—, primäre 28, 102
—, sekundäre 28, 102
—, formale 28, 103, 180
—, informale 28, 103, 113, 115 f.
—, latente 99
Gruppenerfahrung 130
Gruppenforschung 68 ff., 111—134
Gruppentheorie 100, 130, 135—160
Gültigkeit 269 f.
—, inhaltliche 269
—, empirische 270
—, Aussage- 270
Gültigkeitsprüfung 269

H

Haltung 53—74, 75, 97

Handeln, soziales 28, 37 ff., 44—252
—, gemeinsames 208 f., 218
—, unterstützendes 208 f., 218
—, zusammenhängendes 208 ff., 218
Handlungskriterien 143
Handlungsmuster 45 f.
Handlungsschema 45 ff.
—, real 48
—, ideal 48
Hawthorne-Untersuchung 113
Herrschaft 50
—, traditionale 50
—, legale (rationale, bürokratische) 50
—, charismatische 50
Heterostereotyp 124
Homogenität 100
Hypothese 257 ff.

I

Identität, soziale 78 f., 111 f., 232
—, manifeste 78 f.
—, latente 78 f.
Ideologie 60, 62, 101 f., 130, 166, 168, 173, 227
Ideologiekritik 169
Ideologisierung 62, 129
Induktion 93
Inferioritätskomplex 240
Information 19, 63 ff., 72, 88, 200, 278
Informationsfunktion der Soziologie 17 ff.
Informationswert 262
Inhaltsanalyse 59, 278
Inhomogenität 100
Inkonsistenz 67
Innengruppe 108
Innensystem 60
Innovation 94, 169
Institution 27 f., 141, 162 f., 177—202, 236, 288
—, politische 196 ff.
—, religiöse 187 ff.
—, ökonomische 192 ff.
Integration 60, 133, 151, 173, 185, 200, 225 ff., 275
Integrationsmodell 199
Interaktion 45, 75, 82 f., 136 ff., 203 ff., 237
—, einphasige 204
—, mehrphasige 204
Interaktionsanalyse 152—160, 277
Interaktionskette 204
Interessenprinzip 198

SACHVERZEICHNIS

Inter-Generationenmobilität 239
Internalisierung 112, 232, 285
Interrollenkonflikt 86f.
Intervallskala 271f.
Interview 279f.
–, unstrukturiertes (Tiefeninterview) 279
–, halbstandardisiertes (halbstrukturiertes) 279
–, standardisiertes (strukturiertes) 279
Intimkontakt 101, 183
Intra-Generationenkonflikt 239
Intrarollenkonflikt 86
Inzesttabu 159
Isolation 228
Isolierung, organische 143
Item 260, 270

J

J-Kurvenhypothese 75f.
Jugend 85

K

Kapitalismus 193, 229
Kastengesellschaft 83, 239
Kategorie 75ff., 97, 99, 250
–, allgemeine 78
–, besondere 78
Kategoriensystem, das Balessche 152f.
Kathexis 60f., 64, 67, 284
Kausalverhältnis 265
Kernfamilie 180, 184
Klasse 28, 58, 237, 240ff., 283f.
Klassengesellschaft 174
Klassenkampf 240
Kleinfamilie 186
Kleingruppe 103f.
Kleingruppenforschung 103
Koexistenz 221ff.
Kognitive Dissonanz 64ff.
Kohäsion 100f., 151, 210, 212
Kommunikation 66ff., 77, 93, 116ff., 166f.
Kommunikationssystem 100, 117f., 124, 168
Kommunikationsweg 117
Kompetenz 165
Kompromiß 217, 223f.
Konditionierung 94, 232f.
Konflikt 86ff., 133, 168, 199, 206, 213ff., 222ff., 249, 289
Konflikt-Modell 199, 216
Konformismus 169, 182

Konsensus 60, 67, 69, 73, 166
Konservierungsfunktion der Soziologie 18
Konsistenz 60, 64, 67, 69, 260
–, logische 260
–, objektive 260
Kontravention 214
Kontrolle, soziale 28, 93, 154, 172
Konvention 166
Konvergenzbewegung 54f.
Konvergenzphänomen 121
Konvergenzprinzip 55
Konversion 60, 226f.
Kooperation 205ff., 222ff., 289
–, Definition der 208
–, Arten der 208
Kooperationsprinzip 198
Kooperationstypen 208, 218
–, gemeinsames Handeln 208f., 218
–, unterstützendes Handeln 208f., 218
–, zusammenhängendes (konvergierendes) Handeln 208ff., 218
Kooptation 239, 249
Koordination 210
Korrelationsanalyse 272
Kovarianz 266
Kritischer Quotient (critical ratio) 273
Kultur 90ff., 161
Kunst 93
Kürwille 100

L

Laboratoriumsexperiment 275ff.
Lebensstandard 194
Legalität 50
Legitimation 166
Lehramt 190
Leistungsorientierung 61
Lerntheorie 232
Literatur 31, 43, 52, 73, 81, 88, 96, 110, 120, 133, 159, 174, 182, 186, 191, 195, 201, 206, 219, 224, 234, 251, 266f., 273f., 280ff.
Lustprinzip 172

M

Macht 49f., 87, 237, 246ff.
–, institutionelle 247ff.
makrosoziologisch 163
Manipulation 68ff., 227
marginal man 41, 110
Marxismus 95
Massenkommunikationsmittel 63

SACHVERZEICHNIS

Materialobjekt 256
Matrix 156f., 278
Mechanismus 87f.
Menschenmenge 79f.
Merkmalisierung 35, 260
Messen 260, 269ff.
Meßniveau 271
Methode 253ff., 280
mikrosoziologisch 163
Milieu 236
Mitgliedschaftsgruppe 107
Mittelstandsgesellschaft, nivellierte 244
Mob 79f., 211, 218
Mobilität 58, 238f.
–, vertikale 239
–, horizontale 239
–, Inter-Generationenmobilität 239
–, Intra-Generationenmobilität 239
Modus 139ff.
–, d. Entfaltung 139
–, d. Standardisierung 139ff.
–, d. Differenzierung 139f.
Monarchie 199
–, absolute 199
–, konstitutionelle 199
Monogamie 185
Moral 16, 164, 188
Mythologie 93

N

Natur 39
Neuerung 94
Nominalskala 271f.
Norm 100, 102, 136
Normbildung 139
Normsystem 117f., 121
Null-Hypothese 273

O

Öffentliche Meinung 60, 63, 205, 225
operational 35, 260, 270
Operationalisierung 260
operativ 35, 260
Opposition 166, 199, 205, 207, 212–220, 223f.
Ordinalskala 271f.
Ordnung 61, 166, 173, 181, 196
Organisation 115, 117, 198
–, formelle 115, 117
–, informelle 115, 117
–, introvertierte 151
–, extravertierte 151

Organisation, ausgeglichene 151
Orientierung 45, 61, 153f., 167f., 211

P

Paar-Beziehungen 99
Panel 278f.
Panelanalyse 278f.
Paradigmagruppe 109
Partei 142
pattern variables 106, 158
Pearsonsches r 273
Person, soziale 37ff., 59, 75, 82
Personalisation 41
Personautorität 51, 100
Persönlichkeit, sozio-kulturelle 28, 37ff., 59, 82f., 90, 97
Persönlichkeitsfaktor 100, 266
Persönlichkeitstypen 42f.
Phänomen, autokinetisches 54
Polarisationstheorem 139
Polyandrie 185
Polygamie 185
Polygynie 185
Population 271
Position 28, 82f., 98, 100f., 248f.
Prestige 83f., 86
Priestertum 189
Primärbeziehungen 104f., 128ff.
–, Merkmale der 106
Primärerhebung 278
Primärgruppe 102ff., 107, 111–120, 127f., 131, 158, 178, 228, 284f.
Prinzipien, soziale 60ff., 198
Produkt-Moment-Koeffizient 272f.
Profil 153ff.
Prognose 19, 264
Propaganda 60, 63f., 80, 205, 225
Prozesse, soziale 27f., 63f., 100, 199, 203–252, 284
Prüfungsfragen 31, 43, 52, 73, 81, 89, 96, 110, 120, 134, 160, 174, 182, 186, 191, 195, 202, 206, 219, 224, 234, 251f., 267, 274, 280
Publikum 79f.

Q

Quasi-Gruppen 99
Quotenverfahren 271

R

Randbedingungen 190, 264

SACHVERZEICHNIS

random-sampling 270
random-Verfahren 271
Randpersönlichkeit 41, 43, 59, 110, 285
Rang, sozialer 83, 142, 165
Rangdifferenzierung 125
Rangordnungskoeffizient r, Spearmanscher 273
Rangsoziogramm 148f.
Ratioskala 271f.
Realitätsprinzip 172
Recht 28, 102
Referenzgruppe 107 ff., 287
Referenzgruppentheorie 107f., 264
Reliabilität 270
reliability 270
Religion 187ff.
Religionssoziologie 58, 187ff.
Repression 172
Reproduktion, biologische 164, 183
Republik 199
Revolution 94, 169, 211, 239
Ritualismus 169, 187f.
Rolle, soziale 28, 49, 82ff., 98, 100f.
Rollendifferential 98f., 164, 168
Rollenerwartungen 86f., 90, 139
Rollenfeld 87f.
Rollenkonflikt 86ff.
Rollenmoral 171
Rollensegment 86
Rückkoppelung 138, 156

S

Säkularisierung 190
Sanktion 19, 46, 60, 82, 87, 93, 139, 172, 183, 228, 250
Sätze 261f.
—, empirische 261f.
—, metaphysische 262
Säulendiagramm 146f.
Schicht 48, 59, 84, 136, 250f.
Schichtung 28, 109, 165, 205, 215, 237–246, 250
Sekundärbeziehungen 104f.
—, Merkmale der 106
Sekundärerhebung 278
Sekundärgruppe 102ff., 107, 111–120, 158, 285
Selbsteinschätzung 108, 149, 246
Selbsterhaltungstrieb 85
Selbstgenügsamkeit 95, 161f, 165
Selbstmord 85
Selbstorientierung 106
Selbstwertgefühl 85

Selektion 256
Sherifsches Experiment 53f., 56f., 62, 64, 78
signifikant, statistisch 273
Sinnfrage 16
Sippenfamilie 180
Sitten 28, 47, 64, 102, 166
Situation, soziale 154, 205, 208 ff., 221
—, inkompatible 205, 212f., 215f., 221
—, kompatible 123
Skala, Arten der 271
Skalierungsverfahren 271
small group 103
Solidarität 205, 208f., 218, 223, 240
Sollsuggestion 48
Soziabilität 38ff., 43
sozial 38f., 44f.
Sozialisation 28, 93, 112, 183, 205, 225ff., 236
—, primäre 226, 233
—, sekundäre 226, 233
—, antizipatorische 108f.
—, Resozialisation 226ff.
Sozialisierung 164, 171f., 203
Sozialnatur 39
Sozialphilosophie 15
Sozialstruktur 87f., 163, 178, 181
Soziatrie 286f.
Soziodynamik 286f.
Soziogramm 147f., 278
Soziologie 15–31, 269
—, soziale Physik 15
—, als Wissenschaft 16f., 177
—, Definition der 27, 35, 97
—, Funktionen der 17ff.
—, Gegenstand der 20–27
Soziologie-Frequenz 21f., 281ff.
Soziologie-Profile 22, 282
Soziologismus 42f.
Soziomatrix 145f.
—, einfache 145
—, reziproke 146
Soziometrie 143, 277f., 286f.
Sozionomie 143, 286
Sprachformen 167, 232
Staat 28, 196ff.
Stabilisierungsfunktion der Soziologie 18
Stand 28, 239, 241
Status, sozialer 28, 82–89, 98, 108, 173, 228, 237f.
—, zugeschriebener 83f., 101
—, erworbener 83f.
—, übertragener 83f.

SACHVERZEICHNIS

Status, hoher 84ff.
—, niederer 84ff.
Statusdifferenzierung 165, 244f., 250
Stereotyp 60, 62ff., 67, 124, 245
Stichprobe 271
Struktur, soziale 49, 83, 99, 126
—, soziotele 126
—, psychotele 126
—, soziometrische 138
Subkultur 92f.
Subsidiaritätsprinzip 288
Substitutionsprinzip 106, 213f.
System, soziales 49, 118f., 136ff., 240
—, äußeres 136ff.
—, inneres 136ff.

T

Tatsachenurteil 62f.
Technologie 164
Test, soziometrischer 143, 149, 151, 277
Theologie 190
Theoretische Funktion der Soziologie 18f.
Theorie 30, 78, 259ff.
—, der Gesellschaft 266
—, soziologische 266
—, ad hoc Theorie 266
—, mittlerer Reichweite 266
—, komplexer Zusammenhänge 266
—, des Gleichgewichts 156
Therapie, kollektive 143
Tiefenbeziehung 138
Tiefenbindung 100
Tiefeninterview 279
Toleranz 61, 224
Totalitarismus 197
Tradition 95, 166

U

Übereinkunft 214
Überprüfbarkeit 35, 259, 261
Umwelt 136
Universum 271
unsozial 44

V

Validität 269f.
—, Inhaltsvalidität 269

Validität, empirische Gültigkeit 270
—, Konstruktvalidität 270
Verband 241
Verbreitung 47
Verhalten 68ff., 82
—, abweichendes 28, 68—72, 172, 226
—, konformes 76
Verhaltenserwartungen 20
Verhaltensmuster 83, 106, 178, 180ff.
Verifizierung 261ff.
Versöhnung 223
Verstärkertheorie, Hullsche 156
Virulenzgruppe 151
Vollbeschäftigung 194
Volumen der Gesellschaft 173f.
Vorurteile 60, 62, 64, 67, 108

W

Wahlsoziologie 279
Wandel 28, 94, 181
—, kultureller 94
—, sozialer 28, 161, 170, 181, 219
Werbung 63
Wert 28, 46f., 60ff., 83, 136, 204
Wertorientierungen 19, 60f., 95, 169
—, Werthaltungen 61
—, Wertinhalte 61
Werturteile 60, 62, 64
Wesenswille 100
Wettbewerb 206, 213ff., 249, 289
Wir-Bewußtsein 60, 99, 102, 104, 241
Wissen 20
Wissenschaft 16, 75, 259
—, Definition der 16, 255
—, explizite 17
—, implizite 17
Wissenschaftstheorie 253—267
Wissenssoziologie 169
Wohnungsaggregat 79f.
Wunschversagung 113

Z

Zielgruppe 109
Zielsystem 167
Zivilisation 90
Zunftsystem 193
Zuverlässigkeit 270
Zwangsgewalt 196

BÖHLAU-STUDIEN-BÜCHER

Grundlagen des Studiums

Grundlagen des Studiums der Germanistik
Teil I: Sprachwissenschaft. Von B. Sowinski. 2., überarb. Aufl. 1974. 273 S., 1 Übersichtskarte. Br.

Sprechübungen
Von I. Weithase. 9., neuüberarb. Aufl. 1975, 149 S. Br. Tonband dazu: 90 Min. Laufzeit.

Fachdidaktik Deutsch
Unter Mitarbeit von Fachwissenschaftlern und Lehrern hrsg. von B. Sowinski. 1975. 344 S. zahlr. Schemata i. Text. Br.

Programmiertes Gruppenlernen
Von J. Bennack. 1977. XI, 183 S. zahlr. Schemata i. Text. Br.

Sprachwerke – Sprechhandlungen
Über den sprecherischen Nachvollzug von Dichtungen. Von I. Weithase. Ca. 160 S. Br.

Die Französische Revolution 1789-1799
Von K. Griewank. 6. Auflage 1975. 123 S. Br.

Die mittelalterlichen Grundlagen des modernen Staates
Von J. R. Strayer. Hrsg. und übersetzt von H. Vollrath. 1975. XXII, 105 S. Br.

Grundlagen des Studiums der Geschichte
Eine Einführung. Von E. Boshof/K. Düwell/H. Kloft. 2., überarb. Aufl. 1979. X, 338 S., 29 Abb. i. Text. Br.

Grundlagen des Studiums der Wirtschaftsgeschichte
Von L. Beutin/H. Kellenbenz. 1973. VIII, 247 S. Br.

Römische Rechtsgeschichte
Eine Einführung. Von W. Kunkel. 8., unv. Auflage 1978. 209 S. Br.

Lehrbuch der medizinischen Psychologie
Von Fr. -W. Deneke/B. Dahme/U. Koch/A. E. Meyer/J. Nordmeyer/U. Stuhr. 1977. XVI, 323 S., zahlr. Abb. u. Schemata i. Text. Br.

Grundkurs Politische Theorie
Hrsg. von Oscar W. Gabriel. 1978. VIII, 381 S. Br.
ISBN 3-412-03877-6

Theorie und Praxis der politischen Entscheidung
Hrsg. und eingeleitet von Georg P. Schwarz. 1979. Ca. 250 S. Br.

BÖHLAU VERLAG KÖLN · WIEN

BÖHLAUS

Wissenschaftliche Bibliothek

Der industralisierte Mensch
Seine Einstellung zu Religion und Gesellschaft. Von F. Blum. 1973. 262 S. Br.

Lehrbuch der Betriebssoziologie
Von A. Burghardt. 2., unv. Auflage 1975. 181 S. Br.

Moderne soziologische Theorie
Erklärungsmodelle zwischenmenschlichen Verhaltens. Von P. S. Cohen. 1972. 239 S. Br.

Gesichtssprache
Wege zur Objektivierung menschlicher Emotionen. Von P. Ekman/W. V. Friesen/P. Ellsworth. 1974. 160 S. Br.

Neue Richtungen in der soziologischen Theorie
Von P. Filmer/M. Phillipson/D. Silvermann/D. Walsh. 1975. 258 S. Br.

Interaktion und Erziehung
Pädagogische Aspekte zu zwischenmenschlichen Beziehungen. Von D. H. Hargreaves. 1976. VIII, 262 S. Br.

Kinder- und Jugendliteraturforschung
Eine Einführung. Von G. Klingberg. 1973. 196 S. Br.

Public Relations
Einführung in die Öffentlichkeitsarbeit. Von H. Kronhuber. 1972. 163 S. Br.

Praxis der Gesprächspsychotherapie
Grundlagen - Forschung - Auswertung. Von W. -R. Minsel. 3., unv. Auflage 1975. 244 S., Strichzeichnungen. Br.

Theorie der Organisationen
Soziologische Aspekte zu System, Bürokratie und Management. Von D. Silvermann. 1972. 228 S. Br.

Person, Kommunikation, soziales System
Paradigmata soziologischer Theoriebildung. Von G. Singer. 1976. X, 256 S. zahlr. Diagramme und Tabellen. Br.

Soziologie. Einführung und Grundlegung
Von J. Wössner. 7., unv. Auflage 1976. 300 S., 35 Tabellen i. Text Br.

Soziologie des Geldes und der Inflation
Von A. Burghardt. 1977. 142 S. Br.

Einführung in Methoden und Probleme der Umfrageforschung
Von F. Karmasin/H. Karmasin. 1977. 308 S., zahlr. Formeln, Tabellen u. graph. Darstellungen. Br.

Bildungsreform zwischen Entfremdung und Emanzipation
Von O. Nigsch. 1978. 264 S. m. zahlr. Graphiken u. Tabellen. Br.

Betriebs- und Arbeitssoziologie
Von A. Burghardt. 1978. 179 S. Br.

BÖHLAU VERLAG WIEN · KÖLN